U0519367

商务印书馆（上海）有限公司　出品
The Commercial Press (Shanghai) Co. Ltd.

思想与方法

T. J. 克拉克艺术社会史研究

诸葛沂　著

商务印书馆
The Commercial Press

图书在版编目（CIP）数据

思想与方法：T. J. 克拉克艺术社会史研究 / 诸葛沂著. —
北京：商务印书馆，2023
ISBN 978 − 7 − 100 − 22809 − 1

Ⅰ.①思⋯　Ⅱ.①诸⋯　Ⅲ.①艺术社会学 — 艺术史 — 研
究 — 世界　Ⅳ.①G129

中国国家版本馆 CIP 数据核字（2023）第155490号

思 想 与 方 法

T. J. 克拉克艺术社会史研究

诸葛沂　著

商 务 印 书 馆 出 版
（北京王府井大街36号　邮政编码 100710）
商 务 印 书 馆 发 行
上海盛通时代印刷有限公司印刷
ISBN　978 − 7 − 100 − 22809 − 1

2023年12月第1版　　　开本 670×970　1/16
2023年12月第1次印刷　　印张 34¼

定价：148.00元

作者简介

———— ⁙ ————

诸葛沂，杭州师范大学弘丰中心教授，博士生导师，浙江省之江青年社科学者，杭州师范大学卓越人才学者。浙江大学—得克萨斯大学联合培养博士。师从沈语冰教授，致力于西方艺术史学和艺术批评理论的翻译与研究，兼及视觉文化和电影研究。著有《尤利西斯的凝视：安哲罗普洛斯的影像世界》《艺术与此在》等，独立或合作翻译《现代艺术：1851—1929》《现代生活的画像：马奈及其追随者艺术中的巴黎》《神龙：美学论文集》《作为模型的绘画》和《印象派：反思与感知》等，并在《文艺研究》《美术研究》《文艺理论研究》等期刊发表论文数十篇，主持完成国家与省社会科学基金项目若干。与沈语冰教授合译的《现代生活的画像：马奈及其追随者艺术中的巴黎》曾获ACC第八届"艺术中国·年度影响力"年度艺术类出版物提名奖。曾参加第35届世界艺术史大会，赴巴黎德国艺术史研究中心（DFK）等处访学交流。现兼任浙江省艺术学理论学会秘书长，浙江省美学学会常务理事。

序　言

———　❖　———

　　T. J. 克拉克（T. J. Clark，1943—　　）是 20 世纪至今西方最杰出的艺术史家之一，是艺术社会史研究方法在当代的最重要代表，也是 20 世纪六七十年代以来英语国家新艺术史研究潮流的先驱和领航者。

　　本书以宏观、微观的视角，对 T. J. 克拉克的艺术社会史进行全面而系统的研究；既揭示了艺术社会史的基本观念，剖析其理论来源与方法策略，又将具体研究个案放在其现代主义理路总体框架中仔细分析，凸显其艺术社会史的立场和方法，解析其卷入的重大争论及其艺术史写作实验，重点在于揭橥其在艺术史写作中调和艺术与社会、内在与外在的关系时所运用的一系列策略，如"否定"与"隐喻"等中介方法。针对上述研究目标，本书的第一部分由三章构成。第一章里详细介绍了艺术社会史研究方法的学术脉络和发展状况，以及 T. J. 克拉克的个人学术生涯，第二和第三章剖析了其艺术社会史的基本观念，方法策略和现代主义理路。简言之，克拉克艺术社会史反对传统艺术社会史的"阶级决定论"和"简单反映论"，反对艺术史研究的实证主义、形式主义等任何狭隘理论，坚持艺术与意识形态的互动关系只能通过视觉结构表现出来，即只有当社会现实和意识形态作用于视觉结构、作用于绘画传统或惯例，并迫使这个传统或惯例做了改变时，绘画才能间接地反映社会现实；同时，绘画可以是主导意识形态的表达，更有可能是对主导意识形态的颠覆和背离。克拉克运用"否定"和"隐喻"等中介策略调和艺术与社会的关系，并在尊重作品视觉性的基础上运用"事态分析法"对艺术个案进行社会性研究；他还着重利用情境主义理论的"景观""异轨"等概念，这便加强了西方马克思主义立场的倾向性表达。本书的第二部分探讨的是克拉克的现代主义艺术理论。他的理论鲜明地挑战了格林伯格的艺术理论，他认为，现代主义是将现代性体验置于媒介之中的极限主义形式实验，它既意图完全再现现代性，又逃避甚至拒绝现代性，这种既爱又恨的艺术实践因失败而伟大。第二部分详细探讨克拉克的现代主义理路，以期呈现一幅克拉克视野中的现代主义的历史图景；此外还重点分析了克拉克与格林伯格、弗雷德的现代主义之争，随后介绍了比利时艺术理论家德·迪弗对这次争论所做的甄辨与调和。第三部分对克拉克艺术写作的八个案例进行剖析，以期在对它们进行条分缕析时，揭示克拉克是如何将观念和方法糅合到对具体个案的分析中去的；此外在这一部分还评析了克拉克论普桑的《瞥见死神》一书的艺术写作实验意义。在结论中，本文对克拉克的艺术社会史方法及其启发意义做了整体评价。

本书的主体虽然以 T. J. 克拉克艺术社会史为研究对象，但最大的期望，在于通过呈现一种艺术史研究方法的复杂模式和内在肌理，为中国艺术史的研究提供一种具有借鉴和攻玉价值的参照，这便是本书的现实意义所在。

目　录

第一部分

T. J. 克拉克的艺术社会史思想与方法

第一章
导论：艺术社会史与T. J. 克拉克

一、艺术社会史：定义、界别与历史

本章以"艺术社会史"研究方法作为研究对象，希求在明辨其定义、内涵及内在类型的基础上，详细呈现其发展历史与最新动向。由于国内对于艺术社会史的介绍，唯局限于个别人物（如阿诺德·豪泽尔［Arnold Hauser，1892—1978］）或英美艺术史界，既缺乏学术系谱的梳理，又欠缺涵盖整体西方艺术史界的视野，所以，本章对艺术社会史之历史进程的描述，就必然大量仰赖国外学者的研究。其中，麦克米兰出版有限公司出版的《艺术词典》[1]一书鉴定了"艺术社会史"的定义；迈克尔·哈特（Michael Hatt，1960—　）和夏洛特·克朗克（Charlotte Klonk，1965—　）所著的《艺术史方法批评导论》[2]一书则专辟《马克思主义和艺术社会史》一章辨析了艺术社会史和马克思主义艺术史的内涵和界别；柯律格（Craig Clunas，1954—　）的《艺术社会史》[3]一文则揭露了艺术社会

1　Jane Turner, ed., *The Dictionary of Art* (London: Macmillan Publishers), 1996.

2　Michael Hatt and Charlotte Klonk, *Art History: A Critical Introduction to Its Methods* (Manchester: Manchester University Press, 2006).

3　Craig Clunas, "Social History of Art," in *Critical Terms for Art History, Second Edition*, eds. Robert S. Nelson and Richard Shiff (Chicago: University of Chicago Press, 2010), 465–478.

史在当代艺术史研究中的主导地位及新艺术社会史对前辈学论的批判和修正；美国艺术史家、艺术批评家本雅明·布赫洛（Benjamin Buchloh，1941— ）在同题论文中揭示了艺术社会史与自律性美学和形式主义批评的龃龉以及它们各自的谱系；[1] 大卫·克雷文（David Craven，1951—2012）的《马克思主义与批判的艺术史》[2] 一文讨论了马克思的著作，给出了对于艺术社会史的一种非教条的解释，并且将视野拓展到了非英语世界。弗瑞德·奥顿（Fred Orton，1945— ）和格里塞尔达·波洛克（Griselda Pollock，1949— ）在合著的《先锋派和党派评论》[3] 中描述了亲身经历的艺术社会史在20世纪60、70年代的复兴状况，解析了艺术社会史方法在当今学院艺术史中之主导地位的形成机制，既涉及了学科内部的方法论转变进程，亦涉及社会政治环境对艺术史学的影响，还批评性地回顾了新艺术史（New History of Art）与保守主义的争辩，为我们理解20世纪下半叶至今的艺术社会史的发展敞开了宽阔的视野；此外，安德鲁·海明威（Andrew Hemingway）编选的文集《马克思主义和艺术史：从威廉·莫里斯到新左派》[4] 对于认知、理解各位马克思主义艺术史大家的观点多有裨益。除了这些国外文献之外，沈语冰先生提纲挈领的论文《艺术社会史的前世今生——兼论贡布里希对豪泽尔的批评》[5] 对我亦多有启发。本章内容，大部分是在对上述材料的理解、整理和梳理、辨析的基础上形成的。

1　［德］本雅明·布赫洛：《艺术的社会史》，诸葛沂译，沈语冰校，载沈语冰编：《艺术学经典文献导读书系·美术卷》，北京师范大学出版社，2010年，第89—106页。

2　David Craven, "Marxism and Critical Art History," in *A Companion to Art Theory*, eds. Paul Smith and Carolyn Wild (Oxford: Blackwell Publishers, 2002), 267−285.

3　Fred Orton and Griselda Pollock, *Avant-Gardes and Partisans Reviewed* (Manchester: Manchester University Press, 1996).

4　Andrew Hemingway, ed., *Marxism and the History of Art: From William Morris to New Left* (London: Pluto Press, 2006).

5　沈语冰：《艺术社会史的前世今生——兼论贡布里希对豪泽尔的批评》，载《新美术》，2012年第1期，第16—22页。

1. 定义与源起

（1）定义

在由简·透纳（Jane Turner）所编著的，由全球知名出版企业麦克米兰出版有限公司出品的《艺术词典》中，德国学者奥林格（B. Aulinger）给"艺术社会史"下的定义是：

> 一个用于描绘艺术史研究方法的术语；这种方法试图确定与一个既定的艺术现象的产生及全面理解相关的各种社会因素，无论这个现象是一个时代、一个城市、一个艺术家的生涯，还是一件作品。因此，它与艺术社会学（Sociology of Art）紧密地联系在一起。但是，艺术社会学主要关注作为理解社会的一种手段的艺术研究，艺术社会史的主要目的却是对艺术本身的深入理解。艺术的社会学家和艺术的社会史家经常强调其方法之间的差异。但这两个学科都受到马克思主义艺术研究方法的深刻影响。[1]

沈语冰先生更清晰地区别了艺术社会学和艺术社会史：艺术社会学是将艺术（创作、批评与理论）当作一种社会现象来研究（要点是"作为艺术的社会现象"），艺术现象是社会现象的一部分，因此艺术研究（艺术社会学）也成了社会学的一个分支；而艺术社会史则从社会环境来研究艺术（要点是"作为社会现象的艺术"），侧重点仍然在艺术本身。[2]

艺术社会史的基本立场是：艺术不是自律的，艺术的价值并不单纯来自自身；它与包括道德、法制、贸易、技术以及政治、宗教和哲学等社会

1　Jane Turner, ed., *The Dictionary of Art*, 915.

2　沈语冰：《艺术社会史的前世今生——兼论贡布里希对豪泽尔的批评》，第16页。

因素，有着复杂而交织的联系。社会的变迁总是伴随着艺术的变迁，其方式或显或隐，或浅或深，或直接或间接。艺术社会史的目的，便是在一个既定的艺术个案中发现影响因素，而这种影响也许采取了迂回曲折的方式。奥林格继续解释说，艺术社会史家们信奉的准则是，一个社会对待艺术的态度总是事先决定了艺术家们工作的那个语境，最明显地体现在生产者与受众之间的关系中。尽管这种关系经常是个人的关系（例如赞助人与画家之间的关系），但它毕竟不是一种私人关系，而是一种经济事务，因为艺术生产的专业行为总是建立在交换的既存经济体系之上，而非不切实际的未来接受之上的。[1]而在一本专门为了艺术史专业的学生而撰写的艺术史导论中，英国著名艺术史家波因顿（Marcia Pointon，1943—　）向初入艺术史学苑的读者们描述了其心目中的艺术社会史。波因顿认为，这一方法关注艺术作品在它那个时代的"艺术接受问题，研究一个视觉图像是如何为一个给定的社会之中的意义生成提供一个基础的，而这些意义，与图像中的显在的主题或叙述无关"[2]。

综合而论，艺术社会史倾向于对艺术生产或艺术实践做社会历史性的论述，其任务，是在理论与方法上探索：如何对艺术作品和社会历史进行接合表述（articulating），如何阐释视觉符号或文本与意识形态机制、艺术手段与社会历史及其他外在因素之间存在的种种关系。[3]

（2）源起

奥林格将艺术社会史的起源追溯到西方艺术史的源头，16世纪的意

1　Jane Turner, ed., *The Dictionary of Art*, 914–915.

2　Marcia Pointon, with the assistance of Lucy Peltz, *History of Art: A Students' Handbook*, 4th edition (London: Routledge, 1997), 69.

3　Fred Orton and Griselda Pollock, *Avant-Gardes and Partisans Reviewed*, iii.

大利人乔尔乔·瓦萨里（Giorgio Vasari，1511—1574）那里。在17、18世纪，启蒙运动及其社会哲学中出现了许多关于艺术与社会之间关系的讨论。19世纪中叶，随着艺术史和社会学相继成为两个独立的学科，社会学影响了艺术史研究，推进艺术的社会研究继续向前发展。工业化的蓬勃发展，以及马克思、托马斯·卡莱尔（Thomas Carlyle，1795—1881）、莫里斯（F. D. Maurice，1805—1872）、达尔文（Charles Darwin，1809—1882）的社会政治和科学思想的影响，使得英国有关艺术的社会功能的理论研究进一步发展。约翰·拉斯金（John Ruskin，1819—1900）和威廉·莫里斯（William Morris，1834—1896）试图恢复被现代生产方式摧毁了的艺术与手工劳动之间的关系，主张回到以手工劳动为基础的前工业社会的生产方式中。在法国，社会主义者蒲鲁东（Pierre-Joseph Proudhon，1809—1865）反对"为艺术而艺术"（L'art pour l'art）的观念，认为艺术作为社会评论的功能，因"颓废"艺术家们从社会运动中退却而被背叛了。与此同时，泰纳（Hippolyte Adolphe Taine，1828—1893）在其《艺术哲学》（*Philosophy of Art*）里开始从受众的角度来看待艺术问题。他认为，艺术家受到了种族、历史和环境的影响，因此，对一件艺术品的理解应当以理解艺术家所处的社会语境为前提。19世纪最重要的艺术社会史研究，无疑是瑞士史学家布克哈特（Jacob Burckhardt，1818—1897）的《意大利文艺复兴时期的文化》（*Die Kultur der Renaissance in Italien*）。该书展示了艺术生产与一个社会的法律和经济结构之间的紧密关系。这部著作成为后来不少重大成果的基础，其中包括瓦尔堡（Aby Warburg，1866—1929）的著作。从那时起，一条艺术社会史的学术脉络逐渐清晰起来，由此导向了潘诺夫斯基（Erwin Panofsky，1892—1968）、萨克斯尔（Fritz Saxl，1890—1948）和帕赫特（Otto Pacht，1902—1988），以及其他于20世纪30年代流亡英国的"瓦尔堡学派"成员，再到约翰·赫伊津哈（Johan Huizinga，

1872—1945），马丁·沃克内格尔（Martin Wackernagel，1881—1962），继
而到达20世纪中叶的豪泽尔和安塔尔，一直到20世纪60、70年代的艺术社
会史的复兴。[1]

对于这一脉络，柯律格提出了质疑。[2]在他看来，虽然瓦萨里在出版于
1550年的《名人传》（Vite）里提出，艺术赞助人影响了"艺术的兴衰"，
但是正如彼得·伯克（Peter Burke，1937—　）曾说，在某种感觉上，艺
术史首先是文化史，不要把瓦萨里这个源头当作是理所当然的。[3]

正如席夫（Gert Schiff，1926—1990）曾言："有一种假设认为，存在一
种可论证的、互相依赖的，或甚至结构性的统一体，将一个给定时代的艺
术联系着所有的其他表征，宗教、哲学、法律、政府等等"[4]，而这个假设在
从布克哈特到潘诺夫斯基的德语世界里是占有绝对优势的观点。对于沃林
格来说，甚至沃尔夫林，这位我们现在多半认为是"形式主义"的发明者
的学者，也被看成持一种艺术社会史方案的作者，因为他的兴趣在于"立
足于一种社会性决定的艺术'努力'之上的理论"[5]。因此，艺术社会史的源
起，深嵌于艺术史学科本身的早期发展历程中；一种对"艺术—社会"关
系的关切倾向，或显或隐地存在于早期艺术史大师的作品之中。

（3）界别

综观艺术史学界对这种强调艺术之社会面向的艺术史方法的评说，会
发现一个有趣而又微妙的现象："艺术社会史"（social history of art），在很

1　Jane Turner, ed., *The Dictionary of Art*, 915-917. 部分转引自沈语冰：《艺术社会史的前世今生——
　　兼论贡布里希对豪泽尔的批评》，第16—17页。

2　Craig Clunas, "Social History of Art," 466.

3　Peter Burke, *Varieties of Cultural History* (New York: Cornell University Press, 1997), 6.

4　Gert Schiff, *German Essays on Art History* (New York: Continuum, 1988), xi.

5　Jane Turner, ed., *The Dictionary of Art*, 917.

多情况下被简称为"社会艺术史"（social art history），而大卫·克雷文则将其称为"批判的艺术史"（critical art history），它有时又与"马克思主义艺术史"（Marxist art history）同义，且与"新艺术史"（new art history）存在共通性，阿伦·瓦拉（Alan Wallach，1942—　）则将它们笼统地概括为"马克思主义导向的艺术史"[1]，而给它们冠以"唯物主义艺术史"（materialist art history）[2]似乎也不无道理。看来，针对这一现象进行适当的鉴别应该是不无裨益的。

首先需要指出的是，艺术社会史实际上已成为一种广泛的流派，融合了各种马克思主义和非马克思主义的细流，它很可能是当今艺术史研究中应用最为广泛的方法。[3]也就是说，尽管马克思主义之于艺术社会史研究有着至关重要的作用，却并不是其必要条件。实际上，艺术史在思想、理论和方法的根源上，本就包含着马克思主义和非马克思主义的两条路线。

艺术社会史兴起的一个重要原因，便是社会学在德语学术界的异军突起和强烈冲击[4]，尤其是马克思和马克斯·韦伯（Max Weber，1864—1920）等学者的重要理论，影响巨大。在实证社会学、诠释社会学和马克思主义的共同影响下，艺术社会史研究大致形成了两条路线：一类采用德国的实证社会学方法，力图通过艺术所赖以产生的广阔的社会背景来理解艺术的本质及其发展、演变；另一类主要采用马克思主义立场或方法，从经济基础与上层建筑、意识形态、阶级斗争等角度来解释艺术的发展及其风格的演变。无论社会学方法还是马克思主义理论，它们都不再局限于艺术的

1　Alan Wallach, "Marxism and Art History," in *The Left Academy*, vol. II, ed. B. Ollmann (McGraw Hill, 1984), 15–17.

2　Hollis Clayson, "Materialist Art History and Its Points of Difficulty," *Art Bulletin* LXXVII, no. 3 (September 1996), 367–371.

3　Michael Hatt and Charlotte Klonk, *Art History*, 134.

4　参见Carlo Antoni, *From History to Sociology*, trans. Hayden White (Westport: Greenwood Press, 1976)。

"内部"研究，而日益注重将艺术与其外部的社会环境结合起来。[1]

非马克思主义的艺术社会史的历史，无疑比马克思主义的艺术社会史研究更为悠久。假如要给它绘出一条历史谱系，则可以从布克哈特开始，经由阿比·瓦尔堡及其追随者，到约翰·赫伊津哈、马丁·沃克内格尔、尼古拉斯·佩夫斯纳（Nicolas Pevsner，1902—1983）、安东尼·布伦特（Anthony Blunt，1907—1983），以及20世纪60、70年代以来的"微观社会学"对文艺复兴艺术的研究，再到哈斯克尔（Francis Haskell，1928—2000）和迈克尔·巴克森德尔（Michael Baxandall，1933—2008）。这些学者皆倾向于以经验主义或实证主义的态度，从艺术赞助人、作坊、艺术家社会地位等角度，对具体艺术案例进行辨微知著的考察分析；而其研究对象，基本上都是古代艺术，如中世纪与文艺复兴时代的艺术。所以，诚如柯律格所言，这些艺术史家的立场是"唯物主义的，却并未分享安塔尔、豪泽尔或任何其他'克拉克之前'的英语世界的马克思主义艺术史家的马克思主义传统"[2]。

马克思主义的艺术社会史的历史，从20世纪初期开始至今，经历了形成、发展、压抑、调整和复兴的阶段，经历了从传统马克思主义艺术社会史到新马克思主义艺术社会史的更新换代。新旧马克思主义艺术社会史之间的共同点在于，它们都强调艺术与社会进程的联系和社会历史的决定或影响作用，都使用马克思主义的术语（阶级和意识形态等），并且或多或少地在政治上具有党派性；但这两者之间的区别又是非常明显的，前者坚持"经济基础—上层建筑"的经典模式，持有武断粗糙的历史决定论和社会决定论，认为艺术"反映"了意识形态、社会关系或历史观念，后

1　刘耀春、刘君：《中译序》，载［英］彼得·伯克：《意大利文艺复兴时期的文化与社会》，刘君译，刘耀春校，东方出版社，2007年，第16页。

2　Craig Clunas, "Social History of Art," 469.

者则反对前者的简单反映论，批判前者对艺术与社会之关系的"粗枝大叶"的界定，注重将艺术放在动态的社会进程和复杂的社会关系中去辩证地考察，甚至强调艺术对社会的能动作用。前者以20世纪早中叶的中欧艺术史家为代表，如阿尔弗雷德·冯·马丁（Alfred von Martin，1882—1979），马克斯·拉斐尔（Max Raphael，1889—1952）、弗雷德里克·安塔尔（Frederick Antal，1887—1954）和阿诺德·豪泽尔；后者则包括60、70年代成名的 T. J. 克拉克和尼科·哈吉尼柯劳（Nicos Hadjinicolaou，1938—　）等艺术史家，他们的著作直接推进了欧美新艺术史的兴起。

　　为了理解新旧马克思主义艺术社会史之间的区别，我们不妨以 T. J. 克拉克在1973年《人民的形象：古斯塔夫·库尔贝与1848年革命》（*Image of People: Gustave Courbet and the 1848 Revolution*）（下文简称《人民的形象》）的第一章《论艺术社会史》（也许是英语世界最为人知的新艺术社会史宣言）为例一探究竟。在文中，他将以下两种艺术史方法都排斥了出去：

　　　　当撰写艺术社会史时，确定避免用什么方法要比系统地提出一系列方法简单得多，像木匠展示他的工具包，或是哲学家提出假设一样。因此，我先罗列出一些禁忌。我对艺术作品"反映"意识形态、社会关系或历史的观念不感兴趣。同样，我也不认为历史是艺术作品的"背景"——因为这本质上抽离于艺术作品和它的产物，虽然这种情形会不时地出现（这种历史的倾入性已经被发现了：是一种借鉴方法）。[1]

　　被他所排除的第一类，直接让人联想到了安塔尔和豪泽尔所使用的方法；第二类则自然是从布克哈特到哈斯克尔的研究法。克拉克还反对艺

1　［英］T. J. 克拉克：《论艺术社会史》，张茜译，载《新美术》，2012年第2期，第5页。

术至上主义和传统艺术社会史研究中的对"形式和意识形态内容的直觉类比"的依赖。[1] 从中可以看出,克拉克作为一位新马克思主义者,不仅坚决拒斥,还严厉批评了非马克思主义艺术社会史和传统马克思主义艺术社会史。他认为,不应该再提出类似"自然主义之类的艺术风格等同于中产阶级的价值观"这样的一般表述,新的艺术社会史应更注重历史意义上的独特性;不能再以非历史分析的范畴去解释历史现象,艺术史必须关注艺术家、艺术品与组织机构之间一系列相关的社会关系,以及政治观点和经济冲突等,而不应当赋予其中任何一种以解释上的优先权;经济基础和意识形态的上层建筑这种二进位模式,在现在看来,已经过于单一、简化了。[2]

其实,传统马克思主义艺术史,是20世纪中叶以来新马克思主义艺术史与非马克思主义艺术史共同批判的对象。它们之间的差异在于对作用于艺术的社会影响进行概念化的方式。前者接受经济决定论,将艺术当作社会—经济力量的被动产品,而后两者反对这种简化,将艺术生产归因于更复杂的历史力量,不仅包括社会和经济发展,也关系到文化和思想氛围,甚至艺术家的社交和心理。[3]

我们应当理解,传统马克思主义与新马克思主义之间的差异与争论,正是马克思自己的写作的模糊性带来的结果。著名左派历史学家艾瑞克·霍布斯鲍姆(Eric Hobsbawn,1917—2012)一针见血地指出:"马克思并未下定论——远非如此——他只开了个头,而我们却必须去继续他开创的讨论。"[4] 克雷文则指出,"恩格斯也不否认这个事实,即他和马克思有

1　Craig Clunas, "Social History of Art," 467.

2　Michael Hatt and Charlotte Klonk, *Art History*, 134.

3　Ibid., 121.

4　Eric Hobsbawn, *On History* (London: Weidenfeld and Nicolson, 1997), 168.

时会犯错，运用所谓的简单的'现成模式'，将经济基础设想成所有其他社会领域的先定条件"[1]。正是马克思自身理论表述的含糊性和不确定性，才赋予他的思想在文化研究领域以持续活力和讨论空间，笔者认为，在当代，马克思主义在文化批判中的潜力，远比其在哲学和政治学上的力量大得多。

既然新马克思主义艺术史与非马克思主义艺术社会史都反对早期马克思主义艺术史掩盖具体的社会进程和社会矛盾，并坚持社会决定艺术作品生产的研究方式，那么，它们之间的差异又在何处呢？哈特和克朗克将T. J. 克拉克和帕特里夏·莱顿（Patricia Leighten，1946— ）进行对比，从而揭示了两者之间的巨大不同。[2]

T. J. 克拉克持有这样的信念，即艺术是社会进程的一部分，艺术对于社会具有否定性，这种否定性体现在艺术媒介中，或是对艺术惯例和流行意象的颠覆，或是走向了极端的形式实验，艺术具有乌托邦性，但仅此而已。作为马克思主义者，克拉克认为，艺术不能导致那真正重要的社会变革：占有生产方式的革命。在《告别观念：现代主义历史中的若干片段》（*Farewell to an Idea: Episodes from a History of Modernism*）（下文简称为《告别观念》）中，克拉克认为毕加索的立体主义作品未能体现一种条理分明的再现方法，因此没有产生一种清晰的再现或意义。尽管它们在图画的独创性、批评艺术所继承的绘画语言方面很伟大，但在克拉克看来，它们却代表了先锋艺术在渴望改变世界方面的巨大失败。对艺术的错觉表现方法的批评本身，导致了一种幻想破灭的状态。[3]

---

1 David Craven, "Marxism and Critical Art History," 269.

2 Michael Hatt and Charlotte Klonk, *Art History*, 137–138.

3 T. J. Clark, *Farewell to an Idea: Episodes from a History of Modernism* (New Haven and London: Yale University Press, 1999), 220.

正是这一论断，即毕加索的作品归根结底是政治理想的破灭，这一点在帕特里夏·莱顿的《重整宇宙秩序：1897—1914年毕加索与无政府主义》[1]中遭到质疑。莱顿认为，政治上的有效性只能意味着献身于组织生产方式的革命，她从毕加索居住巴塞罗那的那段时间出发，从他的艺术和生活两个方面追踪其政治上的激进主义，并着重强调了他积极投身于无政府主义政治的事实。如她分析了"一战"前毕加索拼贴画中剪切的报纸，发现有半数都是用来传递反战信息，"另外四分之一介绍自杀、凶杀和恶意破坏的行为等死亡主题，它们（以极具讽刺意味的黑色幽默）集中描绘了病态而疯狂的资产阶级世界"[2]。莱顿将那些拼贴画的破碎、生硬与反错觉艺术手法读解为毕加索的有意而为，以表明急速走向"一战"的世界之混乱状态。

许多马克思主义者却否认这些拼贴作品的政治力量，对此莱顿略带讽刺地批评道："有些美术史家和批评家，经常是马克思主义者，已给出了毕加索在政治上的作用和作品的政治解释，尽管没有人表明在其立体主义时期，毕加索与文化的关系包含着有意识的政治成分。"[3]而她在前文中曾指名道姓地点出克拉克的名字。与克拉克形成对照，莱顿放弃了马克思主义观点，认为艺术在体现虚假意识的意义上是意识形态的。尽管克拉克并不相信艺术就是虚假意识，但他仍然认为，"多大程度上妨碍再现的，也就在多大程度上认可它"，也就是说，艺术家对统治意识形态的认识存在盲点。可是，依莱顿的方法，这并非揭示毕加索的盲点问题。她对于作品的理解，正是艺术家所意欲传达的，是有意而为之。于此，非马克思主

---

1 Patricia Leighten, *Re-Ordering the Universe: Picasso and Anarchism, 1897–1914* (Princeton: Princeton University Press, 1989).

2 Ibid., 121.

3 Ibid., 150.

义艺术史家与新马克思主义艺术史家（如克拉克）之间的重要差异便可见一斑。

但是，莱顿与克拉克亦有许多共同之处。二者都意在通过其独特的环境而组合成一幅逼真紧密的艺术家形象，捕捉艺术作品的历史特殊性，而没有我们在安塔尔和豪泽尔著作中所见到的那种资产阶级意识形态和经济结构的概括化论述。另外，比如，克拉克认为，库尔贝发展出了一种能够彻底颠覆当时的意识形态的新形式；[1]莱顿坚持认为，毕加索创作和平主义作品，是为反对法国当时盛行的好战思想。可见这二者都相信艺术可以与主流意识形态相对立。然而，通过克拉克与莱顿之间的比较，哈特和克朗克指出了三个方面的重要差异：

（1）新马克思主义艺术史家都是艺术社会史家，致力于揭示社会进程中艺术的深刻内涵，但并非所有的艺术社会史家都是马克思主义者。

（2）新马克思主义艺术史家只承认导致生产方式变革的事物为社会进步；非马克思主义艺术社会史家根本不相信那种社会进步。

（3）新马克思主义艺术史家主张，即便不是所有的艺术，有些艺术在体现资本主义虚假意识的意义上是受意识形态迷惑的；非马克思主义艺术社会史家聚焦于艺术作品背后或多或少有意识地保持着的政治和社会信仰。[2]

可见，艺术社会史家们并不必然抱有激进的左派思想，但存在一个普遍的共识，即传统马克思主义的经济基础—上层建筑模式不足以解释艺术与其社会环境之间的复杂关系；艺术自身的呈现，并不能仅仅从经济基础的变形这个角度来解释。

实际上，不管采用马克思主义理论，还是借用实证社会学的方法，艺

1　［英］T. J. 克拉克：《论艺术社会史》，第10页。

2　Michael Hatt and Charlotte Klonk, *Art History*, 138.

术社会史家都强调了艺术与其社会环境的密切关系，而不再把艺术看成一个自足的体系，单纯分析艺术的"形式"与"风格"。[1]这种试图通过考察情境材料，在艺术与社会之间建立联结的方法，用托马斯·克劳（Thomas Crow）的话来讲，便是"艺术客体与邻接的、中介的社会实践地带的联系，而这种社会实践领域，并不是艺术职业文化的有机组成部分"[2]。

要知道，不管是非马克思主义的艺术社会史，还是马克思主义艺术史，其立场与方法都不是一成不变的，都走过了自我调整的历程。正因为不断创新与调整，艺术社会史才成为西方文化史发展到一个新阶段的表征。[3]

诚如英国艺术史家弗瑞德·奥顿和格里塞尔达·波洛克所说，除了秉持自律性美学的艺术史方法之外，"艺术社会史成了当下所有艺术史中唯一更有优势的一个；它的野心，并不仅仅在于更好地书写艺术史，并不仅仅是写出著作，或对我们所观看的艺术作品进行有趣、错综或复杂的阐释，而在于一种连续的理论和方法的概念重定（reconceptualisation）和重新评估"[4]。确实，艺术社会史有着长久连续、跌宕起伏的发展史；艺术社会史的历史到现在仍未终结；而探究其发展史，正是理解其方法和理论的门径之一。

下文便将对这两条艺术社会史路线进行一种历史描述，因为本研究的论述对象是作为新马克思主义者的T. J. 克拉克的艺术社会史，故而重点将放在对马克思主义艺术史的批判性介绍上。

1　刘耀春、刘君:《中译序》，载［英］彼得·伯克:《意大利文艺复兴时期的文化与社会》，第15—16页。

2　Thomas Crow, "Codes of Silence: Historical Interpretation and the Art of Watteau," *Representations*, no. 12 (Fall 1985), 4.

3　Peter Burke, *What is Cultural History?* (Cambridge: Polity Press, 2004), 1.

4　Fred Orton and Griselda Pollock: *Avant-Gardes and Partisans Reviewed*, iii.

2. 非马克思主义艺术社会史

非马克思主义艺术社会史的发展史，在由刘耀春、刘君这两位撰写的彼得·伯克的《意大利文艺复兴时期的文化与社会》中译本的译序中，得到了很好的梳理，尽管，他们并未区分出马克思和非马克思这两条路线。本文对于非马克思主义艺术社会史的历史概述，受到了他们的研究成果的启发。

上文已经提到，艺术社会史的萌生，是艺术史和社会学这两个学科在先后独立之后，社会学对艺术史学的冲击而产生的成果——这是从学术发展史上寻找答案。因此，在一定程度上，艺术社会史与自律性美学正好构成了相反的假设。德国艺术史家、艺术批评家本雅明·布赫洛则从美学史的角度，提供了另一种解释。在《艺术的社会史》一文里，他深刻地揭示道，艺术社会史是作为自律性美学和形式主义批评模式之对立面而出场的，而这种"为艺术而艺术"的自律性美学实乃康德美学发展的结果。在文中，他以"自律性"一小节追溯了自律性美学和形式主义批评的整个谱系：从戈蒂耶（Théophile Gautier）"为艺术而艺术"的计划，到马奈将绘画视为感知的自反性（self-reflexivity）方案的观念，自律性美学的观点在19世纪80年代的马拉美（Stéphane Mallarmé）的诗学中达到了顶点。唯美主义认为艺术作品是由纯粹自足和自反的体验创造出来的，这一观点导向了20世纪早期形式主义思想中的类似观念，后来这些观念成为形式主义批评家和历史学家论述绘画的自反性的套话，而沃尔特·本雅明（Walter Benjamin）将这种观念看作19世纪的艺术神学（theology of art）。自律性美学和形式主义批评的历史脉络，可以从罗杰·弗莱（Roger Fry，1866—1934）对后印象主义的回应——特别是对保罗·塞尚（Paul Cézanne）的作品——延续到丹尼尔-亨利·卡恩维勒（Daniel-Henry Kahnweiler）的分析立体派的新康德主义理论，再到克莱门特·格林伯格（Clement

Greenberg）战后年代诞生的著作。[1]在布赫洛看来，现代的艺术社会史方法
的出现，在很大程度上，是对19世纪末和20世纪上半叶的自律美学与形式
主义史学观及批评理论的反动。

　　放眼19世纪，瑞士史学家布克哈特的《意大利文艺复兴时期的文化》
无疑是那个时代艺术社会史的经典之作，也是影响后世艺术史学的里程碑
作品。这本书记述了从13世纪下半叶至16世纪中叶这300年间意大利文化
的发展情况，阐述了政治、思想、学术、社交生活和道德宗教等各方面的
内容。布克哈特不以具体的政治事件为着眼点来结构全书，而以影响社会
变化的政治制度和政治形势，即政治背景为论述的对象。这种以论带史的
写法，为欧洲后来的文化史著述树立了一个范例，尤其对瑞士国内的文化
史研究产生了长久而直接的影响。如，沃尔夫林作为文化史大家布克哈特
的高足，虽然一生致力于造型艺术的形式分析和研究，但是他的思想对艺
术史、美学、艺术哲学和历史学等多个学科和领域都做出了多方面的杰出
贡献。

　　瑞士巴塞尔大学的艺术史家马丁·沃克内格尔是沃尔夫林的学生，也
便是布克哈特的"徒孙"了。他的《文艺复兴时期佛罗伦萨艺术家的世
界》（*The World of the Florentine Renaissance Artists*）（又名《艺术家的世
界》）初版于1938年，现已成为意大利文艺复兴史的权威之作和早期艺术
社会史的经典之作。沃克内格尔并未遵从老师沃尔夫林的风格分析方法，
转而把注意力从内部转向外部——艺术家生活的社会环境和艺术生产过
程，具体而言，则是佛罗伦萨艺术及其所产生的环境之间的关系。他详尽
地探究了赞助的冲击和作用及对艺术的普遍要求，以及艺术作坊和商业

1　［德］本雅明·布赫洛:《艺术的社会史》，第97页。本文引用了沈语冰《艺术社会史的前世今
　　生——兼论贡布里希对豪泽尔的批评》中对布赫洛文义的概括，第17页。

活动对艺术家的生活及创作产生的影响；他还通过分析从洛伦佐·德·美第奇（Lorenzo de Medici）的小型设计到佛罗伦萨主要纪念碑的大型尺寸的发展状况，强调了委托和赞助在14世纪晚期到15世纪早期的变化；由此，他展现了这样的事实，即，在佛罗伦萨市民社会的催生下，在统治阶级合作与宽容的庇护下，艺术家不仅得到了大量工作机会和创新动力，而且通过人脉的扩大而增强了自己在艺术界的影响力。沃克内格尔以详尽的材料和缜密的社会学分析结构了全书，并牢固地支撑起了文艺复兴艺术社会史研究这一课题的基本构架，为后世学者的继续深入研究打下了扎实的基础。

作为"鹈鹕艺术史"（Pelican History of Art）和英格兰建筑系列丛书的创刊编辑，牛津、剑桥和伦敦大学的教授，尼古拉斯·佩夫斯纳早已被认为是20世纪最杰出的建筑历史学家、重要的艺术史家和建筑评论家。他的著作《矫饰主义和巴洛克风格的意大利绘画》（*Italian Painting of Mannerism and Baroque*）被认为是一部经典之作，而在其另一本名著《美术学院的历史》（*Academies of Art: Past and Present*）的再版序言中，他重申了对于"艺术社会史"的热望，对于他来说，艺术史要注重"艺术家与围绕着他的整体世界之间的关系"[1]。对于传统艺术史忽视艺术与社会联系的弊病，他批评道："在研究往昔的艺术以及现今的艺术家交往过程中，令我震惊的是，过去与现在的艺术以及艺术家的社会地位如此悬殊。逐渐地，我开始意识到，一部艺术史，与其根据风格的变迁来写，还不如根据艺术家与周围世界之间的关系的变迁来写得好。"他在书中设定了艺术社会史的研究范畴：趣味史、美学理论史、展览史、艺术收藏史、艺术

1　Nicolas Pevsner, *Academies of Art: Past and Present* (New York: Da Capo Press, 1973), vi.转引自 Peter Faulkner, "Pevsner's Morris," *The Journal of William Morris Studies* (Winter 2006), 66.

品交易史等等。而他本人则通过考察美术学院的演变史——"艺术教育或艺术家的教育"——来实践心目中的艺术社会史。[1]佩夫斯纳的《美术学院的历史》详细地讲述了欧洲艺术学院从16到19世纪的发展史，不仅论及"academy"这一术语的起源及其发展演变的情况，也阐述了在西方各个时代政治、经济、文化等社会条件制约之下，艺术和艺术家社会地位的历史变迁，以及西方艺术家教育制度的历史发展，是研究西方美术史和美术教育的一本重要参考书。

此时在英国，伦敦考陶尔德艺术学院（Courtauld Institute of Art）的著名艺术史家、普桑研究权威安东尼·布伦特受到长期旅居英国的匈牙利马克思主义艺术史家安塔尔的影响，注重对于文化和社会之间关系的思考。[2]但是，在写作中，布伦特却非常有意回避使用"马克思主义"这个词。在《意大利艺术理论：1450—1600年》这本书中，布伦特专辟一章论述《艺术家的社会地位》。[3]后来，他在为佩夫斯纳的"鹈鹕艺术史"丛书所写的《法国1500至1700年的艺术和建筑》[4]一书中，用了比丛书中其他著作更多的篇幅讨论了社会面向。正如彼得·伯克所说，布伦特后来虽然嘲讽安塔尔的马克思主义艺术社会史为"圣安塔尔福音"（The Gospel of St Antal）[5]，但他同样是艺术社会史研究阵营中的一员。[6]

1 Nicolas Pevsner, *Academies of Art*, 8-9.亦可参见此书中译本［英］尼古拉斯·佩夫斯纳:《美术学院的历史》，陈平译，湖南科学技术出版社，2003年，第1—3页。

2 Paul Stirton, "Frederick Antal and Peter Peri: Art, Scholarship and Social Purpose," *Visual Culture in Britain* 13, Issue 2 (2012), 207-225.

3 Anthony Blunt, *Artistic Theories in Italy:1450-1600* (Oxford: Oxford University Press, 1962), 48-57.

4 Anthony Blunt, *Art and Architecture in France, 1500-1700* (Melbourne: Penguin Books, 1953).

5 Barrie Penrose and Simon Freeman, *Conspiracy of Silence: The Secret Life of Anthony Blunt* (New York: Vintage Books, 1988), 152.

6 Peter Burke, "The Central European Moment in British Cultural Studies," in *Literary History – Cultural History: Force Field and Tensions*, ed. Herbert Grabes (Berlin: Gunter Narr Verlag, 2001), 279-288, here 284.

从布克哈特到布伦特，虽然他们对艺术之社会面向的重视日益加深，但是其论述，往往走向宏观的历史与理论表述，缺乏对于单个艺术作品的社会—历史分析。与艺术社会史的早期发展相媲美的，是图像学的兴起。从某种意义上说，20世纪初汉堡艺术史家阿比·瓦尔堡开创的图像学，是对当时德语艺术史学界占主导的形式主义方法的一种反动。瓦尔堡认为，艺术品是象征，艺术家应关注象征图像的起源、含义和传播。[1] 瓦尔堡将单件艺术作品作为文化史的载体来进行见微知著的诠释，这就将艺术史变成了更为宏大的文化史研究的一部分。[2] 在他的心中，艺术史不应该从社会、经济和其他情境因素那里分割出来，而成为一个独立的领域，相反，他决定将它朝"文化科学"（cultural science/Kulturwissenschaft）的方向发展，并呼吁一种"不惧怕边界的守卫者，自由书写的"学科交叉的方法。[3] 恰如伍德菲尔德（Richard Woodfield）观察到的，对于瓦尔堡而言，"图像研究是达到目的方法：在具体的历史情境中……对紧张关系的理解"[4]。

这种极有魅力的艺术史方法，吸引了一大批年轻的追随者，他们有欧文·潘诺夫斯基、弗里茨·萨克斯尔、埃德华·温德（Edward Wind，1900—1971）等，他们都注重对图像中的信息进行文化解密。其中，潘诺夫斯基对图像学研究做出了巨大贡献。潘诺夫斯基的图像学研究三步骤是：第一步是确定题材的基本类别和形式结构的前图像志（Pre-

---

1 Richard Woodfield, "Warburg's Method," in *Art History as Cultural History*, ed. Richard Woodfield (Amsterdam: G+B Art International, 2001), 266.

2 Felix Gilbert, *History: Choice and Commitment* (Cambridge Mass: Harvard University Press, 1977), 431.

3 Aby Warburg, "Italian Art and International Astrology in the Palazzo Schifanoia in Ferrara," paper delivered at the Tenth Art-Historical Congress, Rome, October 1912, trans. David Britt and quoted in E. H. Gombrich, "Aby Warburg: His Aims and Methods: An Anniversary Lecture," *Journal of Warburg and Courtauld Institutes* 62 (1999), 270.

4 Richard Woodfield, "Warburg's Method," 260.

iconographic）分析；第二步是图像志（iconographic）分析，即通过分析艺术家有意识使用的文学和其他资料弄清其表达的基本意义；第三步则是图像学（iconological）分析，也就是要深入挖掘和揭示作品所产生的社会和时代所盛行的宏大文化价值观。这种潜入作品深层文化信息、阐释图像文化意义和象征意义的图像学方法，又被称为"视觉解释学"（visual hermeneutics）。综观这些附骥其中的瓦尔堡学派的后继者，以及受到他们影响的艺术史家的作品，我们可以发现，这种对单件艺术作品的图像学诠释，势必注重对它进行社会—历史分析。

图像学对艺术社会史的助力，到了20世纪60、70年代，得到很显著的反映。奥林格认为，"二战"以后才出现在"瓦尔堡学派"（Warburg school）的后继者们对单件艺术品的社会—历史分析，至少包含五个层面：一个社会（或某种体制的亚体系）中艺术的一般意义与功能；生产者与接受者之间互动的一般形式；生产者之间互动的一般形式；艺术家与买家（赞助者、听众）之间的特殊关系；一件特殊作品生产背后的特别动机，不管是生产者方面的特别动机，还是赞助者或买家方面的特别动机。出于简明的理由，这些层次可以被浓缩为两个主要议题：艺术的社会功能，以及艺术家与那个社会之间的关系。[1]实际上，这五个层面牵涉到的，是艺术赞助、艺术收藏、艺术市场、艺术家的社会地位以及社会思想观念；从社会学角度，运用社会学方法对这些方面进行研究，渐渐成为艺术史研究的主流，引发了艺术史领域波澜壮阔的转向：以风格、形式和图像研究为中心的传统艺术史，已让位给了研究艺术之社会环境的艺术社会史。[2]

这种转向尤其在意大利文艺复兴研究领域中显现出来。如1979年，意

1　Jane Turner, ed., *The Dictionary of Art*, 915.
2　刘耀春、刘君：《中译序》，载［英］彼得·伯克：《意大利文艺复兴时期的文化与社会》，第17页。

大利埃劳迪出版社自1979年陆续推出的17卷本《意大利艺术史》（*Storia della Arte Italiana*），对艺术的社会环境做了巨细靡遗的介绍。另外，还有迪亚娜·诺尔曼（Diana Norman，1948—　）主编的《锡耶纳、佛罗伦萨和帕多瓦：1280至1400年间的艺术、社会和宗教》[1]，埃芙林·魏尔希（Evelyn Welch，1959—　）的《意大利的艺术与社会：1350至1500年》[2]，约翰·帕奥雷蒂（John Paoletti，1939—　）和加里·拉德克（Gary Radke，1951—　）合著的《意大利文艺复兴时期的艺术》[3]。可见，这一"语境（或情境）转向"（contextual turn）在艺术史学科真真切切地发生了。

为了更形象化地凸显这一转向，不妨试举三位亲身经历者的自白作为佐证。

美国艺术史家洛伦·帕特里吉（Loren Partridge，1936—　）这样描述他深刻感受到的艺术史研究领域的变化："20世纪60年代早期，我开始在哈佛（大学）学习艺术史。……我曾在詹姆斯·阿克曼（James Ackerman）门下求学，他在不忽视风格问题的前提下，更注重功能和文化情境来分析文艺复兴时期的建筑。作为一个学生，我也怀着仰慕和敬畏的心情拜读了欧文·潘诺夫斯基渊博的图像学研究，我被告知（不管他们的意见多么不正确）：艺术品的大部分核心内容都可以通过细看（close seeing）而获得。我自己这一代所接受的学科方法——鉴赏学、风格分析和图像学——对今天的研究仍有影响，不过人们更清楚地意识到其局限性。这些方法逐渐让位于阿克曼部分预期的语境（或情境）方法（contextual approaches），这一方法扭转了文艺复兴艺术的研究和教学。……这一方法试图用塑造了

1　Diana Norman, ed., *Siena, Florence and Padua: Art, Society and Religion, 1280–1400*, vol.1–2 (New Haven: Yale University Press, 1995).

2　Evelyn Welch, *Art and Society in Italy, 1350–1500* (Oxford: Oxford University Press, 1997).

3　John Paoletti and Gary Radke, *Art in Renaissance Italy* (New Jersey: Printice-Hall, 2002).

艺术家和观众共同世界观的文化传统、准则和环境来理解艺术家和艺术作品。"[1]

符号学艺术史家米基·巴尔（Mieke Bal，1946— ）这样回忆当时的学术气氛："当我开始研究视觉艺术的时候，我认识到……历史研究中的文学转向与海登·怀特的'形式'分析正在竞争，而语境转向则开始在艺术史领域掀起狂澜，'形式主义'很快成了一种新的禁忌。"[2]

艺术史家芭芭拉·斯坦福（Barbara Maria Stafford，1941— ）在詹姆斯·埃尔金斯（James Elkins，1955— ）编辑的《艺术史是全球化的吗？》中则替当时的形式主义艺术史家打抱不平："情境化的艺术史在20世纪60年代晚期和70年代早期的崛起，使人们对莫霍利-纳吉（Moholy-Nagy，1895—1946）、乔治·凯布斯（Gyorgy Kepes，1906—2001）、吉布森（James J. Gibson，1904—1979）等人的重要的'形式主义'研究置之不理。"[3]

由此可见，"语境转向"催化的情境化艺术史，已经支撑了西方艺术史界的半壁江山，并产生了诸多变体。但是，有一点需要明辨：马克思主义艺术史与这种语境转向之间存在着重大差异。也就是说，转向基本局限于非马克思主义的艺术史范畴内，其研究对象也多半是古典艺术，而非与激进左派政治并驾齐驱的现代艺术。其实，引领这一语境转向的英国著名艺术史家、瓦尔堡学派的传人E. H.贡布里希（E. H. Gombrich，1909—2001）就对马克思主义艺术社会史的代表豪泽尔提出了批判。他对后者的

1　Loren Partridge, "Art," in *A Companion to the World of Renaissance*, ed. Guido Ruggiero (Oxford: Blackwell, 2002), 349–353. 转引自刘耀春、刘君：《中译序》，载［英］彼得·伯克：《意大利文艺复兴时期的文化与社会》，第17—18页。

2　Mieke Bal, "Deliver Us from A-Historicism: Metahistory for Non-Historians," in *Philosophy of History After Hayden White*, ed. Robert Doran (London and New York: Bloomsbury, 2013), 67–88, here 68.

3　Barbara Maria Stafford, "Another Kind of Global Thinking," in *Is Art History Global?*, ed. James Elkins (New York: Taylor & Francis Group, 2007), 186.

《艺术社会史》的批评已经成为艺术史的经典文献，至今仍影响着艺术社会史的走向。

在这篇严厉的书评中，贡布里希指责豪泽尔的巨著并没有关心社会存在中微小的细节，实质上是"变化着的艺术表达趋势和模式所反映的西方世界的社会史"[1]；他还批评此书中笼统粗陋、强拉硬扯的"历史决定论"和"阶级决定艺术风格"的"唯物史观"。比如：

> 仅就视觉艺术而言，豪泽尔先生的出发点似乎是这样一个不尽如人意的假设：僵硬、等级制和守旧的风格总是得到由拥有土地资源的贵族所统治的那些社会的青睐。而自然主义、不稳定性和主观主义的因素，则很可能反映了城市中产阶级的精神状况。因此，新石器时期艺术、古埃及艺术、古希腊艺术和罗马式艺术大体上吻合前一类的描写（按即属于守旧的贵族阶级），因为希腊和哥特式自然主义的"进步的"革命都与城市文明的兴起相关。

可见，真正为贡布里希所不容的，乃是豪泽尔的社会决定论，特别是那种为了结论而砍削、修改材料而削足适履的态度。对此种粗陋的黑格尔主义的方法，贡布里希一针见血地评论道："假定一个文明的所有表现都是一致的，这种方法（即黑格尔的'注释方法'［exegetic method］）总是选择文化的不同元素，比如说古希腊建筑和古希腊哲学，然后思考它们如何能够成为同一种精神的表现。"[2] 他还担心，这样的社会史聚焦于社会变

---

1 E. H. Gombrich, "Review of Arnold Hauser's *The Social History of Art*," *Art Bulletin* 35, no.1 (March 1953), 79–84.以下所引用的贡布里希对豪泽尔的批判，皆出自此篇论文。

2 E. H. Gombrich, "In Search of Cultural History," in *Ideal and Idols: Essays on Values in History and in Art* (Oxford: Phaidon, 1979), 24–59, here 41.

革，从而倾向于忽略了纯粹的美学维度。

尽管如此，我们不能想当然地认为贡氏完全不接受艺术创作与艺术作品会受到社会因素影响的观点，完全否认艺术创作或艺术作品与不同层次的文化及社会现实之间存有互动；其实，他曾在不同的场合中提出，研究它们之间的关系是必要的。[1]首先，他是个反浪漫、反历史主义的坚定的理性主义者，他从卡尔·波普尔（Karl Popper，1902—1994）那里借用了"情境逻辑"（situational logic）的概念，倡导以开放、多元、情境化的方法研究艺术史，并抨击潘诺夫斯基的追随者们的神神秘秘的图像学阐释。他曾说："没有任何理由认为，西斯廷礼拜堂天顶壁画比一个人所见的还拥有更多的意义。"[2]其次，他也指出艺术与社会之间的关系是极其复杂的，不能用单一的理论或原因，来解释复杂的艺术现象。1977年，他在一篇为讨论黑格尔而做的演讲稿中感叹道：

> 我可能会是最后一位要求停止寻找在艺术史与文化史之间存有何种关系的人，也会是最后一位以列举存于二者间的互动现象而满足的人……矛盾的是，促使我反思的原因并不在于我认为在其间建立关系有其难处，而是在于这种治学方法似乎过于简单。[3]

也就是说，任何简单化的解释都不足以承担起艺术社会史的任务。

1　陈美杏：《艺术生态壁龛中的创作者、作品与观者：浅谈贡布里希与艺术社会学》，载《台湾大学文史哲学报》，2004年第60期，第297—338页，此处为第303页。

2　E. H. Gombrich (with Didier Eribon), *Ce que l'image nous dit Entretiens sur l'art et la science* (Paris: Adam Blro, 1991), 151−152. 转引自Jean-Paul Simon and Liz Libbrecht, "Mediation and Social History of Art," *Réseaux* 3, no. 2 (1995), 211−232, here 216.

3　E. H. Gombrich, *Tributes: Interpreters of Our Cultural Tradition* (Ithaca and New York: Cornell University Press, 1984), 62−63.

事实上，贡布里希并未反对或敌视社会史，恰如恩立克·卡斯特诺佛
（Enrico Castelnuovo，1839—1915）在《艺术、工业与革命》一书中所说，
贡布里希深信，在风格转换的过程中，任何社会形态和观众类型都具有影
响力，只不过这些影响力并非绝对的。[1]

　　贡布里希心中理想的艺术社会史，应该关心"在历史上艺术品被委托
和创作的不断变化着的物质条件"，如，御用画家之类职位的发展、"人
文主义者艺术顾问"的地位、公共展览的出现、艺术教学活动的具体内
容与方法，甚至小到如各地的艺术家会社和行会的规则与章程等等。[2]他
还认为，社会和艺术的接合表述，必须通过对规划（schemes）、惯例
（conventions）这两种从一开始就既是社会的又是比喻的绘画性的研究，
才能达到，而不仅仅依靠主题研究。[3]

　　贡布里希同样以身作则地实践着这种新型艺术社会史，其《作为艺术
赞助人的早期美第奇家族》便是个中典范，已成为研究佛罗伦萨文化史的
必读文献。[4]

　　彼得·伯克称这种方法为"微观社会学"，是从历史学家的立场出发
对艺术进行"社会史说明"（social explanations），而不是从社会学家的立
场进行"社会学说明"（sociological explanations）。[5]这种"微观社会学"的
艺术史，是20世纪60年代西方艺术史研究的主要形态。但是，这一时期的

1　Enrico Castelnuovo, *Arte, industria y revolución* (Barcelona: Península, 1988), 54. 转引自陈美杏：《艺术生态壁龛中的创作者、作品与观者：浅谈贡布里希与艺术社会学》，第306页。

2　E. H. Gombrich, *Meditations on a Hobby Horse* (London and New York: Phaidon Press, 1978), 86.

3　Jean-Paul Simon and Liz Libbrecht, "Mediation and Social History of Art," 216.

4　E. H. Gombrich, "The Early Medici as Patrons of Art," in *Italian Renaissance Studies*, ed. E. F. Jacob (London,1960), 279-311.中译本参见［英］贡布里希：《文艺复兴：西方艺术的伟大时代》，李本正、范景中编选，中国美术学院出版社，2000年，第149—175页。

5　曹意强：《艺术与历史》，中国美术学院出版社，2001年，第49—53页。

学者的研究内容，仍然局限于沃克内格尔所开辟的领域，如艺术赞助、作坊、艺术家的社会地位、教育等，只是在史料运用的详尽程度上更甚以往，他们不仅借助作坊的各种商业记录和委托制作合同，还运用了私人信件、财产清单、纳税记录、遗嘱等。[1] 值得一提的是，这一时期的学者开始强调艺术对社会的能动作用，他们显然或多或少地受到了马克思主义的影响，尽管他们在写作中是刻意回避这个字眼的。

20世纪下半叶，两位卓越的英国艺术史家——弗朗西斯·哈斯克尔与迈克尔·巴克森德尔——是非马克思主义艺术史的代表。当 T. J. 克拉克等左派艺术史家，像豪泽尔在1953年被贡布里希批判一样，在20世纪70、80年代遭到了阿德里安·里夫金（Adrian Rifkin，1945—   ）[2]、波洛克[3]及唐纳德·普雷兹奥西（Donald Preziosi，1941—   ）[4]等人的批判时（尽管克拉克同样批判豪泽尔），哈斯克尔和巴克森德尔却免于非难。

哈斯克尔作为佩夫斯纳的学生，反对将理论凌驾于艺术之上，拒绝"适用一切境况的基本法则"，因为理论和法则往往造成教条和僵化，这就抹杀了艺术作品的特殊性，湮灭了鲜活的情境，相反，他坚持经验主义的治学传统。[5] 在研究"艺术赞助"的名著《赞助人与画家：关于巴洛克时期意大利艺术与社会的一项研究》中，哈斯克尔探究了意大利巴洛克时期变化的市场结构和塑造艺术规划的赞助模式之间的交互作用，并指出，罗马

1　刘耀春、刘君：《中译序》，载［英］彼得·伯克：《意大利文艺复兴时期的文化与社会》，第20页。

2　参见 Adrian Rifkin, "Marx's Clarkism," *Art History* 8, no. 4 (December 1985)。

3　参见 Griselda Pollock, *Vision and Difference: Femininity, Feminism, and the Histories of Art* (London: Routledge, 1988)。

4　唐纳德·普雷兹奥西指责克拉克的艺术社会史是"当代学术研究事业中'最为短视和不顾历史的一种方法'"。参见 Donald Preziosi, *Rethinking Art History: Meditations on a Coy Science* (New Haven: Yale University Press, 1989), 159。

5　曹意强：《艺术与历史》，第15、53页。

教宗对市场的控制限制了宗教秩序导向最重要画家的通路，也影响了耶稣会对其教堂的艺术装饰的任何综合规划的认识能力[1]，从而破除了自法国艺术史家丹纳以来广为传播的一个错误观点：巴洛克风格是耶稣会艺术赞助的结果和体现。他强调艺术作品的接受状况，以及艺术家声望的历史性、偶然性和变化性；他坚持极其客观的经验主义方法，引用大量档案材料，从而极具信服力地重织了巴洛克时期意大利艺术与社会的网络。虽然他的这本著作，处于由马克思主义艺术史家安塔尔开创的传统之中（《佛罗伦萨绘画及其社会背景》），但他没有成为一位马克思主义者。对于克拉克，他也颇有微词："任何想要在赞助问题上'解释'艺术的尝试都被故意避免了。"[2]由于贡布里希和哈斯克尔的推进，对于"艺术赞助"的研究渐渐成为艺术史家研究的重点，至今不衰。

　　迈克尔·巴克森德尔也是一样。他的名著《15世纪意大利的绘画与经验》一经面世，便产生了重大影响。在开篇，巴克森德尔便指出其写作目标，是要"表明如何将绘画风格作为社会史研究的正当素材"。委托制作合同、赞助人与艺术家的往来信件等原始资料，都成了他考察15世纪佛罗伦萨绘画业崇拜精湛技艺的经济和思想根源的材料。他还指出，一幅文艺复兴时期的艺术品是一个社会关系的凝聚体（deposit），这些社会关系在他对艺术生产与接受的经济实践的大量细节描述中体现出来；总之，赞助人的需求、动机、购买方式等都影响了艺术生产的最终形式。[3]与沃克内格尔一样，这本书对佛罗伦萨行业公会规则进行了非常细节化的描述，强

1　Jeremy Tanner, ed., *Sociology of Art: A Reader* (Taylor & Francis e-Library, 2004) (origin Routledge: 2003), 71.

2　Francis Haskell, *Patrons and Painters: Art and Society in Baroque Italy*, revised edition (New Haven: Yale University Press, 1980［origin 1963］).

3　Michael Baxandall, *Painting and Experience in Fifteenth-Century Italy* (Oxford: Oxford University Press, 1988), 1.

调了赞助人对艺术生产的重要介入，批评了"个人天才说"这种浪漫主义观点。巴克森德尔还提出了"时代之眼"（period's eye）的概念：不同时代的公众有不同的观画方式和习惯，即"认知风格"（cognitive style）；绘画风格不仅取决于画家的视觉技能，也取决于公众的视觉习惯，而无论视觉技能还是视觉习惯都与不同时代的社会因素密切相关。[1]事实上，当代艺术史家乔纳森·克拉里（Jonathan Crary，1951— ）在《观者的技术》和《知觉的悬置》中的视觉研究便受到了他的影响。正如朗代尔（Allan Langdale）所指出的，他也提醒我们，在70年代这个艺术史分化的时代，此书既不能让贡布里希（他将"时代之眼"视为可怕的黑格尔"绝对精神"的一次复活）满意，也不能让克拉克（他认为其对"阶级、意识形态和权力"的关注还不够）满意。[2]然而，正因为其阐释艺术和社会关系的新模式充满了原创性和争议性，其影响力才如此深远。这本书也许是70年代以后同类艺术史书籍中在商业上最成功的作品。[3]

除了这两位大家之外，20世纪60年代还有一部体现了"微观社会学"方法的重要艺术史论著，那便是鲁道夫·维特科夫尔（Rudolf Wittkower，1901—1971）和玛戈·维特科夫尔（Margot Wittkower，1902—1995）合著的《土星之命：艺术家个性和行为的文献史》。[4]他们在书中考察了从古代到大革命时期公众眼中的艺术家形象的变化，尤其是艺术家从普通手艺人成为"他者"的各种特点和品质及其社会、心理、文学根源等。他们还以大量篇幅讨论了文艺复兴时期艺术家独特的工作、生活方式及惹人注目的

1　Michael Baxandall, *Painting and Experience in Fifteenth-Century Italy*, 27, 151–153.

2　Allan Langdale, "Aspects of the Critical Reception and Intellectual History of Baxandall's Concept of Period Eye," *Art History* 21, Issue 4 (December 1998), 480.

3　Ibid., 483.

4　Rudolf and Margot Wittkower, *Born under Saturn: The Character and Conduct of Artists* (New York: The Norton Library, 1963).

个性特点和行为举止等，探讨了这一时期艺术家从传统手艺人到近代神圣天才的转变过程及特点。[1]他们还颇具洞见地指出，从15世纪晚期开始，西方社会中的这种艺术创造力和忧郁（melancholy）心理的联系，激励了这样一种观念，即，只有艺术家是忧郁的，才能产生杰出的智力和艺术成就。[2]这种对心理学的援引获得了热烈的反响。

此外，著名历史学家金兹伯格（Carlo Ginzburg, 1939—　）受到贡布里希"微观社会学"方法的影响，亦写出了极有影响的艺术史研究著作。金兹伯格关注包含艺术领域的所有因素：作品、艺术家、赞助人和公众。他从委托制作的付款条件入手，将它们与图像学分析进行比较，并指出，"一种再现形式不能与它的终端或它的社会需求分离，只有在这个社会中，它被赋予的视觉语言才是有效的"[3]。这种对于公众（接受终端）的重视，与巴克森德尔的"时代之眼"有异曲同工之妙。金兹伯格希望借此逃脱那种在唯心主义强调的"创造性"与社会学的"情境性"这二者中选择一个的方案，避免在社会（通常有点含混）和艺术之间进行的粗糙联系。他认为，"从一开始就将在任何艺术产品中（甚至是最基本的）暗示着的精细联系的啮合网络的分析性重构推到一边，是非常困难的"[4]。而通过赞同将"透视"看成一种象征形式，金兹伯格强调，"假如不联系、参照15世纪欧洲文艺复兴初期的人文主义，我们仅仅只能得到一种形式类比，不能把握

1　刘耀春、刘君：《中译序》，载［英］彼得·伯克：《意大利文艺复兴时期的文化与社会》，第21页。

2　Rudolf and Margot Wittkower, *Born under Saturn*, 104. 转引自Carol Laderman, *Taming the Wind of Desire: Psychology, Medicine, and Aesthetics in Malay Shamanistic Performance* (Berkley and Los Angeles: University of California Press, 1991), 77。

3　Carlo Ginzburg, *Mythes, Emblèmes, Traces. Morphologie et histoire* (Paris: Flammarion, 1989), 93. 转引自Jean-Paul Simon and Liz Libbrecht, "Mediation and Social History of Art," 216。

4　Carlo Ginzburg, *Enquête sur Piero della Francesca* (Paris: Flammarion, 1983), 18. 转引自Jean-Paul Simon andt Liz Libbrecht, "Mediation and Social History of Art," 217。

实质（眼与客体之间的距离，个体与过去事件之间的距离），因而也没有意义"[1]。此外，他还比较锡耶纳（Sienese）或佛罗伦萨传统，研究了在阿维尼翁的罗马教宗的法院建立之后，阿维尼翁式绘画传统的渐渐"背离"，这些"背离"关系到"赞助人和公众的变化"。[2]在他看来，当时的艺术生产面对着的，是14世纪那种由不同成分组成的异质公众，在这个世纪中，晚期哥特风的建筑、文艺复兴艺术、普罗旺斯文化、北方法兰西和英国大师的影响，都共同存在着。在从哥特到文艺复兴的转变中，这个时代的审美倾向也是各种各样的、异质的；在这种转变中，不同的、相互交织的透视性系统，都是共存的，而它们的图像模式也都参考了之前的不同时代。要在艺术作品中找到这种异质（heterogeneity）的表征，对于那些赞同时代风格分期的艺术史家来说，是很困难的，因为他们把艺术史进行了刻板的分期，这种分期法恰恰阻碍了艺术史研究的深化。金兹伯格的"微观历史学"，以及对艺术流通机制的探索，大大地影响、启发了后辈学者。

著名历史学家彼得·伯克的《意大利文艺复兴时期的文化与社会》是20世纪70年代最优秀的艺术社会史著作之一。他利用当时欧美史学界风靡一时的"计量史学"，通过计算机对1420至1540年间包括艺术家在内的600位文化精英的社会出身、地位、教育、职业训练、与雇主的关系，以及作品被委托和制作的社会环境，作品政治、宗教、社会功能进行信息整理与分析，并将其与这一时期意大利社会结构的变动、价值观念和审美意向的转变联系起来，展示了艺术和艺术家与社会的互动关系。他在这本书里几

1　Carlo Ginzburg, *Mythes, Emblèmes, Traces*, 75. 转引自Jean-Paul Simon and Liz Libbrecht, "Mediation and Social History of Art," 217。

2　Carlo Ginzburg (with Enrico Castelnuovo), "Domination symbolique et géographie artistique dans l'histoire de l'art italien," *Actes de la Recherche en Sciences Sociales*, no. 40 (November 1981), 63. 转引自Jean-Paul Simon and Liz Libbrecht, "Mediation and Social History of Art," 218。

乎对艺术社会史的所有重要研究领域都做了考察，如艺术家、艺术赞助、艺术品的功能、艺术市场和作坊等。而且，他还将"微观"（赞助人、作坊等）和"宏观"（世界观、社会结构等）的视角与方法创造性地结合了起来，从而既避免了微观社会学的经验至上主义导致的"事实太多，解释太少"的缺憾，又避免了宏大理论的僵硬。对于我们了解西方艺术社会史来说，这本著作显然是极有启发性的。[1]

20世纪80年代，一位杰出的美国艺术史家声誉鹊起，备受瞩目，她就是加州大学伯克利分析艺术史教授斯韦特兰娜·阿尔珀斯（Svetlana Leontief Alpers，1936—　　）。她对荷兰黄金时代绘画、蒂耶波罗、鲁本斯、勃鲁盖尔和委拉斯凯兹进行了出色的研究。其中，《描绘的艺术：17世纪的荷兰艺术》与巴克森德尔的作品《15世纪意大利的绘画与经验》一道，对研究图像生产及其赞助、使用和阐释之间的关系提供了新模式。阿尔珀斯同时对社会情境与观看方式进行了考察，探究了图像生产和描述的关系。她讨论了诡辩家的述画书写（ekphrastic）传统，他们将画作的主题当作散漫独白和叙事的出发点，其中的代表便是瓦萨里对文艺复兴绘画的著名描述。她还论述了17世纪的荷兰绘画，当时北欧画家与意大利绘画的叙事传统决裂，创造出了一种新的"描述性的绘画模式"（descriptive pictorial mode）。[2]这种将图像学传统和艺术社会史方法结合起来的研究策略，使她被誉为80年代以来最有影响力的艺术史家之一。

正如伯克在《意大利文艺复兴时期的文化与社会》的序言中所说，艺术社会史或许可被视为艺术史的基础。诚然，艺术社会史已经成为当今欧

1　刘耀春、刘君:《中译序》，载［英］彼得·伯克:《意大利文艺复兴时期的文化与社会》，第27—28页。

2　Michael Griffin, "Visual Communication," in *The Handbook of Communication History*, eds. Peter Simonson, Janice Peck, Robert T. Craig and John P. Jackson, Jr. (New York: Routledge), 145.

美艺术史界主导性的研究方法。将艺术作品放到其"大背景"下去研究，正是现在学院艺术史教授给学生的学习方式，实际上也成为现在的艺术史家在大多数时候的写作方式。[1]马丁·杰伊（Martin Jay，1944—　）断言："不再可能防御性地坚守着艺术之完全自律性的信仰了。"[2]

但是，对于某些人而言，艺术社会史又是一个危险的统治者，英国学者海伍德（Ian Heywood，1948—　）将艺术图像比作一个"处于内外交困中的"城市（Lorenzetti's Siena），认为这种社会性的理论化既破坏了艺术，也潜在破坏了理论。[3]实际上，由于马克思主义艺术史的党派性，艺术社会史学界内部也存在着分裂和争论。

3. 马克思主义艺术社会史 [4]

尽管耶鲁大学艺术史家乔治·库布勒（George Kubler，1912—1996）教授在《时间的形状》[5]中反对任何以"滥觞期—成熟期—衰落期"的三段式系列进行的历史描述，但是，马克思主义艺术史在某种程度上确实遵循了这一规律，只是，在衰落之后，它现在又进入"调整期"。之所以这类艺术史总是具有"春风吹又生"的再生能力，正因为马克思主义在文化批判上的活力。

19世纪40年代，马克思主义在德国产生；20世纪初，西方艺术研究领

1　Craig Clunas, "Social History of Art," 465.

2　Martin Jay, "Visual Culture Questionnaire" (and related articles by Hal Foster and Rosalind Krauss), *October* 77 (1996), 44.

3　Ian Heywood, *Social Theories of Art: A Critique* (London: Macmillan, 1997), 5.

4　关于克拉克之前的西方马克思主义美术史研究的概述，参见郭晓川：《西方马克思主义美术史研究》，载郭晓川：《中西美术史方法论比较》，河北美术出版社，2000年。

5　George Kubler, *The Shape of Time: Remarks on the History of Things* (New Haven: Yale University Press, 1962).

域开始接受马克思主义，且同时在艺术批评和艺术史研究中显露出来。由
于马克思本人对美学和艺术并没有做系统的讨论，所以如何理解、深化
并运用马克思主义来研究艺术史，便存在充满争议、时常变通、难有定
论的问题。再次引用艾瑞克·霍布斯鲍姆精辟的论断："马克思并未下定
论——远非如此——他只开了个头，而我们却必须去继续他开创的讨论。"[1]

尽管恩格斯在马克思去世后澄清过，他们从未明显地将经济基础作为
其他社会领域的绝对先决条件。但是"经济基础—上层建筑"的理论对第
一批马克思主义艺术史家产生了巨大的影响，并一直潜在影响着后世学
者，而狭隘的经济决定论及由此产生的"反映论"，亦成为新马克思主义
与正统马克思主义艺术史分歧的焦点；另外，阶级与意识形态的概念是马
克思主义艺术史的标志性术语，尤其是阿尔杜塞的"意识形态国家机器"
理论与葛兰西（Antonio Gramsci）的文化霸权理论，对20世纪70年代之后
的马克思主义艺术史产生了重大影响；此外，强调阶级斗争和艺术的否定
性，也是部分马克思主义艺术史家的强力诉求。总而言之，历史唯物主义
及对艺术之社会性价值的强调，是马克思主义艺术史家的基本共识。

诚如本雅明·布赫洛所说："社会艺术史的哲学启示来自马克思主义
自身的科学性，马克思主义最初针对的目的，就不仅仅是去分析和解释经
济的、政治的和意识形态的关联，同样也促使历史的书写本身——书写的
历史性——成为社会与政治变迁的更大课题。"[2] 阿伦·瓦拉曾经观察到，
马克思主义导向的艺术史"分成了两个时代，20世纪30年代中期到40年代
是第一阶段；70年代早期至今是第二阶段"[3]。这种划分法大致准确地勾勒了
马克思主义艺术社会史的两个高潮阶段，却忽视了这样的事实，即"艺术

---

1 Eric Hobsbawn, *On History*, 168.

2 ［德］本雅明·布赫洛：《艺术的社会史》，第95页。

3 Alan Wallach, "Marxism and Art History," 15–17.

的社会史，从20世纪第一个十年最初诞生时，便怀有类似的野心，即想要使艺术作品的分析与阐释变得更严格、更可检验"。实际上，早期的艺术社会史家（如英－德人弗朗西斯·克林根德［Francis Klingender，1907—1955］和英－匈牙利人弗雷德里克·安塔尔这样的马克思主义学者），既受到了马克思理论的影响，又浸淫于艺术史研究领域日益更新的气氛，他们试图将文化表征安置于现存的社会交往结构中，主要是工业资本主义兴起后的精神生产领域之中。

（1）早期正统马克思主义艺术史

德国人威廉·豪森施泰因（Wilhelm Hausenstein，1882—1957）也许是最早出版马克思主义艺术社会史著作的学者。从1907年开始，豪森施泰因便是德国社会民主党的成员，他在一所工人夜校教书，并担任《社会主义月刊》（*Sozialistische Monatshefte*）文化版的编辑。[1] 他在艺术写作中渐渐形成了一种基于马克思理论的"社会学"的方法。他最早的一本艺术社会史的研究著作，是1911年出版的《任何时代和民族艺术中的裸体人物》（ *Der nackte Mensch in der Kunst aller Zeiten und Völker /The Nude in Art of all Ages and Traditions* ），对艺术史上的裸体形式做了社会学分析；而当时的德国社会，谈论色情甚至都是一件极其敏感的事。[2] 他不仅是一位坚定的左翼人士[3]，而且还是德国最早的现代艺术鼓吹者之一。他积极地推动现

---

1 O. K. Werckmeister, *The Making of Paul Klee's Career, 1914-1920* (Chicago: University of Chicago Press, 1989), 47.

2 Clive Hart, *Heaven and the Flesh: Imagery of Desire from the Renaissance to the Rococo* (Chicago: The University of Chicago Press, 1990), 127.

3 豪森施泰因曾坦言："我正在变成一位共产主义者。"当恩斯特·特罗勒（Ernst Troller）在1919年3月撰写临时议会政府的备忘录时，他推荐"豪森施泰因同志"担任"艺术界的人民代表"（art commissar）。转引自Joan Weinstein, *The End of Expressionism: Art and the November Revolution in Germany*, 1918-1919 (Chicago: University of Chicago Press, 1990), 190。

代艺术家，如康定斯基和保罗·克利，并在1913年组织了新慕尼黑分离主义团体。他尤其关注克利的艺术，在一篇1919年的表现主义评论中，他将克利绘画的秘密置于一个更为明确的社会层面。他认为，"克利艺术的主体性是如此晦涩，以至于它威胁到了艺术之公共性不可剥夺的观念"[1]。这种对艺术之公共性的强调，在《任何时代和民族艺术中的裸体人物》这本书中得到了更多阐述。在书中，他将现代艺术提升为一个正在到来的社会主义社会的艺术，然而并没有详细描述这一社会的政治生活和经济组织。[2]而他对于社会主义社会中艺术形式的强调，对苏联的艺术理论产生了很大影响，苏联马克思主义理论家和政治家尼古拉·布哈林（1888—1938）就深受其影响。但是，豪森施泰因的艺术社会史是非常粗糙的，以至于豪泽尔也将他作为批判的对象和急于划清界限的代表；在豪泽尔看来，豪森施泰因对艺术和社会发展所做的关联，是企图在古代艺术的几何学风格与"早期农业民主（agrarian democracies）国家的共产主义展望"之间建立一致性[3]，对于这种荒谬的联系，豪泽尔不断贬斥其为一种"模棱两可"的含糊性，避免或隐匿了真相。[4]事实上，豪森施泰因提出的所谓"经济基础和统治阶级所决定的艺术审美的时代性"，是极其粗陋的观点。甚至马克思本人都曾承认希腊艺术的永恒之美，并承认"经济基础—上层建筑"的局限性。可以想象，马克思必然会质疑豪森施泰因的这种审美形式社会学，因为他捍卫美的永恒特性，进而也会反驳豪森施泰因在艺术社会史研究中所运用的历史唯物主义原则。[5]尽管如此，豪森施泰因的著作仍然可以被视

1　Annie Bourneuf, "An Art of Privacy? Wilhelm Hausenstein on Paul Klee," in *Paul Klee, Making Visible* (Tate Publishing, 2013), 38.（转引自Hausenstein 1919, 51。）

2　Joan Weinstein, *The End of Expressionism*, 190.

3　Arnold Hauser, *The Social History of Art* (New York: Routledge, 2005), vol. 1, 16.

4　Jonathan Harris, "General Introduction," in Arnold Hauser, *The Social History of Art*, vol. 4: *Naturalism, Impressionism, the Film Age*, xx.

5　Hans Barth, *Truth and Ideology*, trans. Frederic Lilge (University of California Press, 1976), 98.

为马克思主义在德国和奥地利对艺术史研究产生初期影响的早期例子。很快，这一影响便在另一个国家产生了巨大的反响，那便是匈牙利。

匈牙利人弗雷德里克·安塔尔和阿诺德·豪泽尔都是正统马克思主义艺术史当之无愧的代表人物，对艺术社会史产生了极其深远的影响。

安塔尔出生于布达佩斯一个富裕的犹太家庭，最初在大学学习法律，之后转向了艺术史，先后在布达佩斯、弗赖堡和巴黎求学。20世纪的最初几年，正如安塔尔自己描述的，是艺术史的"英雄"时代[1]，涌现了一大批具有影响力的人物，他们建立学派，发展他们的"艺术史"（Kunstgeschichte）和"艺术科学"（Kunstwissenschaft）[2]的理论。安塔尔进入新兴的学院工业的主流，成为柏林大学教授海因里希·沃尔夫林的一名学生。

当时，担任柏林大学艺术史终身教席的沃尔夫林声名显赫，他的演讲吸引了来自学生和普通大众的大量听众。作为雅各布·布克哈特的门徒和学术继承人，沃尔夫林为了将艺术作品当作历史现象来研究，发展出了一种极其缜密的方法。《古典艺术》在1899年慕尼黑的首次出版，对整个欧洲的学者产生了巨大影响，并给历史阐释介绍了许多工具性的方法。沃尔夫林随后在《艺术史的基本原理》（1905）[3]中提出了五组"两极性"，它们是一对相互对立的视觉概念，从一个向另一个过渡，表明了进行中的

---

1 安塔尔在《古典主义、浪漫主义及其他》中写道："尤其是在1900年左右的那些英雄年代，在精神上是多么富足而复杂，艺术史的多种方法，在某种程度上，相互重叠。"参见Frederick Antal, "Remarks on the Method of Art History," in Frederick Antal, *Classicism and Romanticism: With Other Studies in Art History* (London: Routledge & Kegan Paul, 1966), 175。

2 从19世纪的德语国家建立起来的"艺术科学"，旨在将艺术研究变成对客观事物的本质及其规律做出反应的像自然科学那样有规律可循的系统科学。

3 Heinrich Wölfflin, *Principles of Art History: The Problem of the Development of Style in Later Art*, trans. M. D. Hottinger (New York: Dover, 1986). 中译本参见［瑞士］沃夫林:《艺术史的基本原理》，杨蓬勃译，金城出版社，2011年。

次序：从线性到涂绘，从平面到纵深，从封闭到开放，从多样性到统一性，从绝对清晰到相对清晰。他最终将这些原则与一种历史循环观念连接起来。他认为，艺术作品诞生于并行进于动态的情境中，这一历史情境使它们成为发展序列（sequence）的一个必要部分。从本质上讲，沃尔夫林的观点是，艺术史有着自己的发展模式，存在一种目的论的次序，在这种次序中可以观察到，艺术作品的外观或风格中的某些特性遵循着一种符合逻辑的、不可阻挡（inexorable）的进程。沃尔夫林的"系统"提供了一种独立于社会、经济或政治力量的艺术发展的理论。他相信，新的艺术史学科，不应仅仅作为"文化史的插图"，而应该"自立自主"。[1] 然而，恰恰是这种偏重，使安塔尔对沃尔夫林的讲授不满，因为"相比较而言，形式主义方法给历史腾出了最小的空间"[2]。在回顾1949年的这些方法论转向时，安塔尔评论道："沃尔夫林极其明晰的形式分析……将历史演化的财富减低到少许基本的范畴，少许典型化模式"，继而将这种方法摒弃为"为艺术而艺术"这一盛行的美学教义的一种反映。[3] 作为对沃尔夫林模式的回应，安塔尔在1910年从柏林迁居至维也纳，这个正在兴起的欧洲艺术史研究中心。

当时，"维也纳学派"被麦克斯·德沃夏克（Max Dvorak，1874—1921）所统治，并隐隐约约继承了李格尔（Alois Riegl，1858—1905）和维克霍夫（Franz Wickhoff，1853—1909）的传统，为艺术研究提供了一种更为复杂而精密的智识环境。安塔尔感受到了柏林和维也纳之间"在精神气氛上的巨大差异"，这不仅是因为艺术历史学会被设置于奥地利历史研究院（Institut für Österreichische Geschichtsforschung）这个大框

1　Heinrich Wölfflin, "Preface," in *Classic Art: An Introduction to the Italian Renaissance*, trans, P. and L. Murray (London: Phaidon Press, 1952), 7. 中译本参见［瑞士］沃尔夫林：《古典艺术：意大利文艺复兴艺术导论》，潘耀昌、陈平译，中国人民大学出版社，2006年，第1页。

2　Frederick Antal, "Remarks on the Method of Art History," 175.

3　Ibid.

架内 [1]，而且还因为曾担任装饰艺术博物馆（Österreichisches Museum für angewandte Kunst）的织物分部管理者和维也纳大学艺术史系教授的李格尔，所留下的一种对艺术进行历史阐释的研究传统，他是艺术历史学会（Kunsthistorisches Institut）的意识形态原则背后的关键人物，也被认为是第一位现代艺术史家。[2] 尽管李格尔艺术史最广为人知的概念是"艺术意志"（Kunstwollen）或"形式意志"（the will of form），但是其对黑格尔唯心主义历史观的遵循和以风格发展之连续性的研究 [3]，暗示了这样一种观点，即文化艺术制品是一个历史发展过程的部分，与品质问题无关，也与那种持有文化优劣的历史阶段论无关。对于德沃夏克和安塔尔来讲，这种方法"表现了一种绝对美学的艺术史心理学的和历史观念的胜利"[4]。但是，尽管李格尔自己对于那驱策着风格变化的机制或力量（艺术意志）给予了大量的强调，维克霍夫和德沃夏克却日益认为，艺术制品的社会和经济环境被视为对它们形式和外形发挥了一种决定性的影响。德沃夏克的论文《凡·艾克兄弟艺术的谜》（"Enigma of the Art of the van Eyck Brothers"）指出，早期尼德兰绘画的显在的风格创意，不仅得自于晚期哥特图案中的自然主义趋向，而且受到15世纪佛兰德斯的经济和社会模式的促发。[5]

---

1 Frederick Antal, "Remarks on the Method of Art History," 176.

2 参见Paul Crowther, "The Rise of Art History," in *The Oxford History of Western Art*, ed. Martin Kemp (Oxford: Oxford University Press, 1999), 399。

3 比如，在《风格问题》（*Stilfragen*, 1893）这本书中，李格尔追溯了从古埃及王国直至伊斯兰世界（因而也是直至现在）装饰物中的莲花和叶形装饰的主题，以此作为风格演变的"进化"模式的例子，证明装饰艺术历史上存在着从未间断的连续性。参见［奥］阿洛瓦·里格尔：《风格问题：装饰艺术史的基础》，刘景联、李薇蔓译，湖南美术出版社，1999年。

4 Frederick Antal, "Remarks on the Method of Art History," 176, note 1.

5 Max Dvořák, "Das Rätsel der Kunst der Brüder van Eyck," *Jahrbuch der Kunsthistorischen Sammlungen des Allerhöchsten Kaiserhauses*, vol. 24 (1904), 161–317. 对于德沃夏克艺术史写作中的多样化趋势的研究，参见Matthew Rampley, "Max Dvořák: Art History and the Crisis of Modernity," *Art History* 26, no. 2 (April 2003), 214–237。

他的理智基于历史的方法，与维克霍夫的风格分析、李格尔和施洛塞尔（Schlosser）的语言学—历史立场（linguistic-historical standpoints）比肩而立。他试图将艺术作品定位于艺术所处时代的大的精神或"世界观"之中，这就意味着，艺术史不能被单单看作一种连续统一体（continuum），而应该看作是反映了连续的时代特征的一系列变换和破坏，而这种中断和转换，显著地呈现了不同的社会结构和形式偏爱（formal preoccupations），这就暗示了一种艺术社会史的可能性。[1]

之所以在这里介绍沃尔夫林、李格尔和德沃夏克的学术思想，是因为他们都对安塔尔（这位将来对英国马克思主义艺术史产生最大影响的人物）艺术社会史思想的形成具有重要意义。因为，在"一战"开始前，安塔尔正处于维也纳——这个欧洲艺术史学科辩论的中心，当时他正在德沃夏克的指导下准备自己的博士论文。[2]

第一次世界大战爆发时，安塔尔回到布达佩斯，在美术博物馆（Szépmüvészeti Múzeum）的素描和版画部工作。这是他成为一位艺术史家的重要阶段，他锻炼了细腻的视觉分析技能，尤其是对老大师素描作品的鉴赏能力，这种能力在他的后期职业生涯中受到非常多的赞誉。到了1916年，他开始参加著名的"星期天小组"（Sonntagskreis）。

"星期天小组"是一个非正式的知识分子和艺术家群体，他们在作家、电影理论家贝拉·巴拉兹（Béla Balázs，1884—1949）家聚会讨论。这个

---

1 Paul Stirton, "Frederick Antal," in *Marxism and the History of Art*, 48.
2 他的论文名为《从18世纪中期到杰利柯出现期间法国的古典主义、浪漫主义和现实主义》（*Classicism, Romanticism and Realism in French Painting from the Middle of the Eighteenth Century until the Emergence of Gericault*），在当时没有出版，但是其简要的要旨版本，多年之后以题为《关于古典主义和浪漫主义的沉思》的英语论文发表——尽管这篇文章明显受到了安塔尔在离开了维也纳学派之后发展出来的理念和方法的影响。参见 Frederick Antal, *Classicism and Romanticism*。

团体的核心成员是巴拉兹和卢卡奇（Georg Lukács，1885—1971），以及他们的朋友 L. 波普尔（Leo Popper）和卡尔·曼海姆（Karl Mannheim），到了大约30年代，音乐家贝拉·巴托克（Béla Bartók）也加入了进来，而艺术史家安塔尔、阿诺德·豪泽尔和约哈内兹·韦尔德（Johannes Wilde）也是其重要成员。在1916至1918年间，"星期天小组"的核心成员卢卡奇，正从一个本质上抱着"浪漫的"或"唯心主义的"生活观和艺术观的学者，转变为一个马克思历史唯物主义的信徒。实际上，卢卡奇对马克思主义社会和文化观点的全盘接受，是在1918年11月星期天沙龙的一个特殊会议上形成的，当时他宣称，"现在我认识到，只有一个自觉的救赎的人，才能够创造出经验性的世界。我必须重估我的所有思想。假如我们相信人类自由，我们就不能在阶级的坚硬城堡中生活"[1]。那几年，"星期天小组"的成员大多热衷于讨论艺术和一个给定时代及产生它们、塑造它们本质和内容的社会之间的联系。而在卢卡奇的回忆中，安塔尔是除了他之外对马克思主义社会历史变迁模式最为感兴趣的成员。"'星期天小组'充满了各种不同观点，在当时，我是第一个开始声称黑格尔—马克思观点的人——可能，只有安塔尔表示了对马克思主义的偏爱。"[2]

安塔尔还积极投入政治激进主义和社会主义运动中。"一战"末期，奥匈帝国解体后，1919年3月库恩·贝拉（Kun Béla，1886—1939）[3]成立了匈牙利苏维埃共和国。卢卡奇和安塔尔都在临时政府中得到了官方职位，卢卡奇任职于"人民教育委员会"（People's Commissariat for Education），安塔尔则是布达佩斯的美术博物馆馆长。在这个职位上，安塔尔监办了

---

1 A. Kadarkay, *Georg Lukács: Life, Thought and Politics* (Oxford: Blackwell, 1991), 202.

2 Anna Wessely, "Antal and Lukács: The Marxist Approach to the History of Art," *New Hungarian Quarterly* 20, no. 73 (1979), 116.

3 库恩·贝拉，匈牙利共产主义革命家，匈牙利苏维埃共和国的主要创建者和领导者，犹太人。

许多私人艺术收藏转变为公共美术馆的过程，他还在奥托·本内施（Otto Benesch，1896—1964）[1]的帮助下，在艺术博物馆组织了多次展览。安塔尔还参与设立了公共艺术计划以支持艺术家，并努力去保护布达佩斯及其相邻腹地现存的公共纪念碑。这一生涯是短暂的，因为"议会共和"在1919年夏季外国干涉下被镇压，在这时，安塔尔、卢卡奇和大多数同事，都流窜到了维也纳。[2]虽然如此，直接参与政治行动并卷入革命行动的体验，必然对安塔尔此后的观点产生了非常大的影响。1919至1923年间，安塔尔在意大利游历，后又到了柏林，在1933年希特勒掌握权力以后，马克思主义遭到排斥，安塔尔等马克思主义的倡导者便移民到了英国。

在英国，安塔尔虽然从未像韦尔德和豪泽尔一样，在英国的博物馆或大学里获得永久职位，但是却在英国学界发挥了巨大的影响力。他以两种方式获得了这种影响力：第一，他介绍了一种严密的被经典马克思主义启发的"艺术社会史"方法，这种方法在他的主要著作《佛罗伦萨绘画及其社会背景》[3]中得以展示；第二，他对英国艺术家充满兴趣，而这些艺术家之前一点都不被那些受训于经典学科研究技术的艺术史家重视。当安塔尔关于英国画家威廉·荷加斯（William Hogarth）和瑞士画家亨利·富塞利（Henry Fuseli）的研究专著[4]，在他死后出版时，这两本书对于建立一个新

---

1 奥托·本内施，奥地利著名艺术史家。

2 对于这一历史阶段的研究，可参见Andrew C. Janos and William Bradley Slottman, eds., *Revolution in Perspective: Essays on the Hungarian Soviet Republic of 1919* (Berkeley: University of California Press, 1971)；D. Kettler, "Culture and Revolution: Lukács in the Hungarian Revolutions of 1918/19," *Telos*, no. 10 (Winter 1971)。

3 Frederick Antal, *Florentine Painting and Its Social Background: The Bourgeois Republic Before Cosimo de' Medici's Advent to Power, XIV and Early XV Centuries* (London: Kegan Paul Trench & Co., 1948).

4 Frederick Antal, *Fuseli Studies* (London: Routledge & Kegan Paul, 1956), and *Hogarth and His Place in European Art* (London: Routledge & Kegan Paul, 1962).

的英国艺术研究课题是大有裨益的，这一点是许多艺术史家的共识，如哈斯克尔便认为，《荷加斯及其在欧洲艺术中的地位》是且将一直是荷加斯研究领域中最重要的著作。[1]

然而，是《佛罗伦萨绘画及其社会背景》，这本安塔尔在流亡英国期间写成的第一部著作，成为马克思主义美术史的经典样本。此书出版颇费周折，直到"二战"后才付梓。正是在1932至1938年，这个许多共产主义者理想破灭的年代，安塔尔完成了此书。作为一个马克思主义者，当他看到斯大林令人恐怖的整肃，看到希特勒对共产主义的镇压时，他转而对14、15世纪佛罗伦萨绘画的风格变迁进行研究，并将其与先前失败的资产阶级反抗贵族的斗争联系起来，这实际上是对他自己生活时代革命的学术上的回应。

《佛罗伦萨绘画及其社会背景》中最主要的原则，便是从对绘画和工作室的强调，转变为对赞助人的新阶级的强调。安塔尔认为，主题比形式更能表达公众的世界观和思想，更能反映当时人的观念和心态。他的研究起点牢固建立在14、15世纪佛罗伦萨的经济、社会和政治环境的现实上；并按照政治基础与上层建筑的马克思主义经典模式展开——第一章论述佛罗伦萨资产阶级趣味的经济原因，接下来的章节论述反映这一基础的宗教、哲学、文学和艺术等上层建筑。他还援用了马克思主义的"阶级"概念，将阶级对抗看作与一个特殊时代中的艺术相去甚远的风格得以共存的理由。这就解决了14世纪晚期的艺术史研究中困扰已久的难题：风格的多样化。凭借这一观念，安塔尔指出，这一时期呈现了一种视觉艺术的竞技状态，竞争着的阶级利益联结着不同风格或描述模式。

安塔尔使用了像"理性的"（rational）、"自然主义"（naturalistic）

---

1 Francis Haskell, "Review," *Burlington Magazine* 105, no. 726 (September 1963), 417–418.

和"现实主义"（realistic）这样的术语，来描述14世纪早期的乔托风格（Giottesque）艺术，他认为，这种艺术表达了进步的上层中产阶级的世界观。如，乔托所绘的圣十字教堂的巴迪礼拜堂（Bardi Chapel in S. Croce）的生活壁画。这幅壁画由1320年左右的富商银行家巴迪（Ridolfo di Bardi）委托制作。整齐的构图、形象的自然主义描绘，以及这幅壁画中令人信服的空间再现，在安塔尔看来，都是新的上层中产阶级的价值和观点的表现。他写道："在圣十字壁画中，它在这点上变得极其明显，即如何以一种生动的、令人信服的方式来描述宗教故事，这种方式要求视觉透明性、对自然的细看，以及一种逻辑的、模仿自然的自然主义的方法。"[1]与这幅作品相比，那来自1350年中期的新圣母玛丽亚教堂（S. Maria Novella）的斯特罗齐礼拜堂（Strozzi Chapel）的纳多·迪·西恩（Nardo di Cione）的壁画，依赖一种"古代的、僧侣体的构图"，对空间的真实再现也非常有限，它代表了一种相反的趋势。安塔尔并不将此阐释为在对立的风格可能性之间的独立的振荡，也不把它看成一个进化变化的内在过程，而是佛罗伦萨社会的竞争侧面的视觉表达。"这些壁画（纳多所绘）是在雅典公爵的统治和佛罗伦萨梳毛工起义之间的间隔时期画出来的，当时，小资产阶级正在大步向前。"[2]对于佛罗伦萨社会的新兴阶级来说，乔托的艺术太过于"现代"了，但是先前的上层资产阶级的统治阶级，曾经支持乔托及其追随者的更为"自然主义的"艺术，这个统治阶级的力量到了世纪中期走向衰退，他们不再张扬在艺术问题上的权威性了。结果是，纳多的系列壁画揭示了上层资产阶级对于不太老于世故的小资产阶级及其联盟多米尼加人的品位的妥协或让步。

1　Frederick Antal, *Florentine Painting and Its Social Background*, 164.

2　Ibid., 190.

　　安塔尔还特意选择了几乎绘于同一时间同一地方的两幅画作来进行比较：真提尔·达·法布里亚诺（Gentile da Fabriano）的《圣母子和天使》（*The Madonna and Child with Angels*，绘于1425年前后）与马萨乔（Masaccio）1426年前后创作的同一主题的绘画（图1、图2）。依据安塔尔的观点，与真提尔注重藻饰、丰富的物质性和仪式化行为形成对照，马萨乔严格地遵循透视短缩法则，理性地处理空间和人物。这种实事求是的观念将圣母玛利亚和幼年耶稣描绘成普通的母亲与儿童，耶稣如同常见的婴儿那样，在吮吸拇指。"位于同一城镇、在同一时间创作的两幅图画为何有着如此广泛的差异？"安塔尔问道。对于马克思主义者安塔尔而言，这一根本原因就是社会基础的经济结构。获益于占统治地位的生产关系的那个阶级的意识形态，掌控着那个时代的艺术。真提尔和马萨乔针对同一主题而采用全然不同的风格方法表明了，不同类型的社会（直至共产主义的到来）是对立的。真提尔仪式性的、庄严的风格，表现了贵族观点的持久性；而另一方面，马萨乔更为理性的、自然的和现实主义的风格，反映的是新兴的、一时强盛的资产阶级价值观，这个阶级随着佛罗伦萨制造业和国际贸易的繁荣而产生，而文艺复兴时期的艺术正是这个阶级的利益和要求的反映。安塔尔写道，当15世纪后半叶中产阶级精英成为富有的贵族，并维护其主导地位之际，没有画家真正地坚持马萨乔的传统；这一时期的所有绘画或多或少都可以归为"晚期哥特式"（安塔尔在此考虑的波提切利和菲利皮诺的画作）。[1]

　　彼得·伯克曾指出，安塔尔的研究犯有两种错误。一是时代倒置（anachronism），即安塔尔将"进步"，甚至"阶级"这样的一些现代概念用于15世纪的佛罗伦萨；二是循环论证，比如曾分别委托真提尔·达·法

---

[1] Michael Hatt and Charlotte Klonk, *Art History*, 131-132.

布里亚诺和马萨乔创作绘画的帕拉·斯特罗齐和费切利·布兰卡齐是翁婿
关系，而安塔尔的阶级理论无法解释为什么他们委托的绘画呈现出截然不
同的风格。[1]而贡布里希则批评安塔尔的观点太过笼统，正如安塔尔批评德
沃夏克，德沃夏克批评沃尔夫林，以及沃尔夫林的自我批评一样。[2]

　　实际上，虽然安塔尔在运用马克思主义理论时显得僵便，缺乏细辨，
但是他却并未走向极端简单的经济决定论，而是对艺术作品的社会背景进
行了全面彻底的调查，采用了许多作坊文献和档案，再加上他那鉴赏家的
品质，最终呈现了较为精细的论证。甚至于，马克思主义艺术史的主要批
评者贡布里希也认为，安塔尔是他那个时代"最博学和精深的"马克思
主义艺术史家，"他在政治观点上非常教条主义，但是他对艺术具有好眼
力"[3]。艺术史家布伦特和约翰·伯格（John Berger，1926—2017）都证明安
塔尔对他们的学术思想发展的重要性，正如贡布里希对巴克森德尔的影响
一样重要。[4]

　　另一位正统马克思主义艺术史的代表人物阿诺德·豪泽尔，在安塔尔
的《佛罗伦萨绘画及其社会背景》面世后三年，出版了他的权威著作《艺
术社会史》（*The Social History of Art*，1951）。至今，这部厚重的作品已
经以十余种语言印行出版，长盛不衰。坦白地讲，相比于安塔尔，这部书
虽然历史视野开阔，但却较为粗糙，招来的批评也更多。

　　豪泽尔的人生轨迹与安塔尔颇为相似。他先后在布达佩斯和柏林求

1　Peter Burke, *The Italian Renaissance: Culture and Society in Italy* (Cambridge: Polity Press, 1999), 35.

2　Gail Day, *Dialectical Passions: Negation in Postwar Art Theory* (New York: Columbia University Press, 2011), 15.

3　Ian Chilvers, ed., *The Oxford Dictionary of Art* (New York: Oxford University Press, 2004), 25.

4　Peter Burke, *A Social History of Knowledge II: From the Encyclopaedia to Wikipedia* (Cambridge: Polity Press, 2012), 211.

学，成为著名社会学家格奥尔格·西梅尔（Georg Simmel，1858—1918）的学生。与安塔尔一样，他同情马克思主义，也曾在匈牙利苏维埃共和国的临时政府担任短暂职务，并任大学教授，他也是以卢卡奇为核心的"星期天小组"的成员。1919年，霍尔蒂独裁政权建立后他也离开了布达佩斯，也在意大利旅行。之后，他前往巴黎，在著名的哲学家亨利·柏格森（Henri Bergson，1859—1941）和颇有知名度的语言学史家和批评家古斯塔夫·朗松（Gustave Lanson，1857—1934）指导下致力于语言学史和哲学的研究。1921年，他离开巴黎前往柏林，跟从马克斯·韦伯、格奥尔格·西梅尔、维尔纳·松巴特（Werner Sombat，1863—1941）和恩斯特·特勒切（Ernst Troeltsch）学习经济学和社会学。此时，他渐渐地对艺术史产生了兴趣，并跟从戈尔德施米特（Victor Moritz Goldschmidt，1888—1947）和沃尔夫林学习艺术史，但是他始终相信，形式主义是一种艺术真空。

1924至1938年间，豪泽尔生活在维也纳；但因为纳粹占领了奥地利，他和安塔尔一样移居英国，并在利兹大学任教。在这里，他受到朋友、《思想与空想》一书的作者、"知识社会学"家卡尔·曼海姆的鼓励，着手进行艺术社会学的研究。1953至1954年的冬天，豪泽尔去往美国并举办了四次讲座，并于1957年以布兰代斯大学艺术史客座教授的身份重返美国。1958年，《艺术史哲学》以德文在慕尼黑出版。1959年，豪泽尔从布兰代斯大学退休并返回英国，且一直在伦敦的霍恩西艺术学院任课。1965年出版《样式主义：文艺复兴的转折点和现代艺术的起源》；1974年，他又出版了《艺术社会学》，对自己的学术思想做了理论总结。

与安塔尔坚定的党派性不同，豪泽尔并不承认自己是一位马克思主义者。他曾向匈牙利马克思主义哲学家伊斯塔法·梅萨罗斯（István Mészáros）坦白："我的头脑很清醒，因为我将马克思主义理论与实践分离开来，我不是一个正统的马克思主义者。我的生活献于学术，而不是政治。"但是他也承认，他运用的是历史唯物主义。[1]

《艺术社会史》并不容易读。这部巨著上起史前艺术，下至电影时代的艺术，气象宏伟。豪泽尔雄心勃勃，力图通过考察广阔的历史时代的哲学和社会动态，来解释西方艺术的每一个重要方面。他试图建立一种反沃尔夫林和李格尔的新艺术史模式：用艺术社会学的观点解释以往的西方艺术。其中，他主要运用马克思主义的理论，将每个时期的艺术风格与特定的阶级联系起来。例如，他认为文艺复兴艺术的风格和题材就反映了佛罗伦萨市民社会或市民阶级要求如实表现客观世界的愿望，或者，艺术家的出身和迎合雇主需要的愿望影响了艺术的发展。[2] 他相信，艺术产生于那造成特殊社会关系和阶级结构的经济环境中，而这一环境充满着潜在的冲突和矛盾。

豪泽尔同样受到了现象学的影响。他与许多马克思主义艺术史家的最大不同在于，他并不使用社会意识形态这个术语。他对解释艺术服务于什么，或者传递了什么社会信息不感兴趣，对于他来说，更重要的任务是用现象学来理解艺术，这种由体验带来的知觉形式产物。就这一点而言，《艺术社会史》具有一种"显露人类心灵"的半－黑格尔观念。[3] 在这部书的最后一卷中，豪泽尔声称，研究过去是为了理解现在，所以他对历史事件的解释，往往与当下艺术现象联系起来——尤其是现代主义和大众文化的问题。这种观点显然与马克思主义的实践辩证法概念一致。豪泽尔分享

---

1 Lee Congdon, "Arnold Hauser and the Retreat from Marxism," in *Essays on Wittgenstein and Austrian Philosophy: In Honour of J. C. Nyiri*, ed. Tamás Demeter (New York: Rodopi, 2004), 51.

2 刘耀春、刘君：《中译序》，载［英］彼得·伯克：《意大利文艺复兴时期的文化与社会》，第16页。

3 Pau Balow, "Arnold Hauser," in *Key Writers on Art: The Twentieth Century*, ed. Chris Murray (New York: Routledge, 2003), 135.

了马克思主义的传统，亦希望建构一种历史"科学"，为此而要构筑一种语用学的意识形态。[1]

但是，他在两卷本的《艺术社会史》中，从历史唯物主义也即马克思主义的角度，描述从史前时代到20世纪初的艺术的发展历程，由于主题宏大，结构庞杂，未能够深入地分析单个作品也就不奇怪了。如同安塔尔一样，豪泽尔所关注的是潜藏的风格类型（如晚期哥特式、手法主义者和印象主义者）外貌之下的经济和社会结构。如在有关意大利早期文艺复兴章节中，豪泽尔基本重复了安塔尔的分析。真提尔·达·法布里亚诺和多梅尼科·威尼齐亚诺（Domenico Veneziano）作品中可见的庄严绚丽的艺术趣味，与朴素明了的中产阶级艺术大师马萨乔的自然主义并存。依据豪泽尔的观点，14世纪的历史，不仅是资产阶级和贵族之间，同时也是资产阶级和工人阶级之间斗争的历史。这个阶段证明了贵族的利益"与资产阶级利益不相容"；然而，随着这个世纪的不断进步，新兴的资产阶级精英"开始采用宫廷社会的礼仪，他们从浪漫的骑士精神的主题中看到的事物不仅新奇，而且值得效法"[2]；作为过着一种优雅生活的食利阶层，是由"曾经如此普通而勤劳的中产阶级"发展而来的，因而艺术也相应地发生变化："马萨乔的纪念碑性自然主义，及其反哥特式的朴素性与着重于明确空间的关系和比例，戈佐利（Gozzoli）艺术中的风格特征的丰富性和波提切利的心理敏感性，代表了中产阶级从节俭的环境中上升到真正富有的贵族水平的三个历史发展阶段。"[3]

豪泽尔有时也承认艺术有着独立于社会经济环境而发展的能力。在其

---

1 Pau Balow, "Arnold Hauser," in *Key Writers on Art: The Twentieth Century*, 135.

2 Arnold Hauser, *The Social History of Art*, new edition (London: Routledge, 1962［1951］), vol. 2, 26–27.

3 Ibid., 17.

后来的方法论著作《艺术史哲学》中，他声称将历史唯物主义的分析与艺术的独立推动力调和起来很有意义，后者是形式主义者提出的主张，重视艺术的个性特征的作用；不过，这种独立的发展，永远也不能够远离潜在的经济现实所决定的路线；风格也许在它们所服务的阶级停止存在后仍长久存在，而艺术形式不可能具有独立的革命性。这在豪泽尔讨论法国19世纪画家古斯塔夫·库尔贝（Gustave Courbet，1819—1877）时非常明显。在豪泽尔看来，库尔贝是一位反资本主义的自然主义形式的典型代表，这种自然主义在1848年革命失败后与福楼拜和龚古尔兄弟所实践的、代表食利者的精英自然主义共存。然而，不论库尔贝的无产阶级观点多么新颖，它的政治力量也不容夸大。这样做是为了赋予艺术其所不曾拥有的意义，并"让一位思维混乱、喋喋不休的画家成为先知，让一幅滞销的图画展出成为一个历史事件"[1]。豪泽尔的这一观点，与克拉克所指出的库尔贝《奥南的葬礼》对统治阶级意识形态的颠覆，相去甚远——这显然是正统马克思主义与新马克思主义艺术史在"艺术之能动性"上所持立场的差异。

对于豪泽尔《艺术社会史》的批评一直不断，其中最重要和经典的要数上文已经介绍过的贡布里希所写的书评。而豪泽尔更大的意义也许在于，为新艺术社会史树立了一个可供攻击的标靶和参照区分的标准。

在欧洲，除了安塔尔和豪泽尔之外，还有两位马克思主义艺术史家值得一提，那便是德国艺术史家阿尔弗雷德·冯·马丁和弗朗西斯·克林根德。马丁是匈牙利社会学家卡尔·曼海姆的学生，在《文艺复兴的社会学解释》（*Soziologie der Renaissance*）[2]中，他综合了马克思的理论和布克哈特的思想，将文艺复兴理解为理性的市民阶级击败贵族和教士的革命。该

1　Arnold Hauser, *The Social History of Art*, new edition (London: Routledge, 1962〔1951〕), vol. 4, 62.

2　Alfred von Martin, *The Sociology of Renaissance* (New York: Oxford University Press, 1944).

书大胆地利用马克思主义理论研究文艺复兴时期的文化和社会，显示了"理论创新"的锐气。但是，由于欠缺精微的实证功夫，他被后来的学者所诟病。[1]

弗朗西斯·克林根德虽然被称为英国艺术史家，却是出生成长于德国的学者。20世纪20年代时，他随父亲前往英国，就读于伦敦经济与政治学校的夜校。但由于父亲既是一个动物画家和德国博物馆的技术负责人，还是克鲁泡特金的崇拜者，所以，虽然他的兴趣主要在经济学和社会学上，也关注艺术问题；而由于其家庭与德国当时激进社会思潮的关系，白日打工夜晚读书、生活艰难的克林根德很快就信奉了马克思主义和共产党。1930年毕业后，他为"伦敦生活与劳动新调查"（New Survey of London Life and Labour）这一项目工作。1934年，他得到了博士学位，完成了关于伦敦劳动力的博士论文，并于1935年出版了《英国牧师的劳动环境》（*Condition of Clerical Labour in Britain*）一书，但由于观点不合时宜，他很难找到公职。不久以后，他成了国际艺术家联盟执行委员会（Executive Committee of the Artists International Association）的成员，并开始以马克思主义研究现代艺术。

在《马克思主义与现代艺术：社会现实主义研究》[2]这本书中，克林根德宣扬艺术的社会现实主义，且对以罗杰·弗莱为代表的形式主义发起批判。他认为，现实主义开始于旧石器时代的洞穴绘画，并一直继续到今天，而唯灵论、宗教和唯心主义的艺术传统则开始于脑力劳动从体力劳动分化出来的时期，它也一直继续着，当共产主义社会到来时，脑力劳动和

1　刘耀春、刘君：《中译序》，载［英］彼得·伯克：《意大利文艺复兴时期的文化与社会》，第13页。

2　Francis D. Klingender, *Marxism and Modern Art: An Approach to Social Realism* (London: Lawrence and Wishart, 1943).

体力劳动的差别不存在时，这类艺术便会消失。克林根德坚持认为，马克思主义艺术史的任务就是描述这两种艺术传统对立发展趋势之间的绝对斗争。这本书典型地体现了20世纪30年代以来马克思主义艺术史的绝对主义、幼稚和偏狭。[1]

1947年出版的《艺术与工业革命》原是在1945年为纪念工程师联合工会（Amalgamated Engineering Union）成立25周年而在国际艺术家联盟（Artists International Association）画廊所举办的展览而写的论文。从很多方面来讲，这本书都是一本马克思主义艺术史的经典之作。他讨论了工业场景在艺术中的出现，以及艺术家是如何表现出工业革命的精神的。[2]克林根德却未简单地将艺术变迁仅仅看作经济变革的反映。[3]在《戈雅：在民主传统之中》[4]中，克林根德发现，戈雅的艺术中体现了社会变革中的体验。戈雅以自己的预想形象展现了社会变革，并以自己在理解和感觉上的改变，适应于新兴事物对他的意识的冲击。克林根德要建立起这一联系，首先就要从一个特殊的社会情境入手去研究；其次，他还从政治事件的连续性入手去探究。[5]他的结论是，戈雅的艺术风格发展中相互冲突的倾向，恰是各种社会形态和人类体验的必然表现。在1971年被编辑出版的《直至中世纪晚期艺术与思想中的动物》[6]中，克林根德考察了从史前到文艺复兴时期艺

1　S. E. Hyman, "The Marxist Critism of Literature," in *Karl Marx's Social and Political Thought*, eds. Bob Jessop and Russell Wheatley (New York: Routledge, 1999), 276.

2　Francis D. Klingender, *Art and Industrial Revolution* (London: N. Carrington, 1947).

3　Paul Crowther, "Art History," in *The Oxford History of Western Art*, ed. Martin Kemp (New York: Oxford University Press, 2000), 512.

4　Francis D. Klingender, *Goya in the Democratic Tradition* (London: Sidgwick & Jackson, 1948).

5　Mark W. Roskill, *The Interpretation of Pictures* (Boston: The University of Massachusetts Press, 1989), 60.

6　Francis D. Klingender, *Animals in Art and Thought to the End of the Middle Ages*, eds. Evelyn Antal and John Harthan (London: Routledge & Paul, 1971).

术中的动物形象，并将艺术家和作家对动物形象的描绘与他们的宗教、社会和政治信仰联系起来，视角确实非常新颖。但是，他的许多马克思主义观点是武断而粗陋的。

马克思主义者克林根德的写作，对欧洲大陆艺术社会史、艺术批评和艺术理论产生了很大影响。"二战"之后，他开始对社会心理学感兴趣，并承诺不再参加政治活动。这样，赫尔大学才接纳他从事教学工作，艰难的生活条件终于得到了改善。

（2）新马克思主义艺术史和新艺术史

当作为一个马克思主义者的克林根德在20世纪40至60年代的英国过着朝不保夕的生活时，贡布里希、波普尔等右翼自由主义学者的地位却如日中天，一一获得爵位。正如克雷文所说，除了克林根德不太受重视的作品之外，40年代晚期到60年代可以说是马克思主义艺术史的相对沉寂的空白时期。这种情况在英语世界尤其显著。[1]

实际上，英国可以称得上是受马克思主义影响最深、左派思想最兴盛的西方资本主义国家之一。马克思本人便与英国渊源深刻，他虽然生于德国，却屡被驱逐，在1848年革命失败后，他作为一个政治流放者来到了英国，并长久居住于伦敦，写作最重要著作《资本论》，1883年在伦敦寓所辞世。马克思的思想直接影响了以约翰·拉斯金、威廉·莫里斯和克鲁泡特金为代表的第一代英国马克思主义艺术批评家和艺术史家。而罗杰·弗莱、温德姆·刘易斯（Percy Wyndham Lewis，1882—1957）与赫伯特·里德（Herbert Read，1893—1968）等第二代社会激进主义者，在1917年俄国革命之前，也或多或少地受到拉斯金、莫里斯、部分克鲁泡特金的影响。

---

1 David Craven, "Marxism and Critical Art History," 281.

20世纪30年代，受到希特勒威吓的马克思主义者陆续逃亡英国，这其中便包括许多"星期天小组"的成员如安塔尔、豪泽尔和韦尔德，这三位对英国艺术史学科的发展做出了贡献，例如，韦尔德担任考陶尔德艺术学院院长达十多年，培养了整整一代艺术研究者。

对这些匈牙利马克思主义艺术史家的到来，英国艺术史家赫伯特·里德是非常欢迎的。当时，他正任《伯灵顿杂志》（*Burlington Magazine*）编辑（1933—1939），以无政府主义者的基尔特社会主义者（guild socialist）[1]自居，也对艺术社会史很感兴趣，出版了像《艺术与工业》（1934）和《艺术和社会》（1936）这样的书。在里德乐观的折中主义写作中，到处可见对于马克思、弗洛伊德、维弗雷多·帕雷托（Vilfredo Pareto，1848—1923），鲁思·本尼迪克特（Ruth Benedict，1887—1948）和路先-列维-布留尔（Lucien Lévy-Bruhl，1857—1939）的引用。正是里德，帮助豪泽尔的书出版印刷，他还邀请安塔尔与其他中欧侨民为《伯灵顿杂志》撰稿。在1930至1940年间，一个英国马克思主义知识分子的小群体，在大学内外都是很活跃的。[2]

20世纪40年代之后，由于冷战和麦卡锡主义的影响，在英国和美国的文化生活中，马克思主义的声音被压制甚至禁绝，这种社会政治状况对艺术史发展产生了直接影响。麦卡锡分子的清洗不仅压制了整整一代美国知识分子的成长，同时在英国也产生了特殊的影响，公众舆论和新闻出版的自由受到了限制。这一状况对文化生活的方方面面都产生了影响。持马克

1　基尔特社会主义又称"行会社会主义"，产生于20世纪初期的英国，是费边社会主义（Fabian Socialism）之外，介乎于社会主义与工团主义（Syndicalism）之间的一种调和理论，其代表人物有彭迪（A. J. Penty）、霍布生（S. G. Hobson）、柯尔（G. D. H. Cole）。他们批判的是资本主义制度下工人的不自主性，主张国家与基尔特（工会）应各有各的职务与权力。

2　Peter Burke, "The Central European Moment in British Cultural Studies," 284.

思主义观点的学者、作家和记者在找工作或是接受任务方面都受到了严重的歧视。许多人觉得有必要低调一些，要么就试着忘掉他们过去与左派之间的联系。杂志的编辑全都过分地谨慎，他们热衷于自我审查以便能够提前去掉与管理制度不合的东西。例如，他们会去掉作者文本中的"资产阶级"，代之以"中产阶级"——这是他们想出来的较为无关痛痒的，或者至少说是意思不那么复杂的词。[1]

当我们回顾这个静默的年代时会发现，有一位美国学者几乎单枪匹马地在他对艺术和社会的分析中实践着一种非正统马克思主义的范例形式。这位学者便是对美国艺术史界产生深远影响的迈耶·夏皮罗（Meyer Schapiro，1904—1996）。夏皮罗的作品被认为是对三位最伟大的马克思主义艺术史家（安塔尔、豪泽尔和拉斐尔）以及相关的唯物主义艺术分析的划时代之作的一种扩展和精细化。[2] 夏皮罗是秉承早期马克思主义依赖阶级理论的批评模式的社会艺术史家，继续认为文化表征是一个统治阶级的意识形态利益的镜像反映，并在此观念下进行批评（例如，夏皮罗认为，印象主义便是有闲、持股资产阶级的文化表征）。根据夏皮罗所论，这些文化表征产品，并不仅仅清晰地体现了资产阶级的普遍心态；他们也赋予其以文化权力，来宣扬和维护其作为统治阶级的政治合法性。

其他研究者则将迈耶·夏皮罗的马克思主义艺术社会史当作出发点，同时也接受了他在晚期作品中发展出来的复杂观念。他考虑到了艺术与意识形态之间远为复杂的问题，在他的论述中，他认识到，美学形态是相对自律的，而非完全依赖于或适合于意识形态利益（例如，当夏皮罗随后转

1　［美］保罗·奥弗里：《新艺术史与艺术批评》，本文译自里斯与博泽罗合编的《新艺术史》论文集（A. L. Rees and Frances Borzello, eds., *The New Art History*［Humanities Press International, 1988］）。

2　David Craven, "Marxism and Critical Art History," 281.

向一种早期抽象主义符号学时，这一发展非常明显）。一种更复杂的意识形态理论的后果之一，便是尝试将艺术表现当成是特定历史时刻的辩证力量。

在英国，这种沉寂的状况一直持续到60年代末或70年代初。在此之前，艺术史界的反马克思主义气氛是较为浓郁的。佩里·安德森（Perry Anderson, 1938— ）在其名著《国家文化的构成》（*Components of the National Culture*）中指出，英国战后文化是由一代受法西斯主义迫害的大陆难民所引导的，他们与那些逃到其他地方的人或者像沃尔特·本雅明那样自杀的人不同，他们在英国形成了一种"白色"的或者本质上说是反动和反马克思主义的力量。在20世纪60年代晚期，安德森写道："英国文化当局充分肯定了他们的贡献，并给了他们一定的荣誉：路易斯·纳米尔爵士、卡尔·波普尔爵士、以赛亚·柏林爵士以及（或许即将的）恩斯特·贡布里希爵士。"[1] 很快，贡布里希就获得了骑士称号，尽管布伦特因为其"苏联间谍"身份的曝光而失去了它。诚如保罗·奥弗里（Paul Overy, 1940—2008）所言，布伦特这个"共产党的间谍"和贡布里希这个"反共产主义的难民"，代表了战后英国艺术史研究领域里主流和非主流的两种力量（由贡布里希做院长的瓦尔堡研究院成了艺术史研究的中心，而布伦特的考陶尔德艺术学院成了艺术史的教学基地）。[2] 同日耳曼语国家相比，艺术史在英格兰是一门比较新兴的学科。直到20世纪60年代，考陶尔德艺术学院都是唯一一所真正意义上开设艺术史课程的学院，引导着该学科的发展方向。这个学院最初由一家同名纺织公司建立并提供赞助，院长则是布伦特。也许是为了给他今后的活动找一个令人信服的掩护，考陶尔德艺

1　Perry Anderson, "Components of the National Culture," in *Student Power*, eds. Alexander Cockburn and Rubin Blackburn (Harmondsworth: Penguin, 1969), 233.

2　保罗·奥弗里：《新艺术史与艺术批评》，本文译自里斯与博泽罗合编的《新艺术史》论文集。

术学院以形式分析的、无利害性的美学观念来进行艺术史研究。因为这种学术取向符合当时的政治气氛，布伦特位居高位，还成了女王绘画收藏的保管者并且还获得了骑士称号。

但是，这种氛围到1968年出现了消散的趋势。那一年，亚瑟·埃尔顿（Arthur Elton）修订再版了克林根德的先驱性著作《艺术与工业革命》，书中引入了一些他自己收藏的新的图像资料，并且对克林根德原著中的一些比较明显的马克思主义观点的话语做了软化的处理，有些地方甚至完全改变了原著的意思。这样一部做了很大改动的著作已经很少再有克林根德原著的面貌了。埃尔顿的删节改编版的平装本仍然在大量出版，而且还出现在许多英国学院的阅读书单上。[1]

出版限制的情况得到改善。从这一点来看，马克思主义对于英国已不再有政治上的威胁，学术生活中马克思主义已经可以被容忍出现了，甚至是出现在一般的文艺作品中。1968年，再没有一个偏狭的"戴高乐要去打倒了"（toppled no de Gaulle）。在英国，用本雅明评论马里内蒂的话来说，也许因为有左派，"政治才被美化了"（aestheticized politics）。所以，左派得以发声，但仅仅限制在霍恩希艺术学院（Hornsey College of Art）内部。不久以后，霍恩希艺术学院也被吸收进了米德尔赛克斯大学工学院（Middlesex Polytechnic），正是在这里诞生了重要的左派杂志《立方体》（Block），其后"新艺术史"的许多观点大量出现在这本杂志上。

在那个沉寂的时期，艺术史家回避当下艺术作品，忽视艺术批评实践。布伦特曾在30年代后期为《观察家》（Spectator）写了一些具有左派观点的应付文章，可是到了五六十年代冷战的环境下，这种批评实践是被

---

1 埃尔顿的修订版最初由埃韦林、亚当姆斯和麦克凯伊出版社（Evelyn, Adams and Mackay）在1968年出版，1972年格拉纳达出版社（Granada）出了平装本，后又数次印刷。

大家所谨慎回避的。不过，从60年代中期起，针对艺术史研究机构对于艺术批评的漠视和美学孤立主义，一些上流的报纸、批评期刊甚至电台、电视台都开始批判这种保守主义美学，宣扬大家关心艺术与社会生活之间的关系。在这一波批评浪潮中，约翰·伯格的声音最为强劲有力，从某种程度上说，他影响了整整一代人的艺术观。

艺术批评家约翰·伯格曾在20世纪60年代出版了一系列对于毕加索、立体主义和先锋派的研究，之后，指导了重要电视节目《观看之道》[1]，并出版了一部同名于电视系列片的配套图书。弗瑞德·奥顿和格里塞尔达·波洛克在合著的《先锋派和党派评论》中写道："在1972年，约翰·伯格的《观看之道》六集电视系列片在电视台播放，相应的一本书也在当时出版，它们是作为对肯尼思·克拉克的《文明》电影系列片和1969年出版的书《文明》[2]的批评而制作的。"[3]

当时，肯尼思·克拉克（Kenneth Clark，1903—1985）是一位深受尊崇的艺术史家，但他的审美兴趣主要是古典艺术。在《文明》的开篇，克拉克便对住在预制件里的现代人表达了一种轻蔑的情绪，声称《观景楼的阿波罗》（Apollo of the Belvedere）表达了一种更高级的文明状态，而凡·高是因为被现代的堕落文明状态所驱疯，从而重绘了米勒的《播种人》（Sower）。显然，克拉克的美学观念是贵族式的、资产阶级的、传统的。这一立场，正是受到马克思主义思想熏陶的伯格，不顾一切要去抨击的对象。《观看之道》以一种非常大众化的方式提出鲜明的观点，艺术史需要被批评性地看待，历史也需要被批评性地处理。他强调了本雅明在《机械复制时代的艺术作品》中的观念，遵循马克思主义的批判传统，以

1　John Berger, *Way of Seeing*, BBC TV (Harmondsworth: Penguin Books, 1972).

2　Kenneth Clark, *Civilisation*, BBC TV 1969 (London: BBC and John Murray, 1969).

3　Fred Orton and Griselda Pollock, *Avant-Gardes and Partisans Reviewed*, viii.

及联系当代女性主义和殖民主义的西方艺术的第三世界批评，独树一帜地提出，应该写一部"批判的艺术史"（critical art history）。他的观点甚至造成了一种国际性的轰动。[1]第二年，也就是1973年，《观看之道》便在美国出版了。很快，它就对英语国家艺术史界（尤其是年轻一代的艺术史专业学生）产生了冲击。或许是因为伯格那让人兴奋的文本中，充满了格言警句式的、省略的、冗赘的表达，到了1978年，甚至还出现了一本杂志，专门解释《观看之道》。[2]

1972年出版的巴克森德尔的《15世纪意大利的绘画与经验》尽管是一本非马克思主义的艺术史著作，但其叙述方式趋向于使人将阶级和意识形态看作历史的实际情况。同样在1972年，美国《新文学史》（*New Literary History*）的春季号发表了在"文学和艺术"研讨会上的论文。其中最有意思的文章是柯特·W.福斯特（Kurt W. Forster）的宣言式文章《批评性的艺术史或者价值的变形》[3]。在这篇视野宽阔的文章里，福斯特讨论了艺术史在大学课程、博物馆、美术馆、出版和教育业中的功能。他指出，艺术史写作建构于三种概念之上：风格史、艺术家传记、图像传统或图像学。这些概念的结合，有利于形成"一种极其独立于历史的艺术史"，这种艺术史仅仅将历史以"一种对令人费解的事实的最后一个原因和解释"的状态带进写作中。这些秉持着"艺术宗教"观念的艺术史家，经常给艺术"赋予一种'补偿性'的历史（而不是历史上的血腥斗争和混乱无序）"力量，或者将艺术打扮成一个强大的救世者，它能够"净化黑暗和当下现实"。或者，如他所说，以另一种方式，这些艺术史家生产出一种"肯定性价值"，希望让艺术"给你的头脑保持一点光芒，使你的心灵保留

1　David Craven, "Marxism and Critical Art History," 281.

2　参见 *Art-Language* 4, no. 3 (October 1978)。

3　Kurt W. Forster, "Critical History of Art, or a Transfiguration of Values?", *New Literary History* 3, no. 3 (1972), 459–470.

一点满足，自信地面对另一天的新颖和压力"。对于福斯特来说，这类艺术史理想而幼稚，肤浅而稀薄。为了反对这种"补偿性"和"肯定性"的艺术史，福斯特期待一种能够"对于艺术的社会—历史基础的充满关切"的艺术史，就像"之前的瓦尔堡、安塔尔、豪泽尔和早期夏皮罗、唐纳德·德鲁·艾格伯特（Donald Drew Egbert）、尼古拉·鲁宾斯坦（Nicolai Rubinstein）、本雅明、阿多诺（Theodor W. Adorno）、洛文塔尔（Leo Lowenthal）和像更年轻的艺术史家马丁·沃恩克（Martin Warnke）和维克迈斯特（O. K. Werckmeister）"一样去进行研究。他认为，现在需要的艺术史，是一种将其学术方向转而进行"一种意识形态批评的方法论尝试"。对于福斯特而言，"批评性的艺术史"是与"艺术社会史"同义的，而这两者又与马克思主义艺术史同义。[1]

就在这个时候，女性主义艺术批评的出现，成了艺术社会史复兴的开端。1973年，一本题为《艺术和性别政治》的文选，由托马斯·B. 黑斯（Thomas B. Hess）和伊丽莎白·C. 贝克（Elizabeth C. Baker）编辑出版。[2] 此书的第一篇文章是琳达·诺克林（Linda Nochlin）在1971年写的《为何没有伟大的女艺术家？》一文。诺克林是在麦卡锡政治迫害的那个年代受到艺术史研究的教育和训练的，尽管政治氛围如此，她却依然开始了对艺术史领域中盛行的形式主义正统观念的挑战，并将艺术生产的社会决定因素作为研究课题。她的博士论文的研究对象，是具有高度政治敏锐性的艺术家古斯塔夫·库尔贝，这是很勇敢的。[3] 而到了70年代早期，她将这种兴

1　Fred Orton and Griselda Pollock, *Avant-Gardes and Partisans Reviewed*, x.

2　Elizabeth C. Baker and Thomas B. Hess, *Art and Sexual Politics* (New York: MacMillan, 1973). 诺克林的这篇文章原先以更长的篇幅刊载于Vivian Gornick and Barbara K. Moran, eds., *Woman in Sexist Society: Studies in Power and Powerlessness* (New Yorks: Basic Books, 1971)。

3　Linda Nochlin, "Gustave Courbet: A Study of Style and Society," PhD (New York University, 1963).

趣带入对艺术的社会构成及其历史话语中，尤其是女性艺术家的缺席上。[1]
女性主义在政治舞台上重现，且主要在文化领域中引起反响。当女性艺术
家和艺术史家开始质问，为何一半的艺术馆和书籍中对女性艺术家都只字
未提的时候，对于艺术与社会关系的探究显然又进入了学院艺术史的研究
视野之中。

　　作为最早在艺术史界对女性主义做出响应的学者，诺克林打算将对女
性在艺术史上的缺席这种现象的研究，当作一种方法和契机，来"刺穿文
化意识形态的局限性和作为整体的艺术史学科的不充分"。她不仅将"女
性问题"当作一个子课题，还将它当作一个催化剂，促使艺术史的范式向
一个新的方向转变，使艺术研究与历史、社会科学、文学和心理学重新恢
复联系。凭借《为何没有伟大的女艺术家？》这篇文章，她给出了一种可
以从社会的权力结构和权力体制来研究艺术社会史的可能性。在她看来，
社会性别、种族、生理性别和文化差异，都是社会关系中的因素和效果，
对艺术家职业及艺术的表现都具有重要作用。所以，诺克林的文章所强调
并提倡的艺术社会史，是一种注重考察多元利益和不同群体之间权力关系
及其对艺术的影响的艺术史。与约翰·伯格在《观看之道》中关于西方艺
术中的女性裸体的著名文章《男性的观看：女性观看自己被注视的样子》
一样——诺克林对于性别等级状况的论述，是通过艺术机制社会分析和图
像视觉分析的结合而实现的。

　　1972年，托马斯·B. 黑斯和琳达·诺克林共同署名发表了一篇讨论艺
术史中男女性别问题的文章，《女性作为性对象》。[2] 诺克林在导论中批评
了西方艺术史研究对情欲主题的忽视，接着提出，绘画中的女性人体的再

---

1 Linda Nochlin, "Starting from Scratch," *Women's Art*, no. 61 (1994), 6–11.

2 Thomas B. Hess and Linda Nochlin, "Woman as Sex Object," *Art News Annual*, XXXVIII (New York: Newsweek, Inc.,1972).

现形式实际上受到了一种统治性话语的影响。她认为，西方艺术史中的女性身体，是作为异性恋男性的欲望符号而出现的；在艺术再现的领域中，女性既无发言权，也没有主体的渴望。通过将一幅高更的画作、一幅19世纪女性色情照片和一幅印有奉献了一盘水果的多毛裸体男性的剧照进行对比，诺克林指出了西方艺术史中的极端的性别不对称，揭示了那被结构进再现控制系统中的权力关系。这样，身体和性别再现的政治问题，就成了批评性的艺术史分析的重要主题。

在这种学术转型的背景下，T. J. 克拉克的《人民的形象：古斯塔夫·库尔贝与1848年革命》和《绝对的资产阶级：1848至1851年间法国的艺术家与政治》（ The Absolute Bourgeois: Artists and Politics in France 1848–1851 ）（下文简称《绝对的资产阶级》）的出版，可谓适逢其时。这两本书的主题，是1848年革命期间及随后的艺术和政治间的关系。依照克拉克的观点，这个阶段是艺术史上重要而且"难得一遇"的时刻，"当时的艺术与政治纠结在一起"[1]。由于他密切关注艺术史地图上非常狭窄的地域和时间，克拉克没有必要像豪泽尔和安塔尔那样，就阶级的意识形态和艺术做出一般性的推论；相反，他提供了一种极具深度且多管其下的历史档案研究，同时扩展所思考的范围，考察从画家的画室和友人直至与艺术品创作有关的一系列历史和社会现象。这种缜密的事态分析法，使得克拉克能够免于像西奥多·阿多诺著作中那样，依靠形式与意识形态内容之间的直觉类比。克拉克的写作，为当时想要重新联结或弥合历史和艺术之间的缝隙的艺术史家，提供了一个从理论到实践的模范。

克拉克是在1965至1970年间进行他的研究的。可以说，1968年巴黎的

---

[1] T. J. Clark, *Image of the People: Gustave Courbet and the 1848 Revolution* (London: Thames and Hudson, 1973), 9.

五月风暴，英国学院生活中各种各样的社会运动和骚乱，决定了这一写作计划的趋向及其最终形式。他真正写作此书是在1969至1970年间。而《人民的形象》的第一章《论艺术社会史》，与其说从属于这本书，倒更像是一篇单独的论文。也许，这是克拉克对在《新文学史》中已经进行的讨论的参与；也就是说，这篇文章实际上是为了艺术社会史的复兴而作的，就像希腊艺术史家尼科·哈吉尼柯劳所写的《艺术史与阶级斗争》[1]一书一样，为马克思主义艺术社会史的重新振兴发挥了战略性的重要作用，因为它提供了理论的和方法的种种可能性。跟随着克拉克和诺克林的脚步，当时刚刚从考陶尔德艺术学院毕业的格里塞尔达·波洛克开始继续女性主义的艺术社会史研究；另一些艺术史家则按照马谢雷（Pierre Macherey）在《文学生产理论》[2]中提出的观念，对他们所研究的对象采取症候式解读（symptomatic readings）。

20世纪70年代，艺术史的专业化和国际化发展迅速，为艺术史和马克思主义的结合起了推波助澜的作用。长久以来，美国艺术史家和艺术家都拥有专业性的学会——大学艺术学会（CAA, College Art Association），办有自己的杂志《艺术通报》（*Art Bulletin*）和《艺术杂志》（*Art Journal*），并召开年度会议。在70年代早期，英国艺术史家开始考虑参考美国模式建立他们自己的学会——艺术史家协会（AAH, Association of Art Historians）。它的第一次年会在1975年召开，三年后，开始出版自己的期刊《艺术史》（*Art History*）。于是，美英的艺术史家之间的交流在AAH建立之后越发引人注目了。美国艺术史家开始在AAH的会议上露面，英国艺术史家也开

1　Nicos Hadjinicolaou, *Histoire de l'Art et Lutte des Classes* (Paris: Librairie Francis Maspero, 1973); *Art History and Class Struggle*, trans. Louise Asmal (London: Pluto Press, 1978).

2　Pierre Macherey, *A Theory of Literary Production*, trans. G. Wall (London: Routledge and Kegan Paul, 1978).

始访问美国，并参加CAA的会议。艺术史界的"小世界"（small worlding）在70年代真正地起飞了。CAA会议给激进的艺术史家以会面的机会，赋予他们讨论和呈现作品的空间。但是，这个空间仍然处于边缘地带，比如，CAA专门成立了小型的委员会将这种讨论锁定于一定范围之内。在1972年，女性艺术委员会成立；马克思主义和艺术委员会则在1976年芝加哥会议上召开了第一次小组会议。在这次会议上，大卫·昆泽（David Kunzle）解释他如何开始翻译并介绍阿列尔·多夫曼（Ariel Dorfman）和阿芒·马特拉（Armand Mattelart）写的《如何阅读唐老鸭》（*How to Read Donald Duck*）；[1] T. J. 克拉克的论文则关于如何观看并理解作为意识形态的艺术；维克迈斯特的论文是与福斯特的《新文学史》论文进行的商榷，讨论了艺术史（批判的艺术史）如何转变资本主义机制所指派给它的功用的。《艺术史》这本杂志，在约翰·奥尼恩斯（John Onians）的主编下被广泛认可。到了1980年之后，《艺术史》杂志定期刊登英国和美国艺术史家的论文。许多新兴的女性主义艺术史家和马克思主义艺术史家的论文很多都发表于这本杂志上。

于是，马克思主义艺术史和所谓的"新艺术史"潮流在英美两国蓬勃地开展起来了。其中，克拉克以发表纲领性文章而引领着这股潮流。在1974年出版的一期《泰晤士文学副刊》（*Times Literary Supplement*）中，克拉克发表了《艺术创作的环境》一文，他提出：应该对艺术史进行重新叙述。[2] 他认为，艺术史的主题应该重新回到19世纪末20世纪初的日耳曼语

1　在《如何阅读唐老鸭》里，多夫曼和马特拉痛责好莱坞电影控制现实的版本，告诫大家要反抗美国的操纵。他们相信迪士尼迫使拉丁美洲人看见美国人如何看待他们的模式。他们呼吁小孩应该解放自身的文化，并且将迪士尼（唐老鸭）踢出去！

2　T. J. Clark, "On the Conditions of Artistic Creation," *Times Literary Supplement* (May 24, 1974), 561–563.中译本参见T. J. 克拉克：《艺术创作的环境》，石炯译，载《新美术》，1997年1月。

世界中，回到那些具有知识分子的严谨和责任感的艺术史奠基者身边；但是艺术史应该是唯物史观的艺术史，而不是唯心史观的，艺术史的实践不能脱离历史、经济、政治和社会生活，但不应该将它们当作"背景"来看待；艺术是社会进程中的一部分。

奇怪的是克拉克并没有提到正统马克思主义的艺术史家，尽管安塔尔、豪泽尔、夏皮罗、马克斯·拉斐尔和克林根德就是用历史唯物主义作为他们的观念工具的。恰如波洛克所说："我们那个时代的特点，是从新左派在20世纪50年代晚期以后对文化政治的参与而造成的马克思主义的变形而来的。当时，西欧和东欧的战后移民看起来都宣布了'意识形态的终结'。然而，左派却争辩，意识形态对于社会并入（social incorporation）[1] 来说，成了一种永远有效的机制。"[2]

也就是说，对马克思主义进行重新阐释、宣扬和利用的左派思潮，直接导致了马克思主义艺术社会史的复兴。在那个年代，佩里·安德森所谓的"西方马克思主义"思潮激发了对于上层建筑角色的再评估，重新解释资本主义社会结构中的"文化"和意识形态实践。新的艺术社会史家重读、重新解释了马克思的历史写作，如《路易·波拿巴的雾月十八日》和《政治经济学批判》，重新评价和认识了社会中的经济生产基础对文化上层建筑的必然决定这一教条主义观念，以更复杂的方法将再现问题、"外在形式"与社会结构关系进行新的接合表述，强调艺术对意识形态的能动

1　社会并入的内涵与社会吸纳比较类似。它主要是针对移民在劳动择业、文化教育培训、社会保障、社会组织网络等诸多方面的融入。社会吸纳的概念起源于20世纪七八十年代的欧洲医疗与福利危机，带有一种公共政策和福利研究的社会意味。这一概念起初是用来保障弱势群体的基本生活水平，后来又用于对移民群体、少数族群和社会弱势群体的社会融入研究。它将移民群体看作社会行动的客体，更多地突出流入社会的积极能动作用。它的目的是用来改善人们的生活状态，消除社会生活的障碍与预期风险。

2　Fred Orton and Griselda Pollock, *Avant-Gardes and Partisans Reviewed*, xii.

性，艺术对社会的介入。阿尔都塞（Louis Pierre Althusser，1918—1990）则提出了"意识形态国家机器"理论，宣称了意识形态实践的相对自治性。他将马克思从黑格尔那里所做的彻底脱离开来，在他看来意识形态是"鲜活的经验"，而不是创造一种攻击资本主义的似钢铁般的理论甲胄和马克思主义人道主义文化的错误意识，"意识形态国家机器"（学校、媒介、工会、家庭、教堂）展现了统治阶级在发达资本主义社会是如何实现统治的，其手段不仅包括压制和威迫，也包括意识形态宣传。尽管这些"意识形态国家机器"最终被经济关系所决定，但是在它们自己的运作中，它们反过来又在一定程度上决定了自己得以体现的形式。意识形态随即变成了艺术社会史的关键术语，因为，对于意识形态在社会关系、权力政治中生产性角色的全新认知，成了理解资本主义矛盾的核心论题。左派学者逐渐形成共识，艺术实践是意识形态实践的一部分，而不仅仅是生产艺术的社会的一种表现性反射；再者，因为艺术实践以不可预知的而又具有历史可理解性的形式重新协商或确证巩固了这些资本主义社会的矛盾，所以，艺术实践也被认为是意识形态的了。正如约翰·塔格（John Tagg）在80年代晚期所说："阿尔都塞的理论使一种文化政治成为可能。"[1]也就是说，它有可能创造出一种系统性的反历史主义文化政治。例如，哈吉尼柯劳的《艺术史与阶级斗争》，在很大程度上将阿尔都塞主义的许多实质性主题引入了英语世界的艺术共同体中。[2]

此外，左派学者还重新燃起了对一位20世纪早期马克思主义者——葛兰西的兴趣。葛兰西对意识形态理论最重要的贡献便是"霸权"（hegemony）概念。他认为，统治阶级并不仅仅依靠力量威慑来统治，却

---

1 Joan Lukitsh, "Practicing Theories: An Interview with John Tagg," *After Image* (January 1988), 8.

2 John Roberts, ed., *Art Has No History!: The Making and Unmaking of Modern Art* (London and New York: Verso, 1994), "Introduction," 1-36, here 9.

通过获得发挥社会权威性的手段来实施控制，将他们的利益渗透进公认的理解形式中，以一种不可避免的基本常识而被大众接受。霸权界定了现实，吸纳了对立，创造了一种选择性传统的文化（culture of the selective tradition）或教化（enculturation）。格里塞尔达·波洛克认为，这一术语用来描述艺术史的写作传统，也是适合的。

她认为，上述种种对马克思主义重要性的认识及再讨论，既是适时而为地对社会的批判和反思，又是重启艺术社会史研究和艺术批评活力的兴奋剂。20世纪70年代期间，由于"结构主义马克思主义"，以及文化人类学、符号学、精神分析学中的其他结构主义的共同发展，一种对马克思主义历史理论的更为复杂的理解形成了，并被用来作为文化分析的重要资源。而马克思主义曾经遗漏的、还没有理论化的领域——如主体性、性和语言——成了文化理论研究和文化评论大爆发的阵地。从这里便可以看出，新艺术社会史与之前正统的马克思主义艺术史研究比较起来，不仅更新了阶级、意识形态等概念的认识，而且吸纳了多种社会理论或批评方法，打开了新的研究视角，引起了巨大反响。

实际上，非唯艺术史，电影研究也往新的方向发展。一种致力于结构分析和意识形态分析的电影研究方法在理论上发展起来，1971至1982年间的《屏幕》（*Screen*）杂志成了重要阵地。杂志的主办方电影和电视教育协会（Society for Education in Film and Television）还组织"周末读书会"。[1]这种马克思主义分析方法，并不以解释处于经济条件关系中的艺术或媒介的"内容"为主要任务，而是将电影当作一种意识形态机制（ideological apparatus）。观察电影是如何通过它对旁观者／消费者观众的表达来生产意

---

1 Anthony Easthope, "The Teajectory of Screen," in *The Politics of Theory*, eds. Francis Barker et al. (Colchester: University of Essex, 1983), 121–133.

义和愉悦的。《屏幕》杂志上发表的文章，并不仅仅局限于电影文化，其辩论的主题，既包括20世纪20年代苏联激进文化中的马克思主义，也包括20至30年代德国魏玛时期的布莱希特的写作，还包括同时代的法国知识分子围绕1968年而产生的学术潮流的成果：符号学、结构主义、拉康精神分析和女性主义精神分析，等等。克拉克就曾在《屏幕》杂志上发表文章，参与辩论。

此外，文化研究作为一股学院力量，出现于70年代。在斯图尔特·霍尔（Stuart Hall）于1968至1979年间的主持下，伯明翰大学当代文化研究中心发表并出版了一系列重要文献，其中有一些是对马克思的奠基性文本，如《政治经济学批判大纲》的系统重读。中心成员同样也对马克思主义进行了当代修正，尤其借鉴了"结构主义马克思主义者"阿尔都塞的理论，并对葛兰西的作品重燃了兴趣，他们还在小圈子里阅读福柯、德里达和克里斯蒂娃。伯明翰大学当代文化研究中心的工作焦点，是重新界定"文化"这个术语的意义。

而由于电影研究的深入，艺术史家得以借用像装置、符号、观众、文化研究等电影术语，从而发展出理论阐述视觉再现生产的新方法，并且，通过再次将文化实践概括为统治和反抗的社会、经济和政治相互联系的复杂体的一部分，重新论述视觉艺术之于社会的能动意义。当时，文化研究正在重构，左派学者一致将文化当作活的社会实践、活的统治和反抗的场所来对待和处理。正是在这样一种广阔的知识分子—政治社群的对话氛围中，英国学界的艺术社会史研究丰富、深入起来了。

《立方体》杂志也是这一学术转向的见证者和参与者。它创刊于1979年。正如约翰·伯德（John Bird）在回顾这本杂志的早期时刻时说，《立方体》杂志上出现的文章，字里行间充斥着两种立场或范式：其一，作者具有这样一种信念，即艺术是一种社会和具体的实践，备受争议的现代艺术是资本主义不平衡发展之中的商品化的特殊模式，应该将其放在霸权时代的历史环境中来解读；其二，许多作者开始讨论"作为产生主体位置的意识形态的一种结构和过程的再现作品"。虽然，艺术史往往被认为是一个相当专业的领域，但是《立方体》还是与其他"学院杂志"竞争着艺术史研究的地位，为艺术史研究提供了一个充满活力的论坛。这本杂志中的对话主题，既包括传统艺术史，也包括新的艺术的、设计的、电影和媒介研究的历史，同时，它也为新出现的理论的、批评的和历史地理的研究计划的程序和方法提供了理论争辩的一个平台。许多年轻学者都争相在上面发表作品。因为，新艺术史家想迫切融入艺术批评的实践中去，而另一些人则已经撰写起普及性的专著了。

《屏幕》《立方体》和《艺术史》……这些杂志为新艺术史的崛起提供了土壤和平台。例如，波洛克一直在这三本杂志上撰写非常专业性的文章；不过，她也为像《百幅伟大图画》（*Hundred Great-pictures*）之类读物的观众写些普及性的介绍文章，还写一些专业性的女性主义评论。新艺术史以各种方法试图并希望吸引不同的读者，或者说希望包容各种"不同推论上的实践"，这种企图是希望新艺术史能引发出一些问题，产生新的研究主题。而这些问题和主题，将引导80年代至今的艺术史研究。

以上就是1972至1982年间艺术社会史和新艺术史在英国和美国产生、发展、壮大的历史记录。在这一时期，别的国家也出现了不同程度的艺术社会史的复兴。

在法国，希腊艺术史家尼科·哈吉尼柯劳的《艺术史与阶级斗争》一书在1973年出版，英文版则在1978年面世。在此书中，哈吉尼柯劳声称自己的任务是描述和摧毁资产阶级的艺术史，并为科学的，也就是辩证唯物主义的艺术史建立一个框架。在很大程度上，它将阿尔都塞主义的许多实质性主题引入了英语世界的艺术社区中。它在运用阿尔都塞的"结构主义"时相当地粗糙，这实际上将马克思主义艺术史推回到了一种决定论和社会学的模式，支持着所有种类的对于历史唯物主义和本质决定论的右派的幻想。

对哈吉尼柯劳来说，所谓传统的艺术史就是作为艺术家的历史、艺术作品的历史以及作为文明史之一部分的艺术史。哈吉尼柯劳反对传统艺术史是因为他认为这种艺术史本身就是意识形态的，因而它不能认识同样属于"视觉意识形态"的图画制作。

在德国，新左派艺术史出现得最早，并在20世纪70年代得到急剧扩张。其中包括马丁·沃恩克、O. K. 维克迈斯特、霍斯特·布雷德坎普（Horst Bredekamp，1947—　）、米迦勒·米勒（Michael Müller）、法兰兹-乔信·佛斯波（Franz-Joachim Verspohl）、伯索尔德·赫恩兹（Berthold Hinz）、贾达·海德（Jutta Held）及其他人的划时代的"意识形态批判"著作。沃恩克、布雷德坎普和维克迈斯特的学术作品，在艺术史学科内部激起了批判的艺术史的革新，并长期保持着一种非常充满活力的力量，艺术史研究至今还受到他们思想的影响。[1]

在匈牙利，也发生一种相关的，但非常小型的运动，首当其冲的是安娜·威斯利（Anna Wessely）的文章。从20世纪70年代开始，她就写了一系列对于安塔尔、豪泽尔、卢卡奇的激烈批判，此外还发表了对许多关系到文化研究科学方法的历史的评论，到90年代，她还在持续进行这项事业。[2]

值得注意的是，随着美国麦卡锡主义及冷战时期社会环境的退潮和艺术史学科的国际化，上述的这些新艺术社会史家后来都到了美国任教。如克拉克到了哈佛大学，维克迈斯特则到了西北大学。他们的到来，使美

1　David Craven, "Marxism and Critical Art History," 282.

2　Anna Wessely, "Die Aufhebung des Stilbegriffs—Frederick Antals Rekonstruktion künstlerischer Entwicklungen auf marxistischer Grundlage," *Kritische Berichte* 4, no. 2-3 (1976), 16-37.

国右翼保守人士感到紧张。如新保守主义批评家希尔顿·克莱默（Hilton
Kramer，1928—2012）便对克拉克的到来表达了遗憾、担忧和批评。

1982年9月，希尔顿·克莱默参与编辑了第一期《新批评》（*New
Criterion*），开始对艺术社会史进行了长达十年以上的攻击。[1]克莱默将自
己树立为一个对于"批评标准"的好战的捍卫者，他追求"批评的无利害
性"（critical disinterestedness），将那些新艺术社会史家当成"艺术史写作
的政治空想者"的代表，他责骂弗瑞德·奥顿和格里塞尔达·波洛克[2]，
因为他们"对艺术、历史、学术，以及那在民主社会中创造出来的维持正
直性（integrity）的制度进行了突出的、恶毒的阐释"。约翰·伯格也是他
攻击的对象。此外还有阿什顿（Dore Ashton）、利帕德（Lucy Lippard）和
T. J. 克拉克。

克莱默的文章不客气地指出，这种新艺术史是"对心灵的祸害隐伏
的攻击的余波，它是60年代激进运动的最令人厌恶的特性之一"。尽管他
的指责显得歇斯底里，但是却也不乏真知灼见。因为，艺术史研究，确
实如他所说，出现了华而不实的趋向，被"时尚""纯粹的时髦"和"时
新"的倾向所激发。"在那一刻，艺术社会史彻底地被制度化了。"[3]这种
制度化的表现，以1982年的"新艺术史?"会议为代表。这次会议在米德
尔塞克斯大学工学院这个《立方体》的主办地举办，有意去将这个诨名
"新"（new）变成批判性辩论的对象，而且确证：大变革已经在艺术史实
践中产生。参与这次会议的学者中，确实有许多"流行风尚的追随者"的
艺术史家，他们学了一丁点儿行话，就用这些术语来包裹起他们要说的东

1　Hilton Kramer, "A Note on the New Criterion," *New Criterion* (September 1982), 1–5.

2　Fred Oton and Griseldá Pollock, "Les Donneés Bretonnantes: La Prairie de Représentation," *Art History London* 3, no. 3 (1980), 316.

3　Fred Orton and Griselda Pollock, *Avant-Gardes and Partisans Reviewed*, xvii.

西，预示了当前的艺术史和知识分子的时尚性（up-to-dateness），他们新潮的理论被保留在大学课程中，也被博物馆和美术馆、出版商和教育业所接受。在波洛克看来，这种艺术史实际上不具备意识形态批判，不能打破艺术的历史错觉，是被资本主义所吸纳的"补偿性的历史"（compensatory history）。[1]

正如波洛克和奥顿所总结的，艺术社会史到了20世纪80年代，已经逐渐丧失意识形态批判性，被资本主义所制度化。他们这样回顾艺术社会史的整个历史进程：

在20世纪30年代，马克思主义的知识分子潮流为艺术史的多样化做出了贡献，因为对法西斯主义的升起的回应而改变了路线，从而导向了人民阵线广泛联盟的形成。随着冷战的鼓动煽动，在那些偏执的年代，艺术社会史又被冻结了。而这种被中断的艺术史计划在70年代，因为马克思主义的修订及围绕着性别、性和种族的新政治学而复兴，这种复兴代表了对于60年代形成的具有选择性的传统艺术史霸权的主要挑战。在冷战艺术史的遗产中，形式主义排斥了许多其他艺术史分析方式，也排斥了一种公然的艺术社会史；而这种挑战一种狭隘的形式主义教条的艺术史话语的重现，并不能被简单地解释为由如下的原因带来，即对于所谓的不可避免的吸纳（incorporation）概念的醒悟，或者是激进的乌托邦愿望。[2]

在他们看来，艺术社会史的复兴，是对资本主义社会深刻理解的结

1　Fred Orton and Griselda Pollock, *Avant-Gardes and Partisans Reviewed*, xviii.

2　Ibid., xvii.

果，是真正有价值的文化反思。但是，不可避免的事实是：

　　艺术社会史，到了20世纪中期，已经是在制度化（习俗化）的
领域之中被历史性地创设出来的一种实践，因为在那时，艺术史被
博物馆、大学、专业机构、出版商和商人所定义。艺术社会史在这
样一种环境中所运作，这一环境被全球资本主义及其意识形态国家
机器（ideological apparatuses）所塑造。这一领域同样被历史的断裂
（discontinuities）所塑造。[1]

　　面对这一情境，艺术社会史家是应该在表面上摆出左派的姿态，实际
上却享受着教职带来的福利，还是应该保持清醒的头脑，以马克思主义的
眼光，看到更深层次的资本主义矛盾？他们写道：

　　公民社会的葛兰西式霸权模式永恒地致力于与变换的联盟和交互
的权力团体进行协商，这些联盟和权力团体提供了这样的问题的另一
视角。葛兰西会引导我们去思考，不变的紧张、冲突、抵抗和调整，
确实会产生出一些变化，但是只有那些系统斗争和宣传。在艺术史中，
不会有不可避免的改造。这不是一个新颖、时尚或风格的问题：存在
一个意义竞争的领域，它们自己抗击着深厚的权力结构。[2]

　　在艺术社会史渐渐被制度化的情况下，克拉克却在进行着艰难的
写作，且如波洛克和奥顿所说，将批判的目标对准了"深厚的权力结

1　Fred Orton and Griselda Pollock, *Avant-Gardes and Partisans Reviewed*, xvii.

2　Ibid., xvii.

构"——资本主义现代性及景观社会。1984年，《现代生活的画像：马奈及其追随者艺术中的巴黎》(*The Painting of Modern Life: Paris in the Art of Manet and His Followers*)（下文简称《现代生活的画像》）中出版。本书既打破了美国艺术史家对法国19世纪绘画研究独占鳌头的状况，又将符号学引进了艺术社会史研究。直到今天，这本书还是新艺术社会史的典范，也是马奈和印象主义研究的权威之作。克拉克在书中旁征博引，细致地进行了社会学考察，从阶级、意识形态和景观、现代性的角度，深刻剖析了处于深刻社会变革中的马奈及其追随者对这一变革的回应，而这种回应又是通过艺术本身反映出来的。克拉克对艺术与社会关系的新的调和，使艺术社会史进入了全新的阶段；他也因此而再次用自身证明了艺术社会史的活力和方向。对于马克思主义艺术史的地位来说，正如佩里·安德森所言，克拉克的这本著作，"使现代马克思主义第一次站在了艺术史学科的中心位置"[1]。

但是，值得强调的是，**克拉克并未对马奈的艺术给予过高的评价**，因为，在他看来，马奈对资本主义景观社会的揭露与否定，是不够的。这一立场清晰地显示出，克拉克的激进主义仍然没有消退。他将这种对"否定性"的强调，带入了20世纪80年代以来与格林伯格、弗雷德的现代主义之争中。

现代主义，曾一直是艺术社会史研究的软肋。甚至于，新艺术史家对现代主义的定义可能还没有旧艺术史来得明确。在美国，格林伯格的形式主义的现代主义理论似乎主宰了整个"二战"后到80年代的历史。克拉克在1981年温哥华"现代主义和现代性"会议上提交了的论文《格林伯格"同志"与我们之间的更大差异》引发了关于现代主义的争论。我以为，

1　Perry Anderson, "A Culture in Contraflow—II," *New Left Review* 182 (July/August 1990), 90.

这篇文章几乎是英国左派对美国保守主义的攻击。在这篇文章及其后与弗雷德的论战中，克拉克高举起了现代艺术之"否定性"的大旗；并将这种对艺术的"否定性"以及对艺术的乌托邦性的强调，延续到20世纪末，延续到东欧剧变，社会主义在欧洲的全线败退之后。克拉克的艺术社会史观对现代主义和现代性的理解的贡献，是非常巨大的。

正如海明威在《共产主义衰落后的马克思主义与艺术史》中所说，80年代末以后，马克思主义分析的边缘化无疑被广泛地与苏联和东欧共产主义的垮台，以及美国和西欧70年代以来右翼政治的戏剧性上升联系起来。换言之，它也可被看成历史唯物主义解释资本主义反弹的失败，以及先前承诺的在西方通过无产阶级革命实现人的全面解放理想的失败，以及那些奉行着集体所有制的国家的压抑本质所体现的失败。[1]

海明威还总结了80年代之后艺术史研究领域的三种马克思主义模式（Marxist model）。它们是：基于阶级和性别的剥削形式之间的关系；阶级构成中语言和文化的角色；阶级、政治体系和现代民族国家结构之间的关联。[2]

其中，第一种模式表现在20世纪70年代社会主义和女权主义潮流的汇集，他们聚集于新左派旗帜下，产生了许多关于阶级压迫和女性压迫之间关系的重要的马克思主义—女性主义著作。这种模式聚焦于劳动和财产关系的分析模式，实际上是以马克思主义凌驾于女性主义。波洛克坦言："有时，成为一个马克思主义的女性主义艺术史家，要比成为一个女性主义的马克思主义艺术史家，容易得多。一方面，在女性主义和马克思主义艺术史的优先权之间，存在着一种冲突。另一方面，这两者都是艺术史研究被许多力量、不同声音、各种兴趣所促成转换时刻的产物。"[3] 到了

1　Andrew Hemingway, ed., *Marxism and the History of Art*, 20.

2　Ibid., 23.

3　Fred Orton and Griselda Pollock, *Avant-Gardes and Partisans Reviewed*, xix.

20世纪80年代，这种分析模式暴露出其不足，即，在阐析女性压迫的特殊性时显得不够有说服力，性别分析的本质不仅难以从马克思主义的资本主义批判中得到解释，而且，诸如性别差异、欲望和幻想等主题，也超出了其能力所及。激进的女权主义者反对马克思主义对于生产关系的无性结构的强调，坚持认为，劳动关系总是涉及性别关系，而且所有阶级和政治身份也必然有着男性和女性的曲折变化。最终，这一分析模式衰退了。在艺术史领域中亦显现了相似的发展轨迹。在美国，女性主义和马克思主义的短暂合流，体现在刊物《女性和艺术》（*Women and Art*）和《异端》（*Heresies*）中，还有CAA召开的"马克思主义和艺术"的会议。但是，虽然这一结合产出了一些重要的具有历史性意义的论文，但却并未产生任何理论综合。[1]在英国，是格里塞尔达·波洛克首当其冲，代表了女性主义与马克思主义的联合，但到了1982年，她同样也拒绝了马克思主义，正如海蒂·哈特曼（Heidi Hartmann）所描述的——"马克思主义和女性主义的不快婚姻"，波洛克呼吁一部女性主义艺术史，要"突袭"（raid）马克思主义，因"其解释手段，因其对于资产阶级社会运作和资产阶级意识形态的分析，是为了证明资产阶级女性化的特殊状况，是为了证明资产阶级的神秘魅惑形式，是为了掩饰社会和性别对立的现实"[2]。

第二种模式，20世纪末，马克思主义社会政治史研究注意到一个问题，即，为何无产阶级没有意识到其共同利益，并通过集体行动来实现

1 　其中最典型的论文有 Eunice Lipton, "The Laundress in Late Nineteenth-Century French Culture: Imagery, Ideology and Edgar Degas," *Art History* 3, no. 3 (September 1980), 295—313; and essays by Carol Duncan, in Carol Duncan, *The Aesthetics of Power: Essays in Critical Art History* (New York: Cambridge University Press, 1993)。

2 　Griselda Pollock, "Vision, Voice and Power: Feminist Art Histories and Marxism" (1982), in Griselda Pollock, *Vision and Difference*, 49; Heidi Hartmann, "The Unhappy Marriage of Marxism and Feminism: Towards a More Progressive Union," *Capital and Class*, no. 8 (Summer 1979).

它们。一些学者否定无产阶级具有"客观利益",他们的利益是通过政治语言(或话语)而形成的。这样一来,社会进程和政治意识之间就不必然拥有一致性,而政治的话语,看起来却几乎自由流向了任何物质对象。这种观点,实际上认识到了马克思主义的"客观利益"概念的纰漏以及其对性别、民族和种族压迫的特殊体验的忽略。[1]加雷思·斯特德曼·琼斯(Gareth Stedman Jones)是这次语言学转向的历史潮流中最有影响的历史学家之一,从70年代起他便不再将历史书写为以社会经济学方法来解释劳动阶级的政治文化,而开始强调有关劳动阶级政治的语言、意识形态以及特殊政治关怀。这种历史解释方法为艺术社会史的书写又创造了另一种可能。

第三种模式,则来自对主体身份认同和物质利益之间极其复杂的联系的考察,尤其是对种族问题的关切。世世代代的马克思主义者致力于以主要是实用主义的术语来阐述劳动阶级中的种族鸿沟。西达·斯考切波(Theda Skocpol)基于比较历史学的国家理论,给艺术社会史又提供了新的发展方向。[2]

海明威还综合了当代艺术社会史的两种基本模式。第一种包括一个很大的群体,他们关注于个体艺术作品的再阐释,用一系列历史证据来证明作品的意义和价值。在他们看来,如果不将作品放置于产生出它们的复杂的社会环境中,获取意义和价值便是不可能的。T. J. 克拉克的著作被这一群体的许多艺术家当作这种模式的典型。另一种模式中的一些学者坚持认为,一个名副其实的艺术社会史,不能主要去阐释个体艺术家及他们的"成就",也不能将对个别艺术作品的分析当作其最终结果。相反,其研

---

1 Andrew Hemingway, ed., *Marxism and the History of Art*, 25.

2 参见Theda Skocpol, *States and Social Revolutions: A Comparative Analysis of France, Russia and China* (Cambridge: Cambridge University Press, 1979).

究的目标应该是意识形态和体制中的艺术组织，以及被不同的社会政治权力结构所决定的组织方式。这一派的极端形式体现在一些学院身上，他们将自身当作文化研究的分支，而不单单是艺术史的，因为这类艺术，已经被认为是带有一种文化等级的前提，这一前提本身就是该反对的。晚期的尼古拉斯·格林（Nicholas Green）的《自然的奇景》（*Spectacle of Nature*）便是这一模式的范例。[1]

二、T. J. 克拉克的学术之路

T. J. 克拉克为英国学者，当代西方最杰出的艺术史家之一，艺术社会史研究方法在当代的最重要代表，1945年之后首屈一指的马克思主义艺术史家，被誉为欧美艺术史界的"公爵"，声望卓著，桃李天下。通过理论建构和经验性研究，他重新界定了艺术社会史和马克思主义艺术史的含义和原则，在这两个领域，拥有罕有可匹的地位。他曾在哈佛大学任教，后长期执教于加州大学伯克利分校，担任George C. & Helen N. Pardee讲席教授，领校长教授衔（Chancellor's Professor）[2]；他于1991年荣获大学艺术学会杰出艺术史教育奖，2005年荣获梅隆基金会杰出成就奖（Mellon Foundation Distinguished Achievement Award），2006年被授予考陶尔德艺术学院荣誉学位，2009年受邀成为代表了西方艺术史界崇高荣誉的美国华盛顿国家美术馆著名的"梅隆讲座"主讲（A. W. Mellon Lecturer）。2010年，克拉克与同为加州大学伯克利分校艺术史教授的夫人安娜·瓦格纳（Anne

---

1　Nicholas Green, *The Spectacle of Nature: Landscape and Bourgeois Culture in Nineteenth-Century France* (Manchester: Manchester University Press, 1992).

2　"校长教授"用于嘉奖已经取得教授职衔，但继续奉献不寻常的学术价值和承诺追求更高学术成果的教师。

Wagner）一同荣休，返回英国；至今，他仍以客座教授、作家和诗人的身份，活跃于人文学界。

作为上世纪60、70年代以来英语世界新艺术史潮流的先驱和领航者，其著作《绝对的资产阶级》《人民的形象》《现代生活的画像》《告别观念》和《瞥见死神》等皆已成经典名作。T. J. 克拉克的艺术社会史影响深远：首先，其学生遍布欧美，占据新生代艺术史学者之大半，已成为学界中坚力量，如布里吉德·多哈迪（Brigid Doherty）[1]、赫利丝·克雷森（Hollis Clayson）[2]、托马斯·克劳[3]、玛格利特·沃思（Margaret Werth）[4]、南希·洛

---

1 布里吉德·多哈迪，普林斯顿大学艺术与考古学、德语教授。曾担任约翰·霍普金斯大学艺术史与人文学科副教授，考陶尔德艺术学院访问学者。长期从事现当代艺术与文学的交叉研究，尤其是德国现代主义的视觉艺术、文学、美学和精神分析理论之间的关系研究。编有《本雅明：〈技术复制时代的艺术作品〉及其他论媒介的写作》（*Walter Benjamin: The Work of Art in the Age of Its Technological Reproducibility and Other Writings on Media.* Co-edited with Michael W. Jennings and Thomas Y. Levin［Harvard University Press, 2008］）。

2 赫利丝·克雷森，美国西北大学教授，华盛顿国立美术馆视觉艺术高级研究中心塞缪尔·H. 克雷斯讲席教授（Samuel H. Kress Professor），著名现代艺术史家，专攻19世纪法国艺术。著有《绘爱：印象主义时期法国艺术中的卖淫》（*Painted Love: Prostitution in French Art of the Impressionist Era*，1991），《绝望巴黎：围困下的艺术和日常生活（1870—1871）》（*Paris in Despair: Art and Everyday Life under Siege*［*1870−71*］，2002）。

3 托马斯·克劳，美国著名艺术史家，极有影响的艺术批评家和文化批评家。他是18世纪法国艺术史专家，"新艺术史"的主要支持者。其研究法国艺术家大卫（Jacque-Louis David）的博士论文获得克拉克和维克迈斯特的指导。曾在加利福尼亚大学、芝加哥大学、普林斯顿大学、密歇根大学、瑟克塞斯大学、耶鲁大学、南加利福尼亚大学任教，2000至2007年间担任盖蒂研究院院长，之后加入纽约大学艺术研究院，担任罗塞列·索罗（Rosalie Solow）现代艺术讲席教授。1985年出版的《18世纪巴黎的画家和公共生活》（*Painters and Public Life in Eighteenth-Century Paris*，1985）获得全美艺术学院联会颁发的埃里克·米切尔奖章（Eric Mitchell Prize），而《通俗文化中的现代艺术》（*Modern Art in the Common Culture*, 1996）一书探讨了现代社会和文化中的艺术角色，影响深远。

4 玛格利特·沃思，特拉华大学艺术史教授。毕业于哈佛大学，曾在哥伦比亚大学任教。目前主要研究19世纪末和20世纪初的艺术与视觉文化，著有《生活之乐：1900年左右法国艺术中的田园诗》（*The Joy of Life: The Idyllic in French Art, circa 1900*，2002），书中对神话社区、孤独幻想、乌托邦思想和肉欲的生活之乐做了详细分析，视野开阔，备受赞誉。

克（Nancy Locke）[1]、克里斯蒂娜·凯尔（Christina Kiaer）[2]、迈克尔·基姆尔曼（Michael Kimmelman）[3]、迈克尔·莱杰（Michael Leja）[4]、约翰·奥布莱恩（John O'Brian）[5]、布里吉特·阿斯多夫（Bridget Alsdorf）[6]、约书亚·香农（Joshua Shannon）[7]、乔纳森·温伯格（Jonathan Weinberg）[8]等名家，此外还

1　南希·洛克，宾夕法尼亚大学教授，马奈研究专家。著有《马奈和家庭浪漫》（*Manet and the Family Romance*，2001）。

2　克里斯蒂娜·凯尔，西北大学艺术史系副教授。研究兴趣主要在俄国及苏联艺术，现实主义的政治和前卫艺术，女性主义理论和艺术。著有《想象无产：俄国构成主义的社会主义目标》（*Imagine No Possessions: The Socialist Objects of Russian Constructivism*，2005），并获得美国斯拉夫研究促进协会（the American Association for the Advancement of Slavic Studies）Wayne S. Vucinich 奖提名。

3　迈克尔·基姆尔曼，美国著名艺术批评家。作为《纽约时报》的建筑评论家，他发表了大量关于公共建筑、公共空间、基础设施、社区发展和社会责任的文章，影响广泛。2014年3月，"因为对纽约的建筑环境的深刻洞见和长久审查"，他被授予了布伦丹·吉尔（Brendan Gill）奖。

4　迈克尔·莱杰，宾夕法尼亚大学艺术史教授，著名艺术史家。专注于美国19、20世纪各种艺术媒介的研究，尤其是关于抽象表现主义的研究，处于该领域的领先地位。其重要著作《重构抽象表现主义：20世纪40年代的主体性与绘画》（*Reframing Abstract Expressionism: Subjectivity and Painting in the 1940s*，1993），将波洛克、纽曼和其他画家的画作，放置于一个广大的文化环境中来考察，颇具洞见。

5　约翰·奥布莱恩，作家、美术馆馆长和艺术史家。他以撰写大量现代艺术史和艺术批评的文章与书籍而闻名于世。从1987年开始，他便在不列颠哥伦比亚大学温哥华校区任教。1986年，他主编出版了前两卷的《格林伯格：文集和批评》，这套书引发了广泛的国际性兴趣和争论，他也由此建立了现代主义艺术史家的职业身份。1993年，他又主编出版了后两卷格林伯格文集，同样引起广泛关注。

6　布里吉特·阿斯多夫，普林斯顿大学艺术史系助理教授，主要研究19世纪和20世纪早期的欧洲艺术。著有《同路人：方丹-拉图尔和19世纪法国绘画中的团体问题》（*Fellow Men: Fantin-Latour and the Problem of the Group in 19th-Century French Painting*，2012）。

7　约书亚·香农，马里兰大学艺术史教授，研究专长是1945年以来的当代艺术史和艺术理论，涵盖摄影、艺术、城市景观和视觉文化。著有《物体的失踪：纽约艺术和后现代城市的升起》（*The Disappearance of Objects: New York Art and the Rise of the Postmodern City*，2009）、《记录的机器：冷战时期的艺术与真实》（*The Recording Machine: Art and Fact During the Cold War*，2017）。他于2012年创办现代性研究珀多马克中心（The Potomac Center for the Study of Modernity）。

8　乔纳森·温伯格，美国艺术家、艺术史家和艺术批评家。著有《现代美国艺术中的野心和爱欲》（*Ambition and Love in Modern American Art*，2001）等书。

有马修·戴·杰克逊（Matthew Day Jackson）[1]等风头正健的艺术家；其次，他的艺术社会史观去旧换新，不仅拓展了艺术史研究的主题视野，还吸纳了符号学、精神分析等众多方法，对许多艺术史研究流派（如女性主义、精神分析艺术史和视觉文化研究）产生了直接影响，引导了艺术史写作的新方向。

1. 20世纪60至70年代

T. J. 克拉克1943年4月12日出生于英国西部港口城市布里斯托尔，中学就读于著名寄宿学校布里斯托尔文理学校（Bristol Grammar School），后在剑桥大学圣约翰学院（St. John's College, University of Cambridge）进行本科学习，于1964年获一等荣誉文学学士学位。

1966至1967年间，克拉克以研究员身份赴巴黎，进入法国国家科学研究所（Centre national de la recherche scientifique）访学，在此期间，他接触了马克思主义和精神分析学，这两者令人兴奋的结合，后来在《人民的形象》中留下了印迹。

1966年，他加入了情境主义国际，成为SI的70位会员之一[2]，并领导英国分会[3]的活动。在1967至1969年担任埃塞克斯大学（University of Essex）讲师期间，他积极参加政治运动，成为左派政治激进阵营的年轻代表；他发表政治评论，并与其他三位SI英国分会成员合撰了《现代艺术的革命和

1　马修·戴·杰克逊，享有国际声誉的当代著名美国艺术家。

2　Greil Marcus, *Lipstick Traces: A Secret History of the Twentieth Century* (Cambridge, MA: Harvard University Press, 1989), 149.

3　情境主义国际英国分会（The English Section of the Situationist International）由六人组成，其中著名人物有T. J.克拉克、克里斯托弗·格雷（Christopher Gray）、查尔斯·拉德克里夫（Charles Radcliffe）、唐纳德·尼克逊－史密斯（Donald Nicholson-Smith）。后者是居伊·德波《景观社会》和鲁尔·范内格姆《日常生活的革命》的英文版译者。

革命的现代艺术》一书，直到1994年才得以出版。[1]克拉克深受居伊·德波（Guy Debord）《景观社会》（*Society of the Spectacle*, 1967）的影响，"景观"一词在其一生的写作中具有重要地位。但是，他作为情境主义国际成员的历史并不长久，因为团体内部产生了等级制和意识形态僵化的状况[2]，SI走向了内部冲突和派系分裂，而他与唐纳德·尼克逊－史密斯则在1967年被SI组织开除。1969年的一篇情境主义者的文章里提及这次开除的些微细节：当时，SI内部领导层与某些纽约人物产生了分歧，而克拉克他们在支持SI上显得并不那么积极。[3]

被SI开除后的克拉克，显然并没有被浇灭政治运动的热情，在1970至1974年任凯伯威尔艺术学院（Camberwell College of Arts）高级讲师期间，他又加入了致力于全世界无产阶级社会革命运动的英国激进组织"恶棍王"（King Mob），这个组织是情境主义国际英国分会和另一个好战的无政府主义团体"处死混蛋"（Up Against the Wall Motherfuckers, UAW/MF）的结合变体，大肆宣扬文化无政府主义，抨击英国社会的混乱景况。可见，青年时期的T. J. 克拉克是一个彻彻底底的左派激进分子。

从1964年开始，克拉克便注册为伦敦大学考陶尔德艺术学院的博士生，并于1973年获得艺术史博士学位。同年，他出版了两本以博士论文为基础的研究19世纪中期库尔贝和法国绘画的著作——《绝对的资产阶级》与《人民的形象》。前者很快被认为是一个既具理论性又强调经验性的马

---

1 Tim Clarke, Christopher Gray, Charles Radcliffe, Donald Nicholson-Smith, *The Revolution of Modern Art and the Modern Art of Revolution* (written in 1967, unpublished) (London: Chronos Publications, 1994).

2 T. J. Clark and Donald Nicholson-Smith, "Why Art Can't Kill the Situationist International," *October* 79, special issue (Winter 1997), 26.

3 Ken Knabb, ed. and trans., *Situationist International Anthology* (Berkeley, CA: Bureau of Public Secrets, 1981), 293.

克思主义艺术史的写作范例，后者则延伸了克拉克对1848年革命期间法国艺术创作的社会和历史情境的分析。这两本著作如横空出世，引发热议，并一举奠定了他作为国际艺术史家的地位。

实际上，这两本书的主体部分创作于1969年。当时，克拉克已从1968年五月风暴的革命激情中冷却下来，在分析19世纪中叶法国绘画时，将目之所及的社会政治动荡与同样动荡不安的革命年代联系起来思考。正如伽达默尔的"视界融合"（Horizontverschmelzung）所示："理解就是本文所拥有的诸过去视界与主体的现在视界的叠合。"[1]时代气氛和心境情绪的共通共鸣，促使克拉克去重新审视激荡时代的艺术，探析艺术与政治、文本与社会历史环境之间的关系。

克拉克的这两项研究，建立在相互关联的两个前提之上。首先，艺术应该被放在与生产关系等社会环境的接合关系中去理解，这些条件和关系既有经济、政治和意识形态，也包括审美和艺术惯例；艺术家是在一个危机的历史时刻进行着特殊的艺术实践活动。其次，他还宣称，伟大的现代艺术，往往否定和批评社会状况和流行惯例，抵抗和破坏统治性的艺术审美惯例与社会政治秩序，强调艺术对于社会运动的能动性。总之，克拉克将艺术看作卷入了社会进程的一部分，它对社会的批判，不是以高扬主义的形式，而是在画面内部中达到与传统惯例和流行意象的背离和断裂，从而隐晦地体现出否定性和批判性。

在《绝对的资产阶级》中，克拉克剖析了在1848至1951年间的革命变迁，集中阐述了米勒、杜米埃、德拉克洛瓦的绘画及波德莱尔的写作，分析他们是如何试图追随他们的时代步伐的：他们如何在作品中体现出"公

---

[1] 转引自［美］赫施:《解释的有效性》，王才勇译，生活·读书·新知三联书店，1991年，第2页。

众"的存在，如何反映出他们自己与"公众"的遭遇；[1]他们如何接受国家的委托，试图培育出一种表现革命的国家艺术；在那动荡不安、变幻多端的社会政治环境下创作出来的艺术，是如何展现出艺术家在适应"历史的碰撞及其特殊走向"时所适时造化的再现方式的；艺术家为了使艺术达到政治效果，成为政治艺术，又是如何利用政治、公众和赞助体制的。

在《人民的形象》中，克拉克对库尔贝的生平、交际和艺术作品进行了巨细靡遗的分析研究，试图将他从那大肆宣传的"左翼或右翼的传奇"中拯救出来，还原出一个真实的"将创伤混合进政治中的和蔼可亲的小丑形象"[2]。他一头扎进库尔贝的传记材料、共时性评论、其友人的文字材料、批评家的抱怨或认可，以及19世纪中叶巴黎艺术家的波希米亚风格中的各种混杂内涵，在稠密的社会历史网络中细察库尔贝的传奇，深究其作品。他对库尔贝1848至1951年间创作的关键画作（《采石工》《奥南的葬礼》《佛拉热的农民》）进行了严密的细节分析，检查了它们与传统理想主义的学院派法国艺术惯例的联系和背离。进而认为，库尔贝的"现实主义"，形成于紧要的历史关头，与过去的和当时的艺术形成了意味深长的差异。在这项研究中，克拉克还开创了一种对共时性评论（当时对巴黎沙龙年度艺术展览上展出的库尔贝作品的批评回应）进行考察的方法。他将对共时性评论中的"失语"与绘画作品中背离于惯例和流行意象的"失调""断裂"之处联系起来，揭露了当时虚假的主流意识形态，从而指出库尔贝的画作对这种统治阶级意识形态的颠覆和否定。在对库尔贝艺术的分析中，克拉克聚焦于媒介的"否定性实践"这种中介形式（forms of mediation），在共时性评论中挖掘历史环境和特殊社会制度，并强调了艺术对意识形态

1　Colin Mercer, "Public Subjects and Subject Publics," *Social History* 9, no. 3 (October 1984), 362.

2　沈语冰：《译后记》，载［英］T. J. 克拉克：《现代生活的画像：马奈及其追随者艺术中的巴黎》，沈语冰、诸葛沂译，江苏美术出版社，2013年，第461页。

的批判作用，从而提出了"革命艺术"的严格定义。艺术史家加布里埃勒·古尔乔（Gabriele Guercio）认为，《人民的形象》虽然是一本艺术家专论，却并不专门聚焦于个人的表现和自我形成，而是抓住了艺术家、作品和社会历史情境之间一致而又断裂的因素，以及那个将这三方面维持在一起的无形的结构。[1]《人民的形象》一经出版，就几乎成为一个无可匹敌的艺术社会史研究范本，受到新兴学者的仿效；而此书的第一章《论艺术社会史》，则成为这一研究模式的理论纲领，产生极大影响。

克拉克后来在1982年再版书的前言中坦承道，这两本书的"大部分写于1969至1970年的冬天（在牛津大学圣安妮学院［St. Anne's College］的图书馆里），处在一种从过去六年的政治事件中看起来可耻但却无法避免地撤退下来的心境中。那些事件萦绕于这两本书最好和最坏的那些文字中间"[2]。显然，他的写作呼应了书中库尔贝等艺术家所处的激荡情境，体现了他自己的政治立场。

可以这样说，克拉克对库尔贝的研究，既是对先前盛行的粗糙的马克思主义艺术史的坚决批评，也是对那种宣扬艺术绝对自律的高傲的艺术史实践的挑战。

他将这种批评和挑战捆绑在一起，从两个方面极为含蓄地攻击了之前马克思主义艺术史的弱点：首先，先前的马克思主义艺术史很难讲是真正"历史的"，它将艺术、艺术家和社会发展的关系简化为一套极为粗糙和还原的表达（阿诺德·豪泽尔的《艺术社会史》便是一个例子）；其次，这种艺术社会史，这种马克思主义，不能充分理解（实际上甚至不能真正

1　Gabriele Guercio, *Art as Existence: The Artist's Monograph and Its Project* (Boston: The MIT Press, 2006), 244.

2　T. J. Clark, *Image of the People: Gustave Courbet and the 1848 Revolution* (Princeton: Princeton University Press, 1982), 6.

认识）艺术本身的特殊而不可化约的品质，以及艺术的物质审美性。克拉克对于库尔贝的"现实主义"的观念，并不持有简单化的认识——"反映论"，而是在绘画自身领域内，考察其作品是如何使流行的艺术和社会政治惯例、实践、制度和日常价值"失望"的，甚至区别于它们，批评性地否定它们的。[1]

这种对于特殊艺术作品的物质性（媒介性或绘画惯例）的重视，体现于克拉克著作的字里行间，甚至成了其接合艺术与社会的基础，而这一基础，在他之前几十年里，是不被任何一个马克思主义艺术史家所注重的。1974年，克拉克在《泰晤士文学副刊》发表了另一篇极有影响力的论文《艺术生产的环境》（"The Conditions of Artistic Creation"）。在文章的开篇，他便警告，视野狭隘的或形式主义的平庸的艺术史，已经糟糕地取代了20世纪初期辉煌灿烂的文化艺术史；尽管阿比·瓦尔堡和海因里希·沃尔夫林并不是马克思主义者，却将艺术的意义和价值放置于社会和历史情境之中去思考，而不固持一种从现实的文化和社会中抽象出来的、"伟大艺术家"空洞的理想主义传统。克拉克将自己看成这种强调辩证思维的人文主义艺术史传统的继承人，而不是20世纪50年代以来庸俗马克思主义艺术史的后继者。他摆出了明确的观点：艺术史应该是唯物史观的艺术史，而不是唯心史观的，艺术史的实践不能脱离历史、经济、政治和社会生活。[2]

1974至1976年间，T. J. 克拉克先是在美国加州大学洛杉矶分校艺术史做访问教授，随后转为该校副教授。1976年，他成为全美大学艺术学会的"马克思主义和艺术委员会"的创始会员，该会的其他会员还包括 O. K. 维克迈斯特、李·巴克森德尔（Lee Baxandall）和赛尔热·居尔博特（Serge Guilbaut）等艺术史家。同年，他重返英国，出任利兹大学（University of

---

1 Chris Murray, ed., *Key Writers on Art*, 60.

2 参见 A. L. Rees and Frances Borzello, eds., *The New Art History*。

Leeds）美术系主任，此时年仅33岁。在他的努力下，利兹大学在1979年建立了世界上第一个"艺术社会史"硕士点，不仅招收学生培养新人，而且还扩充师资，如艺术史家弗瑞德·奥顿和女性主义艺术史代表人物格里塞尔达·波洛克就同时在该硕士点任教与写作，后来他们都承认，这一时期对他们的终身研究至关重要。[1]

2．20世纪80年代

1980年，克拉克被聘为哈佛大学美术史系教授。他的加入，不仅在该校以传统型学者为主的教授中间引起轩然大波，而且对当时美国艺术史界的精英主义产生了巨大冲击，尤其招致了博物馆界的反感，甚至引发了右翼人士的批评和担忧。如《新批评》主编、保守主义批评家希尔顿·克莱默认为，这次"致命的"任命，破坏了严格的艺术史研究传统，"公然为左翼激进主义腾出了空间"，而克拉克写作的目的，是"摧毁——或解构——这样一种理念，即艺术的自律观念，以及那种超过作品之社会和物质环境之总和的自主性的高度成就"[2]。他还认为，克拉克的到来，体现哈佛大学已经公然向左翼激进主义投诚了。尽管右翼保守派认为克拉克太过于"自命不凡"，克拉克还是得到了系里许多教师的拥护，他们认为他是个卓越的少壮派艺术史家。文艺复兴艺术史专家弗里德伯格（Sydney Freedberg）是坚决反对这一任命的教授，也是克拉克在哈佛的主要贬损者。为此，克拉克向学生们定下了规矩："假如你是我的学生，你就不能是弗里德伯格的学生。"[3] 为此，克拉克因不宽容和违反学术自由而受到哈

1　Fred Orton, Griselda Pollock, *Avant-Gardes and Partisans Reviewed*, viii.

2　Hilton Cramer, "T. J. Clark and Marxist Critique of Modern Painting," in Hilton Cramer, *The Triumph of Modernism: The Art World, 1987–2005* (Chicago: Ivan R. Dee, 2006), 117–118.

3　Janet Tassel, "Reverence for the Object: Art Museums in a Changed World," *Harvard Magazine*, http://harvardmagazine.com/2002/09/reverence-for-the-object.html.

佛大学教学委员会的正式警告，弗里德伯格因此而于1983年早早从哈佛退休，转到弗吉尼亚大学继续任教。弗氏的被迫退休，既体现了哈佛大学拥有的悠久的专注于鉴赏的学术传统的终结，也体现了艺术社会史在这所学校的兴起。[1]实际上，如托马斯·克劳、迈克尔·基姆尔曼、迈克尔·莱杰和乔纳森·温伯格，都是克拉克在哈佛任教时的高徒。1988年，克拉克离开哈佛大学，转往加州大学伯克利分校任教。

从20世纪70年代晚期开始加上整整80年代，克拉克的研究领域虽然仍然是法国19世纪的艺术，却开始注重考察19世纪法国社会的"现代"源头，以及艺术中的现代主义在19世纪的萌芽与发展，并继续深入探究现代艺术的否定性实践，而这种否定性，是他在库尔贝画作中辨认出来的品质。

19世纪后半期的法国绘画，是传统的艺术史的稳固阵地，而这一阵地也是新艺术社会史与形式主义爆发冲突的"巴尔干火药桶"。克拉克对马奈的研究，在80年代前五年，便是这一领域最重大，也最有争议的突破之一。早在1980年，他便在英国《屏幕》杂志发表《对1865年〈奥林匹亚〉一种可能性解读的初步研究》（"Preliminaries to a Possible Treatment of *Olymia* in 1865"）一文，这篇文章是其名著《现代生活的画像》第二章的初稿，更成为艺术社会史发展中的重要界标和里程碑。[2]也有评论说，克拉克的这篇文章，例证了从一种经验主义（或马克思主义）的盎格鲁－美利坚（Anglo-American）艺术史模式向知识分子辩论领域的迁移。[3]

克拉克在此文中提出，马奈的《奥林匹亚》在绘画再现形式上背离了传统裸体画的惯例和流行的妓女意象，画作对主流意识形态的否定，体现

---

1 Lynne Munson, *Exhibitionism: Art in an Era of Intolerance* (Chicago: Ivan R. Dee, 2000).

2 Francis Frascina and Jonathan Harris, "Introduction to Part II," in *Art in Modern Culture: An Anthology of Critical Texts*, eds. Francis Frascina and Jonathan Harris (New York: Phaidon Press, 1992), 103.

3 Sarah Wilson, "Poststructuralism and Contemporary Art, Past, Present, Future..." in *A Companion to Contemporary Art Since 1945*, ed. Amelia Jones (MA: Blackwell, 2006), 432.

在艺术惯例的修订、更改中，而不是公然的主题性的批判。克拉克的这一观点，受到了钟情于戈达尔电影之非线性叙事的一些从事摄影及摄影批评的人士的反对，因为他们认为，真正有效的批判应是一种通过"形式"的断裂、叙事身份的中断，从而使观者感到震惊，进而否定主流意识形态的"非识别性策略"（disidentification）。在这些人中，彼得·沃伦（Peter Wollen）是批评克拉克的主将，他提倡一种开放性的批判艺术，不赞同克拉克关于作品内部之"符号舞蹈"潜藏意识形态批判的观点。而克拉克则在驳文中批评了沃伦的"非识别性策略"，并赋予识别系统内部修正的策略以更为重要的意义。

1984年，克拉克推出了他的代表作《现代生活的画像》。这本书几乎耗费了他十年的时间，并且，在写作期间，他既承受了来自保守主义政治环境的压力，又面对着蜂拥而起的、花哨时尚的后现代主义理论，其创作过程可谓无比艰难。在这本书中，克拉克延续了对现代艺术与社会进程、艺术与意识形态、现代主义与资本主义现代性的关系，以及艺术如何面对景观侵袭等诸问题的探索。考察了19世纪60、70年代处于奥斯曼城市改造中巴黎的社会面貌，不仅详尽地描述了物质环境，也辨析了那个时代巴黎的个人精神、社会公众、休闲生活及阶级状况，揭示了景观社会的侵袭，及其对阶级结构的确定性和小资产阶级的兴起产生的作用，并着重描绘了马奈、莫奈、德加、修拉等画家是如何以自己的艺术回应这种新奇、含混、暧昧的社会状况的，是如何赋予现代性以形式，是如何通过背离传统惯例揭示资本主义景观社会的本质的。克拉克对马奈的研究，将社会史上的"现代性"与艺术史上的"现代主义"紧密地结合起来分析，近乎平衡地对社会环境和图像视觉进行了繁缛复杂、巨细靡遗的描述，并进一步完善了在库尔贝研究中发展出的"事态分析法"，显得厚重、扎实而不容辩驳。

诚如理查德·席夫（Richard Shiff）所言："克拉克对于现代主义的各种

陈述，很可能比近来的任何其他艺术史写作获得更多的评论。"[1]尽管，克拉克在政治立场上往往直言不讳，鲜明地张扬着马克思主义者的身份，但他也是尽力捍卫现代主义艺术的批评家。只是他对现代主义的大张旗鼓的支持，最终是通过批判格林伯格的现代主义理论而表达出来的。

1981年3月，克拉克在温哥华以"现代主义和现代性"为主题的会议上提交了一篇题带讽刺的论文《格林伯格"同志"与我们之间的更大差异》。这次会议的召开，实际上受到了后现代主义批评的出现及其对现代主义的否定这种知识情境的触发，它的主要任务是通过挑战格林伯格的经典现代主义理论，抵抗后现代主义，进而重塑一种更为复杂的现代主义图景。在会上，正值盛年的克拉克与德高望重的格林伯格进行了一番针锋相对的、面对面的对质。这次非常有意思的现场辩论的实录，收入由本雅明·布赫洛、赛尔热·居尔博特和大卫·索尔金（David Solkin）主编的《现代主义和现代性：温哥华会议论稿》（*Modernism and Modernity: The Vancouver Conference Papers*，1983）。[2]随后，同年，克拉克又在由《批评探索》（*Critical Inquiry*）杂志主持的芝加哥专题研讨会上提交了原先在温哥华会议上提交的文章，只不过将标题收敛性地修改为《格林伯格的艺术理论》（"Clement Greenberg's Theory of Art"），并在《批评探索》杂志上发表，阐发自己的现代主义理论。著名艺术批评家、格林伯格的信徒

---

1 Richard Shiff, "Art History and the Nineteen Century: Realism and Resistance," *Art Bulletin* 70 (1988), 45, note 84.

2 根据仔细考证，基本可以否定王南溟先生关于克拉克此文创作及发表时间的说法，即"克拉克的《格林伯格的艺术理论》是在1961年首次发表在《艺术年鉴4》，1981年在芝加哥大学继续教育中心召开的会议上，克拉克宣读了这篇文章，并于1982年收录《政治阐释》杂志里"。第一，克拉克并未于1961年发表此文，因当时他只有17岁，而《格林伯格的艺术理论》文中所提的格林伯格的《现代主义绘画》一文发表于1965年，显然晚于克拉克的批判文章；第二，经过文献查证可以断定，克拉克在1981年3月12至14日参加的是主题为"现代主义"的温哥华会议，而非芝加哥会议。

迈克尔·弗雷德（Michael Fried）咄咄逼人的驳文《现代主义如何运作》亦在同期发表。紧接着，克拉克的回应文章《关于现代主义的论辩》于次年收入米歇尔（W. J. T. Mitchell）编的《解释的政治》（*The Politics of Interpretation*）中出版。至此，克拉克围绕着格林伯格现代主义理论而产生的批评链条最终形成。1985年，法兰西斯·弗兰契娜（Francis Frascina）将这三篇文章编入《波洛克及之后》（*Pollock and After: The Critical Debate*）一书，将整个论争记录在案。这场辩论并非你赢我输的零和博弈，却让克拉克得以详细阐发其现代主义思想。

首先，克拉克不认同格林伯格将艺术本身作为价值的独立来源这种观念，反对他那严格而狭窄的形式主义观念，否定这种严密无缝、高高漂浮于政治世界之上的"自足的气泡"[1]。其次，他认为格林伯格所强调的现代艺术的"平面性"并非得自什么媒介的"纯粹"的追求，相反，是"1860至1918年间艺术的外在环境"赋予平面性"以包容这些复杂而兼容的价值的能力"，所以，平面性是多元意义和价值的综合，是在与社会的互动中自然而然形成的。再次，现代艺术的媒介自律是一个否定的隐喻（metaphor），也就是说，现代主义将媒介当作"最典型的否定和疏离的场所"[2]，因此现代主义的事业，是在纯粹媒介范围内进行的"否定的实践"。这种否定，从浅层看，针对的是艺术惯例和社会惯例；从深层看，针对的是资本主义总体性。克拉克以"否定性"替代了格林伯格的"平面性"，以此作为伟大的现代艺术的根本特点。这就让弗雷德有机可乘，批驳其同样陷入了一种还原论；而且，弗雷德还质疑克拉克无法挑出具体的艺术作品，来印证这种纯粹的艺术实践中的"否定性"。

1　Jeremy Gilbert Rolfe, "Seriousness and Difficulty in Criticism," *Art Papers* (November–December 1990), 8–11, here 8.

2　T. J. Clark, "Clement Greenberg's Theory of Art," *Critical Inquiry* (September 1982), 152.

自此之后，克拉克的艺术史写作，似乎都在回应弗雷德的这一质疑，企图提供一个完整的、无懈可击的答案。他带着对现代主义的思考，伴随着马克思主义在东欧政治上的全线溃败这一历史情境，走向了90年代。

3. 20世纪90年代

在整个90年代，克拉克都在苦苦思索，企图将"否定性"特征，通过隐喻性的中介方法落实于现代艺术家的具体艺术作品上。但是，这种对艺术的思考，又伴随着对于马克思主义和社会主义运动衰败的痛定思痛，最终，克拉克将这现代艺术的审美乌托邦和社会主义的政治乌托邦进行类比，他发现，现代主义和左派政治都在20世纪末走向死亡，都终结于柏林墙的倒塌。1999年出版的《告别观念》，便是以一种缅怀慨叹、哀伤忧郁的调子写成的，但是他提出了一种视野开阔、犀利深刻的现代主义叙事，成了20世纪现代主义理论研究的"压轴大作"。芝加哥大学教授詹姆斯·埃尔金斯认为，克拉克的这本著作跳出了书写现代艺术的两种窠臼——着眼小处的专业研究与泛泛的导读，成为这一研究领域中卓越超群的特例。[1]

克拉克认为，形式主义批评家和历史学家正确地选择了现代主义历史中真正伟大的艺术家，但是却没有看到这些艺术家之所以"伟大"的根本原因，即，它们在特殊的历史时刻，以批评的姿态，以极端的媒介实践，否定流行的创作技巧、图像模式和纠缠着的主流社会—政治意识形态；而这种否定性，是克拉克在进行库尔贝研究中就发现并宣扬的现代艺术特征，在《告别观念》中，他将这一特征确定为现代主义从大卫到波洛克

1　James Elkins, *Master Narratives and Their Discontents* (New York: Routledge, 2005), 1.

的传统。在他看来，现代主义与左派政治运动一样，都怀抱着一种变革世界、建立乌托邦（政治的和审美的）的愿望，最后也一样失败了。现代主义在艺术媒介中实践着现代性的梦想，既要以符号来符指社会现实，又要使符号回归到一种摆脱了资本主义现代性的坚实基础中。为了建构这个乌托邦之梦，为了协调这两种愿望，现代主义走向了极端的形式实验。

正是对资本主义现代性的反感及乌托邦梦想，让现代主义和左派政治运动相互纠缠在一起，如影随形。在《告别观念》中，克拉克具体分析了六个极限案例，剖析了两者之间"可怕而令人同情的"共存性。这六个案例，一部分是关于在社会政治运动的活跃时刻，现代主义所给出的回应，它们是1793年的雅各宾主义和无套裤汉运动，与大卫的《马拉之死》（*The Death of Marat*，图3）；19世纪90年代初的无政府主义，与毕沙罗的《两个年轻农妇》（*Two Young Peasant Women*，图4）；1919和1920年俄国战时共产主义与马列维奇和利西茨基。另一类现代主义艺术，则并未与政治运动发生直接联系，却也同样实践着艺术语言的"乌托邦之梦"，他们是塞尚、毕加索和波洛克。在克拉克看来，社会主义占领了否定的真实阵地，现代主义则通过极端的艺术语言实验，占领了非真实的阵地。只不过，这两种实践都失败了！波洛克的作品，最终成了时尚杂志摄影的背景，被资本主义总体性所吸纳。而这个结局，正是克拉克慨叹的原因。

所以，正如焦斯利特（David Joselit）所说，"萦绕在此书中失落感的暗流之一——可以由书名中的'告别'看出——就是对任何完备的解释范式的信念的失落，在克拉克的生涯里，这显然是指马克思主义。但是还有一个失落非常明显，即现代主义的终结。而这个现代主义曾经被认为是寻求拒斥和否定产生它的那个社会的艺术运动"[1]。实际上，克拉克不仅仅向

1　David Joselit, "Review of *Farewell to an Idea*," *Art Forum*, 37, no. 9 (May 1999).

"走向终结"的社会主义和艺术现代主义告别[1]，也向他原先所持的艺术社会史写作范式告别——原先在研究库尔贝和马奈时的"事态分析法"，已经被"隐喻中介法"所替代。随着21世纪的到来，克拉克又在艺术写作领域进行了独到的思考。

4. 21世纪

进入21世纪后，克拉克在《当下危机的起源》（"Origins of the Present Crisis"，2000）及《现代主义、后现代主义、蒸汽》（"Modernism, Postmodernism, and Steam"，2002）中继续探讨了现代性、现代主义和后现代主义的性质和关系。概而言之，他认为，现代主义是现代性的赋形实验，是以视觉形式检验现代性的再现性的结构性模式，它强制性地不断进行着检验再现（testing representation），并将其推向极限；根本上，它是对世界的根源性的现代性体验的索求和表现；而后现代主义则是现代主义的继续，因为现代主义承载的现代性尚未完全到位。克拉克的现代主义理论，正得到越来越多学者的关注和认可。

1999年出版的《告别观念》给克拉克既带来了巨大的声誉，又招致了左、右各派的批判，他们称其已经陷入了黑格尔主义的"理性独裁"状态中。也许是为了摆脱这种文风印象，克拉克出版了一部艺术写作小品——《瞥见死神：艺术写作的一次试验》（*The Sight of Death: An Experiment in Art Writing*，2006）（下文简称《瞥见死神》）。

这本书以既非理论辨析，亦非历史分析的前所未有的日记体形式，穿插以诗歌及图画细节，娓娓记录了他对两幅普桑画作——《平静的风

---

1 Karsten Harries, "Review of T. J. Clark's *Farewell to an Idea: Episodes from a History of Modernism*," *The Art Bulletin* (June 1, 2001) 358–364.

景》(*Landscape with a Calm*, 图5)和《被一条蛇杀死的一个人的风景》(*Landscape with a Man Killed by a Snake*, 图6)——的长时间观看和沉思。克拉克以这种将绘画、观看和书写纠缠一体的共时性写作方式,挑战了传统艺术史写作惯例,即围绕一个哲学、政治或意识形态的主题而阐释的写法。这本书探索了对绘画的观看模式,思考了艺术与语言的关系,强调对绘画的物质性的尊重,批判了理论对艺术写作的绑架,对当下社会进行了批判与警示。此书在一定程度上改变了学界对"马克思主义者"克拉克的刻板印象,尽管此时,他已经是功成名就的艺术史家了。

退休前一年,克拉克受邀成为代表了西方艺术史界崇高荣誉的美国华盛顿国家美术馆著名的"梅隆讲座"主讲。这次讲座的成稿最终以《毕加索和真理:从立体主义到〈格尔尼卡〉》(*Picasso and Truth: From Cubism to Guernica*)一书的形式在2013年5月出版。一经面世,此书便引发热议,并被誉为这一领域中近十年来最具新意和启发性的"破冰"之作。与年轻时那扎实的史料、雄辩的修辞和排山倒海的句子相比,这本著作中的语言充满了深沉的哲思冥想、细致的视觉分析和诗意简洁的语言。他一举颠覆了我们对毕加索的简单印象(一个立体主义英雄),深刻地揭示了这位艺术家在艺术创作拥有着频频回望的"退行性",进而指出,这种对20世纪文化的怀旧情感,正是一切优秀的现代主义艺术家的通感。此外,这本书还批评了对于毕加索的大量传记研究,因为它们都忽视了对作品的凝神注视和精细分析,却将他刻画成一个浸泡在逸闻趣事中的喜剧角色,或者一往直前的先锋人物;克拉克指出,实际上,毕加索的创作基于自身的世界观的转变,而这种世界观的转变又是与20世纪人类状况内在联系着。

这部反响热烈的新颖之作,将年迈而荣望的克拉克再次拉回到学界视野中。只是,与那笼罩在他身上的学术光环、萦绕在他身边的齐声赞誉相比,克拉克沉静而深邃。他已经成了一位诗人、一位哲学家;而他对艺术史的贡献，则将永载史册。当然，克拉克的艺术社会史方法也存在着许多显而易见的问题，如明显的党派性、"欲盖弥彰"的阶级斗争思维、实例的选择性等等，这些问题得到了其他学者的诟病，也给艺术史学科增加了更多的智力较量空间，这些问题势必也会对艺术史学科的发展产生重大影响。

回到英国后，克拉克笔耕不辍，于2018年推出一部著作《人间天堂：绘画与来生》（*Heaven on Earth: Painting and Life to Come*）（下文简称《人间天堂》），也许是晚年使然，克拉克对政治的兴趣有所消退，对宗教的思考愈加浓厚了。在这本书中，他探索了中世纪以来的画家们如何描绘地球上的神圣事物，开始研究绘画描绘天国的梦到来的不同方式，也就是画面中的"天堂降临人间"。他追溯到中世纪晚期和文艺复兴时期的画家，其中包括回到帕多瓦的乔托、面对宗教战争的恐怖的勃鲁盖尔、画圣礼的普桑，以及展现人类喜剧的委罗内塞，尤其是他神秘莫测的作品《爱的寓言》。最后，克拉克通过毕加索1958年为联合国教科文组织创作的《依卡洛斯的坠落》将我们带入了"核时代"，这幅画似乎预示着所有未来的生活都将消失。克拉克的问题是，在中世纪那种被强制实行宗教传统的时代（地狱之火的威胁、火刑柱上的火刑），艺术家们可以不把他们的想法变成文字，从而反思宗教的力量和局限性，此外，他反复告知我们，通过艺术的视觉，我们可以理解物质存在和欲望之间的关系，以及想象中的精神或天堂王国的非物质世界。艺术家们可以为观众和信徒们具象化这个愿景，而不是以一种书面描述的方式。可是，他对现下世界的纷争和对未来的期许，则表现出了极其悲观的情绪。"天堂降临"延续了他对"乌托邦"的探讨。后文将要阐明，"乌托邦现代主义"是克拉克一生的研究，而这本著作就像是一个富有想象力的、诚挚的结尾，标志着这一研究课题的终章。

2022年，T. J. 克拉克出版了他的最新著作《如果这些苹果应该掉下来：保罗·塞尚与现在》（*If These Apples Should Fall: Cézanne and the Present*），聚焦塞尚这位"现代艺术之父"，探究其对后来的现代艺术家产生巨大影响和至今吸引观众的核心原因———一种不安感，一种萦绕在生动画面中的绝望，一种灿烂色彩下的焦虑。通过撰写此书，克拉克继续深入对现代性的研究，并不断涌现出新的思想火花。

第二章
T．J．克拉克艺术社会史的基本观念

与其被指为马克思主义学者，T．J．克拉克倒更愿意承认自己是沿袭了黑格尔辩证法逻辑的艺术史家。但是，从学科发展脉络来看，他的位置显然处于自20世纪初兴起的英美马克思主义艺术史的谱系之中。如果说，马克思主义艺术史因为20世纪上半叶的俄国革命、苏联成立和资本主义经济危机而备受鼓舞，因为以卢卡奇和科尔施为代表的西方马克思主义理论的强大叙述而注满动力的话，那么，20世纪下半叶以来的马克思主义艺术史，伴随并倚赖于阿尔都塞的意识形态理论、雷蒙德·威廉斯（Raymond Henry Williams，1921—1988）的文化唯物主义理论和法兰克福学派批判的社会理论的发展而成长起来，同时借助弗洛伊德的精神分析理论和巴赫金等的文化符号学理论，对此前以安塔尔和豪泽尔为代表的"粗俗的马克思主义"艺术史进行了批判和矫正，呈现了精细化、多元化和综合化的色彩。在这马克思主义艺术史的"改造"进程中，克拉克是首当其冲者。自20世纪60年代末70年代初以来，克拉克的写作逐渐形成了一套新艺术社会史体系，颠覆了粗疏的"经济决定论"和"反映论"，重新认知了艺术与社会、阶级和意识形态的关系，并在"中介"（mediation）理论上迈了一大步，发展出独具特色的"事态分析"方法及类比、隐喻分析法，在英美艺术史界产生了深远影响。克拉克获得的成就，彰显了新左派马克思主义在新艺术史发展中的地位；无怪乎克拉克常常被拿来与雷蒙德·威廉斯相提并论[1]，或许可以说，他是"艺术史界的威廉斯"。

需要注意的是，尽管在《论艺术社会史》（1973）、《艺术创作的环境》（1974）及《〈现代生活的画像〉导论》（1984）这三篇早期文章中，克拉克集中探讨了社会进程、阶级和意识形态的定义以及艺术与它们的关系，但是其理论和方法仍然随着时间推移而有所深入而调整，这就需要做一定鉴别；如上文所述，在20世纪80年代晚期，克拉克发表了批评格林伯格现代主义理论的文章，随即与迈克尔·弗雷德就现代主义发生了一场论战，此后，他开始深入探索现代主义艺术的问题并以《告别观念》一书宣扬了他的现代主义思想，在此过程中，克拉克着重阐述了现代艺术的性质及其与社会的关系，现代主义艺术的否定性和乌托邦性，进一步丰富、充实、升华或偏转了早期艺术社会史观。所以，注意把握、鉴别克拉克前后期艺术社会史观的联系和区别，是非常重要的。此外，因为克拉克的艺术社会史观经常可能旁涉到卢卡奇、阿尔都塞、阿多诺的理论，特别是能够与威廉斯的"文化唯物论"形成理论对照，故而在行文中会阐述这些参照性理论，以期对克拉克艺术社会史的基本观念达到更透彻的认识与理解。

一、从黑格尔主义出发

1974年，也就是克拉克在出版了两本奠定其"新艺术史"宗师地位的著作的一年后，他发表了阐明其艺术社会史观的重要论文《艺术创作的环境》。在这篇文章一开头，他引用了卢卡奇在《物化与无产阶级意识》中

1　Michael. R. Orwicz, "The Nature of Consumption," *Oxford Art Journal* 14, no. 1 (1991), 105–106.

的一段话："然而，正如19世纪真正重要的历史学家，诸如李格尔、狄尔泰、德沃夏克所注意到的那样，历史的本质正是存在于那些结构形式所经历的变迁之中。这些结构形式是人类与环境在任何既定时刻发生相互作用的关键所在，也决定了人类内在与外在生活的客观本质。但是，只有当个性，即一个时代或一个历史人物的独特性等，建立在这些结构形式特征的基础之上时，只有当这一个性经由并在这些结构形式中被发现、被展示时，这种历史本质上的存在才能在客观上成为可能（因而可以被恰当地理解）。"[1]克拉克不禁喟叹说，在卢卡奇所赞誉的三位历史学家中，居然有两位是艺术史家！他发现，之所以李格尔、德沃夏克的年代是艺术史的辉煌年代，正是因为这些老艺术史大师从来都注重在整体历史结构中去思考艺术，考察艺术创作的社会环境及其对艺术的影响，而非仅仅倚赖于某种神秘"方法"（形式分析、图像学）。克拉克认为，以这种辩证的思维方式来研究艺术史，能够敞开视野，开启探索领域，具有提出问题的威力。

可是，诚如克拉克所言，这种思维方式在20世纪中叶之后受到了蔑视，被贬称为一种"黑格尔主义"习惯。黑格尔哲学思想产生后，由于近代实证主义、进化论思想和马克思主义的强大冲击，它曾被当作"死狗"和"唯心主义"的诡辩，为人们所拒绝。[2]尤其是19世纪末20世纪初，新黑格尔主义法学将黑格尔的国家主义和狭隘民族主义的政治法律观点发挥到极致，宣扬民族主义、种族主义、国家主义，而主观唯心主义在这个科学化的祛魅时代越来越丧失可信力的时代下，黑格尔主义甚至可以说到了"臭名昭著"的境地，实际上，黑格尔之后的黑格尔主义，多半是被曲解、夸张的。

1　［英］T. J. 克拉克：《艺术创作的环境》，第53页。
2　王维、庞君景：《20世纪西方的马克思主义思潮》，首都师范大学出版社，1999年，第11页。

　　这种黑格尔主义在20世纪早中期的退场，在克拉克看来，直接造成了艺术史领域辩证思维方式的消失。他以图像学为例证明了这种艺术史的倒退。在他看来，潘诺夫斯基正是因为运用了这种辩证思维方式，才能使《作为象征形式的透视》(*Perspektive as symbolische Form*，1925）这本著作拥有奇妙的魅力，"而在其后乏味的有关透视的专业文献中，由于缺乏这类思维模式才造成了问题的丧失，造成了问题视角的丧失"[1]。甚至，在仅仅一代人的时间内，图像学"从对传统及其形式的辩论，即以艺术家面对某种思想观念的境景的辩论，退化为不着边际的主题追踪——高贵蛮族人的100幅图画，外加50座早期鼓风炉"[2]。

　　在《艺术创作的环境》这篇文章里，克拉克似乎逆于潮流地喊出这样的呼吁："在艺术史中——而且我相信在其他领域——我们需要据为己有的正是黑格尔的传统。使用它，批评它，重新表述它。要做其中的任何一点，我们都应当重新使用这一传统。"[3]实际上，在"二战"以后，欧洲重新兴起对马克思主义的研究，这就使黑格尔的遗产对马克思主义的价值凸显出来。正如法国学者雅克·敦德（Jacques d'Hondt）所说："黑格尔身后的荣耀，很大程度上得归功于马克思。"[4]克拉克恰恰是一位马克思主义者，年轻时甚至是一位左派激进知识分子，参加过情境主义国际。可见，黑格尔在他心中的地位是非常重要的。

　　但是，需要指出的是，克拉克并不是要恢复主观唯心主义，也不是要求艺术史家坠入到黑格尔的"绝对精神"中去，而是提倡一种"辩证"思维模式，即"凝神专注……一种与古老辩论沟通的方式"[5]。辩证法，恰恰是

1　[英] T. J. 克拉克：《艺术创作的环境》，第54页。
2　同上书，第55页。
3　同上书，第54页。
4　[法] 雅克·敦德：《黑格尔和黑格尔主义》，栾栋译，商务印书馆，1996年，第61页。
5　[英] T. J. 克拉克：《艺术创作的环境》，第55页。

黑格尔的唯心主义和马克思的唯物主义的共同点——同一种研究方法。[1] 以黑格尔的视角来看，只有当我们把现象还原到活生生的联系中去，成功地抓住历史的整体时，历史才不再像一种大杂烩；在这种情况下，我们不会把历史事件看作简单的序列或并列式，而会觉察到它们之间断断续续的连续性，觉察到"联系与不联系之间的联系"，感觉到整体内部普遍的"相互作用"。[2] 所以，黑格尔主义研究方法的关键之处就在于，要使表面上与整体独立和绝缘，实际上与整体相依存的各种成分或因素联系起来。而对于历史中的个体来说，黑格尔经常持这样的观点，"实体即主体"，这就排除了"彼岸"与"此岸"的本体论差距。正是通过人的意识这个中介，"自在的"主体即实体才成为"自为的存在"。[3] 姑且不论这一观点对个体性的蛮横抹杀，单就研究路径而言，它确实影响了克拉克，尤其是他对波洛克的解析。

克拉克在《波洛克的抽象》中使用了开放的黑格尔主义语言，其目的是要去展示在波洛克的作品中这种吸纳、变化、内化和内在主观化的过程：

> 用黑格尔的词来讲，没人想要艺术社会史成为"一种外部的活动——从［艺术的］成果上擦去一些雨滴或尘斑——这是一种竖立它们的外表存在的麻木元素的复杂的脚手架——这种语言，这种历史环境，诸如此类"；但是要比这样做得更多是很难的，尤其是对于这类成果来说。[4]

1　［法］雅克·敦德：《黑格尔和黑格尔主义》，第64页。

2　同上书，第130页。

3　同上书，第80页。

4　T. J. Clark, "Jackson Pollock's Abstraction," in *Reconstructing Modernism: Art in New York, Paris, and Montreal, 1945-1964*, ed. Serge Guilbaut (Cambridge, MA: MIT Press, 1990), 172-238, here 230.

克拉克在《为抽象表现主义辩护》（"In Defense of Abstract Expressionism"，1994）中便援用了黑格尔在《精神现象学》中提出的"苦恼意识"（unhappy consciousness）概念。《精神现象学》发展出许多辩证观点，其中"苦恼意识"，来源于主体对历史当下的"单一的不变性"（simple Unchangeable）和"多样的可变性"（protean Changeable）这种两面性和分裂性的认识，也来源于他对这种"分裂即统一"状态的无法接受的焦虑。因为无法总体把握社会现实，这种"苦恼意识"便促使波洛克想要在画布上完全抹去社会存在，体现出"非同一性"。所以，克拉克说："我越了解波洛克（我对他的评价越高），《精神现象学》关于苦恼意识的更多内容便会强迫我把它们作为参考。"[1]

当然，这只是一个小例子。从克拉克的整体研究来看，他始终坚持，一个时代的思想观念与艺术必然存在联系，但是这种思想观念的本质在于其不稳定的、变化多端而又无所不在的性质，"没有一处观念不在运用一切而又不改变一切，换言之，是一种内容适合于一种形式"[2]。强调思想观念的无所不在，这并没有什么稀奇；关键之处在于，他认为这种思想观念是不稳定的、变化多端的，或者说，一直处在变动发展的状况中；在1984年《现代生活的画像》中，他继续将所谓的"思想观念"细化为意识形态，并将其放置在社会表象"战场"中来考察，而这些社会表象统统是卷入整体社会进程之中的。

千万不要对克拉克怀有这样的偏见，即他是一位主观唯心主义的黑格尔主义者，实际上，他仍然希望坚持的是马克思的历史唯物主义。对于他来说，黑格尔的重要之处在于：一种辩证思维方式，甚至是一种强调冲

1　T. J. Clark, "Unhappy Consciousness," in T. J. Clark, *Farewell to an Idea*, 329.
2　［英］T. J. 克拉克：《艺术创作的环境》，第56页。

突、否定的理性思维方式。在他看来，"那是艺术史的抱负，它曾经有过的抱负，本来它应该具有这样的抱负"[1]。

二、社会进程中的艺术

在从马克思到马克思主义的转化中，在主流马克思主义自身的发展中，具有决定性的经济基础和被其决定的上层建筑作为一个前提，通常一直被当作马克思主义文化分析的关键。[2]尽管普列汉诺夫（Plekhanov）对"基础与上层建筑之间的关系"依生产力水平、经济状况、社会—政治制度、社会成员心理和反映这些心理的各种意识形态这五个顺序性因素细化了"基础"因素[3]，但仍然逃脱不了"决定论"逻辑，而这种将思维领域与活动领域（如意识与物质生产）划分为抽象范畴并分离开来的做法，原本便被马克思所批判；而20世纪50年代以来所谓"多元决定"（overdetermination）[4]虽然强调各种相对自主又相互作用的实践，但是它仍然可以被抽象成某种结构，仅是对"决定论"的再次修正。正如威廉斯所说："任何一种将决定的或多元决定的各种结构施以范畴式地客观化的做法，都是在更严重的程度上重复那种'经济主义'的根本错误，因为这种做法此时是企图把所有活生生的、实践的和形成、建构得很不平衡的经验统统（有时甚至是相当专断地）囊括在一起。"[5]而伴随着这种对于生产力和决定过程所做的特定的、限制性的解释，经济基础—上层建筑模式又常

---

1 ［英］T. J. 克拉克：《艺术创作的环境》，第56页。

2 ［英］雷蒙德·威廉斯：《马克思主义与文学》，王尔勃、周莉译，河南大学出版社，2008年，第80页。

3 ［俄］普列汉诺夫：《普列汉诺夫读本》，王荫庭编，中央编译出版社，2008年，第215—216页。

4 意即多重复合因素的决定。

5 ［英］雷蒙德·威廉斯：《马克思主义与文学》，第96页。

常导致将艺术和思想描述为"反映"。[1]反映论一度在马克思主义文艺研究占据统治地位，在艺术史研究领域也不例外。上文所述的艺术史家克林根德、安塔尔、豪泽尔等，显然将著述建基于或潜在建基于"决定论"和"反映论"之上。

进入60年代后，到1968至1973年间发生所谓"晚期资本主义社会的第二次总体性政治危机"时，马克思主义艺术史开始出现在学术辩论的主流之中。[2]英国艺术史家阿德里安·里夫金就曾注意到，70年代初定期举行的"历史工作坊"会议中的"艺术与社会"论坛与社会主义组织和思想关系密切[3]，这或多或少都是对资本主义政治危机的回应。克拉克曾置身于这期间的政治和思想的激进潮流中，他坦言，初版于1973年的《人民的形象》一书的大部分，正是在从失败的激进运动退却之后潜心写作，将对19世纪中期法国艺术的研究视为"自我调整的恢复过程"[4]。这无疑澄清了克拉克的艺术社会史写作在当代历史中的思想契机。当然，克拉克在这一"自我调整"过程中既回击"右派"将新艺术史矮化为方法论的贬低，又抨击走上纯粹形式分析或学院化的艺术史学科，同时是通过关注艺术品、艺术家的独特性和艺术生产的复杂社会状况来重新阐释和确立艺术与社会的关系的。

克拉克在豪泽尔的"历史主义"中看到了固态而公式化的还原论，这种"历史主义"取代了任何对特定艺术对象的相对开放的探讨，这是他无法赞同的。所以，他反对且摆脱了豪泽尔"划分时代的历史"（epochal history）和武断固定的"决定论"观念（如"阶级决定风格"）。实际上，

1 ［英］雷蒙德·威廉斯：《马克思主义与文学》，第102页。

2 O. K. Wecrkmeister, "Radical Art History," *Art Journal* (Winter 1982), 284.

3 Adrain Rifkin, "Theory as a Place," *Art Bulletin* 78, no. 2 (June 1996), 209–212.

4 T. J. Clark, *Image of the People*, 6.

他对豪泽尔抱有的反感程度，在1982年《人民的形象》再版前言中清晰地表达出来了："我现在多么后悔《论艺术社会史》题目中表现出的对豪泽尔的讽刺性的客套！"[1]

克拉克的艺术社会史与其说是方法中的一种，不如说是一种模式，吸纳以不同形式提出的方法（意识形态、符号学、弗洛伊德等等），其目的是要将艺术的表征放在社会和历史因素的联系中来辩证考察。常规的艺术史"把历史画卷描述成根本不存在于艺术创作之中：当艺术家站在画架前，作为一个佐证、一个确定的事实和背景的历史画卷，变成了事实上从来不存在的东西"[2]，而克拉克艺术社会史的研究模式则摒弃把历史阐述当成作品研究的僵化背景，它强调艺术与作为一个过程的社会环境整体的互动关系。恰如威廉斯所指出的，如果把"基础"理解为一个过程，那么原来那种貌似强大的客体对象—反映模式就会问题重重。[3]

克拉克对将艺术作品看成简单"反映"（reflect）意识形态、社会关系和历史的"机械马克思主义"采取了批判态度，坚持将艺术社会史纳入更广阔的社会背景之中。"我对艺术作品反映意识形态、社会关系或历史的观念不感兴趣，同样，我也不认为历史是艺术作品的背景。因为这本质上抽离于艺术作品和它的产物，虽然这种情形会不时地出现（这种历史的倾入性已经被发现了：是一种借鉴方法）。"[4]

但是，在排除"反映论"之后，社会关系、思想观念和马克思主义的基本概念——阶级、意识形态等等，又是如何与艺术创作形成联系的呢？

首先需要明确的是，社会结构、思想观念和阶级、意识形态等概念在

1 ［英］乔纳森·哈里斯：《新艺术史批评导论》，徐建译，江苏美术出版社，2010年，第68页。
2 T. J. Clark, *Image of the People*, 12.
3 ［英］雷蒙德·威廉斯：《马克思主义与文学》，第104页。
4 ［英］T. J. 克拉克：《论艺术社会史》，第5页。

克拉克的理论中从来就不以固定形态出现，而总处在变化、冲突的流动状态之中，这就避免了把经济、政治及社会结构等视为先在性、确定性的存在，实际上这些范畴皆处在"社会进程"之中。正因为社会生产方式和社会结构的不断流变，使得"思想观念的本质"必然是"不稳定、变化多端，而又无所不在"，"没有一处观念不在运用一切而又不改变一切，换言之，是一种内容适合于一种形式"。[1]此外，克拉克的阶级概念和意识形态概念也不同于传统的马克思主义者：阶级也"不是一个一成不变的本质概念，而是处于时时变化中的关系概念"[2]；"意识形态是更为内在的，更为冗长的东西……一套抵抗、重复的方式，某种循环的类型"，所以，意识形态作用于表象的方式是不断进行、从未完成的。[3]也就是说，艺术作品与意识形态之间存在着互动关系，处在不断的调整生成之中，甚至，对这件艺术作品的公众反映也在影响着这一进程。关于克拉克对阶级与意识形态的界定将在第二部分详细展开。

克拉克指出，"一幅艺术作品的创作——伴随着其他行为、事件、结构，成为历史进程的一部分——这一行为关乎历史也将在历史中进行"[4]，即意为艺术创作联系着历史进程，也是历史进程的一部分，但是同时，他又强调"艺术在与其他的历史事件和进程的关系上是独立自主的"[5]，这就将审美传统或艺术惯例放在了重要的位置上，这正是克拉克与传统马克思主义学者最鲜明的区别，它触及了克拉克艺术社会史的核心问题——联系着历

1　T. J. Clark, "The Condition of Artistic Creativity," *Time Literary Supplement* (May 24, 1974), 561-562. 中译本参见［英］T. J. 克拉克：《艺术创作的环境》，石炯译，载曹意强主编：《艺术史的视野：图像研究的理论、方法与意义》，中国美术学院出版社，2007年，第103页。
2　沈语冰：《是政治，还是美学？——T. J. 克拉克的艺术社会史观》，载《文艺理论研究》，2012年第3期，第14页。
3　［英］T. J.克拉克：《现代生活的画像：马奈及其追随者艺术中的巴黎》，第33页。
4　［英］T. J.克拉克：《论艺术社会史》，第8页。
5　T. J. Clark, *Image of the People*, 12.

史进程、同为历史进程之一的艺术创作如何独立自主地进行形式变革呢？这个答案将在下文揭晓。

　　将艺术与社会的互动关系置于动态进程中来考察，正是克拉克艺术社会史的创新之处，也是其与威廉斯的文化理论和文学理论的呼应之处。

三、表象的战场

　　随着20世纪下半叶西方马克思主义的发展，原先僵化固定的"基础"概念遭到质疑；受到结构主义语言学的影响，新马克思主义学者开始借鉴灵活的"表象系统"（Representational System）概念，替代原先依赖固化的生产关系阶级结构来描述社会秩序的方式，从而体现出社会基础的变动性和复杂性。在艺术社会史领域，克拉克率先提出：

　　　　任何社会秩序主要都是由阶级分层构成，这听起来是正确的——符合一般用法。但是，除了一套关于团结、距离、归属和排斥的含义之外，"社会"一词于我们，还有别的什么意思吗？这些东西对于物质生活的生产而言格外不可或缺——它们牢固地确立起一个秩序，男男女女可以在这秩序之内维持生计，并拥有一些继续生活下去的信心。这种类型的秩序似乎是由表象或符号系统最强有力地确立起来的，而且在我看来，将它描述为一种表象的等级制，并不意味着就淡化了"社会形态"的概念——也不意味着必然会赋予它一个与唯物论的假象相对立的唯心论假象。[1]

　　以"表象等级制"代替抽象化的、范畴性的"社会形态"概念来描述

1　［英］T. J. 克拉克：《现代生活的画像：马奈及其追随者艺术中的巴黎》，第30—31页。

社会秩序，并不是说这个社会秩序只是"符号与表象王国"，而是指，它可以用区分等级的"表象"系统来解释。这自然不是唯心论，而是对"粗俗的马克思主义"僵化而狭隘的"社会基础"概念的避免和矫正，它有着更广泛有效的解释力。克拉克认为，一旦运用"表象等级制"来描述社会秩序：

> 这样的话，人们就避免了粗俗的马克思主义最糟糕的缺陷，特别是避免了在声称以下观点时所遇到的困难：任何社会形态的基础都是比符号更严格、更实在的材料——例如经济生活的材料——所构成的赤裸裸的现实性。在一个将各种配置称为经济活动的社会中，坚持决定因素的重要性，是一回事（且仍然必须坚持下去）；而认为在这样做时，我们将捅破符号和常规的外观，触及建立在它之上的物质与行动的本质性基础，是另一回事。经济生活——"经济学"、经济领域、范围、等级、实例，或者你所拥有的东西——本身就是一个表象的王国。舍此我们还可以怎样来描绘，比方说金钱、商品形式或工资契约？……我相信，强调表象，却仍然如我所愿的那样保持历史唯物主义的轨迹，是完全可能的。[1]

历史唯物主义的最关键概念，便是"社会实践"，或者更确切地说，是"实践"，这意味着物质和意识的生产都在"实践"进程中生成、变化着。假如用"表象等级制"替代"社会形态"固定范畴来描述社会秩序，就要处理表象与"实践"的关系，表象是否准确而直接地反映或吻合于"实践"呢？既然社会实践是动态的进程，那么表象又是如何体现出那在

---

1 ［英］T. J. 克拉克：《现代生活的画像：马奈及其追随者艺术中的巴黎》，第31页。

社会实践进程中不断变动、调整、博弈的非静止状态的社会现实（物质和意识的生产）呢？以下这一段，是克拉克对以表象系统来描述社会这种分析方法的最为核心的解释：

　　一切都取决于我们如何去描述任何一组表象与被马克思称为"社会实践"的总体之间的关系。换句话说，只有当我们同时认识到，表象的世界并非严丝合缝地符合设置、系统或"表意实践"时，上面勾勒出来的社会活动的概念才能得到维持。社会是一个表象的战场，其中任何表象的既定范围和一致性不断成为争夺的对象，并时常遭到破坏。因而，可以这样说，表象总是受到一种比它自身更为根本的现实——社会实践的不断检验。社会实践是错综复杂的，总是超越一种既定话语的约束；它是表象的重叠和冲突；是表象在其运用中的重新安排；是巩固或摧毁我们的范畴，制造或撤销一个概念，模糊一种特定的语言游戏的边界，使其难以（尽管有可能）区分错误与隐喻的检验。（在这一点上，为了防止这些悄悄引入的大量形象被误解，我要补充一点，即社会实践自身也可以被分析，至少在其总体结构和趋势上是如此。）[1]

　　如果仔细分析这段话，可以得到以下两个层次的意义：1. 表象世界与"表意实践"或描述并不等同，这种不吻合体现了社会实践的永恒动态；2. 表象在社会实践中不断争夺、博弈，被实践检验，社会是表象的战场；3. 表象的争斗不断破坏既有概念、范畴或观念，产生表征危机，这种危机混乱了人们的认识，以至于无法区分艺术表达中的错误和隐喻。

1　［英］T. J. 克拉克：《现代生活的画像：马奈及其追随者艺术中的巴黎》，第31页。

　　另外，"表象的世界并非严丝合缝地符合设置、系统或'表意实践'"和"表象总是受到一种比它自身更为根本的现实——社会实践的不断检验"这两句话的含义，极易让人联想到20世纪20年代苏联列宁格勒的马克思语言学派的类似观点。最能体现这一学派成就的当推署名V. N. 沃洛希诺夫（V. N. Voloshinov）实乃巴赫金[1]所著的《马克思主义与语言哲学》[2]一书。在书中，他努力恢复那认定语言符号是活动，是实践意识的强调；把"符号的物质材料"转变成"符号系统"；符号既不等同于客体对象及其所指示和表达的事物，也不单纯反映着它们；语言作为实践意识，既被所有的社会活动所渗透，也渗透到所有的社会活动之中；符号并不仅仅作为某种现实的组成部分而存在，它还反映、折射着自身之外的现实。[3]尽管沃洛希诺夫谈的是语言符号，其范畴远远小于或异于克拉克所指的"表象"，但其视角却是相同的，即表象是活动的、变化的、能动的，人们对其往往会产生认知危机，或者称为"表征危机"。在这种危机中，"那被苏联语言学家沃洛希诺夫称为'符号共同体'（sign community）的东西大规模地瓦解释放，那些旧的确定性、假定真理、既定身份与和平共存的线条的内部，遭到了致命的断裂"[4]。

　　秉承这一观点，克拉克自然就认为，阶级、意识形态等都属于表象，

1　根据目前最新版本的《巴赫金全集》前言和题注所做的说明，实际情况是：由于特定历史原因，巴赫金所撰写或参与撰写的许多著作，最初发表时都用了巴赫金朋友的署名。巴赫金本人晚年承认，《弗洛伊德主义》（署名V. N. 沃洛希诺夫）、《文艺学中的形式主义方法》（署名P. N. 梅德维杰夫）、《马克思主义与语言哲学》（署名V. N. 沃洛希诺夫）三本书"从头到尾"都是他自己写的。但他当时是"为朋友们写的，并给了他们著作权"。沃洛希诺夫和梅德维杰夫作为巴赫金的学生和朋友，只在这些著作的个别章节与文字上做了一些改动。——转引自［英］雷蒙德·威廉斯：《马克思主义与文学》，第35页，译者注。

2　N. Voloshinov, *Marxism and the Philosophy of Language* (origin 1929), trans. L. Matejka and I. R. Titunik (Cambridge, MA: Harvard University Press, 1973).

3　［英］雷蒙德·威廉斯：《马克思主义与文学》，第35—40页，译者注。

4　Colin Mercer, "Public Subjects and Subject Publics," 366.

其内涵都处在不断变动中，且常常处于表征危机中。这就触及了艺术社会史的中心议题——阶级。当代著名艺术史家和艺术批评家本雅明·布赫洛说，阶级概念的问题，关系到艺术家的阶级认同，也关系到与现代社会里被压迫、被剥削阶级的斗争保持文化上的团结，能否真的导致对革命运动或反革命运动的政治支持行为。[1]克拉克却逃脱了对"团结、距离、归属和排斥"等含义的界定，转向了"表象等级制"。假如我们理解了克拉克关于"表象等级制"的强调，就自然能够理解，对于那种认为"有代表性的艺术家的观念能为我们提供一个阶级'可能的意识'的完整描述"的马克思主义史学某一流派的观念，克拉克为何会直斥其为"臆造之物"了![2]

克拉克认为："仅仅在抽象的层面上，将阶级当作符号再生产的地平线或母体来加以运用，却不在能够导向对阶级的限制力量和促成力量的详细描述的层面上来加以运用，那么这个问题是无法解决的。"[3]而他自己对社会秩序、经济表象和阶级关系之间关联的凝练阐述，集中于下面这段话：

> 在资本主义社会，经济表象是母体，所有其他的表象则围绕着它组织起来。特别是，某一个体所在的阶级——他或她对生产资料的有效占有或分离——是社会生活的决定性因素。这并不意味着，从这一点上便能立即读取这一个体的宗教信仰、投票习惯、着装选择、自我意识、审美取向，以及性道德。所有这些都在各种特定的、不同的表象世界中得到清晰的表述；但这些表象世界都受到具有决定性的阶级

1　Benjamin H. D. Buchloh, "The Social History of Art: Models and Concepts," in Hal Foster, Rosalind Krauss, Yve-Alain Bois, Benjamin H. D. Buchloh, *Art Since 1900—Modernism, Antimodernism, Postmodernism* (London: Thames & Hudson, 2004), 25.

2　［英］T. J. 克拉克：《艺术创作的环境》（载《艺术史的视野》），第103页。

3　［英］T. J. 克拉克：《现代生活的画像：马奈及其追随者艺术中的巴黎》，第24页。

关系的约束和渗透；而且在19世纪里，阶级作为各个独立领域的组织结构的存在，往往是显而易见、清晰可感的：只要想想资产阶级服装的历史，或者市场经济的逻辑结构渐渐支配彼此削价出售的种种方式。这就使扩大阶级的概念，以便容纳除了经济之外的其他现实有了可能：比如，将某些娱乐和性活动的方式称为"资产阶级的"。我觉得，这样做并没有害处：它记录了一种行为者自身感知到的联系，完全回避这种做法将是迂腐的；但是我们应该清楚，我们不能过于随便，比如，当我们将某些东西称为"内在地属于资产阶级"的时候，我们所指的只不过是关系，而不是本质如此。当我们将视线从资产阶级转移到它在19世纪的庞大对立面时，我刚才的提醒也许就更具有针对性了。因为在这里，我们显然是在对待一个尚在形成中的阶级或一组"阶级特征"——从人民（peuple）到无产阶级（prolétariat），从劳动阶级（classes laborieuses）到工人阶级（classe ouvrière），这些完全不确定的称谓表明它仍然在形成之中。[1]

沈语冰对这段极其浓缩的文字所透露出的"阶级"概念做了严密精辟的概括。他认为，克拉克坚持经济因素不能决定阶级定义的其他要素；在表象世界里，尽管经济仍然是决定性的因素，但还有诸如宗教信仰等因素的作用；并且，克拉克还以资产阶级的对立面无产阶级的"在形成中"的特征，进一步说明资产阶级特征的"关系"性质，而非"本质"性质。[2]

确实如此，克拉克经常在写作中引用罗兰·巴特（Roland Barthes）对资产阶级概念的评述：

---

1 ［英］T. J. 克拉克：《现代生活的画像：马奈及其追随者艺术中的巴黎》，第31—32页。
2 沈语冰：《是政治，还是美学？——T. J. 克拉克的艺术社会史观》，第14页。

罗兰·巴特的话仍萦绕在我们耳际："资产阶级被定义为社会阶级，而这个名字并不是他们想要的。'资产阶级''小资产阶级''资本主义''无产阶级'都是一场持续不断的失控行为发生的中心：意义从中不断涌现，直到他们的名字变得多余。"（"资本主义"后来成为巴特所说的规则的例外情况，但这是因为资本主义在当时占上风，并且觉得自我赞美是让其他言论——关于特权和失势的持续争论——消失的最佳方式。）换句话说，阶级仍然是我们对人际关系的理解中最为缄默或被屏蔽得最厉害的范畴。[1]

这实质上便指出了社会进程中的阶级定义及范畴的"不确定性""隐蔽性"甚至"恒变性"。对于资产阶级的概念，克拉克还曾描述道："因其作为一个阶级的本质，是一个社会可见性（social visibility）之中或之外的恒定闪烁的，一个永久的、无尽的、善于创造的社会匿名者。"[2]所以，正如沈语冰先生所概括的，克拉克在以下两个重大方面，重新界定了"阶级"这个术语，从而区别于传统的马克思主义者和艺术社会史研究者：第一，他认为阶级并不仅仅由经济地位决定，而是受到除经济表象之外的其他各个表象的影响；第二，他认为阶级并不是一个一成不变的本质概念，而是处于时时变化中的关系概念。[3]

所以，抓住"阶级"这个不确定而隐蔽的表象世界，对于克拉克来说，相当于掌握了一个"富矿"；克拉克甚至抒情地说："'阶级'状态的原始力量，甚至其飘忽不定的特点，都是塑造我的生命的现实。"[4]

1　［英］T. J. 克拉克：《现代生活的画像：马奈及其追随者艺术中的巴黎》，第24页。

2　T. J. Clark, "Origins of the Present Crisis," *New Left Review* 2 (March–April 2000), 92.

3　沈语冰：《是政治，还是美学？——T. J. 克拉克的艺术社会史观》，第14页。

4　［英］T. J. 克拉克：《现代生活的画像：马奈及其追随者艺术中的巴黎》，第20页。

与"资产阶级"这个概念相比，克拉克对"小资产阶级"更情有独钟，他坦承自己就是小资产阶级的一员，而且，小资产阶级是19到20世纪社会变化中最积极、最活跃、最多彩的角色。请看克拉克的描述：

> 阶级在任何情况下都必定是一个复杂的问题。说到底，在社会中个体拥有或被剥夺的"生产资料"绝不会只有一种：任何社会形态总是新旧生产模式的叠加，因此也总有新旧阶级的叠加，以及在它们彼此紧密结合时产生的混合物。从本书的目的出发，显而易见的是，那时候——比方说，19世纪70年代——被称为小资产阶级（Petit Bourgeois）的现实，便是由各种各样的男男女女构成的：他们从事的小生意曾经在城市经济生活中给予他们一定的保障，但随着大规模工商业的到来，他们这点小小的安全感也被剥夺了；这种小资产阶级还包括一些新的劳动者群体——职员、店员以及诸如此类的人——他们是同一个经济变迁过程令人不安的新颖而又野心勃勃的产物，他们的不稳定性与过去地位的丧失没有关系，而与整个社会系统无法在新秩序中决定他们地位的高低有关。[1]

在《现代生活的画像》中，克拉克从奥斯曼的巴黎改造和商业资本主义的突飞猛进出发，描述19世纪下半叶小资产阶级在社会上的兴起及其对生活方式、审美兴趣的特殊追求，从而揭示了马奈画作的复杂性、暧昧性。在克拉克看来，小资产阶级往往以资产阶级的身份认同性来标榜自己，而且它是令人不安、野心勃勃、极不稳定的。很多年之后，克拉克在《为抽象表现主义辩护》中对资产阶级和小资产阶级再次进行了区分：

1　［英］T. J. 克拉克：《现代生活的画像：马奈及其追随者艺术中的巴黎》，第32—33页。

很明显，我相信资产阶级和小资产阶级之间的区别是真实的，我不希望我在讨论阶级"文化"和"结构"的文本中给读者以这样的印象，即我不相信这种区别从根本上是经济权力的一种。我认为，一个资产阶级，是那些拥有必要的资金来干预至少些微塑造他或她自己生活（以及其他人）的重要经济决定的人。我认为，一个资产阶级是那些期望（合理地）将这种权力传给他的孩子的人。但是，一个小资产阶级，却没有这种手段或保证，当然也没有这种权力传承的期望，但是尽管如此，他们却全心全意地以那些真正拥有这些权力的阶级的特征来标识自己的身份。当然，这就意味着，年年岁岁、每时每刻，一切都取决于那种身份认同（identification）可以发生的特殊形式。资本主义中小资产阶级的历史因而便是一个习俗、象征、亚文化、"生活方式"的历史，必然专注于社会生活的表面。（我的《现代生活的画像》的第三和第四章尝试去开始描述19世纪晚期的这一历史。而在莱杰的《重塑抽象表现主义》中的《现代人的话题》一章中的材料深深震惊了我，因为它提供了一些关于20世纪40和50年代人们生活一些因素的类似描述。）[1]

故而所谓"现代生活"，便是19世纪下半叶法国小资产阶级的生活——郊游、观光、看展览、划船、野餐、泡酒吧，总而言之，一种公共生活，一种流动性生活。它属于体现、影响、推动着社会总体的变化着、冲突着、博弈着的表象世界。

同样，对于意识形态，克拉克也强调其不确定性。长期以来，意识形态理论受到经济基础/上层建筑的僵化二分法的统治，故而强调着对应的

1　T. J. Clark, "In Defence of Abstract Expressionism," *October*, no. 69 (Summer 1994), 35.

"反映"。正如本雅明·布赫洛所说，意识形态的概念，在乔治·卢卡奇的美学中扮演了重要角色，他创立了20世纪最全面的马克思主义文艺美学理论，极大地影响了艺术社会史的形成，特别是卢卡奇的同道，匈牙利人阿诺德·豪泽尔和奥地利人恩斯特·菲舍尔（Ernst Fischer）。布赫洛指出，卢卡奇理论的关键概念是"反映"（reflection），它在经济和政治基础的驱动力，与意识形态和上层建筑之间建立了一种相当机械的联系。意识形态被定义为意识的颠倒形式，或者——更坏的——只不过是一种虚假意识。[1]

进入到20世纪60年代以来，艺术史界开始对之前庸俗唯物主义的宏大叙事和武断研究进行批判。这显然是受到了阿尔都塞"意识形态国家机器"（ideological state apparatuses）理论的影响，他认为，艺术实践同样是意识形态实践的一部分，而不仅仅是生产艺术的社会的一种表现性反射；因为艺术实践批判性地以不可预知的，但又可以通过历史来理解的形式，重新协商或确证巩固了资本主义矛盾，所以，艺术实践也被认为是意识形态的。[2] 如何在艺术中发现统治意识形态的运作或对其的能动性反抗，便成为艺术社会史的新课题。对此，著名艺术史家维克迈斯特曾著文批评艺术社会史的传统模式，认为这种方法导向了对抽象哲学的无根据的强调，其代价则是忽略了对具体特性和意识形态批判的研究。[3] 他还认为，意识形态，在艺术史对"文本"与"环境"之间联系的调和中，发挥着重要作用。[4]

1　Benjamin H. D. Buchloh, "The Social History of Art," 27.

2　Fred Orton, Griselda Pollock, *Avant-Gardes and Partisans Reviewed*, xiii.

3　O. K. Werckmeister, "The Political Ideology of Bayeux Tapestry," *Studi Medievali*, third series, 17, no. 2 (1976), 501-519. 也可参见O. K. Werckmeister, "From Marxist to Critical Art History," College Arts Association, session on Marxism and Art History, Chicago (January 1976), 在这篇文章里，作者在论述中反对学院艺术史界的"意识形态一般化"（ideological generalization），呼吁一种"批评性的艺术史"。

4　O. K. Werckmeister, "The Political Ideology of Bayeux Tapestry," 589.

与此同时，克拉克也一样批判艺术社会史的传统模式。他指出，那种认为"有代表性的艺术家的观念能为我们提供一个阶级的'可能的意识'的完整描述"完全为"臆造之物"了！[1]尽管并不反驳维克迈斯特，但是克拉克强调了另一观念，即，类似"意识形态"或"矛盾"的范畴，需要被引入思考，并与物质实践的具体特殊性结合起来思考。[2]而他自己是这样界定"意识形态"的：

> "意识形态"一词与"阶级"这个词的情况也有几分相似，我用这个词来指社会中那些截然不同、各具特性的知识体系的存在：它是认知的法则（orders），往往被强加于那些迥然各异的零散的表象之上。意识形态的符号在话语中具有某种惰性：一种意象和信念的固定模式，一种似乎强制性的语法规则，一套看与说的准许模式；每一个都有它自己的封闭和开放结构，有它自己的范围，有它提供某些观念并使别的观念变得不可思议、脱离常规或异乎寻常的方法。而所有这一切都是偷偷摸摸完成的——我想这就是意识形态这个词承载的另一层隐秘的意思——仿佛它是不正当（surreptitiously）似的。也就是说，意识形态跟其他任何知识形式一样，是构成的东西；它们是在一个特殊的、局部的社会实践中生产出来的意义；它们往往与一个特定阶级的态度和体验联系在一起，因而与那些不属于这一阶级的人的态度和体验会产生冲突（至少在一定范围内）。[3]

显然，在克拉克看来，意识形态是在各类社会实践中生成的意义或法

1　［英］T. J. 克拉克：《艺术创作的环境》（载《艺术史的视野》），第103页。

2　Gail Day, *Dialectical Passions*, 47.

3　［英］T. J. 克拉克：《现代生活的画像：马奈及其追随者艺术中的巴黎》，第33页。

则，但是由于它常常被强加于零散的表象之上，它便容易被看作一种自成系统的、形状清晰的知识体系，而且意识形态的符号也会陷于某种惰性，似乎是有着范畴明确的、强制性的定义、模式和法则，实际上意识形态一直处在构成之中，因为它与阶级的态度和体验相关，而阶级（如上文如述）本身是恒变的，那么不同阶级的人的态度和体验就会产生冲突，这种表征的危机和博弈又会塑造、影响意识形态。比如，他就说，将意识形态与一个特定阶级的态度和体验联系起来，因而与其他阶级的态度和体验会发生冲突这个说法，是一个谨慎的说法。实际上，彼此不同、相互冲突的阶级之间的意识形态参照框架，经常是公开对抗的；我们很难不注意到19世纪资产阶级的意识形态积极地谋求涵括、颠覆或取代他们意欲支配的那些阶级的意识形态。例如，这种斗争可以发生在音乐咖啡馆里，或者发生在试图将妓女的形象固定下来的尝试中。[1]

一旦这样去想象，即在音乐咖啡馆里、在郊游空间里或在一幅画里，都充满着各种阶级、各种意识形态的斗争，那么就很能理解克拉克所说的"社会是表象的战场"的意思了。经济能力、阶级、意识形态……这些表象都在社会实践中争斗着，又被这种争斗所作用、所变化，只有将艺术放在这一"表象的战场"来考察，才能揭示伟大艺术的隐藏意义。

因为，（再次援用沃洛希诺夫的理论）艺术创作同样处在社会实践这一现实战场之中："形式因素"与"意义"——"形式"与"内容"——充满能动活动的结合，而不是什么固定的、"已预先给定的"、内在的意义表达，相反却是多重语调的混乱争斗，呈现出多元价值重音（multiaccentuality）的状态。[2]在克拉克看来，这种争斗，给予艺术家在使

1　［英］T. J. 克拉克:《现代生活的画像：马奈及其追随者艺术中的巴黎》，第33页。

2　［英］雷蒙德·威廉斯:《马克思主义与文学》，第42页，译者注。

用艺术惯例和流行图像时以压力，进而通过对惯例和流行图像的修改而反映出来；表象斗争的符码，潜藏在画面中，有待于人们去发现。

四、艺术与社会的新关系模式

20世纪上半叶的艺术社会史，因为坚持在经济和政治基础的驱动力与意识形态和上层建筑之间建立的相当机械的联系，所以长期被"反映论"所笼罩。"反映"的概念主张，文化表征的现象，最终不过是一个特定历史时刻的阶级政治和意识形态利益的次要现象。[1]

60年代以来，随着人们对意识形态的细致研究，美学家和艺术史家不仅仅区分了意识形态的全部理论，而且还详尽阐述了文化生产一般是如何联系到意识形态机器的。其中，阿尔都塞的意识形态理论影响深远。

在《意识形态和意识形态国家机器》中，阿尔都塞革新了传统的马克思主义意识形态概念，声称这种传统理论不只是一种"错误的意识"，即，一个统治阶级所赞助和支持的观念系统，是一种掩饰阶级关系的真实性质的手段，意识形态是构成所有社会关系整体所必需的部分（或曰积分 [integral]）。[2] 但是阿尔都塞认为，意识形态在任何社会相互作用的每个层面都能找到。他极其有效地挑战了马克思认为社会是由一个"基础"而构成的观点，这个基础包含着人类生存的物质基础，如生产手段和劳动组织，以及一个"上层建筑"，其包含着理念世界或意识形态，如宗教、哲学、法律、文学和艺术。通过打破这经济基础／上层建筑之间的分野，反对这种将意识形态当成属于上层建筑的一种经济基础的特征，阿尔都塞放

1　Benjamin H. D. Buchloh, "The Social History of Art," 27.

2　Louis Althusser, "Ideology and the Ideological State Apparatusses," in *Lenin and Philosophy and Other Essays*, trans. Ben Brewster (New York, 1971), 127-186.

弃了马克思主义文化批评的核心原理，即，社会、政治革命以及在此类的基础上的发展，必然反映在上层建筑中。他代之以一种扩展的意识形态概念，超越了其作为上层建筑的传统界定，这样一来，它就覆盖了社会生活的所有方面。阿尔都塞的模型，深深影响了符号学理论，在他的观点中意识形态成为一种文化符号，在这种文化符号中，意识形态和符号系统成了同义词。正如哥伦比亚大学社会艺术史教授凯丝·默克希（Keith Moxey）所说，阿尔都塞以表意系统（systems of signification）来界定的意识形态概念，为人们提供了一个真正变革的艺术史的理论基础。[1]

既然意识形态被设想成为一个"表意系统"，那么，艺术实践到底是在意识形态表征之内还是之外运作呢？这一问题从70年代以来尤其吸引了艺术社会史家。布赫洛指出，因为这些艺术史家所赞同的意识形态理论不一，所以他们给出了许多迥然不同的解答：

> 那些追随着美国艺术史家迈耶·夏皮罗早期马克思主义阶级的批评模式的社会艺术史家，继续认为文化表征是一个统治阶级的意识形态利益的镜像反映，并在此观念下进行批评（例如，夏皮罗认为，印象主义便是有闲、持股资产阶级的文化表征）。根据夏皮罗所论，这些文化表征产品，并不仅仅清晰地体现了资产阶级的普遍心态：他们也赋予其以文化权力，来宣扬和维护其作为统治阶级的政治合法性。
>
> 其他研究者则将迈耶·夏皮罗的马克思主义艺术的社会史当作出发点，同时也接受了他在晚期作品中发展出来的复杂观念。他考虑到了艺术与意识形态之间远为复杂的问题，在他的论述中，他认识到，美学形态是相对自律的，而非完全依赖于或适合于意识形态利益（例

---

[1] Keith Moxey, "Semiotics and the Social History of Art," *New Literary History* 22, no. 4 (1991), 987.

如，当夏皮罗随后转向一种早期抽象主义符号学时，这一发展非常
明显）。[1]

转而坚持艺术的相对自律，是马克思主义艺术社会史的自我完善。上
文已经提到过，克拉克显然赞同夏皮罗晚期的观点，承认艺术的自律和自
主，从不认为艺术是对"社会""阶级"和"意识形态"的机械反映；但
是，他又承认，艺术是一种文化表征，浸淫于"表象世界"这个更大的社
会实践战场之中。在《现代生活的画像》中，克拉克纯熟地运用了表象、
符号等概念，似乎将艺术看成一个陷于表象战争中的文化构成，那就势必
表现出其生成环境中的社会价值观。但是，克拉克却力图维持表征和意
识形态之间的区分："意识形态移植于表征，也许有人会说：它们［意识
形态］呈现了被构造的或有争议的意义，好像它们简直全然没有意义，但
是，对那外在世界的内在固有的形式，观察者有直接进行直觉知晓的特
权。"[2] 实际上，这就在某种程度上，有意识地拒绝了阿尔都塞的意识形态理
论，因为假如意识形态体现在文化表征的所有形式中，那么，艺术作品和
所有其他包围着它的事物之间，就没有美学上的隔离线（Cordon Sanitaire）
了，就不可能将艺术作品与所有其他构成文化整体的表意系统（signifying
system）安全地分离开，因为它也存在于这个表意系统之中。[3] 但是，克拉
克却竭力将艺术从其社会和政治环境中摆脱出来，从而恢复它作为一个独
立的审美对象的自主地位。

既承认艺术处于社会的"表象战争"之中，又强调艺术区别于意识形
态表象的独立性，这一立场既显现出矛盾性，又表现出巨大的理论张力，

1　Benjamin H. D. Buchloh, "The Social History of Art," 28.

2　［英］T. J. 克拉克：《现代生活的画像：马奈及其追随者艺术中的巴黎》，第33页。

3　Keith Moxey, "Semiotics and the Social History of Art," 987-988.

它是克拉克艺术社会史的核心观念，又是他招致批评的要害。那么，如何将这一矛盾统一起来，如何形成真正的辩证性的逻辑，如何找到一个精妙的平衡点呢？

这个平衡点绝不能在艺术之外寻找，必然落在艺术自身的价值范畴中，落实在艺术惯例的"变形"上。以下是克拉克对于艺术与"阶级""景观"和"意识形态"的关键论述：

> 在我看来，一幅画并不能真正表现"阶级""女人"或"景观"，除非这些范畴开始影响作品的视觉结构，迫使有关"绘画"的既定概念接受考验。（这是像绘画这样的手艺传统表面上守旧性的另一面：只有在传统规则和惯例仍然在影响决策的实践中，改变或打破规则的目的——及其力量和重要性——才会变得清晰起来。）因为只有当一幅画重塑或调整其程序——有关视觉化、相似性、向观者传达情感、尺寸、笔触、优美的素描和立体造型、清晰的结构等等的程序时，它才不仅将社会细节，而且将社会结构置于压力之下。[1]

显然，克拉克完全破除了绘画作为意识形态"反映"社会现实的二元结构观念，转而强调艺术惯例的改变——这艺术手段的内部程式的改变，正是艺术家"自觉或不自觉地"将社会现实置于再现压力之下的体现。也就是说，既坚持了艺术的自主性，又不放弃马克思主义文艺观。就像克拉克强调的那样，社会是一个表象的战场；那么艺术置身于这表象的战场中，艺术内部必然也充满表象的争斗，艺术程式也就在这种争斗之中默默发生了改变。请看，以往的马克思主义艺术史家从未像克拉克这样定义绘画艺术：

---

1 ［英］T. J. 克拉克：《现代生活的画像：马奈及其追随者艺术中的巴黎》，第19页。

绘画是一种探索工具；是一种通过在实践中找到描绘它们的必要条件——平面和深度之间是何种嬉戏，何种强调可以施加于绘画的限定性之中，何种坚持、省略、表演性技巧及其限制？[1]

绘画的创作过程创造了一种空间，"在这种空间中，一种思想观念在某些时刻可以被评估。把观念材料最紧密地、最完整地'嵌入'适合于手头技术材料的形式和代码中，这一任务**同时**也是一个揭示这些思想材料的构成成分——历史的、分立的、通常隐藏于自然面纱之后的构成因素的过程"[2]，而对这一过程的传达，"也许只有绘画艺术可以"[3]。

绘画观念、形式的变化与艺术家在特殊的社会生活和社会实践中感受到的压力有关，"因为只有当一幅画重塑或调整其程序——有关视觉化、相似性、向观者传达情感、尺寸、笔触、优美的素描和立体造型、清晰的结构等等的程序时，它才不仅将社会细节，而且将社会结构置于压力之下"，在这种共时性过程中生成的再现方法便"掌控"了那些选择这类方法的画家。换言之，意识形态则潜藏在言论、再现的习惯或者视觉结构之中，绘画创作过程敞开了意识形态和图画传统相互砥砺的空间，在这种摩擦、探索的过程中，社会现实（经济、政治、公众批评等等）给艺术家以压力，并通过图画传统的改变曲折地反馈出来，艺术实际上卷入了社会历史进程之中。在以作品为实际的写作分析对象的时候，克拉克秉持这一理念，挖掘当时观众及批评家的评论中对画作的评论重点及"集体失语"之处，从而揭示艺术家是在怎样的意识形态压力下驾驭处理那些难以驾驭的艺术惯例，并造成了惯例改变和接受障碍的。克拉克这种刨根究底、巨细

1　［英］T. J. 克拉克:《现代生活的画像：马奈及其追随者艺术中的巴黎》，第15页。
2　［英］T. J. 克拉克:《艺术创作的环境》（载《艺术史的视野》），第102页。
3　［英］T. J. 克拉克:《现代生活的画像：马奈及其追随者艺术中的巴黎》，第15页。

靡遗的方法，被称为"事态分析"法。[1]

沈语冰曾极有创意地以图示法展现了处于绘画、惯例和社会现实三角矩阵中的克拉克的艺术社会史模型：

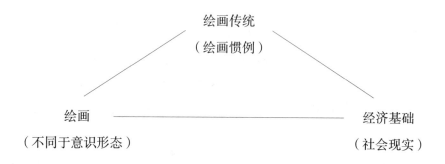

这真是非常形象的图解！沈语冰富有创见地将之与贡布里希的图画再现理论做比较。在贡布里希看来，只有首先依赖于现成图式（通常表现为图画传统或惯例），然后是在情境逻辑的压力下对图式做出修正，图画才有可能再现对象。[2]换成克拉克的话来说则是：只有首先对图画传统或惯例做出改变（而迫使画家改变惯例的压力则来自社会现实），图画才有可能表现社会现实。倒过来，也只有在对传统或惯例做出的改变中，社会现实才能在图画中有所反映，并为人们所认知。[3]无疑，这是对克拉克艺术社会史模式的极好注解。在这里，我只能画蛇添足地再表一二，略作补充。

首先需要稍作解释的，是贡布里希"知觉主义"（perceptualism）的图式发展模型与克拉克的"社会性"图式发展模型之间的关键差异。正如英国符号学艺术史家诺曼·布列逊（Norman Bryson）所说："在普林尼的

1　本论文第三章将详细释析这一事态分析方法。

2　参见［英］贡布里希：《艺术与错觉：图画再现的心理学研究》，林夕、李本正、范景中译，湖南科学技术出版社，1999年。

3　沈语冰：《是政治，还是美学？——T. J. 克拉克艺术社会史观》。

模仿教义中，绘画所属的领域是知觉的而不是再认的领域，在理想条件下，绘画通过无干扰的传送通道从外界把知觉物质从起始站传递到接收站。"贡布里希的高明之处在于"承认外界作为意义的提供者正是通过这样的传递才能发生的"，但是，按照这样的逻辑，"当图式的总汇充分发展的时候，知觉材料就在没有过度变形的情况下螺旋式地发展，而在发展的最后阶段就完全没有变形了"。贡氏的理论仍然倚赖于认知的本性说，仍然处于知觉主义梯队中，其"最消极的结果就是它在图像激活而生成的再认符码中排除了社会构成的基本作用"[1]。比如，贡氏在阐释《威文禾公园》（*Wivenhoe Park*，图7）这幅画时认为，康斯坦布尔（John Constable）的成果在于从风景画中把模糊的图式去掉，既超越了传统的重负带来的认知限制，又超越了自己再现能力的限制，还超越了媒介自身（油画颜料）的限制，以自然科学的名义开创了一种"真实的艺术"。[2]这一解释似乎将艺术放在"社会性真空"之中。

克拉克决然反对这种仅仅强调"知觉"的立场，他坚持认为，外界涵盖着社会政治，而艺术同样处于社会进程之中，自然既被作用又反作用于社会。也就是说，艺术是"活动"于社会之中，只有摘去我们戴着的"意识形态挡光片"，才能看到这种"活动"的重要性，揭示艺术和历史的复杂的相互作用，恰如斯托纳德（John-Paul Stonard）一针见血地指出："克拉克的新－马克思主义立场，既批评豪泽尔，也批评贡布里希的'图式'概念。"[3]在我看来，克拉克的观点，倒更接近于怀特海（Alfred North

---

1 ［英］诺曼·布列逊：《视觉与绘画：注视的逻辑》，郭杨等译，浙江摄影出版社，2004年，第48页。

2 ［英］贡布里希：《艺术与错觉：图画再现的心理学研究》，第29—34页。

3 John-Paul Stonard, "Introduction," in *The Books that Shaped Art History: From Gombrich and Greenberg to Alpers and Krauss*, eds. Richard Shone and John-Paul Stonard (London: Thames & Hudson, 2013), 15.

Whitehead，1861—1947）的观点：创造需要一种对社会象征符号的尊重与其修正之自由的结合，并以一种有创见的想象力和传统的沉重感之间的紧张状态为前提，这种紧张导致了传统内部的发展。"甚至当手已改变选择时，耳朵仍在倾听着发自传统深处的声音。"[1]

对应于贡布里希的图式理论，克拉克的创新之处在于以下三个方面：

其一，所谓的"'绘画'的既定概念"或者说惯例，在克拉克那里，既包括画种（如裸女画）的传统规则，也包括出现在报纸期刊等公共传媒中的时下流行意象，如库尔贝《奥南的葬礼》（*A Burial at Ornans*，图8）中的农民穿着资产阶级的服饰，这就拆解了流行的资产阶级—农民的城乡二元对立的意识形态"神话"。[2]

其二，当意识形态"神话"成为相对流行和固定的观念时，社会实践推动的社会变迁（如阶级结构变迁）就会冲击这一"神话"。按克拉克的话来说，社会就变成一个"表象的战场"，由于艺术不可避免地处于社会整体的表象战场上，它就分享了文化表征所有形式的意识形态负担，面对激烈的表象战斗，绘画有可能以惯例、程式的改变，体现出意识形态或社会现实领域中的斗争。

其三，克拉克高度赞扬这种在面对社会矛盾和意识形态争斗的表象战场而在艺术惯例上体现出变革的艺术。他说："艺术在与其他的历史事件和进程的关系上是独立自主的，虽然这一独立自主的基础会发生变化。的确，任何经验都是某种既定的形式，其意义的获得——在思想、语句和色

1　转引自［美］列文森：《儒教中国及其现代命运》，郑大华、任菁译，中国社会科学出版社，2000年，第114页。

2　克拉克经常用"神话"一词替代意识形态，有时候又称意识形态是"部分真相"或"半真半假的状态"。如他写道："一件艺术作品的价值不能绝对依赖于它对意识形态的屈从程度；因为绘画可以堂而皇之地屈从于当时的部分真相（half-truths）。"［英］T. J. 克拉克：《现代生活的画像：马奈及其追随者艺术中的巴黎》，第33页。

差中——是通过我们无法自由选择和在一定程度上强加于我们的种种结构完成的。……然而，在艺术家接触美学传统和艺术家接触艺术世界及美学意识形态之间，是存在差异的。没有第一种接触，就没有艺术；但当第二种接触有意被削弱或忽略时，往往会产生最伟大的艺术。"[1] 请注意"削弱""忽略"这两个动词，显然，克拉克赞扬了艺术家在面对意识形态"神话"的虚伪性和意识形态争斗的混乱性时所表现出的能动性！这就需要细究一番。

在克拉克看来，艺术不仅能够体现出意识形态表象的争斗，甚至还卷入这场争斗之中并施加作用，从而参与了社会观念的博弈和社会现实的实践；艺术具有了辩证力量，具有了能动性和批判性。他的这种思想，既受到了20世纪60年代末70年代初社会政治运动（如五月风暴和情境主义运动）和激进政治气氛的影响，也受到70年代以来更复杂的意识形态理论的启发。

正如布赫洛所指出的，在当时的思想环境下，美学家尝试将艺术表现当成是特定历史时刻的辩证力量。换句话说，在特定情形下，一种特殊实践也许能很好地阐明一种进步意识的高涨，这种进步意识不仅是一个独立艺术家的，同样也来自一个赞助者阶层的内部，并且也体现了依照资产阶级启蒙运动轨迹和不断膨胀的社会、经济正义的自我界定。这方面的代表，既有托马斯·克劳的经典论文《现代主义与大众文化》（"Modernism and Mass Culture"），它写到了新印象主义点彩派的风格特色，从与激进无政府主义政治的关联到一种优雅从容的风格嬗变中，所体现出来的辩证观念。[2] 也有希腊美术史家尼科·哈吉尼柯劳同年出版的《艺术史与阶级斗争》

1　T. J. Clark, *Image of the People*, 13.

2　Benjamin H. D. Buchloh, "The Social History of Art," 28.

一书，在此书中作者声称自己的任务是描述和摧毁资产阶级的艺术史，并为科学的，也就是辩证唯物主义的艺术史建立一个框架。哈吉尼柯劳将阿尔都塞主义的许多实质性主题引入了英语世界的艺术社区中，他认为传统艺术史本身就是意识形态的，因而它不能认识同样属于"视觉意识形态"的图画制作。哈吉尼柯劳并不是分析作品的其他方面，而是关注于一件作品的赞助人和评论者，以图建立作品的阶级意识形态。例如，他认为，大卫的《马拉之死》属于"革命的资产阶级的视觉意识形态"，传递了1789至1795年间的阶级斗争的力量；马萨乔的《纳贡钱》（*Tribute Money*，图9）就是佛罗伦萨商业资产阶级的意识形态，而伦勃朗的《该尼墨得斯的劫掠》（*The Abduction of Ganymede*，图10）就是荷兰资产阶级加尔文主义者或孟诺派的意识形态。他还认为，一个阶级或阶级碎片的视觉意识形态，可以渗透进另一方，比如，统治阶级的"视觉意识形态"对劳动阶级的"视觉意识形态"的渗透。[1]哈吉尼柯劳的失败之处被认为是未能够建立起描述实际作品的科学方法，片面地强调艺术家、赞助人当时的进步意识。[2]而且，他无法在联系着"视觉意识形态"来谈论艺术作品的"自有的独特性"时，解释作品是为何、如何采取它的形式的。正如查尔斯·哈里森（Charles Harrison）所说，当艺术史仅仅成为一种意识形态批判时，那么艺术史不就是社会人类学的一个分支了吗？[3]

T. J. 克拉克则未像哈吉尼柯劳那样，为早期阿尔都塞主义的反美学性背书。[4]他对艺术在意识形态斗争中的能动性强调要精细得多。相比哈吉尼柯劳，他对于阶级这一问题的探讨就远为精确，比如，聚焦于第二共和国

1　John Roberts, ed., *Art Has No History!*, 10.

2　Nicos Hadjinicolaou, *Art History and Class Struggle*.

3　参见Charles Harrison, "Taste and Tendency," in *The New Art History*, eds. A. L. Rees and F. Borzello。

4　John Roberts, ed., *Art Has No History!*, 12.

时期（1848—1851）这四年时间，他便注明，那时"不止一种中产阶级，不止一种阶级在挣扎奋斗"[1]。在《人民的形象》一书中，克拉克深入探查了当时的社会经济环境、阶级结构、思潮风尚，具有说服力地指出了当时意识形态复杂性、多样性和流动性。他指出，艺术应该是一个更积极主动的角色："一件艺术作品的创作……是一系列在历史中进行，又对历史产生作用的行动……一件作品也许具有意识形态（换言之，那些观念、图像和价值是被广泛接受的，占统治地位的），意识形态也能作为材料，但是它却在运用（works）那材料；它给其一种新形式，在某些时刻，那新形式本质上是一种对意识形态的颠覆。"[2]而在这种能动作用中，艺术家个体是关键的中介，决定了意识形态是如何通过艺术而被"实践"（lived out）的。比如，库尔贝代表了某些东西，而且他比其他画家还要更倾向于某些方面，通过重要历史记录可以查探出，艺术作品是如何在他手中形成的。这恰恰与哈吉尼柯劳相反，后者认为："艺术史从不会问，为何一个艺术家以这样的方式画画，而不以那样的方式画画，为什么一个特殊的人会成为一个人，等等这些问题。"[3]

相比之下，克拉克稍晚的作品《现代生活的画像》，并没有像讨论杜米埃和库尔贝那样，将马奈和修拉的作品置于与一个社会的特定部分的进步力量之间清晰而又富有活力的关系之中去讨论。他所面对的，是如何处理意识形态和艺术生产之间新发现的错综复杂的联系，以及怎样把这种复杂的任务，融入那个时候他业已发展起来的社会艺术史的方法论之中。可是他仍然强调了艺术家对流行的观念、神话或意识形态的有意识的忽略、疏远甚至批评性的探索：

1　T. J. Clark, *Image of the People*, 13.

2　Ibid., 13.

3　Nicos Hadjinicolaou, *Art History and Class Struggle*, 28.

不管怎样，它们都是值得研究的，首先是因为将意识形态视为一件天衣无缝的外套，在我看来是错误的；其次是因为今天对现代主义的任何反对，最好都能回想一下现代主义绘画作品究竟能够再现多少东西，至少是在它的头几十年里。再重复一遍以下显而易见的事实：隶属于一个阶级，分享它的意识形态，从来就不是全盘的接受，或者彻底的融入；一种意识形态会为了某种可能的用途而呈现自己的局限性和不一致性，即使对那些身处这些局限性之内的人也一样；如果某些资产阶级艺术家现在想要超越现代主义的坐标系，他们就会发现，现代主义所保存的东西，也许还能用来表达无产阶级的观点。[1]

还是布赫洛说得精辟：克拉克"将文化表征的生产看作既依赖于阶级意识形态，又是反意识形态模式的生成。因而，对于19世纪现代主义绘画，及其在更广大的意识形态生产机制中的命运变迁的最全面论述，我们仍然能够在克拉克——这位20世纪晚期最重要的艺术社会史家——关于意识形态问题的复杂而日愈细腻化的阐述中找到"[2]。诺曼·布列逊在其名著《视觉与绘画：注视的逻辑》中详细引述了克拉克对马奈《奥林匹亚》（*Olympia*，图11）中那既颠覆了传统裸女画惯例，又颠覆了妓女形象的女性人体与意识形态斗争之间关系的论证，并且分析道："图像的意识形态就变成这样：艺术实践在为控制并将身体定位在用政治的和意识形态术语的斗争中，不会使其自身各种各样已设法扎根的意指惯例自动地中断；它要求明晰其内部的较小的违抗作用与主要的斗争目标——阶级斗争——之间的关系，这界定了身体，并摧毁与更新其再现形式；若非如此，它起的作用就微乎其微了。"[3] 他甚至由衷赞扬被克拉克所揭示出的马奈的图像意

1 ［英］T. J. 克拉克：《现代生活的画像：马奈及其追随者艺术中的巴黎》，第333页。
2 Benjamin H. D. Buchloh, "The Social History of Art," 29.
3 ［英］诺曼·布列逊：《视觉与绘画：注视的逻辑》，第162页。

识形态策略："这种意识形态在战略上的敏锐性是绝对的；作为一种现代主义的、想象的批判，能指的自由活动能够自动地使主体从被控制的状态中解脱出来，它仅仅暴露了思想的贫乏，暴露了那个不可能的客体、那种'开放'文本的没有灵魂的形式主义。"[1] 由此可见，克拉克对处于社会进程中相对自主的艺术创作，所包含的图像意识形态批判功能的强调，得到了普遍的认可与肯定。

对于克拉克艺术社会史的模式，默克希精准地概括说："克拉克对艺术的界定，与那认为艺术是其衍生的社会结构的重要部分这一定义，是相去甚远的。艺术也许受到了阶级的价值观念的沐浴，但是这种沐浴只是为艺术的创造负有责任，而不是说，艺术深陷于那些构成社会生活的具体事务中，艺术想要逃脱那社会情形，从而成为一个主动积极的代理，能够'作用于'或操纵那些它所关联的阶级价值观。"她由衷地赞叹道："这种策略所产生的成果是意义重大的。"[2] 本书将在第三章具体分析举例，以例证这种模式的实践运用。

五、否定与乌托邦

纵观克拉克的艺术社会史研究历程，强调艺术之于社会的能动性和否定性，一直是显著的思想倾向。不管是青年时在对情境主义国际运动追随下创作的两部关于法国1848年革命时期艺术的作品，还是中年时运用情境主义理论（尤其是"景观社会"［society of the spectacle］概念）来剖析19世纪60、70年代马奈及其追随者艺术的巨著，他都倾向于凸显出这些艺术对于意识形态、政治甚至资本主义社会的拒绝与否定。在20世纪80年代中

1　［英］诺曼·布列逊：《视觉与绘画：注视的逻辑》，第163页。

2　Keith Moxey, "Semiotics and the Social History of Art," 987.

晚期发表的批评格林伯格现代主义理论，以及与迈克尔·弗雷德进行论战的文章中，"否定性"似乎成了其现代主义艺术史观的核心。但是当时，他只是笼统地说，现代艺术中的否定，是"以一种绝对的、包罗万象的事实出现的"。[1] 当弗雷德在驳文中质问他到底说的是何种具体艺术的时候，克拉克没有马上回答，而是十年磨一剑，以1999年出版的《告别观念》回答了弗雷德的质问。在那本书中，他给出了七个显赫艺术家的例子，实践了他的"否定性"理论，并提出这样一个观点，即现代主义艺术执着于媒介自身的艺术革新，其实质是在艺术媒介中建造出一种审美乌托邦，而这种乌托邦是与社会政治领域的乌托邦运动平行的，其成功的原因正在于它"失败的宿命"。

克拉克强调艺术否定性及审美乌托邦的思想，显然接近于卢卡奇和法兰克福学派，尤其是阿多诺美学。当然，正如法兰克福学派深受韦伯及马克思的影响一样，克拉克对这两位的思想，尤其是他们对资本主义文化生产、资本主义总体性的批判，对资本主义社会中"异化"和"疏离"的揭露，以及对艺术的批判和拯救作用的主张，同样也是深信不疑的。虽然他在自己的著述中并没有过多地引用过韦伯和马克思的论述，但是，他们的思想就像是无须赘述的前提和基础。

首先，克拉克对现代艺术发展环境的根本生产力状况——日新月异的技术革新及日趋严重的工具理性，对社会管理科层化，尤其是对物质生产的技术化、机械化趋向——有着清醒的认识，这显然受到了韦伯思想的影响。虽然这不足为奇，但是重要之处在于，他提出了这样一种创见，即现代艺术亦平行地走向了一套技术、实际策略，越来越物质化、技术化，现代艺术创作甚至也走向了团体化、集体主义，艺术一度沦为技术魅力的牺

1　T. J. Clark, "Clement Greenberg's Theory of Art," 153-154.

牲品。比如，在《现代主义、后现代主义、蒸汽》一文中，克拉克写道：

> ……越来越是一个技术理性的领域，通过机械化和标准化，这世界在独立主体们那儿，变得越来越有用，并且可理解了。世界正在变成绝对物质的明澈。最终，它会变成（如果你仔细观察，实际上它已经变成了）这样一个世界，是关系而非实体，是交换而非客观目标，是通过符号控制的，而非必要性领域中的物理劳动或粗野挣扎着的肉体。[1]

实际上，强调关系、交换、控制，这恰是工具理性的手段。"工具理性"概念最直接、最重要的渊源是德国社会学家马克斯·韦伯所提出的"合理性"（rationality）概念。韦伯将合理性分为两种，即价值（合）理性和工具（合）理性。价值理性相信的是一定行为的无条件的价值，强调的是动机的纯正和选择正确的手段去实现自己意欲达到的目的，而不管其结果如何。而工具理性是指行动只由追求功利的动机所驱使，行动借助理性达到自己需要的预期目的，行动者纯粹从效果最大化的角度考虑，而漠视人的情感和精神价值。他对工具理性的悲观评价在一个著名隐喻中体现出来，即"理性铁笼"。

韦伯的"理性铁笼"隐喻是西方韦伯学的一个基本概念，如同马克思的"异化"、卢卡奇的"物化"或者哈贝马斯语境中的"生活世界殖民化"一样，也是社会理论尤其是现代性问题研究的著名隐喻。理性铁笼预示着现代人的命运，从"宗教—神本位"的理性主义解脱出来的现代人，因为失去了灵魂与心灵的依托，使得整个生活状态处于没有根的"漂浮状态"，

1　T. J. Clark, "Modernism, Postmodernism, and Steam," *October*, vol. 100, Obsolescence (Spring, 2002), 165.

职业的分化造就了一批"没有灵魂的专家",而完全专业化、非人格化的资本主义社会运作,使得现代人受到了"为赚钱而赚钱"的经济秩序的奴役,同时还受到了科层制普遍化的奴役,人不仅成为只顾赚钱的行尸走肉,也成为组织机器中的无生命螺丝钉。[1]工具理性走向了极端化,手段成为目的,成了套在人们身上的铁的牢笼。

有意思的是,克拉克以联想的思维方式,将施罗德住宅、第三国际纪念塔等现代主义建筑、雕塑上的案例,形象化地类比于这个"铁笼",从而指出了现代艺术同样隐喻性地表现了技术化、机械化的技术理性,甚至成为它的牺牲品。他写道:

> 每所施罗德住宅[2](Schröder House)都是爱因斯坦塔[3];每个第三国际纪念塔都是一个包裹着它的《情欲痛苦之教堂》[4](The Cathedral of Erotic Misery)的"莫兹堡"(Merzbau)——或者,直接回应了塔特林

---

1 马剑银:《韦伯的"理性铁笼"与法治困境》,载《社会学家茶座》(总第24辑),山东人民出版社,2008年。

2 施罗德住宅由里特维尔德(Gerrit Rietveld)受荷兰当时"风格派"影响而设计,是荷兰风格派艺术在建筑领域最典型的表现。由光秃的墙板、简洁的体块、大片玻璃组成横竖错落、若即若离的构图,与当时著名的荷兰画家蒙德里安的绘画有十分相似的意趣,如同一座三维的风格派绘画。施罗德住宅对许多现代建筑师的建筑艺术观念有不小的影响,是现代建筑非常重要的开端。

3 爱因斯坦塔位于德国波茨坦市的特利格拉芬山(Telegrafenberg)上的爱因斯坦科技园中,它是波茨坦空间物理研究所的一部分。爱因斯坦塔是科学和艺术融合的产物。设计者门德尔松对爱因斯坦的科学工作的兴趣,促使他将科学带来的灵感和自己的建筑创意结合起来,因此该塔从整体上体现着近代物理学的发展精神。

4 《情欲痛苦之大教堂》乃是20世纪跨域艺术表现中的先驱,由德国达达主义画家及雕刻家施维特斯(Kurt Schwitters)设计建造,是用零碎垃圾来建造的立体建筑物。施维特斯宣称他所依据的美学是形式的销毁与重建,他用纸版、现成物、木材等组合雕塑的造型,依附在建筑实体上,形成维持哥特式教堂中的飞拱与梁柱,并用教堂的建筑动机组合雕塑造型,这些组件从一个房间衍生到另一个房间,从室内延伸到户外又转回室内空间。组件可被拆解,而形成一个并合的整体。

的纪念塔 [1]，奥斯曼的讽刺性的 "Tatlin at Home"。这就是说，所有理性（rationality）的甜蜜梦幻，都是一个铁笼（iron cage）的噩梦景象。因为，以他或她的悲惨方式来生活的一个平常的"现代"个体，他或她，这一个体在进行句法运动（惊骇和迷失自我的运动）的时候，都具有对一个偏离中心的、伪机械化的主题的沾沾自喜的自以为是的行为。因为每个风格派作品都是一件达达作品；或者一件荷兰风格派（De Stijl）作品都走向达达（在风格派的心脏中发现达达）；或者，一件达达作品，在表面上看，受到了它自己的亢奋的个人主义的逻辑的强制，走向了一个怪异的构成主义的拙劣模仿（但是是否最终，它还是一个模仿？）。我在这里描述的，是真实的轨迹，是现代主义核心的真正的混血儿：施维特斯（Schwitters），或利西茨基（El Lissitzky），或杜斯伯格（Theo van Doesburg）。[2]

分析这段话会发现，首先，克拉克对现代主义艺术的这种技术化、机械化倾向是不以为然的，看这些词便知道："沾沾自喜""自以为是""拙劣模仿"……但是，他坦言，这是"真实的轨迹"，而这些钢铁建筑，不正是"理性铁笼"的极端实体化吗？

其次，克拉克清醒地认识到资本主义总体性对个体的吞噬，技术对精

1　弗拉基米尔·塔特林（Vladimin Tatlin，1885—1953）是构成主义运动的主要发起者。塔特林的第三国际纪念塔，堪称当年时代精神的纪念塔。与其说他是一个工程师，毋庸称他为伟大的艺术家。他所设计的此一纪念塔，实为技术和艺术的总和。他从因袭的桎梏中解脱出来，而且把内部和外部通融汇合起来。由两个圆筒组成一个金字塔，采用铁和玻璃两种材料筑成。圆筒的部分以各自不同速度的回转，组成一螺旋状（spiral）高塔。塔特林的纪念塔，是第一座优美的构成主义作品，它给予视觉世纪以革命。它象征着新动力的社会（new dynamic society）。

2　T. J. Clark, *Picasso and Truth*, 14.

神世界的蹂躏，景观社会对私人生活的侵袭，文化产业商品化倾向以及由此导致的艺术或个人的主体性的丧失，以及艺术最终被资本主义总体性所笼括的现实，从而提倡一种对资本主义总体性的批判。

如，在《现代生活的画像》中，他以马奈及其追随者的艺术作品为案例，剖析了奥斯曼改造下的巴黎的社会景况，展现了"景观社会"是如何一步步地实现整体性的经济变迁、转变整体生产关系，并侵入公共空间（街道、沙龙）以及私人生活（郊游、酒吧），替代传统社会生活的。他像一个X光拍摄者一样透视到了马奈在艺术中呈现出的对于社会变迁或异化的敏感，揭露了作品中的政治性；但是，他甚至尖锐地指出，马奈等画家对于"景观社会"的态度仅仅局限于不知所措或模糊反映，他们的绘画压抑了更为残酷的现实——资本主义景观社会的吞噬。造成这种退缩和保守的原因在于，马奈及其追随者"作为画家的实践——他们想要成为现代派的自我声明——取决于他们比以往任何时候都更多地与他们所属的资产阶级的兴趣和经济习惯紧密地联系在一起的事实"[1]。更残酷的事实是："马奈和印象主义者的作品被资产阶级给买完了，并伴随着景观意识形态地确证了他们的身份，现代性自身被塑造成了一个罪犯"，因而"印象主义很快就成了上层资产阶级的独特风格，在它化为棕榈泉和派克大街上的豪华装饰中，有许多方法恰到好处：它揭开了这类绘画讨好现代性的真相"[2]。显然，克拉克的结论是，马奈及印象派绘画中虽然包含着对现代性的揭露，却也具有对现代性的奉承，最终成为资本主义世界的装饰品。在他看来，这些先锋派自愿抓住利用世俗化——对专业化和技术性的崇拜，而世俗化似乎为自己的自利行为提供了一个慰藉性的神话。[3]

---

1 ［英］T. J. 克拉克：《现代生活的画像：马奈及其追随者艺术中的巴黎》，第332页。

2 同上书，第341页。

3 T. J. Clark, *Farewell to an Idea*, 7.

马克思早就说过，在资本主义生产方式的支配下，艺术创造已变成了以赚钱和盈利为目的的"生产性劳动"；阿多诺更认为，文化产业具有商品社会一切产业的基本特点，具有突出的拜物教特性，文化产品从一开始就是为了交换或者为了在市场上销售而生产出来，文化工业抛弃了艺术原来那种粗鲁而天真的特征，把艺术提升为一种商品类型，就艺术迎合社会现存需求的程度而言，它在很大程度上已成为一种追求利润的商业。[1]尽管阿多诺重点批评的是那些粗制滥造的大众文化，但是这并不妨碍克拉克将这一理论或观点运用在极端现代主义的、媒介自律的抽象艺术上，其中最典型的例子，莫过于波洛克及美国抽象表现主义绘画。

在克拉克看来，波洛克的滴画，尤其是早期作品，具有一种粗俗的气质，暗含着对美国资本主义社会的否定。他赞同早期格林伯格对波洛克的描述："哥特、妄想症和愤怒。"[2]克拉克认为："从1947到1950年，波洛克创造了一整套表现形式，囊括了之前被人们所边缘化的自我表现方式——沉默的、肉体的、野蛮的、自危的、自发的、不受控制的、'存在主义'的、超越或先于我们意识的——这些层面在波洛克那里变得明晰起来，并且获得了一系列相对稳定的能指（signifier）。"[3]波洛克将那些被资产阶级霸权排除在外的混乱、失语、过时的东西，甚至缺失的历史、唯我主义和丑陋的东西，都掷入画面中，从而产生出一系列特殊的粗野的"表现性"（expressiveness）效果，包括画面的密集和夸张的姿势，这些都是"粗野"的表现。正是以这种粗野而密集的方式，波洛克向抽象表现主义绘画向美国的消费资本主义和冷战社会进行了对抗。但是，克拉克随后指出，到了1950年，波洛克就"不再那么投入地进行自我消耗了，差不多达到一种

1　［德］阿多诺:《美学理论》，王柯平译，四川人民出版社，1998年，第18页。

2　Clement Greenberg, "The Present Prospects of American Painting and Sculpture," in *Clement Greenberg: Collected Essays and Criticism*, vol. II, ed. O'Brian (1988), 166.

3　T. J. Clark, "Unhappy Consciousness," 308.

和谐状态"[1]。而最为讽刺的是，在英国摄影家塞西尔·比顿（Cecil Beaton,
1904—1980）50年代最为著名的一系列作品中，模特儿被安置在波洛克新
创作的泼彩画前面，成了时尚摄影的背景，这就让波洛克以激烈的情绪对
抗资本主义总体性文化"噩梦"的行为，彻底地失败了，抽象艺术最终被
吸纳、裹挟为装饰物。[2]而怀有艺术家个人主义精神的德·库宁、霍夫曼等
也已经沦为了侍奉美国权力精英的男仆。由此可见，克拉克对这种资本主
义总体性，何尝没有恐惧与愤怒呢？

再次，对于现代性和资本主义总体性的"否定"以及艺术自身的非同
一性，是克拉克所重视与要求的艺术特点。

60年代末70年代初，克拉克深受情境主义国际影响，同情五月风暴，
在这时出版的《人民的形象》和《绝对的资产阶级》中，他从根本上肯定
了库尔贝等艺术家对资产阶级意识形态的揭露甚至激进的革命精神。其中
最有意思的案例，便是克拉克运用情境主义理论中的"异轨"概念[3]，来论
证库尔贝对农民形象和资产阶级形象的双重破坏。"异轨"（détournement）
是一种"严肃的滑稽模仿"，即"通过揭露暗藏的操纵或抑制的逻辑对资
产阶级社会的影像进行解构"，对先前表述体制价值的一种反转、颠覆与
否定。德波在《异轨使用手册》里谈到，异轨的主要方式是对流行的艺术
品与文本进行拼贴、挪用与置换，也就是将原始元素放在一个新语境中，
并期待能够向人们警示出日常生活中的革命潜力，这也是"迈向文学共产
主义的第一步"。[4]《奥南的葬礼》中的农民身着城市资产阶级的服装，但是
面堂神态却是粗野的，这就达到了对资产阶级主流意识形态中的"城乡分

---

1 T. J. Clark, "In Defence of Abstract Expressionism," 30.

2 Gail Day, "Persisting and Mediating: T. J. Clark and the Pain of 'the Unattainable Beyond,'" *Art History*
23, no. 1 (March 2000), 1–18. 关于这一点下文还将谈到。

3 本文将在第三章对其艺术史方法的情境主义策略做进一步的阐述。

4 ［法］居伊·德波:《景观社会》，王昭风译，南京大学出版社，2006年，第158页。

立"或"资产阶级—农民阶级"观念神话的颠覆，具有强烈的否定性。但是，这种对"异轨"策略的运用，仅仅局限于克拉克早期的作品之中。随着他对印象派之后的现代主义艺术的研究，随着研究领域渐渐从具象的再现性绘画向抽象绘画或其他极端艺术实践转移，如何在这些艺术中发掘"否定性"，就需要变换策略了。这时，阿多诺的"否定性美学"似乎便是适宜的。

阿多诺指出，当我们在一个异化的世界面对异化的现实时，艺术应该担负起批判的责任，因而，艺术的本质特性是它的否定性。他还认为，非同一性原则是现代审美活动的一个基本审美原则，现代人的审美活动应走向与现代生活的"非同一"，现代艺术也应该具有这种蕴含着巨大审美资源的"非同一"性。一件艺术品离现实生活越远，它的审美品位也就越高。"非同一性原则给现实的审美活动提供了一个自律的审美模式，即通过非同寻常的描述和表现去达到寻常生活中所失落的绝对。"[1] 阿多诺说："在艺术作品中，只有一种方式来表现具体的东西，这就是否定的方式。"在他看来，艺术否定性的实现，一方面可以是对现实事物的远离和彻底否定，另一方面体现在对艺术和谐外观的扬弃。只有做到这两点，才有可能对总体性（专制的或资本主义的）具有否定作用。

这一理论适合于解释现代艺术中的极端媒介实验，尤其能够解释抽象绘画的产生。实际上，它也暗合于格林伯格早期文章中的论点。在1939年《前卫与庸俗》和1940年《走向更新的拉奥孔》中，格氏提出了具有马克思主义色彩的前卫艺术方案：反对学院主义、商业主义和苏联社会主义现实主义等迎合大众的庸俗艺术（Kitsch），支持基于特殊的个人审美体验的前卫艺术（Avant-garde）。格氏对19世纪中叶以来前卫艺术进程的历

1　俞吾金、陈学明：《国外马克思主义哲学流派新编——西方马克思主义卷》（上下册），复旦大学出版社，2002年，第178页。

史阐释的核心逻辑在于，前卫艺术的诞生是对资产阶级文明走向庸俗和崩溃的社会状况的反应，其特征是媒介自律性。而那些再现性的、模仿性强的、艺术等同于生活的、没有理解难度的、易于接受的艺术作品，恰恰与极权政治（苏联或纳粹德国）以及商业主义有着密切关联。正如阿多诺的晦涩阐释："艺术通过把握本质，而不是通过无尽的谈论、举例说明，或以某种方式模仿它而成为知识。经由自身的形象表达，艺术将本质显露出来，使其与自身的表象相对立。"[1]"坚持用自己的概念拒绝消费的艺术过渡为反艺术。"[2]根据这一逻辑，艺术走向媒介自律，本身便是一种对社会的否定。

关于法兰克福学派的否定性美学，前人之述已备，我在这里没有过多解释的必要，还不如回到克拉克的"艺术否定论"上来。克拉克真正提出现代艺术的"否定性"，是在1982年9月发表的《格林伯格的艺术理论》一文中。他认为，那些走向格林伯格赞颂的纯粹性实践（practices of purity）（对媒介的重视和法理化［enactness］）的艺术，带有某种不妥协、紧张、激烈、渴望、蔑视和愤怒，克拉克将它们归结为"否定性"。现代艺术通过否定媒介的通常的一致性来坚持其媒介性——"通过扯断它、排空它、制造间隙和沉默，将它设置成感觉或连续性的对立面，让这种行为事情（matter）本身成为抵抗的同义词"。简言之，现代艺术将媒介当作"最典型的否定和疏离的场所"，它是针对资本主义总体性的"否定的实践"。[3]一旦将媒介作为目的，那么在媒介范畴内进行的创作活动，便能"将自己体现为一种无止境的、绝对解构的艺术，一种总是将'媒介'推向其极限的艺术——推向其终点——在此，它四分五裂，或蒸发消失，或回归到

1　［德］阿多诺:《美学理论》，第258页。

2　［德］阿多诺:《音乐社会学引论》，载王鲁湘等编译:《西方学者眼中的西方现代美学》，北京大学出版社，1987年，第257页。

3　T. J. Clark, "Clement Greenberg's Theory of Art," 152.

那单纯而未具形的材料中去。这就是媒介于其中得以恢复并重新改造的形式：艺术（Art）的事实，在现代主义中，是否定的事实"[1]。在克拉克看来，一旦某种视觉（或，语言的）主题朝向它自身（媒介）而展开，它就立即产生了它自己的批驳性，它自己的否定性诉求，事实上，这正潜藏着艺术现代主义的根本的恒常原理。所以，尽管现代艺术是向前内旋的（inward-turning），却是面向外部的（outward-facing）。[2]

可以这样说，现代艺术家给自己分派了任务，即在媒介中"想象他者"。克拉克将现代艺术及其自主性，重新定义为一种具有历史基础的文化激进主义。克拉克阐述了这样的观点，即将自主性诉求放置于现代艺术实践中，并且坚持，艺术自身也是补偿的、恢复的和意识形态生产的文化进程的一部分。[3]现代艺术实践的分散和抽空、平面和抽象、疏远和降低技术性（de-skilling）的极端主义，是对某些处于检验中的事物（生活）的极端性的一种回应。[4]或者说，这种走向物质化、技术化、秩序化的媒介实践，本身便表征了控制、压迫和囚禁。[5]而这种与日常现实拉开距离的非同一性，本身便具有否定性。克拉克明确地说："对艺术的检验在于，创作中是否出现不和谐或艰难，是否有着对抗行为，抗拒着这个世界的同一性（普遍相似性）赖以存在的那些准则和步骤。"[6]

不妨再以波洛克为例（此乃最典型个案），来看看这种否定。克拉克认为，波洛克在1947至1950年间创造了一套具有边缘化特征（沉默的、肉

1　T. J. Clark, "Clement Greenberg's Theory of Art," 153-154.

2　James D. Herbert, "Clark's Modernism," *Art Journal* 58, no. 4 (Winter 1999), 96.

3　Johanna Drucker, *Sweet Dreams: Contemporary Art and Complicity* (Chicago: The University of Chicago Press, 2005), 6.

4　T. J. Clark, "Modernism, Postmodernism, and Steam," 165.

5　Ibid., 172.

6　T. J. Clark, "Unhappy Consciousness," 364.

体的、野蛮的）的自我表现形式，掷入了被资产阶级霸权排除在外的混乱、失语、过时的东西；其画作中的那些与现实事物拉开距离的、反正统的抽象元素，被认为是对资产阶级经济占有（economic appropriation）能力的"抵抗"[1]，或者说，在对资产阶级霸权的抵抗中，回到了它自有的抽象的根本情境之中，并试图赋予它们以形式；克拉克最终的结论是，波洛克通过抵抗隐喻——反对那种将他的画作安置于任何一种单一的隐喻框架内的读解——来越过隐喻，同时又通过强化（accelerate）隐喻性来阻止这暗示，从而强烈地表示，任何一种参照框架都不适合于界定他的画作，不调和的形象取消了总体性形象。[2]这便是波洛克抽象画的"否定"逻辑。

　　但是，在波洛克的艺术中，克拉克又发现了另一对矛盾，即"整体性的图像"（figures of totality）与"不和谐的图像"，或者说，是画面的统一秩序（同一性、无穷性、均匀性与和谐性）与画面中情绪强烈的单个图像（以及与它们相伴随的暂时性、阻碍性、不确定性、随机性、不连续性、冒险性、过度性和暴力性品质）之间的冲突。[3]而这种矛盾冲突，居然被波洛克在画面上调和了起来。他认为，波洛克的计划根本不是让那些不和谐的图像支配统治绘画，因为其比重并不比整体性的图像多；而是使不和谐的图像抵消了整体性图像：没有隐喻可以把握这些图画对一个世界的象征，虽然我们认为，每幅画确实以某种方式代表了一个世界——它拥有必需的密度。[4]他还争论道，我们需要尊重波洛克的乌托邦意图——从架上画到壁

1　Michèle C. Cone, *French Modernisms: Perspectives on Art Before, During, and After Vichy* (London: Cambridge University Press, 2001), 84.

2　Jonathan Harris, *Writing Back to Modern Art: After Greenberg, Fried and Clark* (London: Routledge, 2005), 94.

3　Marcia Brennan, *Modernism's Masculine Subjects: Matisse, the New York School, and Post-Painterly Abstraction* (Cambridge and London: The MIT Press, 2004), 180−181, note 100.

4　T. J. Clark, *Farewell to an Idea*, 336−339.

画的道路——以及他"对媒介的深思"[1]，或者说，在媒介中重构世界的梦想。

"乌托邦"这个词实际上恰恰是克拉克《告别观念》一书的核心词汇，或曰"题眼"。卡林内斯库（Matei Călinescu）认为，艺术先锋派与政治先锋派一样，具有一种"乌托邦"冲动，他这样定义现代艺术创造："现代艺术创造以各种不同方式表明了它同时间的乌托邦/反乌托邦关系。几乎不言而喻的是，现代艺术家在其弃绝过去（变得彻底'现代'）的冲动和建立一种可以为未来认可的新传统的梦想之间受着折磨。对一种不可逆的时间（批判理性已净化掉了其所有超验的或神圣的意义）的意识使现代性成为可能，后者产生出有关一个光辉创造瞬间的乌托邦，作为一种新的、最终传统的核心要素（无论是多么反传统地被构想出来的），这个瞬间通过永无止境地重复自己能够压制时间。"[2]尽管卡氏的解释非常充分，但其缺点在于，没有区分出历史前卫艺术[3]（达达、超现实及苏俄前卫艺术）与经典现代主义艺术之间的区别。克拉克的创举在于，将被普遍认定的历史前卫艺术对乌托邦社会运动的投入，移植到了纯艺术领域，指出其同样拥有乌托邦之梦，其论述理由相当具有说服力。[4]

克拉克认为，现代艺术在自身媒介的"小世界"中进行种种形式与技术实验，实际上将技术性和专业化当成真理的担保人。[5]之所以如此，是因为这些艺术家将艺术中的技术革新，看作在基督教文明祛魅后、在信仰危机和意识形态混乱背景下的对"真理"的全新把握，都以各自的艺术语言

---

1 T. J. Clark, "Jackson Pollock's Abstraction," 211.

2 ［美］马泰·卡林内斯库：《现代性的五副面孔：现代主义、先锋派、颓废、媚俗艺术、后现代主义》，顾爱彬、李瑞华译，商务印书馆，2002年，第76页。

3 "历史前卫艺术"是彼得·比尔格在《先锋派理论》一书中着重描述的艺术流派，如达达主义、超现实主义和苏俄前卫艺术，其特征是要打破艺术与生活的边界，进行艺术的社会乌托邦实践。参见［德］彼得·比尔格：《先锋派理论》，高建平译，商务出版社，2005年。

4 Johanna Drucker, *Sweet Dreams*, 7.

5 T. J. Clark, *Farewell to an Idea*, 8.

实践着这种"乌托邦"梦想。这必然让我们联想到韦伯和法兰克福学派的
"审美乌托邦"概念。

作为一个想象的世界，乌托邦可以被理解为关于我们应该生活在何种
世界的学说，它解除了在现实生活中困扰着我们的形形色色的困境。[1]韦伯
曾说："在生活的理智化和合理化的发展条件下，艺术正越来越变成一个
掌握了独立价值的世界。无论怎样解释，它确实承担起一种世俗的救赎功
能，从而将人们从日常生活中，特别是从越来越沉重的理论的与实践的理
性主义的压力下拯救出来。"[2]正如沃林所言，"恰恰是由于这种对规范理性
的极端怀疑，审美维度在批判理论中的地位才显得如此举足轻重：似乎只
有艺术才能弥补由过度的主观理性的失败而造成的损失"[3]。可以说，韦伯通
过价值分化理论对艺术自主性的强调，不仅是韦伯自己提出"审美救赎"
方案的一个基本前提，而且也是法兰克福学派讨论现代艺术救赎功能的出
发点；韦伯从价值理性的角度对艺术救赎功能的具体说明，包含着通过艺
术恢复理性丰富性的设想，而这也正是法兰克福学派的审美乌托邦最核心
的理论诉求。[4]

霍克海默在《现代艺术与大众文化》一文中明确指出："今天，艺术
的世界仅存于那些坚定地表现了单一个体与残酷的环境之间的巨大差距的
艺术品中——如乔伊斯的散文和毕加索的《格尔尼卡》（*Guernica*）之类
的绘画中。这些作品所表达的悲哀和恐怖不同于那些出于理性的原因而逃

1　Ruth Levitas, *The Concept of Utopia* (New York: Syracuse University Press, 1990), 1.

2　H. H. Gerth and C. W. Mills, eds., *From Max Weber: Essays in Sociology* (New York: Oxford University Press, 1946), 342.

3　［英］理查德·沃林：《文化批评的观念：法兰克福学派、存在主义和后结构主义》，张国清译，商务印书馆，2000年，第124页。

4　李健：《审美乌托邦的现代想象：从韦伯到法兰克福学派》，载《天津社会科学》，2010年第3期，第106页。

避现实或奋起反抗现实的人的情感。艺术品中所潜藏的意识是从社会中分离出来的意识，因此被迫采取怪诞、不和谐的形式。"[1]在阿多诺看来，最能体现这种自主性，并能够与工具理性世界构成一种紧张对立关系的艺术，只能是不断强调自我发展逻辑并"拒斥现实"的现代主义艺术。[2]艺术在以各种极端的媒介形式实现否定性的同时，在自身建构起一个乌托邦，以拒斥外部世界的污浊。在这个意义上，克拉克显然承袭了法兰克福学派的思想。

他认为，俄国革命体现了对一个更好的世界的热望，现代主义期待以艺术表达打破现存之作的诸现实，有意无意地实践着它的乌托邦的渴望。[3]但是，正如早期格林伯格虽然在"否定论"上接近阿多诺的美学理论，但却并不赞同其"拯救论"一样，克拉克并未对这种现代艺术的"审美乌托邦"抱有热情的乐观主义。弥漫在《告别观念》中的是苍凉的忧郁气氛。在面对比顿的时尚摄影将波洛克的画作为一个身着奢侈服装的高级模特的背景这一现象时，他承认对此感到不安，认为这种摄影照片唤起了"现代主义的噩梦"[4]。在这些照片里，波洛克的艺术作品虽然表现了一种假设外在于资产阶级体验的他者（Other）的狂野元素，但是，它实际上已经是一个文化的边缘的，甚至空想的部分；为了将自己的权力延展进日常生活之领域，资产阶级文化便能够将自我人格的、边缘的、身体的、感官的和无拘束的方面，结合进它自己的霸权结构之中。[5]可是，克拉克仍然要为波洛克辩护，因为在其抽象的形式中，既能感觉到它似乎屈从于这种被利用

---

1 ［德］霍克海默：《霍克海默集》，曹卫东编，上海远东出版社，2004年，第217页。

2 Theo. W. Adorno, *Essays on Music* (Berkeley: University of California Press, 2002), 127.

3 Paul Mattick, *Art in Its Time: Theories and Practices of Modern Aesthetics* (London and New York: Routledge, 2003), 154.

4 T. J. Clark, *Farewell to an Idea*, 306.

5 Marcia Brennan, *Modernism's Masculine Subjects*, 179, note 80.

（utilization）的观念，又能发现它努力去抵制这种"被利用"的感觉，克拉克将这种状况归因于波洛克所拥有的一种特殊艺术的和现代主义的意识形态的他自己的版本。[1]

克拉克一直将现代艺术及其自治性，看成一种建立在历史基础上的文化激进主义，将20世纪的艺术实践看作文化的补偿、恢复和意识形态生产过程的一部分。他怀有这样一种信念，即艺术的社会变革潜力是一种激进的文化实践潜力。假如艺术家可以通过他们的符号文化话语的干涉，在政治领域中发挥作用，那么，他们的力量就能够参与到一种对那无法控制的猖獗的资本主义不可抵制的力量所进行的质问中。[2]可以看出，克拉克所持的艺术乌托邦之梦，其潜在理由在于，被资本主义所蹂躏的社会秩序是可以被变革的：假如它不能被激进的革命活动所推翻，那么至少它的政策可以被修改（不管是由先进的措施还是由策略性的干涉行为），而艺术，也在这种转变中发挥着作用。实验性的历史前卫艺术并不是孤军奋战的，高雅艺术在这方面同样引人注目。[3]但是，千万不要忽略《告别观念》中的悲观气氛，因为，两种乌托邦之梦（社会运动和现代主义）似乎都如飞机坠毁大海一般，伴随着20世纪走向终结而终结了，这是为何呢？

托马斯·克劳认为："任何文化都会使用看上去适合的艺术，而那种艺术抵抗这种吸纳的理念，都是不切实际的空想。"[4]克拉克则一针见血地指出："前卫艺术，无论其制作者或宣传者的意愿是什么，都成了统治阶级的官方艺术，以至于前卫艺术的观念不再能维持其文化否定性的原初意

---

1 Paul Mattick, *Art in Its Time*, 171.

2 Johanna Drucker, *Sweet Dreams*, 6.

3 Ibid., 7.

4 Thomas Crow, *Modern Art in the Common Culture* (New Haven and London: Yale University Press, 1996), 48.

义。"[1]由此看来，克拉克虽然一再强调现代艺术的否定性以及审美乌托邦特征，但却认为这种艺术乌找邦实践的宿命是失败的，而正因为这种努力过后的失败，这种"悲伤"的命运，才是现代主义艺术的价值所在，也是判断艺术价值高低的重要标准。

但是，需要强调的是，克拉克对于现代艺术之"否定性"所持的观点，随着时间的推移，出现了很大的变化，而且他自己对这个词的使用也充满担忧。那么，我们就需要仔细考察其"否定性"理论的层层累累的复杂意义了。对此，我将在下一章做详细阐述。

1　T. J. Clark, *Farewell to an Idea*, 363.

第三章

T. J. 克拉克艺术社会史的方法策略

在这一章中，我将对克拉克在艺术史写作中所实际运用的、承载着其基本观念的方法和策略，进行深入、具体的阐述和分析。这一任务将由三部分组成：首先要深入探讨的，是克拉克对艺术史的老问题——文本与背景的关系的中介——的独特回应，即通过"否定""隐喻"和"内在辩证"等词语及其运用，来实践其艺术社会史观的战略；其次，详细研究克拉克在写作过程中对具体艺术作品的"事态分析"方法，这种方法是包括在画面中发表悖谬分裂之处、细究共时性评论、与流行意象进行对比、社会条件分析等在内的一系列战术运用；再次，将对克拉克所遵循的具体策略进行剖析，如情境主义策略、符号学方法等。通过对其战略、战术及策略的分析，我们可以一探克拉克艺术社会史的深邃内核及内在结构。

一、中介机制

1. 问题

在艺术史学科中，如何处理艺术与社会、文本（text）与背景（context）、内在与外在之间的关系，始终是一个漫长而备受关切的问题；对于艺术社会史来说，更是一个充满争议的中心问题；或者说，当我们面对艺术品，考虑到知觉与对象的关系、主体与他的世界的关系以及艺术作品与环境的关系时，这又是一个相当棘手的问题。以往的传统马克思主义往往以"反映"来关联两者，很快，"反映"观念受到"中介"（mediation）观念的挑战。

根据雷蒙德·威廉斯的解释，"中介"一词旨在描述一种能动的过程，其一般含义主要是指在敌对者之间或在陌生人之间进行的调停、和谐或解释之类的活动；作为文化研究的一个术语，"中介"描述的是"社会"与"艺术"之间或"基础"与"上层建筑"之间的那种关系过程。他认为：

> 我们不应该期待（或者并不总能）在艺术中发现直接"反映"出来的社会现实，因为这些现实（时常或总是）经过了一种"中介"的过程，在这种过程中它们的内容已经发生变化。……社会现实是被"外化"或"掩饰"了的，要恢复它们，则须经过一种从这一中介再回溯到这些社会现实的原初形式的过程。[1]

尽管克拉克认为，人文主义艺术史辉煌年代的华光之所以灿烂，正是因为李格尔和德沃夏克等大师总是注重在历史结构中去辩证地思考艺术，但毋庸讳言的是，随着现代艺术越来越走向媒介、走向抽象，图像学和形式主义的兴起，对艺术的社会—历史解释变得越来越困难，越来越过时，越来越容易被批判。一言以蔽之，艺术史对艺术与社会、文本与背景的关系的中介，一度被全然否定和抛弃。

实际上，对于忽视艺术之社会性的倾向的不满，对于缺乏成功的中介

1　[英]雷蒙德·威廉斯：《马克思主义与文学》，第106页。

形式的不满，已经成为驱使19世纪至20世纪上半叶以来的一个个庞大而难以驾驭的研究计划的主要动力，比如，马克思未完成的对于阶级的政治经济的批判，萨特对于福楼拜的思考，或者布洛赫的《希望的原理》（*The Principle of Hope*）。他们往往以种种简洁有力或格言警句式的表达方式，用一种言简意赅的速写法来把握种种关系。[1] 如，本雅明未实现的《拱廊街计划》，片断积累成了观念，这种趋向只言片语、吉光片语的写作法和方法论，常常被看作对黑格尔式的宏伟结构的拒绝。[2]

与此同时，以安塔尔、豪泽尔为代表的早期艺术社会史家，凭借知识社会学（如曼海姆）和马克思主义理论，将社会学命题整合进艺术史来考察。尤其是豪泽尔，他用十年时间完成了德语巨著《艺术和文学的社会史》，并耗费了最后的生命，写作《艺术社会学》这部力作，将自己一生的艺术史研究做了理论总结。豪泽尔的《艺术社会史》并非对后世的艺术史研究产生了深远的影响，但是，其社会学或历史决定论的方法，虽然宣称从文化和社会的角度解释艺术，却无法解决他意欲解决的问题——实际上，豪泽尔虽推崇历史唯物主义，但是拒绝教条的马克思主义艺术社会学所预设的前提，他要考察的是社会与艺术、基础与上层建筑的相互作用，并认为艺术不会游离于社会条件之外，却有着相当程度的自律性。但是，豪泽尔将他的理论建基在一种社会学假设上，即僵硬的、等级的和保守主义的风格为由土地贵族所控制的社会所偏爱，而自然主义的、不稳定的和主观主义的因素可能反映着城市中产阶级的思想状态。所以，这种（社会学或历史决定论的）方法往往会最终破坏审美对象，艺术审美对象和个人审美判断的特殊性，被其过分强调的社会一般性给融解和消散了。正如贡

1　如本雅明、布洛赫和阿多诺，甚至卡尔维诺的《帕洛玛尔》（*Palomar*）也具有这种特征。

2　Gail Day, *Dialectical Passions*, 41.

布里希一针见血的批评:"(这种方法)假定一个文明的所有表现都是一致的,这种方法(即黑格尔的'注释方法'[exegetic method])总是选择文化的不同元素,比如说古希腊建筑和古希腊哲学,然后思考它们如何能够成为同一种精神的表现。"[1] 他坚持:"没有任何理由认为,西斯廷礼拜堂天顶壁画比一个人所见的还拥有更多的意义。"[2] 从贡布里希的观点来看,社会和艺术的接合表述,必须通过对再现图式(representational schemes)和惯例——两种从一开始就既是社会的又是造型的两方面的角色——的研究,才能达到,从而避免进入无法控制的图像学之中。[3]

豪泽尔虽然被贡布里希批评,但事实上,他也看到了"艺术—社会"关系中介的复杂性,他认为,那种"充满了中断和冲突的方法,也许能够将特定的社会条件导向精神价值的生产,比如,将荷兰中产阶级资本主义与伦勃朗的作品联系起来";但是,"任何一个人最终都必须决定,这种社会情况是否是有关联的",他暗示,这种关联的获得,往往是复杂且不易的。[4]

本书认为,这恰恰显示了对艺术—社会进行"中介"的难度;它一直是个高风险的研究课题,备受批判。例如,中介曾被类同于政治中介,从而被19世纪中期的一些左派黑格尔主义者,以及20世纪70年代的意大利自治论者所批评。而80、90年代以来的解构主义思想,更是将中介抛到脑后,弃如敝屣。比如,德里达(Jacques Derrida,1930—2004)的"文本之外无他物"说,就终止了这种中介的中介,而艺术社会史的中介问题也就

1　E. H. Gombrich, "In Search of Cultural History," 41.

2　E. H. Gombrich (with Didier Eribon), *Ce que l'image nous dit Entretiens sur l'art et la science*, 151-152.

3　Jean-Paul Simon and Liz Libbrecht, "Mediation and Social History of Art," 216.

4　Arnold Hauser, *The Philosophy of Art History* (London: Routledge and Kegan Paul, 1959), 11-12.

被撤下了艺术史"议程";当推陈出新的"理论"（theories）以乏味的知识性元叙事（meta-narrative）确认和规范着自己的身份时，理论家们同时宣称，自己已经超越、解决了中介问题，而在我看来，他们不过是绕开了这一问题。

其实，要解决中介的问题，首先要做的，便是重新承认它是一个迫切的问题。其次，还要抛弃早期武断、决断、粗陋的反映论或历史决定论。要知道，中介不是一个强硬执行的命令，不是一个先入为主的解决方案，也不是一个能够牢靠地支撑全面计划的理论支柱。[1]直接地说，就是要放下宏大的叙事野心，关心细节和更新方法。在艺术史上，这一方法论的转向，以对马克思主义正统观念和宏大叙事的拒绝为标志，并伴随以一种对于精细研究不断增长的偏爱，对抗着任何沾染有"总体性话语"的艺术史写作。实际上，这一转向拥有更深广的思想史背景。

20世纪60年代以来的知识分子氛围逐渐趋向于赞赏个性。[2]欧洲新左派以争取个性远离斯大林教条主义，掀起了对"庸俗唯物主义"的批判，并与法兰克福学派进行斗争。这其中最具有持久战斗力的，是法国哲学家萨特。萨特所批判的靶子是共产党官方所使用的马克思主义方法论版本，他指控当时的马克思主义者正在成为"机械唯物主义者"和"可怜的辩证论者";[3]他认为，这些人的典型思维模式是，通过一个"抽象普遍性之间的

1　Gail Day, "Persisting and Meditating: T. J. Clark and the 'Pain of the Unattainable Beyond,'" *Art History* 23, Issue 1 (March 2000), 1–18, here 1–2.

2　参见Jay Bernstein, "The Death of Sensuous Particulars: Adorno and Abstract Expressionism," *Radical Philosophy* 76 (1996), 7–18; Gilles Deleuze and Félix Guattari, *A Thousand Plateaus: Capitalism and Schizophrenia* (1980; repr. London: Athlone Press, 1988); David Harvey, "Militant Particularism and Global Ambition," in *Justice, Nature and the Geography of Difference* (Oxford: Blackwell, 1996), 19–45。转引自Gail Day, *Dialectical Passions*, 259, note 55。

3　Jean-Paul Sartre, *Search for a Method*, trans. Hazel E. Barnes (1960; repr. New York: Vintage Books, 1968), 17, note 2.

一致性体系"，将概念压迫进"预先构想的模具"和一个先验模式之中。[1]
他写道：

> 马克思主义的开放观念已经关闭。他们不再是密钥，不再是解释
> 性的纲要；他们将自己定位于一种已经总体化的知识……这种总体性
> 研究通向了整体性的经院主义哲学。这一探索的原则——"在部分中
> 探索整体"——已经变成了"消灭个体性"的令人恐怖的实践。[2]

在萨特看来，那种简化、草率而固执的方法，会造成危险的思想；相
反，应该找到一种灵活的、坚忍的（经受得住考验的）辩证法。[3]

在艺术史领域中，到了50年代末60年代初，像贡布里希的《艺术的故
事》这样视野宏大的历史著作，也遭到了主张细致研究的学者的批判，尽
管它不是马克思主义的，而是参照了波普尔主义。同时，晚年的豪泽尔也
已经开始批评"唯物主义的幼稚形式"，或"社会史的最粗糙类型"。他
抱怨，社会主义的艺术理论，常常用"同样不能维持的物质绝对性"代替
了"不能维持的精神的绝对原则"，"用一种形而上学代替了另一种形而上
学"。[4]同时，他也开始尝试去详细描述这种在艺术和文化史之间、在艺术
和哲学之间、在艺术和社会条件之间的"传输带"（transmission belt）（豪
泽尔似乎借鉴了那些被德沃夏克和卡尔·施纳塞［Karl Schnaase］所使用
的术语）。他批判艺术社会史传统原则往往依赖于构想出来的平行关系，
以及"令人难以相信的类比和令人困惑的模棱两可的含糊语言"，这种传

1　Jean-Paul Sartre, *Search for a Method*, 57.

2　Ibid., 27-28.

3　Ibid., 126.

4　Arnold Hauser, *The Philosophy of Art History*, 269, 268, 275.

统模式将社会、文化和经济现象，与某种神学或哲学相联系，从而被减少到"仅仅作为一种背景的地步"。[1] 与此同时，安塔尔也批评了那种将社会背景和艺术之间的关系处理得太过"含混暧昧"的方法。[2]

　　进入20世纪下半叶以来，许多艺术史学者力图用种种新方法（如符号学、精神分析、微观史）联系着社会历史因素，来阐释艺术作品，希望能够再次担负起唯物主义艺术史的两个责任：（1）在想象中重建过去；（2）重新确定、追寻失去的艺术与社会—历史的关系。[3] 他们认为，一种视觉的人工制品必须从外在于它的因素去解释。但是，这种内-外关系并非直接、简明或明晰的，艺术和社会实践之间的联系是非常复杂的，那种将社会均质化、一般化、简略化的方法（如豪泽尔的艺术社会史），都不能很好地中介它们的关系。例如，英国学者哈灵顿也批判了艺术社会学中的简化主义和霸权主义。他认为，虽然社会理论能"把艺术品的价值归因于社会机制、社会惯例、社会感知和社会权力等语境不断变化的社会事实"，但是，它"不能从社会事实推出艺术品的价值，社会理论本身不能产生艺术品的审美判断。社会理论能分析并阐释艺术品的价值，但并非价值的依据"。[4] 而著名的符号学艺术史家米基·巴尔和诺曼·布列逊也曾警告说："并不能理所当然地认为，那种构建起'环境条件'的迹象，会比那运作于这些迹象或证据之上的视觉文本更简单、更易懂。"[5] 意大利微观史家金兹伯格的艺术史研究，涵盖着艺术领域的因素（作品、艺术家、赞助人和公

1　Arnold Hauser, *The Philosophy of Art History*, 259–261.

2　Frederick Antal, "Remarks on the Method of Art History," 188.

3　Hollis Clayson, "Materialist Art History and Its Points of Difficulty," 367.

4　［英］奥斯汀·哈灵顿：《艺术与社会理论——美学中的社会学论争》，周计武、周雪娉译，南京大学出版社，2010年，第4—5页。

5　Mieke Bal and Norman Bryson, "Semiotics and Art History," *Art Bulletin* LXXIII, no. 2 (1991), 176. 要一探布列逊对"context"的担忧，参见Norman Bryson, "Art in Context," in *The Point of Theory: Practices of Cultural Analysis*, eds. Mieke Bal and Inge E. Boer (New York, 1994), 66–78。

众），将艺术品委任的付款条件与图像学分析结合起来进行比较和研究。他希望借此逃脱那种在唯心主义的个人创造性与社会学所进行的对抗，规避二中择一的方案，避免在社会（通常有点含混）和艺术之间的一种粗糙的联系，他提醒道："从一开始就将在任何艺术产品中（甚至是最基本的）暗示着的精细联系的啮合网络的分析性重构推到一边，是非常困难的。"[1]

　　在这一波对于粗糙的早期艺术社会史和庸俗马克思主义方法的批评之潮以及由此而来的变革潮流中，克拉克是一个意味深长的关键角色。之所以这样说，是因为克拉克的政治立场在大多数情况下可以被理解为是马克思主义的，尽管他同情的是无政府主义，赞赏的是非集中性的革命或直接民主运动，而这就让他与大多数左翼人士产生龃龉。[2]在青年时期，他就是个左派政治激进分子，大肆宣扬艺术的政治利害关系。通过巨细靡遗的资料搜寻，我找到了一条早已被忘记的线索，即，在一本由他与别人合写的情境主义国际的英文版小册子中，充斥着这样的观点：必须要呼唤时代的艺术；偶发艺术和波普艺术被视为颓废的资产阶级虚无主义和堕落的前卫主义的形式。[3]因此，他又为右派学者所不容。正如大卫·卡里尔（David Carrier）所言，其政治立场被保守党人、自由主义者和某些左派人士所共同厌恶。[4]虽然克拉克如此强调艺术对于资本主义社会的批判颠覆的革命功

1　Carlo Ginzburg, *Enquête sur Piero della Francesca*, 18.

2　参见Retort (Iain Boal, T. J. Clark, Joseph Matthews, and Michael Watts), "Afflicted Powers," *New Left Review* 27 (2004), 5–21；Retort, *Afflicted Powers: Capital and Spectacle in a New Age of War* (London and New York: Verson, 2005)；T. J. Clark and Donald Nicholson-Smith, "Why Art Can't Kill the Situationist Onternational," 15–31。Retort是位于旧金山的一个拥有三四十名会员的社会反对者团体的集体化名，克拉克是其中的骨干作者。

3　参见Tim Clarke, Christopher Gray, Charles Radcliffe, Donald Nicholson-Smith, *The Revolution of Modern Art and the Modern Art of Revolution*。

4　David Carrier, *The Aesthete in the City: The Philosophy and Practice of American Abstract Painting in the 1980s* (Penn State Press, 1994), 126.

能，他却厌恶把自己置于马克思主义的框架内，并刻意与"学院左派"的"说教式的自以为是"保持距离[1]，尤其在艺术史研究与写作中规避粗俗马克思主义的反映论或历史决定论。虽然在《人民的形象》的第一章中，他将自己的研究方案定名为"艺术社会史"，但是在1982年，他坦言，采用豪泽尔的书名作为计划的标题，实则意味着讽刺。他希望能够实现萨特所谓的"灵活的、坚忍的辩证法"，希望用它来描述"真实的运动"，同时拒绝一种先验观念，即所有存在的冲突都形成了矛盾或甚至对立的观点。[2]他的真正欲望在于，将绘画的社会性和历史性嵌入一种特别的张力之中，通过精细的中介，发现"真实、复杂的关系网络"。所以，正如盖尔·代伊（Gail Day, 1954—　）所说，克拉克在论述中长久关切的政治利害关系与他的视觉—物质模式的批评性阐释之间，存在着一种空隙/裂缝。[3]

　　我们可以将克拉克的立场说得再清晰一些。一方面，他批评当时流行的图像学、形式主义等艺术史方法，希图重新运用黑格尔主义的辩证思维方式来重构"艺术社会史"，甚至强调艺术对于社会、对于总体性的批判和否定的能动作用；另一方面，他又批判那种基于类比和反映的粗糙马克思主义和强调普遍性、不注意特殊性的研究方法，这种批判主要是投向政治左翼和社会史家的。于是，"双重批评"构成了克拉克作品的辩证法景观。1982年《人民的形象》的第一章《论艺术社会史》便是与本学科的右派和左派同时进行交流商榷；论波洛克的论文的早期版本，则是同时与迈克尔·弗雷德（形式主义）和赛尔热·居尔博特（社会—历史叙述）的对话。他似乎在历史学传统和美学研究传统的两极区间中来回摇摆，并试图在这种艺术史的二元论遗产中确立自己的调和的位置。[4]

1　T. J. Clark, "The End of Left Art History?", *Kritische Berichte* 3 (2006), 5-8.

2　Jean-Paul Sartre, *Search for a Method*, trans. Hazel E. Barnes, 126.

3　Gail Day, *Dialectical Passions*, 27. 关于这种"空隙/裂缝"，请查看本章第二节"事态分析"。

4　Michael Podro, *The Critical Historians of Art* (New Haven: Yale University Press, 1982).

由此来看，认为克拉克对于艺术史的主要贡献仅仅是在研究中引入了社会背景及对生产条件的关切[1]，虽然这一评价是流行的，但显然低估了克拉克艺术史研究的复杂性。事实上，克拉克艺术社会史的最大价值在于，对那种在理论方法上的二元对立（情境化与形式主义的对立）的超越和拒绝，以及对于中介问题的固执而多样化的解决。而那种简单化了的二元对立——内容对抗形式，内在对抗外在，文本对抗环境——恰恰是克拉克想要解决的一个问题。一个很明显的表现在于，克拉克在写作中不太使用普遍意义上的"历史""哲学""政治"等分类法，却习惯于使用"人群""公众"这种看起来更为经验性的词汇，以期探究、重塑一种更为复杂的、世俗的和琐碎化的历史。跳出二分法，对特殊的作品进行特殊分析，这种趋向甚至在挑选、看待艺术对象时体现出来。比如，在评论米勒的《路得与波阿斯》（*Ruth and Boaz*，图12）时，他写道："它几乎总是包含了一种朝向特殊性，远离崇高的移动。经常地，它想要将事物放在那本为和谐开端的对立面……它在与实际面向的紧张中保持无名的姿势（anonymous gestures）。"[2] 而这种特殊性的体现，又往往在"否定性"中体现出来。对此，传统艺术史所使用的"类比"法，显然缺少中介及论证的能力。

在《人民的形象》的开篇，克拉克写道：

> 如果要确定艺术社会史的具体研究领域，那就是——对转变和关系的过程加以重视，这与大多数艺术史基本相同。我想揭示机械的图像"反映"背后暗藏的具体意义，去了解"背景"（结果）如何变成

1　T. J. Clark, *Image of the People* (Princeton 1982), 6.

2　T. J. Clark, *The Absolute Bourgeois: Artists and Politics in France 1848–1851* (1973; rept. London: Thames & Hudson, 1982), 97.

"前景"（原因）；揭示两者之间真实复杂的关系，而不是形式和内容之间的类比（analogy）。[1]

对于他来说，类比（等式，或联系、接合），既不指向特殊性，又不批评社会总体性。他认为，形式与内容之间的类比无法避免，因为形式分析的语言本身就充满了类比。"艺术社会史的优势在于它使得类比变得具体和显而易见"，但是，"在所有的论述中，类比都是既有用又不靠谱的；它们打开了研究的领域，却也有可能使研究变得畸形；它们是需要其他证据检验的一种假设"。[2]

比如，如果将库尔贝《奥南的葬礼》中缺少固定的构图焦点视为是画家的平等意识的表达，这种类比只是意味着在不同事物间提取直接的对应物，具有偶然性；或者，将库尔贝这幅画中的相对的无序感与法国学院体制典型的当代历史绘画进行比较，从而确认画家的立场是反对当时法国政治体制，并认为这是他信奉社会主义理想在视觉上的"反映"或对等物，那么，这种类比又显得过于武断。[3]克拉克承认，库尔贝的绘画的确有某种"奇怪而令人不安的结构"，然而他希望避免对应物的未经检验的直觉观念（类比），尝试使其论述"与其他历史阐释保持一种既紧密又相互对立的关系"。[4]

避免"类比""机械的反映想象""自信的方程式"，或"模糊的关联"，或"并发的"（conjunctural）分析，这实际上就为他提供了方法论前提。[5]

1　[英] T. J. 克拉克：《论艺术社会史》，第7页。

2　同上书，第6页。

3　[英] 乔纳森·哈里斯：《新艺术史批评导论》，第40页。

4　[英] T. J. 克拉克：《论艺术社会史》，第6页。

5　参见Kurt W. Forster, "Critical History of Art, or Transfiguration of Values?", 459–470. 福斯特反对用类比法去建立"艺术"和"历史"之间的平行，并注意到这样的类比，在标准的艺术史叙述中是如何被支配、被用来解释那些断裂的时刻的。

"如何"，"具体意义"，关系和转变的网络和过程，"连接联系"，"将艺术和政治捆绑在一起的真实、复杂的联系"，简言之，"中介"就是他毕生解决的问题。但是，他并不是系统地或凝聚性地进行对于中介主题的理论探索，而是将它放在对于艺术作品的具体解析中去进行，这就势必促使他援用各种方法来支持、满足他的立场。

所以，对那种将艺术与社会变革问题联系起来时所需要的"中介"的探索，对于克拉克来讲，是一个长期、连续而艰难的解决过程[1]，也是其在艺术史写作中苦苦思索、艰难克服的核心任务。纵观其研究历程，为了解决这一问题，克拉克煞费苦心地援用了各种理论，不断改变着方法论的参照体系，其中包括马歇雷、弗洛伊德、巴赫金、德·曼、维特根斯坦……这种对于艺术与社会关系之中介的无尽探索和固执坚持，成就了一篇篇引人入胜又各有其采的论文，同时也大大增加了其文本的阅读难度。

假如说，"中介"是克拉克艺术社会史在方法论上的核心任务，那么，是什么像中流砥柱一样，支撑着这种"中介"方法的变化呢？那便是克拉克的政治学，他对艺术的批判性的强调，对艺术的"否定性"的高扬。所以，在进入其艺术史的"中介"机制的深层逻辑之前，（比上一章更为深入地）详细论述他的艺术"否定性"观念，便能提供一个有益的参照坐标。甚至也可以直接这样说，否定，是克拉克艺术社会史的核心逻辑，也是"中介"机制的主导战略。

2. 否定

在上一章里，笔者初步介绍了克拉克艺术"否定"观和艺术乌托邦主义，却未加深究。实际上，"否定"是克拉克艺术社会史中的重要概念，

---

1 Gail Day, *Dialectical Passions*, 26.

是贯穿其理论脉络的核心线索。强调艺术是"否定的实践"（Practices of Negation），既体现了他对艺术之于社会能动性的强调，也反映了他本人的政治立场。但是，长久以来，克拉克对于使用"否定的实践"这一提法是心怀忧虑的，且看他在1984和2002年所写的两个句子：

> 这个词［否定的实践］……看似导致了许多误解，其中有的认为它是个可怕的污点。[1]

以及

> 我不再喜欢这个公式。我觉得，在描述现代主义的特征状态时，选择"否定"或"积极"，"美丽"或"丑陋"，都是错误的。关键是，现代主义总处在那些描述共同适用的时刻或实践的瞭望台上。[2]

可见，克拉克对于"否定"的关切，不仅历史悠久，而且事关"中介"过程，甚至于成了"中介"的赌注。1969年，他批评当时的艺术史研究趋向于轻视库尔贝、伦勃朗和劳特累克的作品，尤其无视他们与资产阶级"断绝的姿态"（gestures of renunciation）。[3]在这篇署名情境主义国际英国分会（克拉克为合写者之一）的文章中，"否定"并不像在居伊·德波的《景观社会》中那样显著，但是有关阐述同样足够清晰：

---

1 T. J. Clark, "Clement Greenberg's Theory of Art" (Author's Note, 1984), in *Pollock and After: The Critical Debate*, ed. Francis Frascina (London: Harper and Row, 1985), 55.

2 T. J. Clark, "Modernism, Postmodernism, and Stcam," 165.

3 T. J. Clark, "A Bourgeois Dance of Death: Max Buchon on Courbet—I," *The Burlington Magazine* 111, no. 793 (April 1969), 208.

艺术的计划——比如布莱克和尼采——意味着对所有价值的重新评估，以及对所有阻止这一计划的行为的铲除。艺术成了否定：在戈雅，在贝多芬，或在席里柯的作品那里，你可以看到，在他们的一生中，具有从颂扬者到颠覆者的变化。[1]

从这段话中可以看出，"否定"既表明了价值危机的状态，又体现了一种对抗的姿态。从这篇名为《现代艺术的革命和革命的现代艺术》的小册子的标题上，就可以看出，当时的克拉克便呼吁一种与社会革命实践相呼应、相交融的审美否定实践，但是他又在文中攻击了当时前卫主义的那种"反抗"，因为他们陷入了"改良主义和虚无主义"的形式泥淖，这种尼采主义是无法容忍的。[2]

克拉克的"否定观"第一次真正引起学术界之轩然大波的，是他20世纪80年代发表于《屏幕》杂志的《对1865年〈奥林匹亚〉一种可能性解读的初步研究》一文，这篇文章后成为其名著《现代生活的画像》的第二章。克拉克在文中写道，马奈的这幅画侵蚀了通常被识别、被设定的惯例和术语，但是，它又保持着结构的完整性……而为了逃避那个结构，就需要另一系列的审美协定——这些协定无疑将会在动摇那些旧的符码和惯例的行动中被发现，但是这些协定自身是被设定的，并最终一致而调和地组成了一个完成了的句子。[3]

正是这一观点，激起了许多《屏幕》的撰稿人，尤其是一些从事影

1　Tim Clarke, Christopher Gray, Charles Radcliffe, Donald Nicholson-Smith, *The Revolution of Modern Art and the Modern Art of Revolution*, 4.

2　Gail Day, *Dialectical Passions*, 32.

3　T. J. Clark, "Preliminaries to a Possible Treatment of *Olympia* in 1865," *Screen* 21, no. 1 (1980), 18–41, here 39. 这篇文章的简缩版发表于《艺术史与批评》(*Histoire et critique des arts*)；最终版收入其《现代生活的画像》一书。

像创作的艺术家的反弹，因为他们认为，艺术中的真正的否定行为，应是对叙事结构的突然打破和中断——一种"非－识别性的实践"（dis-identificatory practices），而不是克拉克在马奈的《奥林匹亚》中所发现的修正，简言之，是"破裂"（break）与"探改"（explore）的矛盾。80年代，伴随着对本雅明、布莱希特、俄国构成主义及20世纪初前卫运动的关注和讨论的复兴，《屏幕》杂志成了一个重要论坛。对两次世界大战之间的前卫艺术的再讨论，实际上与那个时代辟旧革新的电影思潮关系密切。尤其是戈达尔作品中的实验性的非线性叙事，对观者愉悦的诱惑的中断，被人们认为是对主流电影的统治性符码进行文化抵抗的一种政治策略。所以，《屏幕》杂志便成了这类前卫主义电影的前沿理论阵地，它促进着一种通过"形式"断裂、叙事身份中断及破坏观者愉悦、震惊观看的"非识别性策略"（disidentification），并以此否定主流意识形态。[1]

假如说，戈达尔的电影是这种"非识别性策略"的代表，那么，正如代伊所说，杰夫·沃尔（Jeff Wall）便是克拉克立场的代表。他发展出了一种对抗此后流行于激进的前卫艺术家中的"戈达尔模式"的影像美学，试图去探索，而非打破现成的身份策略。[2]克拉克对这种"非识别性策略"提出了批评，并赋予这种识别系统内之修正的策略以更大的价值意义：

> 任何对现成的、优势性的意义体系的批判，将堕落为一种仅仅对指示（signify）的拒绝，除非它寻求建立自己的意义——发现它的相

1　对于这一策略，艺术史家格里塞尔达·波洛克后来做了一定阐释。参见Griselda Pollock, "Screening the Seventies: Sexuality and Representation in Feminist Practice—a Brechtian Perspective," in Griselda Pollock, *Vision and Difference*, 155–199。

2　参见杰夫·沃尔与阿里尔·潘林（Arielle Pelene）的对话，*Jeff Wall* (London: Phaidon, 1996), 11。转引自Gail Day, *Dialectical Passions*, 257, note 26。

反意义——不在某种不可思议的再次呈现中，不在否定和拒绝的另一边，而在那已经呈现的，争取一席之地的符号中——意义扎根于现实的生活形式；抑制意义，那些占统治地位的意义。[1]

有意思的是，克拉克看似以一种坚持意义改造和再定位的现实主义来挑战《屏幕》的前卫主义，这种情况，似乎形成了一种后布莱希特（post-Brechtian）与后卢卡奇（post-Lukacsian）的对决，尽管这两方都强调否定性。在这场辩论中，彼得·沃伦是回击克拉克的主将。[2]沃伦认为，一个复杂且不明确的现实，需要一种足够开放的艺术来表现。[3]他用布莱希特的现实主义代称克拉克的现实主义，他认为布氏是一位"视野复杂的实践者，在这层意义上，采用了符号学实践、形式分析和视点分析等多样性解读，如，从对评论的再现而来的对绘画的陈述，从对未来事件的假设到叙述过去的事件，从虚构的故事到纪录片，诸如此类"[4]。可是，沃伦不提倡一种"符号的舞蹈"[5]。从他们之间的辩论中可以看出，两种否定感之间的冲突，似乎是内部与外部、确定与模糊的差异。[6]也就是说，克拉克虽然使用了一种内在路线，其结果却达到了确定性的否定——对特殊的实质或意义的特殊的抵抗，而非模糊的一般的抵抗，而沃伦或《屏幕》所主张的否定模式，其自身便依赖于它所力图反击的身份和信仰结构，这就使得其对抗

1　T. J. Clark, "Preliminaries to a Possible Treatment of *Olympia* in 1865," *Screen*, 39.

2　Peter Wollen, "Manet: Modernism and Avant-Garde," *Screen* 21, no. 2 (1980), 15－25.

3　Philip Glahn, *Estrangement and Politicization: Bertolt Brecht and American Art, 1967－79* (New York: City University of New York Press, 2007), 124.

4　Peter Wollen, "Manet: Modernism and Avant-Garde," 24.

5　Ibid., 21.

6　关于克拉克与沃伦之间的辩论情况，参见Charles Harrison, Michael Baklwin and Mel Ramsden, "Manet's 'Olympia' and Contradiction," *Block* 5 (1981), 34－43。

效果大打折扣，浮于表面，甚至不知所谓。[1] 最终，这一辩论走向了僵局，现在回头来看，克拉克的否定模式显然更具有生命力。

20世纪70至80年代，在克拉克的艺术史写作中所呈现的"否定"模式，往往呈现出一种具体化倾向，强调艺术家对真实的政治社会环境的形式回应，也强调艺术家与公众之间的紧张关系。比如，在论述杜米埃画中的进步性时，他写道："杜米埃的艺术中的老的抽象图像——法国、共和国、宪章、宪法——是被处理过的，因为它们被一种真实的政治的细节所对抗，那种他第一手看到的政治状况。"但是，如果没有这种约束，"抽象（abstractions）增加了，政治则越来越变成二手的；一种'图像'和'个性'的政治，而不是街道的政治"[2]。现代艺术与政治、公众之间的暧昧与紧张关系，在克拉克看来，恰恰是现代主义生成与发展的机制。而这一思想直接导向了另一场关于"否定的实践"的更为重要的辩论。

这一次辩论是围绕着格林伯格的理论而展开的。1981年，克拉克在温哥华"现代主义和现代性"的会议上提交的那篇题带讽刺的论文《格林伯格"同志"与我们之间的更大差异》，直接将格林伯格的现代主义理论作为焦点，以及宣扬自己的现代主义理论的契机。这次会议，实际上被后现代批评的出现及其对现代主义的拒绝这一情况所激发，其主要任务是挑战格林伯格的经典现代主义理论，抵抗后现代主义，恢复一种更为复杂、矛盾的现代主义图景。这种双重否定（对格氏理论与后现代批评），实际上秉承了19世纪以来现代主义的"批评内核"，具有"对于主流的抵抗性"。[3]

1　Laura Mulvey, "Changes: Thoughts on Myth, Narrative and Historical Experience," *History Workshop Journal* 23 (1987), 3-19.

2　T. J. Clark, *The Absolute Bourgeois*, 107.

3　Serge Guilbaut, "The Relevance of Modernism," in *Modernism and Modernity: The Vancouver Conference Papers*, eds. Benjamin H. D. Buchloh and Serge Guilbaut (Halifax, Nova Scotia: NSCAD Press, 1983), xi.

随后，克拉克又在《批评探索》杂志主持的芝加哥专题研讨会上提交了这篇论文，标题修改为《格林伯格的艺术理论》，随后，迈克尔·弗雷德以《现代主义如何运作》一文反击，接着克拉克又回复了一篇短文。到了80年代中期，这些论文被结集出版，引发深远影响，这一次辩论也成了现代主义理论研究史上的一个著名事件[1]，也是克拉克讨论"否定的实践"的重要契机。

克拉克在文中阐述了"否定的实践"这个词，并要以此"重新铸造现代主义的形式逻辑的纲要"。他认为，"否定的实践"在"历史"和"社会"之上重新建立了现代主义逻辑，从而打开了格林伯格只论审美趣味的局限性。[2]他列举了一位不被格林伯格所欣赏的现代主义艺术家——马列维奇——为例，指出，马列维奇同样是现代主义走向媒介性的代表，但是这种"通往黑方块的"道路，是一个痛苦的消除和放弃过程（消抹至上主义绘画的实在和物理性），同时又体现了被格林伯格所忽略的前卫艺术的乌托邦性，马列维奇达到了一个媒介极点、一个具有社会历史负载的极点。1984年，当论文重新发表时，克拉克为了解决读者的疑惑而澄清"否定的实践"的概念：

> 通过"否定的实践"，我想指出的是某种决定性的革新形式，通过方法或材料或形象，先前已经建立的一套技巧或参照框架被彻底避

1　详见本书第三部分。亦可参见张晓剑：《论弗雷德与克拉克的现代主义之争》，载《文艺研究》，2013年第5期。

2　格林伯格一直否认他的论述有一个"逻辑"。参见他在《现代主义的绘画》（"Modernist Painting"，1960）和《对一个艺术批评家的怨言》（"Complaints of an Art Critic"，1967）中对蒙德里安的评论。Clement Greenberg, *The Collected Essays and Criticism: Modernism with a Vengeance*, 1957–1969, ed. John O'Brian (Chicago: Chicago University Press, 1933), 85–93 and 265–272.

免或滑稽化，以这样的方式来暗示，只有通过这种不熟练或含混性，才能真正地去实现。[1]

他指出，这种实践主要是在艺术家的媒介中，或者针对媒介而展开的；现代艺术家拒绝那些可接受的主题和程序，这种拒绝便允许克拉克将它看成一个内在于媒介的艺术实践的内在否定过程。在注释中，他写道："媒介最典型的呈现，是作为否定和疏离的场所而出现的。""现代艺术中的否定性实践，在我看来，正是格林伯格赞颂的纯粹性实践（对媒介的重视和法理化）的形式。"[2]或者说，这种否定性实践，不是一种受约束的自我纯净的过程或媒介的充分发掘，而是"一整个释放、叠加、排空和自我分裂的策略"[3]。相比于格林伯格的现代主义叙事，克拉克将这种否定性的媒介实践看成一个艰难而无情的过程：

> 现代主义必然是，那种坚持其媒介性，并宣称意义（meaning）从今而后只能在实践中找到的艺术。但是讨论中的实践，是非凡特别、不顾一切的：它将自己体现为一种无止境的、绝对解构的艺术，一种总是将"媒介"推向其极限的艺术——推向其终点——在此，它打破了，或蒸发了，或回归到那只不过还未成形的材料中去。这就是媒介于其中得以恢复并重新改造的形式：艺术（Art）的事实，在现代主义中，是否定的事实。[4]

正如代伊所说，克拉克将绘画当作价值的接合（articulation），其否定

---

1 T. J. Clark, "Clement Greenberg's Theory of Art," in *Pollock and After*, 55.

2 Ibid., 58, 55.

3 T. J. Clark, "Arguments about Modernism: A Reply to Michael Fried," in *Pollock and After*, 83.

4 T. J. Clark, "Clement Greenberg's Theory of Art," in *Pollock and After*, 59.

性价值居于社会层面，而非单纯媒介的物质层面，否定，就像某种力量，根本上来自媒介之外。[1]

克拉克以两种明显不同的方式探讨了否定的社会层面。首先，他将否定看作一种由艺术家采用的积极的社会政治性诺言——具有社会抵抗的价值：

> 前卫艺术，我要说，有规律地、正确恰当地看到了在资本运作下的"意识形态混乱和暴力"的特殊环境中对艺术**有利**的东西；它想要加入否定的一般而凌乱的工作，而且被认为是这样做（doing so）和再一次以它自己的"媒介"。[2]

这种否定是投向社会的，具有政治利害关系，是一个改变社会状况和生活状态的欲望过程，并伴随以形式的极端实验。一个艺术家想要创造一种革命艺术，但是他却失败了，但在这种失败之中却存在着极其重要的价值。以克拉克在《绝对的资产阶级》中对库尔贝的"失败"的讨论为例：

> 一个资产阶级艺术家，看起来，在使他的艺术成为"革命的"这一点上失败了，但是他的失败，从某一立场看，是典范性的，至少是严肃的……这就提出了这样一种方式，即对于一种文化中占统治地位的弥漫惯例的斗争，与打破或规避那些惯例中所嵌入的社会形式的努力，具有亲密的关系。[3]

克拉克在艺术家对社会和文化意识形态的感知，与他对艺术惯例的认

1　Gail Day, *Dialectical Passions*, 37.

2　T. J. Clark, "Clement Greenberg's Theory of Art," in *Pollock and After*, 52.

3　T. J. Clark, "Preface to the New Edition" (1981), in *The Absolute Bourgeois*, 7.

知之间，拉起了一条平行线，而这些惯例与整体社会结构的意识形态的机制都是密切相关的，或者说，惯例是深陷于社会结构之中的（本文在上一章已经探讨过这一问题）。于是，以这种方式来看，艺术家被理解为致力于在艺术和社会形式之间**转译**（translating）着抵抗。[1]

另一种方式则是从社会学角度进行，克拉克将否定的社会面向描述得更为被动、更为普遍化，他强调的是现代艺术实践的社会基础层面。他认为：

> （否定）同样被首先看成一个稳固的社会基础的缺失和缺席的问题，否定的实践断言了这样一种缺失情境：当然，这支否定之舞必然相伴着社会事实……统治阶级精英的衰退，为着艺术生产的"社会基础"的缺席，在一个资产阶级知识分子缺席情况下卷入制作资产阶级艺术的悖论。否定是内在于这种广泛解体的艺术中的符号：它是一种捕捉这种文化中的一致性缺失和可复验意义缺失的努力——去捕捉这种缺失，并将它们修改为形式。[2]

克拉克用这两种否定方式来给予现代主义艺术发展以一种社会解释。关键问题是：社会因素是如何被转译进入，或显现于形式之中的；艺术实践的技术与惯例，是如何暗示着它们当时所处的历史现场的特征、矛盾和冲突；而艺术家，又是如何以自觉或不自觉的方式回应现代社会的不确定性的。[3]

在回应弗雷德时，克拉克延伸了这个论点："一种否定或拒绝的策略，

1　Gail Day, *Dialectical Passions*, 38.

2　T. J. Clark, "Clement Greenberg's Theory of Art," in *Pollock and After*, 59.

3　Gail Day, *Dialectical Passions*, 39.

并不是对自1871年以来的资产阶级文明的非理由的过度回应。"[1] 1871年，是巴黎公社失败的年份。他的意思是，艺术中的否定，越来越不是那种彰显的、激进的、社会性的活动，因为，被资本主义文化环境所包围的艺术，不再能够简单明确地呈现出它对抗资产阶级的价值，艺术的否定性失去了效用，甚至被资本主义文化环境所吸纳，艺术的否定成了"空虚的否定"，为了对这种"否定"的空虚化、对现代性条件下意义萎缩的状况再次进行否定，艺术就要冒着把自我都解散的风险，最终，退到一个"黑白块"或一个空白画布。正如克拉克所说：

> 这是一种让那空虚的否定反过来被否定的方式——这是又一次发生在现代主义及其极限时刻的事……因为存在一种艺术——一种现代主义艺术——挑战了这样的概念，也就是说，艺术的存在承受着这样的现实，即所有的意义都陷入了重新被讨论的状态……布莱希特只不过是个最为教条主义者的例子……艺术想要向某人表达，它想要某种精确的东西，并进而去那样做；它想要抵抗，它需要标准；它将要为了找到它们而去冒险，甚至要冒着自己被解散的风险。[2]

于是，现代主义艺术就走向了对"空虚的否定的否定"！

综而观之，否定，在克拉克的艺术理论中发挥着"原子价"似的作用，不仅将否定作为一种媒介性能，还将其看成一种与作品之形式特征相对应的、在社会过程之中穿梭的性能。这种几乎基于哲学和社会学思辨的"否定"概念，一开始便被许多人误解。如，弗雷德将克拉克的论点看作

1　T. J. Clark, "Arguments about Modernism," 82.

2　T. J. Clark, "Clement Greenberg's Theory of Art," in *Pollock and After*, 60.

是虚无主义的；另一些则将其看成对政治艺术的一种鼓吹；还有一些人则感到，否定的实践还不够政治化。很快，在这次讨论之后，"否定"这个词，从他的作品中显著减少了，而被"抵抗"和"拒绝"所取代，这是两个在论述波洛克时的习语。[1]但是，抵抗和拒绝仍然属于"否定性实践"的大家族中。克拉克最终卸下了描述一种实践类型的负担，避开了所有相关的误解，"否定"似乎有了新的生命，在克拉克对中介过程的探索过程中，它似乎发挥着行动性声明的关键支柱作用。[2]在我们真正理解了克拉克的艺术否定观后，便可以进入另一种依赖于更深层辩证思维的中介法则：隐喻（metaphor）。

3. 隐喻

在不求援于枯燥的类比、粗糙的简化、粗俗的唯物主义或经济主义的情况下，克拉克是如何对那些艺术中的非同一性（nonidentity）的闪现时刻联系进行接合表述（articulation）的呢？

"接合表述"是新葛兰西文化研究派的理论体系的核心概念，也是马克思主义文学与文化研究的重要手段，雷蒙德·威廉斯曾在《马克思主义与文学》中专门阐释了这一概念，将"接合表述"方式当作新的语义形象。[3]实际上，从策略的层面来讲，接合提供了一种机制，可以形成对一种

1　T. J. Clark, "Jackson Pollock's Abstraction," 220.克拉克反对那些怀疑这种"否定的实践"的可行性的观点；这样的想法，他认为，无异于像其他通常的对于艺术"普遍性"的呼吁一样是"天上的馅饼"。然而，在《告别观念》中，同样的段落表明了更大的怀疑："很难讲，在当下，抵抗和拒绝的观点是否具有维持力量，在被合并进一个普遍的景象时是否已经是无望的了。"（T. J. Clark, *Farewell to an Idea*, 364.）

2　Gail Day, *Dialectical Passions*, 40.

3　［英］雷蒙德·威廉斯：《马克思主义与文学》，第107页。

特定的社会形态、社会遇合（conjuncture）或社会语境的介入。[1] 接合的概念，在20世纪70年代作为葛兰西转向的产物而得到了发展。当时，文化研究所面临的一个重大问题就是如何摆脱所谓"正统"马克思主义的两种还原论：经济还原论和阶级还原论。接合作为一个概念是"一个避免还原论的标志"[2]。可是，在实现这种"摆脱"的过程中，文化研究又走向了纯粹语言学的隐喻路径。如，拉克劳认为，话语之外一无所有，任何斗争都被还原为话语中的斗争，任何实践都被还原为话语中的实践[3]，这样，对于还原论的批判的最终结果只不过是把社会视为一个完全开放的话语领域，并不将文化实践与社会进行真正的、具体的、实在的接合表述。正如斯图尔特·霍尔所警告的："完全话语的立场是一种向上的（upward）还原论，而不是一种向下的（downward）还原论，例如经济主义。事情似乎成了这样……'X的作用像Y一样'这一隐喻被还原成X=Y。"[4]

在艺术史领域中，艺术作品与社会背景之间要实现真正的"接合表述"，就要避免反映、类比等方式，转而进行中介式的调解机制。但是，是否真的如阿多诺所说，"中介就存在于客体自身当中，它并不是客体与其相关物之间的什么东西"[5]？这是否等于承认了艺术的完全自律性？如果不是，我们应该如何保持内在与外在的距离，如何理解它们之间的联

1　萧俊明:《新葛兰西派的理论贡献：接合理论》，载《国外社会科学》，2002年第2期。

2　J. D. Slack, "The Theory and Method of Articulation in Cultural Studies," in *Stuart Hall: Critical Dialogues in Cultural Studies*, eds. David Morley and Kuan-Hsing Chen (New York and London: Routledge, 1996), 117.

3　参见E. Laclau and C. Mouffe, *Hegemony and Socialist Strategy* (London and New York: Verso, 1985)。

4　S. Hall, "On Postmodernism and Articulation: An Interview with Stuart Hall" (1986), in *Stuart Hall: Critical Dialogues in Cultural Studies*, eds. David Morley and Kuan-Hsing Chen, 146.

5　Theodor W. Adorno, "Thesen zur Kunstsoziologie," *Kölner Zeitschrift für Soziologie und Sozialpsychologie*, xix, 1 (March 1967). 转引自［英］雷蒙德·威廉斯:《马克思主义与文学》，第107页。

系，又如何在不破坏艺术自主性的情况下，对这些联系进行接合表述呢？或者，就像克拉克所说，如何去维持一幅画"与它所归属的世界之间的既普通又完全有代表性的距离呢"[1]？这种艺术的自主性，到底保持在何种程度呢？

在论波洛克的抽象画时，克拉克调用了巴赫金的术语："背景即文本（context is text）。"[2]巴赫金在《对话理论》（Dialogic Imagination）中提出了语言表述行为的对话式解释，他反对将文本和背景的关系定为完全割裂的对立关系，而要建立一种超越内/外、前/后等概念的二律背反的思考方式，这种思考方式强调"情境"材料，"文本"一直"已被述说"。但是，随之而来的问题是，假如内/外关系真的被超越了，那么文本与背景之间的"裂缝"便失去了，两者甚至同一了，这种状态是否太过于乐观、安逸了呢？实际上，巴赫金1919年的短文《艺术和可回应性》（"Art and Answerability"）强调了文本的"可回应性"。他论述道，"艺术"和"生活"之间的"内在关系"是被"可回应性"所形成的关系，这不仅是一种自由的"相互的回应性"，也是一种"对于责备和内疚的相互责任"。也就是说，这种内在统一，并不是充分且安逸的，这种统一性"不是合为一个整体"，而是一个将那被撕裂之物统一起来的过程。[3]

根据巴赫金的观点，文本之内存在着非同一性，这种非同一性是对文本与背景之距离不被抹杀的保证，且存在于统一的、整体的文本之中。与单纯而武断地强调"艺术自治"观念相比，克拉克的观点——保证艺术"与它所归属的世界之间的既普通又完全有代表性的距离"——就显得更

1　T. J. Clark, "Jackson Pollock's Abstraction," 181.

2　Ibid., 177.

3　Mikhail Bakhtin, "Art and Answerability" (1919), in Mikhail Bakhtin, *Art and Answerability: Early Philosophical Essays*, trans. Vadim Liqpunov (Austin: University of Texas Press, 1990), 1-3.

为微妙。他并不怀疑艺术的自治概念，也不仅仅针对自治性观点而抛出一个对立的反-自治性（anti-autonomy）论点，而是去思考，这种自治性观念是在什么基础上产生的，又是如何运作及被理解的。[1]正如他所说，他的思考对象，是格林伯格理论中"自治性得以保证的土壤"[2]。在克拉克对自治性问题的重铸中，"隐喻"是尤其值得注意的重要概念，他正是用"隐喻"这个术语，来支持和论证那种构建于现代主义理论中的价值的社会性。

例如，在《格林伯格的艺术理论》一文中，"平面性"被看作来自19世纪晚期流行于巴黎人生活的一些日常价值的一种隐喻性表达：

> 平面性在其全盛期是这些各种各样的含义和价值判断；可以说，它们是其实质；它们是其看上去的样子。它们的特殊性，使平面性生动鲜活——使它再一次成为绘画的问题。平面性因此——如同一种无法再简化的绘画的技术"事实"——以一种实践的方式在所有这些整体化，所有这些将它制造成一个隐喻的企图中进行演绎。[3]

在这里，克拉克通过将作为一种纯粹媒介特征的平面性，与流行海报进行对照比较，从而认为，这种平面性的产生与疏离的现代性体验及缺乏深度的社会形成了对应一致的共感关系。对此，查尔斯·哈里森评论道，克拉克对于法国19世纪绘画的论述，"赋予平面性以一种社会学的意义"，借此重订了格林伯格的解释。[4]代伊进一步指出，克拉克所谓的"隐

1　Gail Day, *Dialectical Passions*, 52.

2　参见克拉克和格林伯格之间当面辩论的记录，收录于*Modernism and Modernity: The Vancouver Conference Papers*, eds. Benjamin H. D. Buchloh and Serge Guilbaut, 192。

3　T. J. Clark, "Clement Greenberg's Theory of Art," in *Pollock and After*, 58.

4　Charles Harrison, *Essays on Art and Language* (Cambridge Mass.: The MIT Press, 2001), 228.

喻的企图"的逻辑，实际上是基于意识形态批判的辩证法——艺术在变形中动态地把握了社会现实。按照马克思的意识形态理论，一种对于现实的准确的模仿性的抄写，并不足以解释和理解资本主义社会的商品拜物主义（commodity fetishism）的社会现实，这种错误的意识形态，只能在变形的时刻才被意识把握住。[1]因为，变形显示了一种材料反应，这种材料反应恰恰显示了更为实质的社会现实。

格林伯格认为，艺术价值是自足、自律的。克拉克认为，这一观点恰恰仅看到了表象，而错过了，也误解了现代艺术发展的实质，这一实质处于媒介自我界定之外，它是"自主性得以保证的基础"。恰如巴特的观点，现实主义的概念不是模态的原型，而是与之相伴随的外在的语言。在论述否定性时，克拉克写道："否定内嵌于现代主义的实践中，在这种形式中，艺术向自身呈现为一种价值。"[2]而平面性，便是这样一种在现代主义媒介中实践和演绎的"隐喻的企图"。换言之，通过强调中间媒介调节的过程，克拉克重构了现代主义范畴，事实上的确是通过隐喻的调节，艺术的价值才可以表现为或显示为自足的（self-sufficient）。[3]

克拉克的观点，为盛期现代主义批评家所不容，因为后者的现代主义叙事，充满着一种从现代艺术中抹去转义（tropes）的企图。如弗雷德就反抗过度的隐喻，反抗那些出现在对波洛克的评论中一度流行的存在主义

1　参见Norman Geras, "Essence and Appearance: Aspects of Fetishism in Marx's *Capital*," in Norman Geras, *Literature of Revolution: Essays on Marxism* (1971; repr. London: Verso, 1986), 63–84；Peter Dews and Peter Osborne, "The Frankfurt School & Problem of Critique: A Reply to McCarney," Radical Philosophy 45 (1987), 2–11。也可参见Joseph McCarney, "What Makes Critical Theory 'Critical'?," *Radical Philosophy* 42 (1986), 1–22。转引自Gail Day, *Dialectical Passions*, 53。

2　T. J. Clark, "Clement Greenberg's Theory of Art," in *Pollock and After*, 54.

3　T. J. Clark, "In Defence of Abstract Expressionism," 35.

的形而上学修辞。[1]确实，在对波洛克的评论中，充斥着各种各样的转义方法，如社会学、荣格精神分析等等。克拉克的学生，宾夕法尼亚大学教授迈克尔·莱杰是研究波洛克和抽象表现主义的专家，他将波洛克的画作放置于战后美国流行的"现代人的话语环境"中进行阐释，并关注当时批评文章中所传递的隐喻内容。莱杰在书中的注解里说，与克拉克对隐喻的运用比起来，他自己对隐喻的强调是一种更为世俗和详细的解读。[2]更准确地说，莱杰强调的是隐喻的内容，克拉克强调的是隐喻的焦点，在后者看来，波洛克的实践就像在隐喻性两极（"总体性"和"非同一性"）的紧张之下振荡。根据克拉克的观点，波洛克艺术实践的一个关键特征关系到，如何将"总体性的图像"（以及它们所伴随的同一性观念、无穷尽观念、均匀性观念、和谐观念）与"不和谐的图像"（以及它们所伴随的暂时性、阻碍性、不确定性、随机性、不连续性、冒险性、过度性以及其他品质中的暴力性等概念）调和起来。[3]他总结道："波洛克的计划，正如我的理解，根本不是让那些不和谐的图像支配统治着绘画，因为其比重并不比整体性的图像多……不和谐的图像抵消了整体性图像：没有隐喻可以把握这些图画对一个世界的象征，虽然我们认为，每幅画确实以某种方式代表了一个世界——它拥有必需的密度。"[4]

1　Michael Fried, "Three American Painters: Kenneth Noland, Jules Olitski, Frank Stella," in Michael Fried, *Art and Objecthood: Essays and Reviews* (1965; repr. Chicago: University of Chicago Press, 1998), 222.弗雷德写道："波洛克是一个画家，其绘画一直拥有一种精微的、不断追求形式的最高级智慧，他在艺术中不关心任何时髦的绝望的形而上学，而关心如何创作出他力所最好绘画。"参见［美］迈克尔·弗雷德：《艺术与物性：论文与评论集》，张晓剑、沈语冰译，江苏美术出版社，2013年，第250页。

2　Michael Leja, "Pollock and Metaphor," in *Reframing Abstract Expressionism: Subjectivity and Painting in 1940s* (New Haven: Yale University Press, 1993), 234.

3　Marcia Brennan, *Modernism's Masculine Subjects*, 180−181, note 100.

4　T. J. Clark, *Farewell to an Idea*, 336−339.

细心观察会发现，在《格林伯格的艺术理论》中，克拉克的目的是通过强调隐喻来让人们看到现代生活中的特殊意义，而到了《波洛克的抽象》，其揭示对象本身便是这种隐喻性行动，所以，存在着一种从被隐喻的事物到隐喻的传达媒介本身所暗示的意义之间的换替。[1]

更有意思的是，克拉克认为："为了完全表现，我认为，在一幅画中的一系列标记必须被看作代表了除它们之外的某种东西；它们必须被隐喻化地建构起来。"[2]也就是说，格林伯格所强调的那种媒介自足状态，本身便是一种正在呈现的症候，这体现出它实际上只是它所归属的社会的产品而已。现代主义批评家对隐喻的明确抵抗，不仅仅是一种歪曲或强加，他们实际上将这一特点看作现代主义实践的实质。[3]克拉克进而认为，这种否定隐喻性的企图，恰恰就是现代主义实践的动机之一，而抽象画则是"对抗相似性的作品"。

在波洛克所处的那个历史关头，具象性是过时、陈腐的，且不再能够传达一种"与世界的关系"。克拉克认为，为了复兴与这个世界的关系，绘画需要从根本上再造自身；所以，在波洛克《1948年第1号》（*No.1, 1948*，图13）这幅画上的手的图像，不是一种再现的企图，而是一种对符号"本源"（origin）的寻求（正如阿尔卡米拉洞窟壁画上的原始图像一样），对首次产生"第一次"隐喻的时刻的寻求："绘画现在要找到它自己的道路，回到再现的底面，回到那些标记第一次代表了超出自我的东西的那个时刻。"[4]从对特殊隐喻的对抗到对一般意义上的隐喻的对抗，波洛克

1　Gail Day, *Dialectical Passions*, 55.

2　T. J. Clark, "Jackson Pollock's Abstraction," 199.

3　克拉克曾说："当然，在某种意识上，它抵抗着隐喻，而我们所欣赏的画家同样也坚持笨拙的、经验的实质；但是'也'这个词，在这儿是一个关键词：没有了隐喻，就没有了事实，如果媒介不用来作为一个复杂的意义行为的传达媒介的话，那也就没有媒介。"参见 T. J. Clark, "Clement Greenberg's Theory of Art," in *Pollock and After*, 58。

4　T. J. Clark, "Jackson Pollock's Abstraction," 197.

将此作为抽象绘画事业的核心。格林伯格和弗雷德发现了这种对隐喻的拒绝，但是，却没有把握它的全部社会意义。

甚至于可以这样讲，格林伯格、弗雷德的高度现代主义批评的这种拒绝转义、以媒介对抗意义的姿态，这种对于隐喻的敌意，恰恰是一种隐喻，从大的角度讲，这不正是对社会现实的一种对抗和逃避吗？正如哈罗德·布鲁姆在《影响的焦虑》中所言："每个人对待一件隐喻性作品的态度本身就是隐喻性的。我跟聪敏绝顶的保罗·德·曼（Paul de Man，1919—1983）之间进行的长达几十年的争论对于我是颇有裨益的。而这一争论归根结底就是围绕上面那句话里的争论而展开的。他坚持认为对一件文学作品的认识论姿态是逃离转义迷宫的唯一出路，而我的回答是，这种认识论姿态本身就是一种不折不扣的转义。"[1]

正如波洛克对抗隐喻的艺术实践是不可能实现的一样，格林伯格和弗雷德这种对媒介排斥转义的坚持，也同样有问题，因为隐喻根本是不能被根除的。"隐喻是难以避免的，逃避它的情况会是什么样的呢？"[2]克拉克认为，波洛克的作品对隐喻的对抗只能通过追求其对立面，通过操作这些隐喻而达到，这种操作（正如上文所说）在"整体性"和"不一致性"这两极之间产生：

　　我认为，波洛克的抽象，恰恰正是不允许那他想要坚持的不和谐的图像，至多是总体性的图像。他的绘画是对抗隐喻的作品，对抗任何将他的图画置于某种单一的隐喻参照框架之中来理解的观看法。他希望超越隐喻，通过成倍增加这种隐喻性而阻碍意义的生成。他借此

1　[美] 哈罗德·布鲁姆:《影响的焦虑：一种诗歌理论》，徐文博译，江苏教育出版社，2005年，第10页。

2　T. J. Clark, "Jackson Pollock's Abstraction," 199.

来促进这样一种指示性，即任何一种参照框架都不适合于它。不和谐的图像剔除了总体性的图像；没有隐喻会把握得住图画对一个世界的象征，尽管我们认为这油画确实以某种方式象征了某种东西：它具有必要的密度。[1]

克拉克巧妙地避免了在社会冲突、总体性和不和谐性的隐喻之间直接的、太有诱惑力的类比，而将隐喻的两极转译成语言的问题和思想的范畴——波洛克与产生意义的"再现的基底"（grounds of representation）之间的斗争。这种对隐喻调和的运用，我认为，是克拉克艺术社会史既聪明又令人费解的特点。也许只能再将它与"否定"联系起来，才能在"同一性"与"非同一性"的辩证中才能了解。

克拉克认为，波洛克的艺术实践所批判的，是资产阶级文化在把握"符号的社会现实"上的无能；同时又期望能仅仅依靠自身来实现现代艺术的梦，在这个资本主义总体性笼罩的异化世界中，创造一种新的体验秩序和世界的梦。对此，克拉克写道：

> 波洛克的绘画，在他最好的时期，是矛盾的；它依靠着它的冲突，因为这些冲突而成功，又因为它们而失败。它的矛盾正是那些所有抽象绘画都将遇到的矛盾，只要它是处在资产阶级社会中，处在一种无法把握（而它却完全希望）符号的社会现实性的文化中，便是如此。也就是说，一方面，抽象画必须给自己设定一种取消自然（Nature）的任务，结束绘画与事物世界的关系。这就将要创造一个新的体验秩序，它将把它的信仰置于符号中，置于媒介中，最终，它将绘画变成了一

1　T. J. Clark, "Jackson Pollock's Abstraction," 201.

种书写，因此，他写下了一个我们从未读过的手稿。但是，另一方面，绘画发现了这样的事实，即，凭借它拥有的这些手段，这是无法达到的。[1]

请注意最后一句话。他的意思是，波洛克在绘画中已经知道，这个梦是不可能实现的，他甚至预见到了自己的画作被用来当作时尚服装展示的背景——这一现代主义的噩梦，而正是这种预知（anticipation），使其自身成为对于资产阶级社会关系下的再现或语言的状态的隐喻。[2] 所以，现代艺术凭借自身的、独立的、整体的同一性（纯粹媒介的、抵抗隐喻的）来否定资产阶级文化的无能、抵抗资本主义总体性的企图，最终失败了，如代伊所言，这是现代主义"永未解决的辩证法"，也正是资产阶级社会的问题所在。[3] 所以，克拉克赋予绘画的隐喻意义往往带有政治性，伴随着压迫—反抗的对立运动的寓言意味。正如柯律格·欧文思（Craig Owens）所言："寓言，在历史复古主义潮流的建筑实践里，以及最近的艺术历史话语的修正主义立场里显示出来。比如，T. J. 克拉克，将19世纪中叶的绘画看作政治'寓言'。"[4]

是时候再次回到隐喻中介的问题上了。

首先，隐喻性的阐释，对于克拉克来说，表示的并不是一个特殊的比喻修辞，而是一个普遍的、大体上的广泛性术语。甚至杜尚的小便器，也

1　T. J. Clark, "Jackson Pollock's Abstraction," 221.

2　T. J. Clark, "Arguments about Modernism," 82.

3　Gail Day, *Dialectical Passions*, 61.

4　Craig Owens, "The Allegorical Impulse: Toward a Theory of Postmodernism," in *Beyond Recognition: Representation, Power, and Culture*, eds. Scott Bryson, Barbara Kruger, Lynne Tillman, and Jane Weinstock, Introduction by Simon Watney (Berkely, Los Angeles, Oxford: University of California Press, 1992), 53.

是隐喻的一种形式罢了，克拉克在与本雅明·布赫洛辩论杜尚的遗产时暗示了这个观点。[1]

其次，一般而论，隐喻，凭借它特殊的意味而拥有双重功能，同时"传递"出比喻两极的相似性和差异性。[2] 克拉克以它来调和文本与语境的意义时，往往返回到分裂状态来阐明。如他认为，波洛克以隐喻的倍增来表达对隐喻的否定。这种分裂在两种隐喻层面上进行关联。其一，时代的历史性僵局（资产阶级文化在"符号化社会现实"上的无能、社会革命的失败、文化研究中的中介的减少）。其二，艺术创作的非同一性时刻。一个是特殊的社会历史状况，一个是特殊的社会历史状况中的语言环境；一个是大的时代背景，一个是艺术创作当下的契机。

再次，克拉克为寻找"文本"和"环境"之间的关联，采用的是开放性的隐喻阐释，时而是转喻，时而是提喻，体现出一种变动的辩证分析，也体现出一种游离的、不稳定的感觉。这是因为，这种融内外于一体的隐喻法是非常艰难的，或者说，中介的接合表述本身便是异常困难的，正如他所说，我们永远无法摆脱内与外、文本与环境、之前与之后这类隐喻性的区分。[3]

以上三点原因，导致克拉克作品中的隐喻中介充满了多样化的方式。如，在《弗洛伊德的塞尚》中，他强调"摩擦和隐藏"（grating and locking），并希望将目标设定为去探索"一种特定再现体系（塞尚的非具

1　参见 T. J. Clark, "All the Things I Said about Duchamp: A Response to Benjamin Buchloh," *October* 71 (Winter 1995), 141–143。

2　参见 William Empson, "Metaphor," in William Empson, *The Structure of Complex Words* (1951; repr. London: Penguin Books, 1995)；Roman Jakobson, *Language in Literature* (Cambridge, MA: The Belknap Press of Harvard University Press, 1987)；Hayden White, *Metahistory: The Historical Imagination in Nineteenth-Century Europe* (Baltimore: The Johns Hopkins University Press, 1973), 34。

3　Serge Guilbaut, ed., *Reconstructing Modernism*, 243.

身化绘画实践）的影响力和局限性"[1]。而"粗俗"这个词，则是他概括抽象表现主义的核心概念。[2]在论述毕加索从盛期立体主义语言撤退时，他又强调了19世纪波希米亚的空间特性和20世纪的祛魅恐惧。[3]克拉克对于这几位画家的研究，本文将在之后再具体介绍和评论。

正因为他并不使用单一的隐喻解释，并经常援用各种哲学概念，这使得他的接合表述不易让人理解，而这种暧昧难解，几乎成了克拉克作品的标志，让人望而生畏。但这并不意味着他对于艺术社会史的"中介"难题的探索是失败的；恰恰相反，他的反复深思，反复检验，是引人注目的，"中介"没有进入类比、反映等"一致性意愿"中，而是以辩证的模式发挥作用。

正如代伊所说，他对付的是老观念，但却在一个新的时刻运用了新的形式。[4]

二、事态分析

放眼艺术史学科，历数大多数艺术史家的贡献，我们会发现，显著的成果往往以理论形式出现并给予后学者启发，而具有操作性且易于掌握的切实可行的分析技术，却非常鲜见。如，沃尔夫林提供了五对形式分析法则，却不强调分析步骤；潘诺夫斯基强调图像学分析三阶段（前图像志分析—图像志分析—图像学分析），却显得过于笼统；近来最享权威性的解释方法又都是从文学解释中借用来，这就造成了在对视觉图像进行分析时

---

1   T. J. Clark, "Freud's Cezanne," *Representations* 52 (1995), 117.

2   参见T. J. Clark, "In Defense of Abstract Expressionism," *October* 69 (1994), 22–48。

3   T. J. Clark, *Picasso and Truth: From Cubism to Guernica* (Princeton: Princeton University Press, 2013).

4   Gail Day, *Dialectical Passions*, 68.

的生硬和囫囵吞枣，特别是在20世纪60年代以来，西方艺术史学科日益面临"图像与语词"之间固有困难的挑战，布列逊和巴尔等文学批评家带着符号学的武器跨进图像世界，但由于他们没有接受过良好的图像读解训练，只能将既定的符号学理论套用到图像解释上去，或搜寻可以运用他们的理论解释的图像，而他们的大胆推测，虽时或能给予理论上的启示，但就理解艺术史本身而言，经常显得比较幼稚。[1]

所以，正如巴克森德尔所言，在当今西方艺术史教育界，"聪明的学生渴望掌握一种理性研究方法和程序，聪明的教员希望对自己的专业进行理性的反思……（可是），我们自己的领域里尚未发展出类似的解释方案，可以真正用之于视知觉研究"；他感叹道："我们的学生希望我们教给他们一些方法，但我们没有确定的方法可以提供，于是便只好从别处借用。"[2] 由此，他断言道："今天的西方艺术史尚未成为一门完善的技术，仍处于发展过程之中，处于一个困难的转变时期。"[3]

但是，有一种研究方法，在80年代之后开始被许多后起的新艺术史家所学习、模仿和发挥，尽管他们有时学得不像并偏离了初衷，却或多或少皆从中受益；正因为这一研究方法具有缜密的逻辑性、接合的程序性及明晰的操作性，使得它风靡一时，影响至今。这，便是T. J. 克拉克在《人民的形象》和《现代生活的画像》中发展出的"事态分析"法，其同时注重情境和视觉分析的路径，其对理论复杂性与历史精确性的结合，得到了后来者的赞誉、重视和效仿。[4] 本书希望提炼出此法的关键步骤或程序，以期更直观地把握其研究法，尽管，这些步骤实际上是交融一体、共同发挥作用的。

---

1 曹意强：《后形式主义、图像学和符号学》，载《新美术》，2005年第3期，第9页。

2 曹意强：《巴克森德尔谈欧美艺术史研究现状》，载《新美术》，1997年第1期，第44页。

3 同上书，第45页。

4 Alastair Wright, "On T. J. Clark: *Image of the People: Gustave Courbet and the 1848 Revolution, 1973,*" in *The Books that Shaped Art History*, eds. Richard Shone and John-Paul Stonard, chapter 13, 174.

1. 社会整体情境

一件艺术作品必然诞生于一定的艺术生态环境，而这种艺术生态环境又从属于并参与到社会历史环境中，与政治、经济、生活方式等交织一体，成为一定历史时期的证据。克拉克在《人民的形象》的第一章《论艺术社会史》中坦言写作这本书的抱负："本书决心探索法国艺术中的这一特殊时期；研究在此期间艺术和政治真实复杂的关系。"还有，"本书希望解决这些疑惑：试图重建让艺术成为历史进程中有争议，甚至起作用的环节所需要的社会环境"。但是，他"不认为历史是艺术作品的'背景'——因为这本质上抽离于艺术作品和它的产物"[1]。并且强调，"与历史的碰撞及其特殊走向是由艺术家本人决定的。艺术社会史试图揭露艺术家遇到这些乱糟糟的情况时结构的基本特质；同时它也想确定产生这种碰撞需要的条件"。"而一件艺术作品的创作——伴随着其他行为、事件、结构，成为历史进程的一部分——这一行为关乎历史也将在历史中进行。"[2]所以，克拉克描述艺术作品产生时的社会历史情境，是把"背景"作为了"前景"，甚至于，有一种僭越主题的趋向，以社会史覆盖了艺术史。

20世纪70年代之后，对马克思主义和艺术社会史的反思在左右两派达成了共识，大家都认为，艺术创作和社会环境之间的关系，远比之前所认为的复杂；应该以非常具体复杂的情境化（contextualize）方法，来解析艺术家及其作品。正如米基·巴尔和诺曼·布列逊的警告："并不能理所当然地认为，那种构建起'环境条件'的迹象，会比那运作于这些迹象或证据之上的视觉文本更简单、更易懂。"[3]所以，一定要有潜进社会史浩瀚资

1　[英] T. J. 克拉克:《论艺术社会史》，第5页。

2　同上书，第8页。

3　Mieke Bal and Norman Bryson, "Semiotics and Art History," 176. 要一探布列逊对 "context" 的担忧，参见 Norman Bryson, "Art in Context," 66-78。

料的勇气和潜力，尽管这些情境也许与艺术创作不存在直接联系。用托马斯·克劳的话来讲，艺术史家需要努力建立的，是"艺术客体与邻接的、中介的社会实践地带的联系，而这种社会实践领域，并不是艺术职业文化的有机组成部分"[1]。

在《绝对的资产阶级》的开篇，克拉克宣称，在撰写法兰西第二共和国四年间的艺术史之前，他"不准备先写历史，再写艺术史，因为这样往往会回避问题的实质"[2]。但是实际上，真正的共和国历史已经完全融入整本书的每个篇章当中，伴随着德拉克洛瓦和波德莱尔等人对1848至1851年发生的一系列事件的回应。而且，克拉克在一开始就对这段历史发展的内外因做了简要回顾，但他并不敦促别人将这种必要的叙述和为艺术发生的背景去理解。他分析了被社会关系缠绕的1848年革命本身，资产阶级从积极与人民为伍到冷眼旁观各种社会矛盾，再到组织军队压制反抗的群众的态度转变，而这些都对生活在巴黎的艺术家和他们的作品起着决定性的影响。[3]

在讨论库尔贝的艺术时，克拉克认为，需要考虑诸多因素（既有与艺术直接相关的，也包括并无直接联系的）：他在乡下社会中的处境，他在那样处境之下所经历的变革；乡下社会多种多样——语言的和视觉的再现；19世纪40年代巴黎的社会结构；波希米亚的图像以及他对此的运用；城市中的糜烂生活方式的本质和影响；等等。[4]他指出，要考察历史集合的特点时刻（特定情形、特定事件和当时的政治状况），在了解了这些之后，再来观看《奥南的葬礼》，就会发现它对社会现实触及的深入。克拉克举例说明，一个信奉蒲鲁东主义的人（布坎）参加一次宗教游行，这次行动

---

1 Thomas Crow, "Codes of Silence," 4.

2 T. J. Clark, *The Absolute Bourgeois*, 9.

3 张茜:《阶级的形象——T. J. 克拉克谈法国1848年街垒艺术》，载《新美术》，2011年第6期，第70—71页。

4 ［英］T. J. 克拉克:《论艺术社会史》，第12页。

被认为是他的玩笑；而布坎是库尔贝致力于革命的最熟悉的朋友，诗人和翻译家。而对于1850年这次游行的考察，就让人想到《奥南的葬礼》中游行的带头人的红鼻子和布坎在宗教流行中的特殊地位的关系。所以，就算是个玩笑，也都是历史材料的一部分。玩笑和绘画以不同的内容归纳出人物的特征。对于这个案例，克拉克认为，要通过多种途径解读真正的意义——对葬礼、宗教、塞林和奥尔南的深入调查；对茹拉（Jura）地区的政治气氛，穿着和争论各自的社会意义的具体描绘。这虽然看似展示了比平时更多的内容，或者看似远离"作品本身"，但是却对理解作品的意义，有着无与伦比的作用。

这种对社会情境事无巨细的描述趋向，在《现代生活的画像》中表现得淋漓尽致。在书中，克拉克穷尽笔墨描述或重构了19世纪下半叶巴黎的社会环境，不仅包括物质生产状况和城市改造造成的景观变迁，还包括各种行业（如卖淫业和咖啡馆业）的发展及人们生活方式的变化；其中，尤其让人叹为观止的、巨细靡遗的内容，是对奥斯曼城市大改造（第一章）及巴黎周边地区（第三章）的刻画，前者被印象派专家罗伯特·L. 赫伯特（Robert L. Herbert, 1929—2020）称为是对巴黎奥斯曼化的"闪烁着辛酸"[1]的描绘，后者还被当作研究印象派之风景画的重要文献材料。[2]克拉克发现这座城市正经受大卫·哈维所谓的"创造性的破坏"（creative destruction）[3]，奥斯曼改造让老巴黎的景象灰飞烟灭。克拉克认为，奥斯曼对于第二帝国巴黎的天翻地覆的形塑，体现出了资本主义的力量，因为帝

1　Robert L. Herbert, "Impressionism, Originality and Laissez-Faire," in *Critical Readings in Impressionism and Post-Impressionism: An Anthology*, ed. Mary Tomkins Lewis (Berkeley, Los Angeles and London: University of California Press, 2007), 28.

2　参见Mary Tomkins Lewis, ed., *Critical Readings in Impressionism and Post-Impressionism*, viii。

3　［美］大卫·哈维：《巴黎城记：现代性之都的诞生》，黄煜文译，广西师范大学出版社，2010年，第68页。

都"并不需要有一个能摆在地上，由砖头和灰泥做成的再现物，也不需要城市居住者把它地图般地刻画在脑海中。有人甚至会认为，或许帝都更应该是这样一座城市，它没有被形象化——没有一定的形式，不容易进入人们的思想，不容易被解读和误解，也不容易导致因空间权利的主张引发的冲突——以便它能够大量生产它自己的形象，并用来代替它曾经摧毁过的城市"[1]。而马奈等艺术家的作品，正是在面对社会表征符号的崩溃、表征体系的危机时的应对方式。他论述的马奈等人的作品并不多，而是花了大量的篇幅描述社会环境。如，开始写到对马奈《1867年世界博览会》（ *L'Exposition Universelle de 1867*，图14）的分析时，第一章已经过去了整整60页，其中关于奥斯曼改造工程便写了几十页。诚如沈语冰教授所言，举凡称得上某种"社会"要素的东西，克拉克统统都写，具体来说涉及国民经济学、政治经济学、统计学、民用工程学、军事工程学、城市规划、市政管理、新闻出版、经济史、政治史、城市史、档案学等等，以至于对于何谓"艺术社会史"，其中的"艺术"与"社会"的比重究竟如何平衡等等，艺术史界真的感到有必要展开持久的争论！[2]

阿德里安·里夫金的《马克思的克拉克主义》（"Marx's Clarkism"）这篇书评尽管是激烈批评的，但却看到了一个事实。[3]他声称，与其说，作者对艺术的爱拯救了马克思主义，还不如说，克拉克的马克思主义，是一种"矫正了艺术史方向的社会史"。[4]

---

1 ［英］T. J. 克拉克：《现代生活的画像：马奈及其追随者艺术中的巴黎》，第66页。

2 沈语冰：《译后记》，载［英］T. J. 克拉克：《现代生活的画像：马奈及其追随者艺术中的巴黎》，第501页。

3 Griselda Pollock, "Art History and Visual Studies in Great Britain and Ireland," in *Art History and Visual Studies in Europe: Transnational Discourses and National Frameworks*, eds. Matthew Rampley, Thierry Lenain, Hubert Locher, Andrea Pinotti, Arlotte Schoell-Glass and Kitty Zijlmans (Brill, 1996), 355-378, here 374.

4 Adrian Rifkin, "Marx's Clarkism," 489.

2. 公众和人民的形象

除了巨细靡遗地挖掘庞大史料以建构所研究的艺术对象所处时代的整体社会状况之外，克拉克还尤其重视处于那一社会情境中的公众，尤其在艺术家的创作中，公众是以何种形象出现于画作之中的。

例如，如前所述，在《绝对的资产阶级》中，克拉克剖析了在1848至1851年间的革命变迁，集中阐述了米勒、杜米埃、德拉克洛瓦的绘画及波德莱尔的写作，分析他们是如何试图追随他们的时代步伐的。他要解决的问题是：在那动荡不安、变幻多端的社会政治环境下创作出来的艺术，是如何展现出艺术家在适应"历史的碰撞及其特殊走向"时所适时造化的再现方式的；以及，艺术家为了使艺术达到政治效果，成为政治艺术，而对政治、公众和赞助体制进行利用的方式。

尽管克拉克宣称"不准备先写历史，再写艺术史"，但"人民"（people）或"公众"（public）这类概念，却是上述方法论的起点——因为，在19世纪中叶法国那风起云涌、风云际会、激昂澎湃的革命年代，它们是多么关键、多么易变、多么不确定的词汇。正是这类概念那变迁不定的内涵，牵引着艺术家对革命的回应；因此，1848至1851年间最关键的政治元素，便是"公众"。

克拉克认为，19世纪中叶时代话语中的"公众"一词，一直是个模糊不清的概念，它并不等同于那些可以凭经验检验的所谓"观众"；有时，它的显现，类似于弗洛伊德所说的无意识，"无意识就是意识的一种体现，是错误的终止，是正常讨论中的沉默与停顿"；在评论家的口中，公众就是组成公众的那些个体的体现；一旦仔细倾听那些评论话语，便能在最无法理解的地方发现评论家心中的"公众"含义，它像无意识一样在终止之处得以展现；它还决定了个体言论的结论；但是它往往无法被表达，尽管它是最为重要的概念。[1]也就是说，对"公众"的社会认知因时间、场合和个体之不同而变化，这种认知影响了艺术家的创作和评论家的回应，而且，"公众"还是先于创作过程的先在因素。"它是作品中和创作过程中先见和幻想的部分"，而不是艺术家有意识地注意、满足或拒绝的东西，它像无意识一样存在于艺术创作过程中；虽然它往往是艺术家独处时的创作发明，但它不是出于艺术家自愿，也从来不是艺术家所预想到的东西。[2]

克拉克又提出，对艺术家来说，创作、冒犯、附和、藐视他心目中的"公众"是艺术创作中必不可少的一部分。"如果我们想要理解19世纪中期的艺术进步和与之而来的失望悲观的话，我们就要了解更深处的状况。当这些朝向公众的立场一旦变成一种自发的或审慎的考虑（一方面，使资产阶级震惊；另一方面，又要迎合市场），或是当公众成为一个过于固执于具体存在或是过于抽象于不真实的概念时，艺术就已开始变得病态重重。"[3]换言之，"公众"这个概念成为艺术家心中的一个秤砣，它的内涵随着社会政治情状而变化，而艺术家对它的立场的变化决定了艺术家再现方式的变化。他简略地举库尔贝为例，他认为，对"公众"的呈现或模糊定义其为主要题材和观众，是库尔贝艺术的主要动机，也是他1848至1856年间绘画巅峰时期的重要主题，而一旦他对表现公众懈怠之后，他的艺术便陷于不断的衰退之中了。

正是对表现"公众"及艺术家与其遭遇的执着追索，决定了米勒、杜米埃、德拉克洛瓦、波德莱尔和库尔贝等人的作品的重要性。在1848年，"公众"有时被类比为"人民"，对于创作中的艺术家，甚至每个人的社会和政治的日常工作生活来说，"公众"都是个重要问题。那么，是否能够

1 Adrian Rifkin, "Marx's Clarkism," 12.

2 Ibid., 14.

3 T. J. Clark, *Image of the People*, 14.

给1848至1851年间的"公众"以一个确切的、固定的定义呢？这公众，这人民，正是那在1848年2月占领了巴黎市政厅（Hôtel de Ville）和杜伊勒里宫（Tuileries）的人吗？或者，是那些蒙塔涅（Montagne）的小资产阶级支持者吗？又或者，是那些在同一年4月投票给获得的保守派的人吗？又或者，是那些在路易·拿破仑即将摄取权力时所授权的那些农民吗？

显然，根据马克思在《路易·波拿巴的雾月十八日》中的坦言，要给其内涵限定根本性的内涵是不可能的。因为，"公众"概念的易变性和不确定性，正是其在第二共和国时期的本质特征。所以，要指出公众确切内涵的根本性的不确定性，克拉克就要避免一种纯粹数量的或社会学的评定；而将艺术家对"公众"的体验，作为论述的重点。

沃尔特·本雅明曾经在论述波德莱尔时说，对于波德莱尔来说，决定性的体验是"群众的推搡"；正是这一遭遇，驱使着他去面对那"现代生活的英雄主义"。而对于米勒、杜米埃、德拉克洛瓦和库尔贝来说，这种（与公众的）遭遇，也一样如此具有决定性，并以不同的方式表现出来。克拉克雄辩地论述道，在他们的作品中，这种能够部分地感知到的，尽管有些朦胧的公众的存在，正是他们作品的一个本质要素。[1]

让我以《绝对的资产阶级》中的一个议题——"街垒艺术"——为例，来看看克拉克是如何考察作品中公众或人民的形象，进而研判艺术家对于革命态度的转变的。

在《绝对的资产阶级》一书的首章中，克拉克引用了马克思于1848年法国内战结束后第三天在《新莱茵报》发表的文章中的一句话："二月革命是漂亮的革命……六月革命是惹人厌恶的丑陋的革命。"[2]革命缘何有"漂亮"和"丑陋"的审美性呢？克拉克揪住马克思的这句话不放，试图在这

1　Colin Mercer, "Public Subjects and Subject Publics," 362.

2　Karl Marx, *Karl Marx and Frederick Engels. Selected Works*, vol. 1 (Moscow, 1962), 161-162.

一年的街垒艺术中找到这一判断在再现作品中的痕迹。

首先，克拉克分析了1848年革命前后资产阶级态度的转变：他们从积极与人民为伍，到冷眼旁观各种社会矛盾，最后甚至组织军队压制反抗的群众。资产阶级的这种态度转变，对生活在巴黎的艺术家及其创作起着决定性的影响。[1]

七月王朝时期，金融资产阶级、大资产阶级和贵族掌握着政权，1846年经济危机开始后，无产阶级与先前被排斥在政权之外的工业资产阶级和小资产阶级的民主派结盟，共同对抗以国王为首的金融资产阶级。巴黎近郊的中产阶级、小资产阶级手工业者或小商人，工人及革命激进分子，共同组成了二月革命的队伍，投入以"实现劳动权利和劳动力的分配，结束竞争机制和击败贫困"为承诺的街垒激战中。三天后，临时政府向起义群众宣布共和国成立。资产阶级虽然欣然接受革命的胜利，但也开始忧愁这群奋勇拼搏、不惜流血牺牲的无产阶级对其自身利益和财产的潜在威胁。克拉克认为，资产阶级内心已经对"人民"的定义产生了困惑，人民可以是除了国王和金融以外的所有各阶级联盟，但又不完全等同于阶级本身；他们也可以是穷人和流浪者，是独立于主流权力之外的人，是资产阶级的敌人。随着革命阵线的瓦解，各党派在议会席位竞选问题以及补偿工人阶级劳苦大众的问题上，陷入矛盾胶着之中。正如马克思所指出的，二月共和国"在事实上不过是，而且也只能是一个资产阶级共和国，但是临时政府在无产阶级直接压力下，不得不宣布它是一个设有社会机构的共和国；巴黎无产阶级还只能在观念中、在想象中越出资产阶级共和国范围，而当需要行动的时候，他们的活动却处处都有利于资产阶级共和国；许给无产

---

1 张茜：《阶级的形象——T. J.克拉克谈法国1848年街垒艺术》，第71页。笔者以为，这篇文章是对克拉克论街垒艺术的内容的详细编译。下文部分引用了其编译文字，不再标注。

阶级的那些诺言已成了新共和国不堪忍受的威胁；临时政府在它整个存在的时期都在不断反对无产阶级的要求"[1]。资产阶级转而压制其推翻君主制度的同盟，而无产阶级却坚持走社会主义道路，要求普选权，这种矛盾直接促发了工人对抗共和国政府的六月革命。革命联盟由新旧工人阶级联合而成，仇恨燃烧着巴黎街道，它成了"一场阶级斗争，一种奴隶战争"[2]。

在阐述了从二月革命到六月革命的革命焦点及资产阶级对工人阶级的态度转向状况之后，克拉克以这段时期最突出的题材——街垒——为切入口，论述几位艺术家在当时时局变幻中的创作表现。他首先指出，街垒是19世纪城市革命活动的特殊现象，1830年大革命中街垒战还未盛行，但到了七月王朝时期，街垒已经出现在了流行版画中，渐渐地，街垒在绘画中的表现，不仅是路障而已，还成了展现人民和资产阶级形象的舞台。资产阶级靠着街垒战而获得胜利之后，迫切需要艺术作品来纪念、肯定丰功伟绩，1831年沙龙展中德拉克洛瓦的《自由引导人民》（*La Liberté guidant le peuple*，图15）便成全了这一愿望。但是，克拉克却认为，这件作品在"诠释了神话的同时，又颠覆了它，用自己的表现说出了一些资产阶级不愿听到的声音"[3]。这幅画体现出与资产阶级要求相悖离的意味，这种意味集中体现在女神的形象上。

在克拉克看来，画中女神那外扩夸张的肩膀和胸部，那剧烈的身体情绪、激烈的斗争气息已经超越了画家心中原本想要控制的含义，具有了叛逆的进攻性，像一个充满革命热情的女工人，成了女性人民的形象。所

1　［德］马克思：《1848至1850年的法兰西阶级斗争》，中共中央马恩列斯著作编译局译，人民出版社，1964年，第56页。

2　［法］托克维尔：《回忆录——1848年法国革命》，周炽湛、曾晓阳译，上海人民出版社，2005年。

3　T. J. Clark, *The Absolute Bourgeois*, 17.

以，德拉克洛瓦在无意识中描绘了人民形象的先锋，其艺术惯例甚至延续到1848年二月革命街垒战的一些绘画图像中，如某些画家还将共和国女神形象放在街垒当中。虽然在二月革命中工人阶级筑起了街垒，但是革命情绪是冷静而谦和的，因为此时工人阶级和资产阶级的联盟是牢固的，革命的野蛮性并未迸发。但是，这两个阶级之间的矛盾在共和国成立之后便日益尖锐起来。克拉克选择杜米埃的作品为例来讨论这一时期的艺术表现。如在《杜伊勒里宫内的顽童》(*The Urchin in the Tuileries*，图16) 中，比《自由引导人民》中的街头儿童在脸部表情上更加傲慢粗犷，画家看似在作品中倾注了革命热情，但是在接下来创作的三幅革命题材画作中，热情很快散去，笔下的人物形象变得焦虑不安；从《街垒中的家庭》(*Family on the Barricades*，图17) 中父亲形象的头部，克拉克看出，虽然画家流露出对这位工人的同情和怜悯，但又刻意表现出一种冷漠与客观。这显然体现了资产阶级对工人阶级的提防和戒备。而在5月15日人民起义后，资产阶级不再掩饰对无产阶级的厌恶，开始用军队镇压他们。当人民与资产阶级直接冲突之后，艺术中的人民形象越加空洞，也越加愤怒。克拉克认为，米勒和雷特尔是站在工人阶级一方的最后捍卫者，坚持呈现街垒的真实视觉形式，甚至展现出革命的恐怖情境。

画作中人民形象的这种变异，无疑从侧面反映了艺术家的政治立场或态度，而这种立场或态度，自然体现在其艺术作品的物质性表象之中。从这点上看，克拉克对于公众的重视，甚至是其方法论的起点。而公众对艺术作品的反应，则体现于共时性评论之中。

3. 共时评论的"失语"

当一幅库尔贝或马奈的画展现在世人面前时，公众的反应到底如何呢？我们是否可以重构、还原当时真实的批评气候呢？

在《论艺术社会史》中，克拉克也写道："我们是不是应该立刻退到被彻底限制的经验至上的艺术社会史概念中，然后将我们的注意力聚集到艺术产品和反应的直接条件——赞助、买卖、批评和公众意见上去？这些很显然都是研究的重点：它们都是研究这些作品的具体方法；常常它们也是我们开始的地方。"[1] 在《艺术创作的环境》中，他又写道："我们需要'事实'——关于赞助人、艺术交易、艺术家和地位以及艺术产品结构的事实。"[2] 克拉克对艺术生产环境的"事实性探究"，显然深受考陶尔德学院实证主义研究的影响，这是他区别于其他马克思主义艺术家的显著长处。那么，对于他这位研究19世纪法国艺术的学者来说，资本主义发展带来的艺术体制的最重大变革——公众群体的形成和艺术批评的旺盛——正是研究法国先锋派的绕不开的事实。

诚如蒂埃里·德·迪弗（Thierry de Duve，1944—　）所言：绘画的先锋派诞生在巴黎是毫不奇怪的。因为，法国产生了一个独一无二的机构——沙龙。最初，它是法国皇家绘画与雕塑学院（Académie Royale de Peinture et de Sculpture）的产物，这个学院在17、18世纪在艺术家取得职业资格之事上保持着准-垄断地位，而沙龙在其最初出现时，史无前例地定期展出在世艺术家的作品（获得学院的认可，后来，在19世纪，又要获得或多或少掌握权力的评判委员会的认可），让大众来评判。所有人都可以参观沙龙展，不论其属于何种社会阶级。1855年，几乎有90万人参观了沙龙展，他们完全不羞于评判。"这样一来，一个可以进行个人审美判断的公共空间便被创造出来了，从而，与那学院致力于维持的经典美学标准

1　［英］T. J. 克拉克：《论艺术社会史》，第6页。
2　［英］T. J. 克拉克：《艺术创作的环境》（载《新美术》），第55页。

和传统的连续性受到保护的品质，便产生了明显的矛盾。阶级斗争，是的：成了趣味斗争。资产阶级必然感到困惑，因为他们不再知道那些在沙龙展览里摩肩接踵的人是谁。"在被沙龙展览搭建的舞台上演出，而这种生产和接受的新环境，从沙龙开始就一直保持着极大的活力。"这恰恰是一个历史事实，它事关艺术主流的生成，直到'一战'时先锋派的或现代主义的历史在巴黎上演。"[1]

当西方工业资本主义和城市化改变了早期相对稳定的阶级和稍后的性别结构时，谁是公众（艺术家为其创作，而且创作是与其相关的），到了19和20世纪，成为一个长期的问题。随着训练艺术家的新体制、新的赞助关系、新的展览空间和商品交换的新形式的改变，出现了新的公众、新的阶级分层和新的评论家。到了19世纪60年代，一个匿名的大众艺术市场已经发展起来，日益脱离了国家的控制。对克拉克而言，艺术中的现代主义就是艺术家与这一变化的环境的关系，就是这些变化如何在现代艺术传统中得到的表征。[2]

克拉克早在20世纪60年代便觉察了上述事实。"公众"在艺术活动中越来越发挥作用，公众越来越成为一种概念、一种名称、一种先在的群体；艺术家和公众之间、评论家和公众之间，存在着就审美惯例进行切磋砥砺的关系。因为公众已经是一个先在的概念，所以，当艺术家在创作的时候，当评论家发声的时候，"公众"已经装在了他们的心里。"不可避免的是，我们又回到了艺术家和公众这一问题。我想重提这种联系中的概念不清的地方：停止将公众定义为一个需要艺术家注意、满足或拒绝的东西。公众是作品中先见和幻想的部分，同时也存在于它的创作过程之中。

1　Thierry de Duve, *Clement Greenberg: Between the Lines*, trans. Brian Holmes (Paris: Editions Dis Voir, 1996), 62.

2　［英］乔纳森·哈里斯：《新艺术史批评导论》，第42页。

它是艺术家在隐居时的创作发明——尽管有时不是出于他的自愿，也从未是他所预想的。"[1]

所以，对艺术家来说，创作、冒犯、附和、藐视他的公众是艺术创作的一部分。[2] 甚至对于艺术家来说，当他在作画时想象他将要表达的公众，或者将公众置于画面中时，他当然要对公众持有一定的立场，甚至进行一种自发的审慎的考虑。"一方面，使资产阶级震惊；另一方面，又要迎合市场，或是当公众成为一个过于固执于具体存在或是过于抽象于不真实的概念时，艺术就已开始变得病态重重。"克拉克说："因为库尔贝笔下的公众被呈现，或被模糊地定义为主要题材和观众，这成了他艺术的主要动机。"[3]

那么，在评论家和公众之间，又是怎样的关系呢？克拉克在研读当时的批评文章时发现，在某些评论中，公众会以虚构的形式出现，大部分情况下它只是一个暗示、一个影射；公众总以某种或显或隐的形式存在于评论中，"这是评论家和艺术家，在他们文明和伪善的论述中，同意省去——但是没有成功的部分"[4]。也就是说，评论家的潜意识中存在着"公众"这一概念，而且，他作为公众中的一员，在他的论调中，往往反映了某个群体的共识，那么，通过考察评论家的整体结构，便能推导出隐藏或揭示的艺术和公众之间的关系，也就更能理解那些由评论家和艺术家本身赋予形式和想象的有趣变幻。[5]

诚如大卫·卡里尔所说："克拉克的途径是，将艺术作品置于一种共

1　［英］T. J. 克拉克：《论艺术社会史》，第9—10页。

2　同上书，第10页。

3　同上。

4　同上书，第7页。

5　同上。

时性评论的情境中，也就是说，这些评论是来自艺术家的同时代人的。这样的评论显示了一个文化的价值，考察它便能知道这些批评家在一幅画中看到了什么，没有看到什么，这种方法带来的益处是无穷的。"[1]

"共时性评论"，其意思便是作品展出时期所收获的即时评论，它不仅反映了评论家的观感，也体现了公众对作品的价值判断，甚至还能体现出当时人的思想观念。这无疑是个巨大的研究宝库！彼得·伯克说，这种"把注意力集中于观众如何对图像做出反应，或接受艺术作品的历史"研究，"与文学研究中所谓的'接受理论'和'读者反映'的思潮平行发展"。[2]伯克敏锐地捕捉到了这种文化研究上的同步，但却没有强调克拉克对共时性评论的搜寻重点。

克拉克兴奋地告诉读者："1851年的沙龙展，有不止45个作家评论过库尔贝，那些大段的文字正是我们至关重要的证据。"[3]而马奈的《奥林匹亚》面世于19世纪60年代，那正是巴黎出版业的全盛期，沙龙的评论已经成为几乎所有人期待的报刊的必需栏目，"有80篇奇怪的1865年沙龙评论，其中60篇甚至更多的文章，提到了马奈，我完全感觉到，他们自己就像一个家庭里的数个成员，相互嘲笑着各自的偏爱，来回借用着各自文章的短语，在一个单调而严厉的对话中争斗着机会"。他甚至还搜寻到了三幅与此画有关的字幕漫画，认为它们可以凭一种批评无法运用的方式与马奈的画作产生联系，能够指出问题的一个方面。那是因为艺术批评无法去努力实现由《奥林匹亚》引发的喜剧效果，但是漫画却"表达得如此直接"。[4]

克拉克发现，在60篇文章中，只有4篇肯定了《奥林匹亚》，其余的则

1　David Carrier, *The Aesthete in the City*, 125.
2　［英］彼得·伯克：《图像证史》，杨豫译，北京大学出版社，2008年，第258页。
3　［英］T. J. 克拉克：《论艺术社会史》，第6页。
4　T. J. Clark, "Preliminaries to a Possible Treatment of *Olympia* in 1865," *Screen*, 18–41.

充满了夸张的惊恐和嘲讽。对于这些负面的言论，他认为，"也许我应该直接提醒你们：那个对艺术史家来说非常熟悉的事实，随意的拼凑曾经招来'荒谬'与'敏感'言论的沉闷组合"[1]。这些荒谬、敏感和尴尬的言论，潜藏着重大的线索。

他认为，这些评论中出现的不可饶恕的刻薄挖苦，本身就是19世纪艺术批评必需的修辞手法，但是肯定有一种基础决定了一边倒的批评和反对。这显然暗示出了《奥林匹亚》的先锋性，它可能是一个对现成流行的符码（或惯例）进行的无效的颠覆、拒绝的案例。[2]也就是说，克拉克想要了解的，是"《奥林匹亚》在1865年遇到的，到底是一种怎样的论述话语环境，而且这种相遇为何如此不愉快"[3]的原因。

　　我相信，这一大摞失望的批评文章能够提供一个机会，让我们对于一个艺术文本和其观看者之间的关系，可以说得更多些。我将在这篇文章中有规律地使用"文本"（text）和"观看者"（spectator），来描述他们对于绘画的所有尴尬。[4]

对于这些尴尬、愤怒、失语，克拉克认为，既是评论家个人具有主观意识的反应，在某种程度上，亦暗示了公众观看时遭遇到的惊讶。克拉克援用了弗洛伊德的无意识理论，将评论家当作公众的集体无意识的代言人。"对于公众，我想用弗洛伊德的理论来加以分析。无意识就是意识的一种体现，是错误的终止，是正常讨论中的沉默与停顿。同样，公众就是

1　［英］T. J. 克拉克:《论艺术社会史》，第6页。

2　T. J. Clark, "Preliminaries to a Possible Treatment of *Olympia* in 1865," in *Modern Art and Modernism: A Critical Anthology*, eds. Francis Frascina and Charles Harrison (London: Harpers & Row, 1982), 260.

3　Ibid., 265.

4　Ibid., 259.

评论家口中组成公众本身那些个体的体现。"[1]正如卡里尔所揣测的，克拉克也许还阅读过拉康的著作[2]，借身于一个精神分析师的姿态，敏锐地捕捉这些评论中的失语之处。"就像精神分析师倾听他的病人，如果我们想要揭露这些评论的意义，我们应当去了解理性单一评论中破碎的、失败的、勉强的部分；我们应该感兴趣的是强迫性的重复，无关紧要事情的重复，突然爆发的愤怒——这些现象——评论中最无法理解的地方往往是理解的关键。公众，就如无意识，在终止之处才得以展现；但它决定了个体言论的结构；关键在于它无法被表达，并且没有什么比它更重要。"[3]

在那引起评论中止、失语之处，公众的无意识显现了，流行的意识形态泄露了出来。诚如大卫·卡里尔所言："克拉克对于共时性艺术评论家的混乱反应的论述，揭示了他们关于阶级和性别的信念正在受到威胁。"[4]例如，在关于库尔贝的共时评论中，他发现，左派和保守党人都"具有一种缺乏自信的不确定性，即审美在语言上很难去接合其画作，这是一种批评的眩晕"[5]。而对于德拉克洛瓦和波德莱尔的评论亦是如此。[6]克拉克认为，这种混乱揭露了这些评论者共享的意识形态。在他对马奈的《奥林匹亚》的共时性评论的分析中，他认为，这样的文本使《奥林匹亚》的真实容貌在

1　[英] T. J. 克拉克:《论艺术社会史》，第7页。

2　卡里尔曾写道:"拉康的《拉康文集》(*Ecrits*, 1966)于1973年出版，在法国造成了巨大反响。这本书的选集直到1977年才以英语翻译出版。因为，克拉克写的参考书目中太多是关于艺术史或法国社会史的，那么，拉康的书居然不在文本中出现，就应该是一个奇怪的秘密。《拉康文集》没有讨论视觉艺术，但有许多关于语言及其解释的内容，据此，我认为，他的论述应该影响到了克拉克。在两本早期著作中，正如在《现代生活的画像》中，克拉克采用了相同的策略。"参见David Carrier, *The Aesthete in the City*, 126。

3　[英] T. J. 克拉克:《论艺术社会史》，第7页。

4　David Carrier, *The Aesthete in the City*, 48.

5　T. J. Clark, *Image of the People*, 138.

6　T. J. Clark, *The Absolute Bourgeois*, 124-177.

其中得以辨认出来，不管是以一种如何遭到扭曲的形式。[1]

卡里尔认为，克拉克对"真实的容貌"的体察，正如拉康对精神病人的倾听一样。因为，那些当时的批评家没有能力去述说他们真正的理解，因为一旦如此，就需要他们去触碰那在他们的文化中被不可避免地抑制的东西。而那些被抑制的东西，恰恰揭示了他们的意识形态。因而，他们的评论可以被称为"神经质的文本"。当然，说一个文本是神经质的，并不意味着说它的作者是神经质的。这种神经质的文本揭示了他们无意识的神经质的想法。所以，他们的评论，在克拉克看来，揭露了他们对阶级斗争和性别冲突的担忧。弗洛伊德对他的病人的分析，揭露了他们无法言说的东西，以及他们压抑这些信念的原因。与此相类似，克拉克对这些批评家的神经质的让人困惑的写作的阐释，复现了他们无法言说的东西，是意识形态造成了他们文本的混乱。这样，一种意识形态就可以被描述成一种共同的神经官能症。[2]克拉克的目标，就是洞晓那种意识形态，继而在艺术作品中发现刺痛公众之处。

4. 统治阶级的意识形态

让我们以库尔贝《奥南的葬礼》为例，看看克拉克是如何发现共时性评论中透露出的主流意识形态的。

画中刻画的到底是什么人？这是当时评论家们莫衷一是的问题。当我们仅看评论家是如何描述《奥南的葬礼》中的人们时，克拉克认为，我们会发现一个巨大的困惑的痕迹，又复杂又怪异。其中只有一个评论家坚持这幅画的资本主义本质——普遍的意象以及统治农村和城镇的阶级的呈

1　［英］T. J. 克拉克：《现代生活的画像：马奈及其追随者艺术中的巴黎》，第140页。

2　David Carrier, *The Aesthete in the City*, 127.

现。极少评论家走向相反的路线，仅仅将《奥南的葬礼》特指为一幅农民的肖像画，其他再没有别的了。有一位名叫埃诺（Enault）的评论家认为，库贝尔是在展示一个"不幸、饮酒过度、丑陋、令人作呕"的农民。那么，画中再现的到底是农民，还是资产阶级呢？

克拉克发现，对于《奥南的葬礼》的参与者到底是不是资产阶级这个问题，大多数评论家要么选择隐藏的含糊，要么干脆选择犹豫不决。在评论家们艰难的分析过程中，在很多情况下资产阶级似乎都像是偶然出现的。这里的"含糊"指的是"村民"或者"我们农村的人"这样的短语，因为它们缺少最起码的定义。一个评论家甚至说画的是"两条腿的野生动物"这样价值中立的描述。而在形容坟墓周围的人时，其他人避免使用带有阶级见解的、与阶级有联系的语言。他们用"奥南教区里的牧师、教区执事和教会委员"这样的专业术语谈论着，将自己的愤怒灌注到具体的（往往是错误的）身份中去。还有很多批评家称这些哀悼者为"资产阶级"——这些"资产阶级乡下人""悲伤的资产阶级""富表现力的资产阶级"。

"他们逃避问题，特别是通过机械地等同城镇和乡村而产生的农村资产阶级尴尬局面。"观看《奥南的葬礼》而产生的愤怒，在左翼和右翼中都是常见的。因为没人想要大量的、讽刺的农村资产阶级形象描画。左翼艺术的发言人在巴黎，他们想要一种对简单的乡村生活的赞颂，但是，库贝尔却描绘了乡村社会的阶级差别；专注于农村资产阶级，那个让城镇和乡村困惑的阶级。[1]所以，建立在一个稳定的城市—乡村分立的神话之上的思想观念，正是共时性评论的失语中透露出来的重大社会现实。

既然如此，又如何在艺术作品中找到触发这种"失语"的蛛丝马迹呢？

1　T. J. Clark, *Image of the People*, 140-145.

5. 惯例的断裂处

本书第二章已经论述过克拉克艺术社会史的基本观念：绘画观念、形式的变化与艺术家在特殊的社会生活和社会实践中感受到的压力有关，"只有当一幅画重塑或调整其程序——有关视觉化、相似性、向观者传达情感、尺寸、笔触、优美的素描和立体造型、清晰的结构等等的程序时，它才不仅将社会细节，而且将社会结构置于压力之下"[1]。

在克拉克看来，意识形态则潜藏在言论、再现的习惯或者视觉结构之中，绘画创作过程敞开了意识形态和图画传统相互砥砺的空间，在这种摩擦、探索的过程中，社会现实（经济、政治、公众批评等等）给艺术家以压力，并通过图画传统的改变曲折地反馈出来，艺术实际上卷入了社会历史进程之中。

那么，找到图画中的那种曲折改变传统惯例的不一致、不协调的地方，或者说"断裂之处"，则是实践"事态分析"的关键步骤，也是将思想观念与艺术品接合表述的重要程序，更是增强其艺术社会史著作说服力的保证。

克拉克坚持认为，类似"意识形态"或"矛盾"的范畴，需要被带入画作中，与物质实践的具体特殊性结合起来。画作中"不一致性/裂缝（discontinuity）和矛盾（contradiction）的事实"构成了艺术史的研究对象——一种直接面对社会结构或无边无界的政权中的客体本身的指向；对于他来说，绘画中的不一致性成了根本的研究对象。[2]这些断裂之处，又是在什么参照标准之下显现的呢？

在《论艺术社会史》中，克拉克强调了艺术史中古老而熟悉的问题：

1　［英］T. J. 克拉克:《现代生活的画像：马奈及其追随者艺术中的巴黎》，第19页。

2　Gail Day, *Dialectical Passions*, 47.

艺术家使用了哪些绘画传统；哪些形式和图式使得艺术家可以看见并加以描绘？它往往被视为单一的问题。的确，这是个至关重要的问题，但当人们书写艺术社会史时，人们必然要以不同的眼光看待这个问题；关注哪些东西遏制表征，哪些东西容许表征；研究哪些是可见的，哪些是看不到的。[1]

绘画传统，或可称为艺术惯例，在19世纪中期的巴黎，成为被挑战、被质疑并被重新协商的对象（借用德·迪弗的术语）。"一幅画重塑或调整其程序——有关视觉化、相似性、向观者传达情感、尺寸、笔触、优美的素描和立体造型、清晰的结构等等的程序"，这种重塑、调整，正是对艺术惯例的更改。

克拉克所指的绘画传统，包含着大众流行图像，而将后者与研究对象的画中形象进行比较，便能够找到那让共时性评论失语的断裂之处。

克拉克认为："……大众艺术的问题，即（在实际或想象中公众对作品）更大信心危机的部分问题。在其最强烈的形式中——库尔贝、马奈、修拉——该问题就是，是否使用大众的形式和图像，为统治阶级的文化注入新的活力，或是尝试将大众和统治阶级的文化艺术以某种挑逗刺激的方式融合在一起，以摧毁后者的统治地位……"[2]

以《奥南的葬礼》为例。在对画作进行视觉分析之前，克拉克先是极力去解释当时广阔的历史环境，特别是乡村里快速变化的政治派别。他认为，乡村里并未保持或存在一种统一的政治忠诚或政治立场，而是演绎着一种无尽的阶级、地域、城镇和农村的分化组合，这种分化伴随着各自

1 T. J. Clark, *Image of the People*, 15.

2 Ibid., 20.

的历史而形成。克拉克在文学领域中找到了一个旁证，那就是巴尔扎克的《农民》（*Les Paysans*，1844）。巴尔扎克在书中描述了这样的战争，虽然农民现在已经意识到自己的主人已从这个（大地主）换成了另一个（资产阶级）；他们凝视着一大片一大片的地产，却只能看着它们被分到资产阶级的手中。在1851年12月，农民阶级开始暴乱，资产阶级取代了贵族阶级，成为农民不满的中心。1844年的小说中所预言的未来社会正是1849至1851年法国乡村最粗略的境况。实际上，库尔贝的家庭同样处于两难的处境，他们处在农民和乡村资产阶级之间的社会地位。换言之，在库尔贝家里，就上演着"穿罩衫和穿燕尾服人之间的战争"[1]，也就是农民和资产阶级之间的战争。而这，就是画作《采石工》（*The Stonebreaker*，图18）和画作《奥南的葬礼》产生的时代背景：一场乡村人民的战争。

克拉克认为，在《奥南的葬礼》中，库尔贝选择了这种斗争的最佳位置，人物众多，斗争特别频繁，而且库尔贝还能在这幅画作中隐藏其真实态度，因为画作本身包含了太多的矛盾——宗教的、世俗的、喜剧的、悲剧的、伤感的、诡异的。正是它的包容性，它准确而又冷酷的面无表情的人物形象，使它成为众多不同意义的中心。这是一幅呈现环境色彩的图像，或许是画家有意设计的。[2]这样就造成了画家真实态度的暧昧性，从而使评论出现了问题。克拉克不仅考察了画作是如何处理原始资源的（最重要的便是流行图像中的习俗和意识形态暗示）；还详细地探讨了人们对1849至1850年库尔贝的重要画作的反应，并细细分析了位于不同地点（贝桑松、第戎和巴黎）的观者对这些画作的不同反应，也就是说，它们被谁观看这个问题，成了克拉克对绘画"作为既在历史中又作用于历史的行

1　T. J. Clark, *Image of the People*, 114.

2　Ibid., 83.

动"的调查研究的中心问题；而批评家之所以对这幅画无法言说，恰是因为画作中的"无法言说"之处挑战了意识形态，挑战了城市—乡村分立的神话。

在克拉克之前，对于此画的标准解读，是直接判断其倾向是社会主义的。这种观点认为，他将普通人以描绘君王的尺幅来加以描绘，显然体现了社会主义倾向；这倾向还体现在其此时此地的唯物主义的浓度（以及与此相连的对精神性的否定）；还在于推定性的民主成分（对于这种"形式和意识形态内容之间的直觉类比"，对此，克拉克是鄙视的，因为它"缺少坚定的焦点成分，比如，画家持有的平等主义观念的直接表现"）。[1]克拉克对这些证据的解读方式是非常不同的。一开始，他观察到，最困扰画作第一批观者的，是他们对画作意思的不确定。他写道，画作显示出的这种威胁，来自人们对阶级的不确定的描绘——这种不确定性来自一大群在农村活动中的人物肖像，他们身穿黑色的长大衣，这是现代资产阶级的制服。一位批评家看到"土气的男人和女人，其中一些是资产阶级"；另一位看到了"悲惨和粗野的农民"。[2]没有一位能够确定他之所见，他们这种描述上的努力，遗留下来的只有"一种根本的不确定性的痕迹；几乎可以说是，这些批评家想要抑制不言的某些残迹（remnants）"[3]。这一论断再次清晰地出现了弗洛伊德式的变形。而且，再一次，其马克思主义取向同样走在了前面：巴黎中产阶级被震惊了，因为他们的一个有创立性地位的神话（这里克拉克引用了列奥–施特劳斯［Leo-Strauss］对神话的论述[4]），即城市和乡村的绝对区分（前者是现代的，被阶级等级制结构起来，后者

---

1 T. J. Clark, *Image of the People*, 10–11.克拉克在这里是以诺克林为例的。诺克林在其《现实主义》一书中重述了这个观点。Linda Nochlin, *Realism* (London: Harmondsworth, 1971), 8.

2 T. J. Clark, *Image of the People*, 141–142.

3 Ibid., 142.

4 Ibid., 151.

则是一个一致而绵延的田园诗）这个神话被揭穿了，因为《奥南的葬礼》模糊了农民和资产阶级之间、城镇和乡村的习俗之间的区分。库尔贝笔下的人民形象，是拒绝一致性主体的形象。反过来，这样的形象，又让城市资产阶级自己的身份更没有把握，因为这身份也是建立在一个稳定的城市—乡村分立的神话之上的，而正是这个神话让巴黎资产阶级得以保护他们的地位：这种阶级身份并非建立在经验基础之上，而是建立在这样一种思想结构之上，这种思想结构允许他们忘记他们的地位是多么易碎，也允许他们忘记，他们和下层之间的分割线是多么稀微模糊。

另一个更能说明其方法途径的例子，便是《奥林匹亚》这幅作品。克拉克发现，批评家们居然未将此画与提香的《乌尔比诺的维纳斯》（*Venus of Urbino*，图19）进行比较，从而"没有被给予任何可以参照的首要的所指系统，来作为一个对背离/偏向的检验"[1]。

克拉克指出，与提香的画作相比，"传统在《奥林匹亚》中被滑稽化了：它隶属于某种退化的类人猿形象，裸女在其中被剥夺了最后的女性特质、肉感和人性，而只剩下'随便什么东西的形式'——一只来自橡胶林的黑猩猩，手挠着外生殖器"[2]。"在这种逃离了传统体统的约制这一点上，她已经不是以那种清晰展现出性征的传统裸体画法所描绘出来的一个修正形象。"[3]所以，她看上去，既不是一个裸体，也不是一个妓女。"我的观点是，它改变了，甚至破坏了传统文化一直试图保持不变的东西，特别是对于裸女和妓女的看法。这也是《奥林匹亚》如此不受欢迎的原因。"[4]

1　T. J. Clark, "Preliminaries to a Possible Treatment of *Olympia* in 1865," *Screen*, 18–41.

2　T. J. Clark, *Image of the People*, 136.

3　T. J. Clark, "Preliminaries to a Possible Treatment of *Olympia* in 1865," in *Modern Art and Modernism*, 267.

4　［英］T. J. 克拉克：《现代生活的画像：马奈及其追随者艺术中的巴黎》，第141页。

克拉克接着阐述了《奥林匹亚》是如何背离、颠覆了传统文化中裸女和妓女这两种形象的。假若"奥林匹亚是一个妓女",那么按照当时的风化和画坛对妓女生活场景画的包容,马奈的画就不应该备受苛责;关键之处在于,"《奥林匹亚》却试图更为彻底地描绘这一力量;它试图通过在妓女阶层与其赤身露体之间建构一种不同类型的关系,来解构交际花这一范畴"[1]。

要说清《奥林匹亚》对交际花神话的挑战,就要细细地观察它与西方裸体艺术("裸女")的传统或惯例的相异之处。在《对1865年〈奥林匹亚〉一种可能性解读的初步研究》中,克拉克将这种观察称为"内行细看",尽管当时也有批评家发现其中几点,但却没有将它们作为焦点来阐述,而克拉克要做的正是这些。

克拉克相当聪明地给出了一幅1865年的沙龙照片:《奥林匹亚》被学院派裸体画团团包围,显得如此突兀。奥林匹亚,是多么不同于那些官方认可的裸体啊!正如肯尼思·克拉克在《裸体艺术》开头所说:"任何一个裸像,无论它如何抽象,从来没有不唤起观者的零星情欲,即便是最微弱的念头。如果不是这样,它反而是低劣的艺术,是虚伪的道德。"[2]裸体画与单纯的赤身裸体的不同之处在于,它是艺术的一种语言,美的一种符号。但这是20世纪的想法,在19世纪60年代,裸女的负担是"得体"与"性愉悦"之间的冲突,资产阶级想在没有太大道德危险的情况下,通过她的赤身露体了解裸女,因为她的肉体与性是分离的,肉体得以显露,被赋予特点,并被归入秩序,不再成为问题的场所。[3]但是,这种分离在60年代的裸体艺术中很难实现,这就让当时这一画种的位置显得尴尬。克拉克

---

1 [英] T. J. 克拉克:《现代生活的画像:马奈及其追随者艺术中的巴黎》,第162页。
2 [美]肯尼斯·克拉克:《裸体艺术》,吴玟、宁延明译,海南出版社,2002年,第12页。
3 [英] T. J. 克拉克:《现代生活的画像:马奈及其追随者艺术中的巴黎》,第177页。

认为,《奥林匹亚》所做的,正是以一种视觉形式来坚持这种尴尬。这种视觉形式所体现出来的不可协调性(unco-operativeness)是相当微妙的,主要在四个方面背离了惯例:(1)画作展示方式;(2)绘画中的"不正确"之处(incorrectness);(3)对"性的标记":毛、头发和秃发症的处理;(4)材料的物质性或笔触的方式。

其一,女人的身体必须被安排得与观众的眼睛保持确定的关系,必须被置于一定的距离之外,近得足以可视,远得显得得体;它还必须挂在一个确定的高度,不能太高,太高了那个女人就变得遥不可及,而且显得过于庄严;也不能太低,太低了,就有点像在诊所里对身体的检查或对淫秽物的审查。[1]然而,批评家们指出,奥林匹亚的眼神是挑衅的,身体则好像在验尸房等待检验——那是因为,"这图画的奇怪的不明确的尺寸,让观者感到,既不亲近,又不巨大";而且在悬挂的时候还考量到了观者的观看位置,从而被放置在"一个特定的故意的高度";而且它没有裸女简单而又象征性的眼神,相反却是一种"直接向外看,伴随着一种稳定的、死一般静态的质问神情"[2]。

其二,《奥林匹亚》表现身体的某些方法是"不正确"的,是错位、畸形的。从整个身体看起来比例失调,支离破碎;其素描是"黑色环线""炭黑画"和"石墨线条"的,尖锐而突兀,整个身体是由流畅的硬边和精心设计的交叉构成的,像是由两种不一致的图形模式相冲突而组成。

其三,《奥林匹亚》的性别符号:她的手放在不体面的位置,因为女人没有阳具,没有必要遮掩,而她的手反而强迫观众观看,克拉克以弗洛

1　[英]T. J. 克拉克:《现代生活的画像:马奈及其追随者艺术中的巴黎》,第179—181页。

2　T. J. Clark, "Preliminaries to a Possible Treatment of *Olympia* in 1865," in *Modern Art and Modernism*, 269.

伊德的精神分析来解释这个问题；此外，裸女必须是周身无毛的、皮肤光滑的，但奥林匹亚违背了这些方程式。克拉克说："性别符号存在于那幅画中，并且是丰富的，但是却以矛盾的秩序被描述出来。"[1]

最后，《奥林匹亚》的身体像是以一种令人不安的方式绘制出来的，马奈强调了材料的物质性（这是克拉克在后来的著作中更为强调的主题），而材料本身却超出了他的预期，从而显示出了不一致性。

因为上述的这四点，克拉克指出了马奈的《奥林匹亚》是对19世纪60年代法国巴黎的妓女神话与裸女惯例的双重挑战与颠覆。结果是，这种挑战造成了一种理解障碍和评论失语。尽管"想将马奈当作一个库尔贝式的现实主义者，但是，奥林匹亚……既不是按照裸画的图像来处置的，也不是按照现实主义那种对传统的激烈驳斥来处理的，它所策划的是一种僵局、一种障碍"[2]。这种"体统和羞耻的奇怪共存……就是1865年这幅画的难处"[3]。

经过长篇累牍的解析后，克拉克总结道，裸体是一个阶级标志，批评家在将《奥林匹亚》进行分类时感到困难，其产生的原因是，他们没有能力去看到，阶级的标志物是在她的裸体上，而不是在她的附属物上。最终他给出了这个结论："认为1865年的《奥林匹亚》之所以让批评家们难以理解，最重要的原因就是，她极大地背离了当时有关卖淫业的游戏规则，以及她又明确地指出了这一游戏在阶级中的位置。她来自社会底层。"[4]

这就揭露了当时阶级之间区分的不确定性，以及景观社会对生活世界的入侵。正如默克希所言，克拉克的方法特点在于捕捉并界定绘画中的不

1　T. J. Clark, "Preliminaries to a Possible Treatment of *Olympia* in 1865," in *Modern Art and Modernism*, 270.

2　Ibid., 268.

3　Ibid., 267.

4　［英］T. J. 克拉克：《现代生活的画像：马奈及其追随者艺术中的巴黎》，第197页。

协调或不对称，或与传统的断裂之处，并付之于心理—性—社会学的解释，使用符号学得出艺术品的新含义。[1]

6. 艺术家个体

在这种细究背景环境、采取"情境化"策略的"事态分析"过程中，有一点需要明确澄清的是，克拉克除了强调广大的社会环境、艺术品展览的细节及共时性评论之外，还特别注重考察艺术家个人的生活交际、心理活动、思想观念甚至主观动机。一言以蔽之，艺术社会史家克拉克是非常重视艺术家的个体性的。他写道：

> 还需要注意的是：与历史的碰撞及其特殊走向是由艺术家本人决定的；艺术社会史试图揭露艺术家遇到这些乱糟糟的情况时结构的基本特质；同时它也想确定产生这种碰撞需要的条件。在特定的情况之下，经验的内容如何变成一种形式，事件如何变成一幅图像，厌倦如何被表达，绝望如何变成愤怒：这些都是研究的重点，并且它们引导我们回到艺术具有历史效力的这个观点上来。[2]

"与历史的碰撞及其特殊走向是由艺术家本人决定的"，克拉克无疑不会放过对艺术家个人的考察。举个例子，克拉克对艺术家的个人生活选择或人生经历，有着独到的理解，他尤其注重探究艺术家的社交圈子。他认为，尽管库尔贝在1855年宣言中所称，艺术传统是个人表现的材料，但是艺术家实际上受到了个人圈子及其品位的影响。比如，克拉克特别关注库

1　Keith Moxey, "Semiotics and the Social History of Art," 985–999.
2　［英］T. J. 克拉克:《论艺术社会史》，第8页。

尔贝的社交圈子，强调"先锋派"在当时的意味：在这样的圈子里，成为先锋派仅仅只是不同人口中习以为常的话题。这是一种带有启蒙性质的仪式——暂时从灌木丛中挣脱，接着又回到你已经离开的那个拥有特权地位的世界。这是一个面临终结的流派，只是一种挤进社会上层的手段。当我们去讨论尚弗勒里——库尔贝的良师益友时，我们可以看到这样一个成功挤入上流社会的实例。由此看来，先锋派真正的历史是那些过客以及忽略和拒绝它的人的历史；是一个私密的、孤立的历史；是从先锋派甚至是巴黎本身逃脱出来的历史。

他对四位艺术家的人生选择进行一一评点，以确定他们各自与先锋派的亲疏关系：

> 最准确相应的19世纪中期的艺术家应该是：米勒、杜米埃、库尔贝和波德莱尔。米勒，穷困潦倒且惧怕霍乱和革命，在1849年离开巴黎去了巴比桑；杜米埃低调地，几乎是隐秘地住在安茹河岸，作为玻璃工人的儿子娶了另一位玻璃工人的女儿；库尔贝则隐退到奥南并在那儿完成了他1848—1850年期间的主要作品；波德莱尔在1848年1月写给他军人继父的信中声称他已经从品味和原则上都与这个值得尊敬的世界决裂了——在六月革命的时候他还与叛乱者一起反抗过政府。他们每一个人都承载着先锋派以及它的观念；每一个都在某个时刻属于先锋派或是怀着这样的心情，但是每一个人与先锋派的关系却又飘忽不定，模棱两可，他们的身份不仅仅是被赋予这么简单。[1]

库尔贝的价值观和艺术创作，自然受到他的亲密好友的影响，甚至他

---

1 ［英］T. J. 克拉克：《论艺术社会史》，第9页。

对自己的看法，也一定受到了这种影响。通过对这种现象的考察，能够塑造出一个真实的、丰满的库尔贝来。克拉克在《人民的形象》中写道："这本书不是为库尔贝辩护，而是，至少是，帮库尔贝从他傲慢的形象中解救出来。"习以为常的库尔贝的固有形象，在克拉克眼里是一个有待解开的谜：一个虚荣的男人，一个天真的人，一个幼稚的人，一个没有文化的农民，甚至连 "rien qu'un peintre" 都不会拼写。这一形象，被他那些或多或少有点不知廉耻的朋友固定在现实主义以及政治性作品中。库尔贝请他这群朋友起草他的作画理论，但他却在朋友的赞美声中变得自满，以至于最后相信自己的作品是有政治倾向的，最终他在公社运动的惨败中得到了教训。[1]

正如克拉克所指出的，库尔贝研究面临着瓶颈："每个人都同意，至少在某些时刻，库尔贝的艺术是政治性的；但对于这种政治性到底是优势还是缺陷，却没有一致的意见。"产生这个问题的一部分原因在于，政治艺术（political art）概念一直没有精确的界定；另一部分原因则是，"体现库尔贝的政治观点和政治意图的证据的缺乏"[2]。那么，对库尔贝生活及交际的考察，自然能够加强这方面的证据，就算库尔贝不是刻意攻击当时的主流意识形态，以下这一点也是必须得到承认的：库尔贝在潜意识里显然受到了密友的思想观念的影响。这些蛛丝马迹，能在密友身上，能在库尔贝与他们的交往、信件及日记记录中找到。

克拉克想要将库尔贝从右翼和左翼陈陈相因的说法中拯救出来，想要摧毁这个"将创伤混合进政治中的和蔼可亲的小丑形象"[3]，想要"把他的艺

---

1 T. J. Clark, *Image of the People*, 22.

2 T. J. Clark, "A Bourgeois Dance of Death: Max Buchon on Courbet—I," 208.

3 沈语冰：《译后记》，载［英］T. J. 克拉克：《现代生活的画像：马奈及其追随者艺术中的巴黎》，第461页。

术和他的生活方式区分开来，单独探讨它们各自的特点；想要对库尔贝画中人物姿态进行分析解释，寻找他自负和野心的源头，解释为什么库尔贝要混淆他的艺术和他的生活"[1]。

遵循着这个方案，克拉克一头扎进历史材料的故纸堆中——库尔贝的传记材料、同时期作家对他的评论、其支持者的文字材料、批评家的抱怨或认可，以及19世纪中叶巴黎艺术家的波希米亚风格中的各种混杂内涵，去考察库尔贝的传奇。当然，任何文献材料都不是直接历史证据，克拉克以一丝不苟的态度对原始评论材料做了敏锐、精确的分析，而这种积累于剑桥读大学本科时期的能力，使他笔下的库尔贝的矛盾形象生动鲜明，使他的描述雄辩有力，也使学院派艺术史家比其他非学院派艺术史家更快地喜欢上《人民的形象》这本书。[2]

这就是克拉克所重塑的立体的库尔贝形象：戴着必要的面具待在巴黎这个世界艺术的中心，却有意与资产阶级保持距离；他需要巴黎的啤酒店是因为他想保持他以农村生活为主题的作画风格；他不想让自己成为一个资产阶级，但却又有机会可以了解到只有一个资产阶级所能了解的一切东西；他假装自己一无所知，却利用巴黎精英们的思想和创新为自己的思想服务；他平衡各种不同思想的挣扎，又根据自己的意图来决定各种思想各自的用途，其结果便是，产生了专属于他的混乱风格；天真单纯是他的本质，是他揭露巴黎的一种策略，一种对抗该城市混乱的力量，使他能够处在混乱之中，依旧能毫无疑问地保留丰富的自然性；单纯并没有使他失去社会意识和道德意识，相反成了他政治的保障；他是一个巴黎的局外人、

1　T. J. Clark, *Image of the People*, 22.

2　M. D. Biddiss, untitled review, *The Historical Journal* 18, no. 2 (1975), 434–436; H. D.Weston, untitled review, *History* 60, no. 199 (1975), 321–322.

一个俗人；他是一个想要成为说教主义者的农民，又是一个想要永远做农民的说教主义者；总的来说，他是一个矛盾综合体、一个极端主义者、一个有怪癖的人、一个地下工作者。[1]总的来讲，这个形象离那个固有的单面孔的革命现实主义光辉形象相距甚远。

但是，克拉克指出，库尔贝传奇的中心信条在于保持天真，用最原始的方式去实现最简单的雄心壮志和非常狭隘的视野——醉心于绘画技艺。可是，任何艺术家最初都会关注和自己材料相关的，以及该材料存在的问题。克拉克认为，他的天真理论就像其他理论意义一样，是需要通过很多证据证明的，但是先前的艺术史家并没有足够的证据来证明这一点。[2]简言之，克拉克认为，天真是库尔贝复杂性的一个源头，而非他单纯的源头。而库尔贝的复杂性，在他所倾心热衷的艺术波希米亚（artistic Bohemian）生活方式中，便能体现出来。

克拉克分析了波希米亚在1830至1850年间的内涵变迁：最初是巴黎精英社会中过得较为惬意的一部分"富二代"，生活无忧无虑，非常时髦，寡廉鲜耻；这个团体破裂后，波希米亚未被同化为一个阶级，而是执拗地反对资产阶级，过着一种专制、过时而悲惨的"浪漫主义"生活；在19世纪中叶的巴黎，波希米亚是一个真真实实存在的社会阶级，一个令人难以忍受的贫穷世界，一个对资产阶级社会极度反感的危险的社会群体——这群无业游民、各种各样罪犯分子、社会最底层的落魄者、头等罪犯，以及工业文明的残骸，他们构成了1848年6月反动武装的一部分；这是库尔贝式的波希米亚，也是波德莱尔式的波希米亚：社会最底层的落魄者，是一种生活方式也是一个社会现状，它意味着坚守浪漫主义的目标，它代表着

---

1 T. J. Clark, *Image of the People*, 23−32.

2 Ibid., 34.

一种狂躁、一种自我毁灭的个人主义精神，以及许多狂热的躁动……最终，它成了巴黎无产阶级这个危险阶级和受过教育阶级间的中间地带，它也有着每个阶级所共有的复杂的不相称现象，它也不确定自己到底是属于哪个阵营。也就是说，它成了一个复杂、矛盾而分裂的社会群体，而库尔贝就是其中一员。他原本抱有建立乌托邦的理想，后来犹豫不绝地放弃了；他保持着农民式的纯朴天真，又沾染了波希米亚的"使资产阶级成为一个资产阶级的方式"的伪装特性。而库尔贝的绘画实践，在逐渐远离了与浪漫主义有关的一切之后，却依旧披着波希米亚的外衣。

所有这些指向克拉克接下来抛出的关键问题：他（库尔贝）到底是个农民还是个波希米亚？他有两者都是的原因吗？[1]为了解答这个问题，克拉克运用了他在考陶尔德学院训练出来的视觉分析技能，对库尔贝的几幅自画像进行了一番精神分析式的剖析；当然，这种对弗洛伊德主义的运用，是为了最终的马克思主义面向。而这恰恰是以往的马克思主义艺术史研究中从未有过的新方式。

需要补充的是，克拉克在国家科学研究所的那一年（1966—1967）是非常关键的一年。在此期间他亲身接触了马克思主义和精神分析（弗洛伊德和拉康都是参考文献中的重要角色）的令人兴奋的结合，并且，这种混合在《人民的形象》文本中留下了印迹。比如，"运用弗洛伊德理论的类比"，克拉克在第一章里解释了他进行时代批评的途径："正如精神分析医师聆听他的耐心，如果我们想要去发现这些大量批评的意义，让我们感兴趣的，正是那些批评的理性的单声调所打破的、难以言说的、支支吾吾的东西……哪里是这些批评所不能理解的地方，哪里就是它的理解的关键要

1　T. J. Clark, *Image of the People*, 34.

点。"[1]克拉克将精神分析技巧挪用、类比到艺术的视觉分析中，这种方法便是：去捕捉、识别那些话语难以添加的地方，去解释那些被说（或被画）之物所显示出的，在它自身显现的，那被完全或部分掩盖着的分裂失调之处所撕裂的地方。[2]

对于库尔贝自画像的分析，可以说是这种方法第一次重要的具体实践。比如，在第三章中，克拉克在论述著名的自画像《叼烟斗的男人》（Man with a Pipe，图20）时说："第一次，在库尔贝的艺术中，一个图像拥有了矛盾的意义。这幅画由两部分构成，每个部分都最大限度地对抗着另一部分：中间是一个脆弱而挑衅的脸，围绕着它的，则是头发和胡须那粗糙的轮廓。在椭圆的脸庞之中，眼睑处于阴影之中，抽烟者的容貌是易受伤害、精致而脆弱的……但是，作为整体的一颗头，却是强健的、不同凡响的，完全粗野而好斗。"[3]在扫描到这幅画的矛盾之处之后，克拉克阐释道，这些是主体自我分裂的标志："狂热、禁欲主义和幻灭是波希米亚式绘画的本质组成要素。但这三者在自身立场上同时也是相互矛盾、模棱两可的概念，而且还不相互兼容——库尔贝笔下人物的头部显示了他们分裂的人格；他们的冲突，同时也是共存的状态。这也是库尔贝第一次无法对自己有一个明确的认识，从这一点上说，它也象征着一种进步。"[4]为何是进步？因为，在虔诚的弗洛伊德学说中，主体被揭露为是由相异的，且并不必然兼容的碎片所构成的。当然，这还不是那么弗洛伊德主义：克拉克对精神分析兴趣不大。相反，这幅画的失调不和谐之处所揭示的，正是在艺术波希米亚的建构中的矛盾，以及库尔贝对他自己的艺术波希米亚身份的

1　T. J. Clark, *Image of the People*, 12.

2　Alastair Wright, "On T. J. Clark: *Image of the People*," 169.

3　T. J. Clark, *Image of the People*, 44–45.

4　Ibid., 45.

想象中的矛盾：到底是一种晚期的浪漫主义风格的画家，还是一个政治激进分子，好斗而挑衅、挑战着资产阶级？

这种对艺术家个人性格心理的追问，反映了克拉克的这一观念，即，艺术家，是使个性、视觉文化和社会状况交错的内部和外部力量的媒介，是艺术家使艺术与历史、与意识形态的遭遇具有了可能性。[1] 正如怀特所说，种种情况都表明，克拉克书中存在着两种解释模型：其一，是一种根植于1960年巴黎思潮中的更激进紧张态势中的模型；其二，是弗洛伊德—马克思主义的，将艺术家当作一个无意识的主体。[2]

总而言之，克拉克艺术社会史的"事态分析"法，不只是对外在情境的详细描述，也包括对艺术家个人生活和思想的细腻考察，这种大环境与小环境的交叉、混合，恰恰是作为一个完整的"社会中的人"的真正的情境。只有将这种完整情境与艺术作品进行契合、紧密的接合表述，艺术社会史才有说服力，才具有生命力。

三、情境主义策略

情境主义国际（Situationist International，1957—1972，简称SI）是一个从20世纪60年代开始的欧洲非常重要的马克思主义导向的社会文化思潮和政治运动。它不仅批判现代资本主义社会，更批判那逐渐统治日常生活的商品经济和消费主义，期待唤醒当下革命潜能进行日常生活的革命；在法国1968年的"红色五月风暴"中，情境主义作为一种批判的艺术观念，是一面带领新型"文化革命"的战斗旗帜；它是一个直接影响欧洲现当代

---

1 Gabriele Guercio, *Art as Existence*, 244.

2 Alastair Wright, "On T. J. Clark: *Image of the People*," 173.

先锋艺术和激进哲学话语的极其重要的思想母体；其代表人物居伊·德波的著名论著《景观社会》和范内格姆（Raoul Vaneigem）的《日常生活的革命》（*The Revolution of Everyday Life*，1967），至今仍然在社会批判理论中发挥着深远的影响。正如居伊·德波研究专家、意大利弗罗西诺内美术学院（Accademia di Belle Arti di Frosinone）教授安瑟伦·雅佩（Anselm Jappe）所说："很明显，情境主义国际是当时唯一发展出一种理论的团体……他们与今天还保持着一种潜在的关联。"[1]

确实如此，尽管情境主义国际在1972年就解散了，但其理论却深刻影响了鲍德里亚、哈维等学者，并成为消费社会批判理论和后现代思潮的关键性学术资源。[2] 此外，更值得一提的是，情境主义理论竟然在艺术史研究领域也具有跨越时间的持续影响力，其中最为生动、最具代表性的成果便是 T. J. 克拉克的艺术社会史写作。本小节将先概述情境主义国际运动，继而从克拉克的学术生涯史视角窥探他与情境主义国际的人生交集和情感羁绊，并探寻其艺术史文本中的情境主义观点，进而揭示、分析他将这些观点结合到自己的文本写作框架中的独特方式。

1. 情境主义国际概述

成立于1957年的情境主义国际具有很深的反抗或改造异化的西方社会现实的先锋派文学艺术传统，其本质上是两个前卫艺术团体的联盟：其一是提倡以"整体的革命文化态度"为艺术家在一个机械时代里找到位置，

1　Anselm Jappe, *Guy Debord*, trans. Donald Nicholson-Smith (Berkeley: University of California Press, 1999), 81.

2　姚继冰、张一兵：《"情境主义国际"评述》，见：https://www.douban.com/note/159927420/?_i=7519872UMNL06t。

并进行实验性艺术活动的意象派包豪斯（Imaginist Bauhaus）国际运动；[1]其二则是宣扬摧毁被商品围困的世界，以广泛的创造性活动重建生活的字母主义国际（Lettrist International）。[2]在这两个团体中，字母主义国际对于20世纪60年代的SI运动的发展具有更为持久性的影响。

从1962年开始，团体内的艺术家和政治理论家之间就SI"从艺术运动到政治运动"的转向而发生巨大分歧，理论家认为"艺术不能被看作一个拥有自己的特殊合法性的分离独立的活动"，艺术家则不同意这一观点。[3]这一从"所有艺术运动中的最政治的运动"到"所有政治运动中最艺术的运动"[4]的转向导致团体的目标从主要是艺术目标转变为一个更具革命性的政治意识形态运动[5]，也导致了团体的分裂和1972年的最终解散。

正如张一兵教授所言，情境主义的深刻历史根源在于资本主义世界在科学技术飞速发展的带动下，尽管遭遇了两次世界大战，但到20世纪中叶在物质上还是取得了空前的增长，较资本主义早期的形态发生了重大变化，即由于商品生产的剧增，消费主义盛行于世。对此现象，情境主义国际发展了列斐伏尔所开创的理论方向，以"景观社会"取代商品社会的定位，并提出景观、空间和日常生活等概念，抛弃那着眼于未来的推翻资本主义经济和政治制度的阶级革命，而倡导瞬间艺术化的"日常生活的革命"；扬弃异化和反对拜物教，利用艺术的"漂移"和"异轨"来达到当

1　Asger Jorn quotes in Ken Knabb, ed. and trans., *Situationist International Anthology*, 16-17.

2　Anselm Jappe, *Guy Debord*, 47.

3　Peter Wollen, "Bitter Victory: The Art and Politics of the Situationist International," in *On the Passage of a Few People through a Rather Brief Moment in Time: The Situationist International 1957-1972*, ed. Elisabeth Sussman (Cambridge, MA: The MIT Press, 1989), 25.

4　Laurent Chollet, *L'Insurrection situationniste* (Paris: Dagorno, 2000), 25; quoted in Gerd-Rainer Horn, *The Spirit of '68: Rebellion in Western Europe and North America, 1956-1976* (New York: Oxford University Press, 2007), 12.

5　Ibid., 26.

下的文化革命。这种文化革命的本质就是所谓建构积极本真的生存情境。[1]
更直白地说，情境主义者想要摧毁这种由商品和幻象所带来的虚伪的脱
离人类真实存在的满足感，让人们以直接体验的方式去建设真实的日常
生活。[2]

　　具体而言，在迈向社会革命的努力中，情境主义国际提出了一些特殊
概念：艺术和政治、马克思主义和"景观社会"。这些相互联系的概念体
现了20世纪60年代情境主义理论的激进本质。邓普西（Amy Dempsey）描
述了艺术和政治的联系是情境主义的重要主题之一："他们（情境主义者）
相信，现代艺术实践是一种政治行为：通过艺术，革命可以完成。"[3]但是，
情境主义者想利用艺术来实现颠覆性的意图，来使人们越来越意识到被资
本主义社会所塑造的日常生活中的虚假。这种颠覆性运用方式的一个例子
便是以下将提到的"异轨"。

　　对资本主义和商品拜物教的否定，是情境主义与马克思主义共同的主
题，但是由于商品已经渗透进现代生活的方方面面，德波便更进一步地
更新了马克思主义商品观念，认为不要等待遥远未来的革命，与前瞻性
（forward-looking）革命运动的不同之处在于，情境主义倡导在当下就进行
彻底改造商品社会的日常生活的革命。[4]对集体行动（工人阶级运动）的热
衷也是情境主义国际的显著特点。早在1961年，情境主义国际便决定，广
泛参与到工人委员会中将会消灭特殊化和自发的权威，而这两项都是促成
日常生活异化的肇因。对于情境主义国际来讲，无产阶级——不是学生、

1　姚继冰、张一兵：《"情境主义国际"评述》。

2　Anselm Jappe, *Guy Debord*, 159.

3　Amy Dempsey, *Styles, Schools and Movements: The Essential Encyclopaedic Guide to Modern Art* (New York: Thames and Hudson, 2005), 213.

4　Ken Knabb, ed. and trans., *Situationist International Anthology*, 75.

年轻人，或其他现代世界的附属团体——占据了反抗社会中的关键位置[1]，因为他们在面对强加于身的商品生活时，更少产生错觉。

也许最重要的情境主义思想概念便是"景观社会"了，德波的名著便以此词为题。他提出的"景观"概念形象地再现了消费社会里大宗商品堆积如山的恐怖景象，它反映了商品的彻底统治状况。"景观，就是商品完全成功的殖民化（l'occupation）社会生活的时刻。"[2]德波认为，在商品社会中，景观是不断积累的资本，直至最终成为一个图像。景观是日常生活个体的痛苦之源，因为这个虚假的资本主义体系并不能真正填充人们的欲望。人们被它诱骗、迷惑，现实被图像所替代，因而正如马尔库塞在《单向度的人》中所描述的那样，在消费社会里，人们的反抗意识和革命潜能都被这虚假的幻象消解了。所以，今天不需要传统意义上的阶级斗争和政治革命，而要在日常生活层面上摧毁迷人的景观，通过"漂移""异轨"[3]和"构境"等策略，揭露景观的异化本质，证伪景观带来的虚假欲望，回归本真欲望，以建构真实的生存情境。这就是范内格姆所言的"日常生活的革命"。

情境主义国际虽然在1968年五月风暴之后，就因为发展路向的迷失而最终"体面"地解散了，但是其激进的思想、深刻的洞悉和犀利的批判范式，仍然在西方社会中保持持久而广泛的影响。正如学者格里高利·塞瑟尔（Gregory Seltzer）所言："情境主义理论不仅仅只是过去时代的一种无用的足迹，在今天，景观社会的潜力看似更为增加了。"[4]在 T. J. 克拉克从20

1　Anselm Jappe, *Guy Debord*, 98.

2　［法］居伊·德波：《景观社会》，第15页。

3　"漂移"是指对物化城市生活特别是建筑空间布展的凝固性的否定；"异轨"则是利用意识形态本身的物相颠倒地自我反叛。

4　Gregory Seltzer, "Situationism and the Writings of T. J. Clark," *Journal for the Study of Radicalism* 4, no. 1 (2010), 128.

世纪60年代末至今的艺术史写作中，从未放弃过情境主义这一理论资源；他不仅采用其观点，还运用其批判策略，面对雷吉斯·德布雷（Régis Debray）等对情境主义的贬低，他更是奋起捍卫与反抗。而这一羁绊，多少来自他青年时代与情境主义国际运动的交集以及对其理论的深入研习。

2. 克拉克与SI之羁绊

T. J. 克拉克于1966年加入了情境主义国际成为会员，1967年间他任教于埃塞克斯大学时被SI开除；此后，在1970至1974年任凯伯威尔艺术学院高级讲师期间，他又加入了致力于全世界无产阶级社会革命运动的英国激进组织"恶棍王"，这个组织是情境主义国际和另一个好战的无政府主义团体"处死混蛋"的变体，他们力图强调文化无政府主义和英国被忽视的混乱情境。可见，青年时期的T. J. 克拉克，是一个彻彻底底的左派激进分子。

20世纪60年代，克拉克与情境主义有着明显的联系。在1966至1967年间，他积极参与情境主义国际运动，是70位会员之一，并且是英国六人小组成员。[1]他写过一些政治评论文章，同时也卷入了团体内部冲突和派系分裂。克拉克在与唐纳德·尼克逊－史密斯共同撰写的《为什么艺术不能杀死情境主义国际？》一文中说："20世纪60年代的情境主义国际是一个小团体，这是真的。而它那针对关键问题的不断讨论的政治，对于团体内产生的等级制和意识形态僵化的状况的斗争，导向了反复的分裂和驱逐。正是因为以上这些原因，其针对英国和美国也采取了驱逐政策，所以我们在1967年离开了情境主义国际。"[2]1969年的一篇情境主义者的文章里，提供了

1　Greil Marcus, *Lipstick Traces*, 149.

2　T. J. Clark and Donald Nicholson-Smith, "Why Art Can't Kill the Situationist International," 26.

克拉克被驱逐的更多细节。虽然这个文献的偏见性是值得考虑的，但是它报告了这一事实，即克拉克和其他两位英国成员，在关于一场SI和某些纽约人物之间的分歧上，在支持SI方面他们显得并不那么积极。[1]

尽管被情境主义国际组织所开除，克拉克并没有抛弃情境主义思想，并且从他反驳法国思想家、媒介学家雷吉斯·德布雷的文章中可以看出来，他对情境主义国际仍然饱含感情。针对德布雷1996年接受《世界报》（Le Monde）[2] 采访时体现出来的，对于情境主义国际运动的政治性缺乏的贬低和嘲笑，克拉克与尼克逊－史密斯几乎进行了毫不留情的反击与批判，他们写道，"那些现在抹杀了情境主义国际的政治性的人，简直还比不上在那个时代回击他们的那些批评者"[3]。德布雷暗示德波的《景观社会》是一本"高度理论化"、缺乏政治性的幻想之作，克拉克反问道："假如你去读读那些诽谤者和狂热者对这本书的评论，那么你便会发现，它可是一本你难以想象的'政治'著作。有谁会怀疑，这本书最长的一章的标题是《作为本体和表象的无产阶级》，而这一章的整体观点不是转向了列宁主义、党、劳动阶级运动的问题呢？"[4] 同时，他还指出，虽然《景观社会》被构想为"高度理论化"的著作，但其理论绝大程度上是对过去深刻的马克思主义、德国哲学，以及法国古典文化的变形、加剧，这种深刻性不是德布雷这种粗心的读者所能领会的。

可见，克拉克对情境主义国际、《景观社会》以及德波是充满着热爱、支持和敬佩之情的。从他的写作生涯来看，克拉克不仅发表过评论情境主义国际的文章，而且还写了六本有关绘画、图像是如何联系着社会环境和

1　Ken Knabb, ed. and trans., *Situationist International Anthology*, 293.

2　Regis Debray, Interview with Nicolas Weill, *Le Monde* (19 July 1996).

3　T. J. Clark and Donald Nicholson-Smith, "Why Art Can't Kill the Situationist International," 26.

4　Ibid.

政治情况的艺术社会史著作，这些著作都或多或少地体现出了情境主义思想。其中两本著作的写作与出版，正好处在情境主义国际运动时期，那就是《绝对的资产阶级》和《人民的形象》。在《告别观念》、《瞥见死神》、《苦恼的力量：一个新战争时代里的资本和景观》(下文简称《苦恼的力量》) 这三本书中，情境主义思想观点在字里行间交织穿梭，这无疑表明，克拉克受益于情境主义国际运动，并创造性地运用在艺术史写作中。

3. 景观

最能体现出克拉克情境主义者背景的著作，便是出版于1984年的《现代生活的画像》。马库斯 (Greil Marcus) 评论道，克拉克的这本书是"明明确确的情境主义"作品，他解释道，通过将20世纪60年代的情境主义观念放置在19世纪60年代的环境中，克拉克继续进行着"那在1968年五月风暴的成功与失败之后实际上已经不存在的团体的工作"。[1] 在此书的导论中，克拉克赋予"现代主义"以一种特殊的意义：它关系到的不是（或不仅仅是）一种艺术风格，而是一个社会环境。他明确地表达了自己的意图："我希望我能说明，产生现代主义的环境并不现代，只有在被赋予了所谓的'景观'形式时，才成为现代。"[2] 也就是说，要想透彻理解现代主义，就必须对资本主义"景观"予以绝对重视。

克拉克认为"景观"和"景观社会"的概念代表了一种理论上的努力，也就是想要为资本主义社会的一个大转变的含义进行理论概括，这个大转变就是：资本主义生产已经转变成提供商品和服务，以及随之而

1　Greil Marcus, *Lipstick Traces*, 149–150.

2　［英］T. J. 克拉克：《现代生活的画像：马奈及其追随者艺术中的巴黎》，第40页。

来的"日常生活的殖民化"。克拉克具体阐释道:"它指的是资本主义市场
那种巨大而内在(internal)的扩张——它侵入并重组空闲时间、私人生
活、闲暇与个人表达的整个领域,所有这些领域在构成城市无产阶级的第
一次浪潮时,相对而言并没有受到控制。它表明了商品生产的一个新阶
段——对过去被随便地称为日常生活的社会实践的整个领域进行市场化和
商品化。"[1]但是克拉克又指出这种"景观"并不是一蹴而就的,而是一个变
化的过程;并不仅仅是一个纯粹文化和意识形态重整的问题,而是涵盖整
体性的经济变迁:走向林荫大道(grands boulevards)和百货商店(grands
magasins),以及相伴随的旅游、娱乐、时装和陈列展览等行业的大发
展——这些产业促成了巴黎整个生产关系的转变。[2]这就非常符合情境主义
的主要观点——景观的侵袭,这种侵袭是循序渐进、难以抵挡的,这种侵
袭会催生新的阶级,也会消融抵抗,永远维持着资本主义的秩序。

　　书中论述了四幅马奈画作:《1867年世界博览会》(1867)、《奥林匹
亚》(1863)、《阿让特伊的划船者》(1874),以及《女神娱乐场的酒吧
间》(1882)。它们基本上是按照时间顺序来安排的,而它们相对应的社会
现象,亦是"景观"循序渐进的侵袭过程:(1)巴黎的奥斯曼城市改造及
公众对其的接受;(2)第二帝国期间卖淫业的社会生态;(3)巴黎的郊区
被一个处于资产阶级和无产阶级之间模糊的新兴阶级所热衷的郊游生活所
侵袭;(4)城市私人生活的面向,新兴阶级在音乐咖啡馆里的生活。[3]对此,
艺术史家大卫·卡里尔评价道:"对这些画作与其所再现的场所之间的关
系的描述,在不经意间揭示了文化想要抑制的严酷现实",这个残酷的现

1　[英]T. J.克拉克:《现代生活的画像:马奈及其追随者艺术中的巴黎》,第34页。
2　同上书,第35页。
3　Beatrice Farwel, "Review," *The Art Bulletin* 68, no. 4 (December 1986), 685.

实就是"城市、女人、郊区和咖啡馆"都逐渐成了"景观"的表象。[1] 我认为，克拉克对这四幅画的排序及与城市生活的对应，显示了"景观"从公共场所向私人场所、从大众文化向日常生活的侵袭过程：城市街道——展览馆——郊区——咖啡馆。

正如考陶尔德艺术学院教授约翰·豪斯（John House）所说，每幅画中的场景都被繁杂的文字材料还原重组起来；这些材料包括报刊、小说、游记和日记，当然还有艺术批评，这些材料在作者进入图像分析之前便被罗列出来。克拉克试图将对"表象"的历史分析，放置到有生命的社会—经济实践这一根基之中。[2]

除导论外，此书分立四章以及一个总结。在每一章里，克拉克讨论了巴黎19世纪下半叶的变幻的社会环境，以及马奈及其追随者通过他们的绘画对这些混乱的现代化发展状况的处理方式。其中，有三章与情境主义思想是直接相关的。

在第一章《从巴黎圣母院看去的风景》中，克拉克对奥斯曼的巴黎旧城改造进行了浓墨重彩的描述，以强调奥斯曼的强烈愿望是将老帝国的社会性不均质的城市转变为一个现代而整齐划一的首都。克拉克相信，奥斯曼的工作，既是对传统老巴黎敲响的丧钟，也是景观社会的起点："在某种意义上，旧巴黎被判处了死刑，新巴黎成了通往'消费社会'的场所。"[3] 在18世纪60年代，像马奈这样的画家注意到了巴黎改造的不完整性以及公众的焦虑感。巴黎想要拥有一个现代城市的确切标志或形象，从而将传统的巴黎形象替换掉，但是这种通往一个景观的转变尚未完成，这就导致了

1　David Carrier, "Review," *The Journal of Aesthetics and Art Criticism* 44, no. 2 (Winter 1985), 204.

2　John House, "Review," *The Burlington Magazine* 128, no. 997 (April 1986), 296.

3　［英］T. J. 克拉克：《现代生活的画像：马奈及其追随者艺术中的巴黎》，第103页。

一种完整或彻底的现代性图景的缺失。在这一章快要结尾时，克拉克生动地总结道，对于法国首都正在发生的事情，以及他的话语，都重申了情境主义的断言，即，景观通过图像产生了歪曲的现实。克拉克说："城市是资本的标志：正是在这儿，人们才能看到商品变得有血有肉——开始吞噬掉社会生活的多样性，并回馈它们以单调的精确性。"[1]

在《1867年世界博览会》这幅画中，一个巴黎人正冷漠地观察着他们的城市，注视着街道上的喜庆游行队伍，但是他被一个画面上悬而未决的暧昧的距离所隔离开了。克拉克认为，这幅画中的现代主义意味仅仅处于萌芽和胚胎期。艺术家在描绘林荫大道时，第一次发现了这个城市的现代性真相：人们在街道上变成了斑点，变成了符号；而林荫大道，正是奥斯曼改造最先赋予实施的计划。从某种程度上来说，奥斯曼不知不觉地成了催生新绘画的助产士。

在第三章《巴黎周边地区》里，克拉克在分析马奈的《阿让特伊的划船者》（*Argenteuil, les canotiers*，图21）时讨论了19世纪70年代巴黎人的休闲活动。在这里，郊区成了故事发生的环境。在画作上，一对夫妇正在一艘船上享受午后，而对这"小资产阶级，以及小资们所引入的娱乐世界"的描绘，正是此书的一个重要主题，即，19世纪的一种营利性休闲形式的发展给予娱乐活动日益增多的"壮观的形式"[2]。克拉克的评论体现了情境主义对有组织的休闲业的解析，即，景观以组织性的休闲为手段，宣告了它的统治地位。正如一份1964年的SI文章所言，休闲社会是一个外观，掩藏了"一种特殊类型的社会空间—时间的生产/消费"[3]。而且，克拉

1　[英] T. J. 克拉克：《现代生活的画像：马奈及其追随者艺术中的巴黎》，第104页。

2　同上书，第263—265页。

3　Ken Knabb, ed. and trans., *Situationist International Anthology*, 141.

克所讨论的要点——休闲，代表了"19世纪后期日常生活被殖民化"[1]的一个主要领域，这正反映了赛迪·普兰特（Sadie Plant）对景观社会内休闲活动的评论。普兰特认为，人们在休闲活动中所拥有的选择性，是现代资本主义社会的错觉，因为休闲和娱乐的选择本质上已经由一个被给予的商品清单所预先决定了。[2]最终，克拉克强调了马奈画中女人脸蛋上心神不宁的表情，而这样一种强调，恰恰支持了情境主义的信念："疏离的工作只能生产出疏离的休闲。"[3]克拉克分析道，虽然印象主义者会将郊区的工厂囊括进风景画中，但是他对于体力劳动者的出现却感到不舒服；他们看到，这些劳动阶级坐着火车到郊外来享受周末，而这种休闲和娱乐原先是那些将中下阶级排斥在外的真正资产阶级的生活方式。在克拉克看来，资产阶级文化诱使劳动阶层也进入、参与到"景观"中，使他们放弃了对于资产阶级的对抗，反而屈从于那由他们的统治者捏造出来的虚伪文化。在马奈的画作中，克拉克看到了某种微妙的描绘策略，即通过视觉的不确定性和不适合性，来压缩图画视觉空间的策略——也就是格林伯格提出的"平面性"（flatness）。他认为，马奈画作中的"平面性"，出现于其对虚假不真、对疏离异化的描绘中，也体现于其对景观社会催生的"新社会阶层"（Nouvelles couches sociales）的细节化描述中；这种"新社会阶层"混淆了阶级差异，侵入了像阿让特伊这样的巴黎郊区的农业村庄之中。

在第四章《女神娱乐场的酒吧间》里，克拉克将19世纪晚期流行一时的音乐咖啡馆的环境，与情境主义思想中的流行娱乐概念联系起来。克拉

1　［英］T. J. 克拉克：《现代生活的画像：马奈及其追随者艺术中的巴黎》，第265页。

2　Sadie Plant, *The Most Radical Gesture: The Situationist International in a Postmodern Age* (New York: Routledge, Chapman, and Hall, 1992), 13.

3　Ken Knabb, ed. and trans., *Situationist International Anthology*, 142.

克在这一章里解决了两个问题：首先，他解释了为何音乐咖啡馆会是那些指导法国社会娱乐行业的政府审查员所极其关心的地方，其次，他仔细地寻找着，在马奈1882年《女神娱乐场的酒吧间》（*A Bar at the Folies-Bergère*，图22）这幅画中，到底是什么组成部分让观者如此心绪不宁。在阐述他的第一个论述目标时，克拉克注意到，音乐咖啡馆是一个让劳动阶级和小资产阶级都可以消费流行文化、进行娱乐的地方。在这些场所里，歌手和演艺人员所提供的娱乐活动是需要细细监督的，这样政府审查员便可以撤去任何可能造成阶级团结和群体行动的政治主题。正如德波在《景观社会》中解释的一样："由景观所宣布的那种非真实的一致性，掩饰了阶级的分裂，正是这种分裂才是资本主义生产模式的真实一致性所寄托之处。"[1]

审查员想让在音乐咖啡馆的老主顾们的娱乐活动既流行又不会破坏资本主义社会秩序。政府审查员设法去维持一种这样的娱乐，以使那里成为"无聊者在那里继续无聊的地方"[2]。在马奈1882年的绘画中，酒吧女招待冷漠的面部表情，正是对那无感的被动性的反应，而这种被动性、这种迟钝，正是景观社会消费者的特征。消极被动的消费者，无聊于日常生活的个体——这些人生存于19世纪晚期，也存在于20世纪60年代。景观创造出了被动的旁观者，而这样做，就能使人们远离对其动机的质疑从而保护它自己[3]，同时，克拉克以情境主义术语对马奈的《女神娱乐场的酒吧间》做了一番有趣的分析。他认为，这幅画里最显著和最混乱的，便是透视；它看似没法说得通，那在音乐咖啡馆里的吧台女的正面与她在后面镜子里的

1　[法] 居伊·德波：《景观社会》，第158页。

2　[英] T. J. 克拉克：《现代生活的画像：马奈及其追随者艺术中的巴黎》，第294页。

3　Greil Marcus, "The Long Walk of the Situationist International," in *Guy Debord and the Situationist International: Texts and Documents*, ed. Tom McDonough (Cambridge, MA: The MIT Press, 2002), 8.

反射是不一致、不协调的。[1]通过将画作与19世纪下半叶巴黎一种商业化的休闲文化的兴起联系起来，克拉克解释了这一"瑕疵"的形成："如果这位女侍完全处在镜中——即完全处在迷人的灯光和引人入胜的表演的一部分之中，被那个手持手杖的男人直接求爱——那么，她就会被置于真实的社会环境里，而这种真实的社会环境恰恰是她并不曾拥有的。"[2]依据情境主义的观点，尽管景观"是为了社会一部人的利益而组织图像"，但是这种组织的力量"不能不影响那些仅仅注视着图像的人的真实的社交活动"[3]。以这种方式，这幅画的透视表现了"真实"生活和被景观所催发的生活之间的裂缝。此外，那个只以镜像出现的男人，在克拉克看来，其与吧台女和音乐咖啡馆之间的某种特定联系，暗示了景观介入娱乐生活的程度。克拉克写道："这位顾客认为她是又一件金钱可以买到的东西，而在某种意义

1　关于《女神娱乐场的酒吧间》这幅画的透视及寓意，至今至少有12种观点。其中较有影响力的，是理查德·沃尔海姆的看法。他认为，这幅画并未将观者"我们"排斥出去，而是将"我们"置于画面空间中。假如我们自我认同于那个镜中男子，我们便可以认为，马奈使用"男子的映像……来控诉观者所持有的男性的性企图"。参见Richard Wollheim, *Art and Its Objects*, second edition (Cambridge, 1980), 197。列奥·斯坦伯格也早就写过，这幅画，"就像两性关系一样，为了达到完满，而需要着对方"。参见Leo Steinberg, "Pontormo's Alessandro de' Medici, or, I Only Have Eyes For You," *Art in America* 63 (1975), 64。安妮·科芬·汉森则认为，这种矛盾的反射是一种形式方法，"马奈的空间虽然是难以解释或难以进入的，但是，在平面和错觉之间的张力上保持着有趣的平衡点——而正是这一张力引领着艺术家在20世纪里走向新的解决方式"。参见Anne Coffin Hanson, *Edouard Manet* (Philadelphia, 1966), 187。相反，在乔治·茂那看来，这幅画并没有揭露资本主义疏离，也没有揭示一种新的空间形式，而是关系到"'存在'和现实的老问题"。参见George Mauner, *Manet, Peintre-Philosophe: A Study of the Painter's Themes* (University Park: The Pennsylvania State University Press, 1975), 162。还有一种观点认为，从吧台女的位置来看，这幅画是和谐的，并不矛盾；这幅画"是一个对各个映像的反射……它将它们结合了起来"。参见William Feaver, "What Makes Manet Modern?" Artnews 82 (1983), 54–57。总之，西方学界对这幅画的评析众说纷纭，这恰恰体现了马奈艺术的伟大，以及西方艺术史研究的丰产。

2　[英] T. J. 克拉克：《现代生活的画像：马奈及其追随者艺术中的巴黎》，第325—326页。

3　Anselm Jappe, *Guy Debord*, 7.

上来说，维持这样的错觉，乃是她的职责之一。"[1] 这种个体转化为一个商品的过程，暗示了景观侵蚀社会的深度。

可见，"景观"是组织起整本书结构和内容的关键词，把握住了它，才能把握住克拉克《现代生活的画像》的实质，但是，要知道，真正让印象派研究者、让当时政治环境中的读者感到晴天霹雳的，并不仅仅是他的艺术社会史方法，而是对马奈和印象主义"拉下神坛"的判断的指责，更是他的一种似乎不合时宜的政治倾向性。正如法威尔（Beatrice Farwell）的评价，克拉克以"景观"来确证"现代主义"（有时以"现代性"来互换），在某种程度上，这本书是关于高度资本主义进入晚期资本主义时所孵出的不可避免的邪恶的冗长悲叹。[2]

不管怎样，《现代生活的画像》已经成为19世纪下半叶法国绘画研究的经典之作，也是当代艺术社会史的代表著作。毋庸置疑的是，这本书不管是在主题、结构上，还是在作品剖析上，都得益于情境主义思想。让人惊讶的是，20多年后，已迈入老年的克拉克在其写作中，仍然徜徉于情境主义对景观社会的警示与批判的立场。《瞥见死神》出版于2006年，但是绝大部分内容是以日记体在2000年上半年创作出来的。这本书讨论了两幅普桑从17世纪中叶开始绘制的画作《平静的风景》和《被一条蛇杀死的一个人的风景》。克拉克记录下了他每天遭遇这些艺术作品时不断变化的反应，最后他认为，对普桑的评价不能以一套既定的命题来明确指示，而应细细观察绘画的构成和细节。克拉克不断重新细细观看普桑的画作，又感觉到，要理解艺术家的观念，是非常困难的。为了解释这种意义的飘忽不定，克拉克通过对景观演变进行社会分析，并衍生出一段对"图像政

1　［英］T. J. 克拉克:《现代生活的画像：马奈及其追随者艺术中的巴黎》，第326页。

2　Beatrice Farwell, "Review," 685.

治"（politics of the image）的当代表述："在我看来，那些先前论述'景观社会'的作者没有涉及的一个问题，就是图像世界的生产是如何最终涣散掉，以致成为市场的独特仪器的。并非如居伊·德波那句名言所云，'资本积累到一定程度后就产生了图像'，而是图像不断地分散、催化，最终成了真实而充足的商品。"克拉克还指出，居伊·德波"没太看出来的是，图像在种种交互关联的主题下越来越独立、自控，且这些主题都相信荧屏乃是隶属自由的王国，在此种情况下，'景观'才会越发内在化、私人化、个体化"。[1]这就表示，景观会变得无所不能，这一点连德波也没有理解并提炼起来。克拉克的描述是建立在情境主义国际的框架上去阐述当今的景观社会的。就此而论，克拉克仍然继续着情境主义的目标：展示"一个对发展中的社会的新颖而内在的批评"[2]。情境主义激进思想中非常重要的一点，就是对当下的革命潜力的信赖，而克拉克对德波理念的修订，则表现出了这种思想。

通过对普桑画作的注视和沉思，克拉克想要强调重新思考和评判图像之价值的重要性，而这种重新思考，在现代社会里往往是非常缺乏的。在2000年2月22日的日记开头，克拉克指出，当今世界"在影像化、想象化、视觉化的政治中的可怕时刻"，充斥着数字化的、垄断的文化工业的认识论和审美假设。[3]当今社会中图像的狂轰滥炸，破坏了个体去解释一幅图像并沉思地思考他或她对一幅视觉图像进行反应的能力。克拉克觉得，他对普桑画作不断变化的反应，提供了一种对立于现代社会图像流的有益对应。此外，他在讨论深思性分析的重要性时，也运用了情境主义理论的语

1　［英］T. J. 克拉克：《瞥见死神：艺术写作的一次试验》，张雷译，江苏凤凰美术出版社，2012年，第191—192页。

2　Ken Knabb, ed. and trans., *Situationist International Anthology*, 140.

3　［英］T. J. 克拉克：《瞥见死神：艺术写作的一次试验》，第126页。

言——资本主义社会的表象剥离或拆除了个体批评的能力。

《苦恼的力量》是由克拉克和另三位学者以"Retort"共同署名的一本书。虽然，克拉克没有在这本书的任何特殊章节里具名，但是，在题为《国家、景观和9·11》的一章里，引用了许多情境主义参考文献，还有许多有关图像的力量的表述，这一切都暗示出，克拉克是此章的主笔。这一章解释了像"景观社会"和"日常生活殖民"这样的术语在理解"9·11"以来的美国文化和政治事件的原因以及现代资本主义国家的力量和弱点上，有多么的重要。此外，作者又主张，由德波和情境主义发展出的某些概念"仍然拥有解释力——从未如此有力，我怀疑，在这个我们所经受的令人厌恶的新时代"[1]。在谈到"9·11"的恐怖主义者是如何将资本主义美国的图像机制转变为一个象征性武器时，他提出了一些刺激性、煽动性的观点。他是这样论述的，身处飞机上并冲撞进世贸中心的恐怖分子，将不会永久地停止"资本的循环"——现代社会的生产和分配的机制——但是这些恐怖分子认识到，他们可以"动摇这个国家和社会，生产出一系列的……偏执狂"，这些偏执狂对资本主义的长期影响将是无法判定的。此外，这些人还懂得资本循环和流行图像的社会范围之间的联系，因此，他们能够理解，一个恐怖和毁灭的图像能够暂时冻结这些循环，而这种冻结，会使"商品的美好生活"黯然无光。飞机撞进双子塔的景象，建筑物后来的崩塌，已经成为万能的资本主义秩序"火车出轨般"的形象。克拉克（设想他是主笔）解释说，为何恐怖分子的行动会使美国人惶惑："一个越来越生存于或经受于一个图像政体的国家，有那么一会儿，不知道应该做什么，它也一同在火光中死去了。"[2]

此文中有关商业体系及流行图像的脆弱性的分析，绝对与情境主义具

1　Retort, *Afflicted Powers*, 17.

2　Ibid., 26, 34.

有联系。克拉克使用了情境主义的术语指出，"9·11"恐怖分子通过摧毁双子塔而摧毁了商品景观的图像，"在它们的特殊的空虚和无价值……统治着虚构大地的标志"[1]。此外，克拉克运用情境主义观点强调了另一个要点。他断言，他没有认可这样的信念，即"一个人可以通过生产出毁灭的景观来摧毁景观社会"。但是恐怖主义却信仰这个信念，并且他们行动了；结果，美国资本主义秩序被动摇了，因为这一秩序无法拒绝这个时刻。正如克拉克创造性指出的，资本主义国家"在其喉咙里感觉到了图像—事件的百无禁忌（cold hand）"，因而，它不得不去寻找一个能够响应、回报并抗衡资本主义毁灭的图像。然而，美国政府在努力寻找这一图像时挫败了，他们用的，居然是当时总统布什在入侵伊拉克时身着飞行外套时的相片。[2]克拉克指出，这样一种努力是无效的，因为问题出在资本主义社会自身的结构中。他在《苦恼的力量》这本书里的论述令人信服，极具说服力。事实上，自"9·11"之后涌现的那些大同小异的爱国主义图像，看起来都没有减轻人们对恐怖主义的恐惧。对于本章的主题而言，克拉克在《苦恼的力量》中建立了一个难以辩论、合情合理的分析，这无疑证明了情境主义思想理念在社会批判中具有持续的效力。

正如塞瑟尔所言，综观克拉克的这三本著作，《现代生活的画像》既说明也示范了情境主义国际的理论，是可以用来评判过去历史的；而《瞥见死神》和《苦恼的力量》，则更强调了情境主义观念在当下理论研究、艺术写作和社会批判中的价值。[3]可是我觉得，关于克拉克与情境主义思想之间关系的研究并没有走到终点，仔细考察其艺术社会史写作时所使用的策略方法，仍然潜藏着进一步的研究潜力。

1　Retort, *Afflicted Powers*, 29.

2　Ibid., 34−35.

3　Gregory Seltzer, "Situationism and the Writings of T. J. Clark," 132.

4. "异轨"

前文已经讲过，情境主义关于艺术与政治之间联系的观点是："现代艺术实践是一种政治行为：通过艺术，革命可以完成。"[1]哥本哈根大学教授米吉·博特·拉斯穆森（Mikkel Bolt Rasmussen）评论说，在第二次世界大战后出现的文化和政治运动中，"情境主义国际的独特性在于，它固执又而夸张地宣称，要在一次革命行动中超越艺术（transcend art in a revolutionary act）"[2]。情境主义国际拒绝现存的艺术形式，因为这些形式不能表现当下的生活环境。情境主义者只想利用艺术来实现颠覆性的意图，而这种故意行为的结果是，人们越来越意识到，那被资本主义社会所创造的日常生活中的虚假。这种颠覆性运用方式的一个例子便是"异轨"。"异轨"的意思是"严肃的滑稽模仿"，是要"通过揭露暗藏的操纵或抑制的逻辑对资产阶级社会的影像进行解构"，是对先前表述体制价值的一种反转、颠覆与否定。德波在《异轨使用手册》里谈到，异轨的主要方式是对流行的艺术品与文本进行拼贴、挪用与置换，也就是将原始元素放在一个新语境中，并期待能够向人们警示出日常生活中的革命潜力，这也是"迈向文学共产主义的第一步"。[3]

安瑟伦·雅佩描述了"异轨"策略对于德波的重要性："德波的整个社会观念都建立在异轨之上：一种自由生活所需要的所有元素早已在手头了，不管是文化上还是技术上；它们只不过在它们的意思上被修改了，并且以不同的形式组织起来。"[4]

---

1 Amy Dempsey, *Styles, Schools and Movements*, 13.

2 Mikkel Bolt Rasmussen, "Counterrevolution, the Spectacle, and the Situationist Avant Garde," *Social Justice* 33, no. 2 (2006), 5.

3 ［法］居伊·德波：《景观社会》，第158页。

4 Anselm Jappe, *Guy Debord*, 61

通过比对发现，克拉克在艺术社会史写作中，非常注意发现他所分析的艺术作品中的"异轨"痕迹。当然，我们首先要明白克拉克艺术社会史的基本方法，即，将艺术作品与其他社会进程联系起来，放在一个历史情境中来考察，并找寻到图画中的失调之处，进而分析这种与传统艺术惯例相异的新形式是怎样反映了社会意识形态的变化；甚至揭示出，在某些时刻，绘画有可能是对主导意识形态的背离和颠覆。为了让克拉克的这种研究方法与"异轨"之间的类同更生动地显现，本文仅举两个例子来予以证明。

其一便是《现代生活的画像》中对马奈1864年名画《奥林匹亚》的分析。克拉克认为，《奥林匹亚》之所以让当时的公众震惊、让批评家们愤怒并缄默，正是因为画中裸女的形象背离和颠覆了传统文化中裸女和妓女这两种形象。[1]克拉克认为，这显然暗示出了《奥林匹亚》的先锋性，它可能是一个对现成流行的符码（或惯例）进行的无效的颠覆、拒绝的案例。[2]虽然克拉克并未肯定马奈具有革命性，但是在克拉克看来，他已经提出了正确的问题，也已经以敏锐的背离传统惯例的新风格快速地记录下了他们那个世界的某些关键的变位（dislocations）。[3]

如果说马奈的这种"异轨"是不经意的、非故意之所为的话，那么按此标准，克拉克心目中的"英雄"古斯塔夫·库尔贝则更好地运用了"异轨"策略，成功地颠覆了当时的主流意识形态神话。在1973年的名作《人民的形象》中，克拉克多管齐下，一方面从社会学角度，利用多方面材

1　具体可参见沈语冰：《图画的秘密：T. J. 克拉克艺术社会史观述要》，载《文艺研究》，2013年第5期。

2　T. J. Clark, "Preliminaries to a Possible Treatment of *Olympia* in 1865," in *Modern Art and Modernism*, 260.

3　Byron Nelson, "Review," *Journal of Social History* 21, no. 2 (Winter 1987), 394.

料——档案材料、纪实文学、新闻评论甚至库尔贝本人的家庭状况，揭示1849至1851年间农村与城市、农民与资产阶级等社会结构和政治结构的状况；另一方面，克拉克不仅从画作的视觉分析方面，而且还从人们对库尔贝的重要画作（《奥南的葬礼》）的反应入手，在画作中探讨造成这种集体"失语"的失调之处，从而指出正是库尔贝借用、修改流行图像，在画中表达出对阶级稳定结构的质疑，从而颠覆了资产阶级有关农民和资产阶级之间、城镇和乡村的习俗的固有成见，以及占统治地位的流行意识形态。

终于，《奥南的葬礼》最终比那些社会主义者所摇动的旗帜要更有颠覆性，更有效，因为它将困惑带进了城市资产阶级的世界观以及对这个世界中他们所处地位的感觉之中。[1]库尔贝对流行意象和艺术程式进行的改造和转换，使艺术对意识形态具有干预作用，更具有革命性。这正是"异轨"的革命效果。

由此可见，T. J. 克拉克既延续着年轻时对情境主义国际运动的热忱，也得益于其具持久性潜力的批判理论；甚至在其晚期作品《毕加索和真理：从立体主义到〈格尔尼卡〉》中，都能看到情境主义思想的吉光片羽。所以，要全面理解、研究T. J. 克拉克的艺术社会史，就势必要探究其对情境主义理论的熟稔、运用和坚守，因为此乃其艺术社会史观念和方法的重要策略之一。

1　Alastair Wright, "On T. J. Clark: *Image of the People*," 171.

第二部分

T. J. 克拉克的现代主义艺术理论

第四章
T. J. 克拉克的现代主义理路

　　当代著名艺术社会史家T. J. 克拉克的现代主义理路，是在20世纪80、90年代以来西方人文学科与社会科学中的现代主义/后现代主义之争这一思想大环境中，是在与格林伯格、弗雷德所进行的现代主义之争中，也是在其依循马克思主义路线、坚持从政治和社会视角来解析现代艺术的不懈写作中，逐渐生成的。"现代主义"这个词在克拉克作品中的频繁出现，始于其1984年的名著《现代生活的画像》；而后，在《格林伯格的艺术理论》中，他借评析、抨击格氏的现代主义理论表述了自持的观点，并在1989年与弗雷德的论战过程中进一步阐述了基本立场；在辩论中，弗雷德质疑克拉克拿不出足够的案例来支持其现代主义路径；而克拉克其后的写作，好似是为了完美地回应和驳斥弗雷德的指控；在1999年出版的《告别观念》这本重要著作中，克拉克以七个艺术史"坐标"大致连接、描画了200年来的现代主义历史轨迹，试图将其抽象、复杂的现代主义理论体现得生动而丰满；进入21世纪后，克拉克在《当下危机的起源》（2000）以及《现代主义、后现代主义、蒸汽》（2002）中集中探讨了现代主义和后现代主义的性质和关系，甚至在其晚期作品《毕加索和真理：从立体主义到〈格尔尼卡〉》（2013）中，都进一步重申、廓清和延续其独树一帜的现代主义理论路线——就这样，历经几十年的坚持、完善和大力弘扬，克拉克的现代主义理路鲜明而成功地挑战了格林伯格的现代主义理论，对现代主义艺术史研究产生了深远影响。

克拉克的现代主义理路，奠基于其艺术社会史的基本观念：艺术的价值不仅仅来自艺术自身，而且来自更广泛的社会经济政治环境；艺术创作不仅联系着历史进程，而且还处于社会进程之中；艺术与社会的互动关系处于动态进程之中；艺术具有自治性，但这种自治性只有在与实际特定的历史进程中其他因素的复杂关系里才能实现；艺术并不绝对而直接地反映社会现实和意识形态，只有当其作用于自身传统和惯例，并迫使这些传统或惯例改变时，艺术才间接反映社会现实；艺术可以是主导意识形态的表达，更有可能是对主导意识形态的颠覆、背离和批判。克拉克的艺术社会史观，既拒绝任何先验的美学价值，反对强调"艺术价值只来自艺术自身"的形式主义，也反对以豪泽尔为代表的早期艺术社会史方法的"阶级决定论"和"简单反映论"，同时又是对马克思主义历史唯物主义的坚持和精细化。其思想根源是黑格尔主义、马克思主义和早期人文主义艺术史。

只有把握住其艺术社会史观，才能理解其现代主义观念。总的说来，克拉克认为现代主义是伴随着资本主义社会的技术进步和经济发展，伴随着阶级权力变动和挑战资本主义社会的革命幻想和实践，伴随着现代性而兴起、演变、发展和衰微的，它具有呼应现代生活的权变性和偶然性；现代主义艺术是在经济主义侵袭和阶级矛盾生成的背景下，在景观社会对个人主义逐渐逼迫的危机中，在社会主义革命神话和技术主义的双重催动中，所进行的极端主义、形式主义的媒介实验；现代主义艺术实践既希望符指、指示处于表征危机中的社会现实，又包含对于资本主义社会的否定性，同时还具有坚守主体性、抵抗同一性的退行性；每种现代主义的极限

242

实践都曾经让人兴奋，而最终却因为种种原因破灭、幻灭了，其否定性也被资本主义总体性所消解了，终为"成功的失败"，并伴随着社会主义运动的崩溃而衰微；但是因为促发现代主义的社会特性仍然存在，所以现代主义的这种宿命仍在不断循环，重复发生。概而言之，克拉克认为，现代主义是将现代性体验置于媒介之中的极限主义形式实验，它既是意图完全再现现代性，又是逃避甚至拒绝现代性的种种规划，这种既爱又恨的艺术实践体现出了巨大的悲怆。

本章将从现代主义与资本主义现代性的关系、现代主义的性质和特征、现代主义与社会主义的关系、现代主义的类型四个方面，详细探讨克拉克的现代主义理路，以期呈现一幅克拉克视野中的现代主义的历史图景。

一、资本主义社会：现代主义的历史坐标系

在《告别观念》的导论中，克拉克提及写作此书的信念根由在于："现代主义的过去已经是一片废墟，我们丝毫没有抓住其建筑的逻辑。"[1] 不论是格林伯格强调"艺术语言自身的独立价值"、强调媒介性和纯粹性的现代主义理论，还是后现代主义对格林伯格现代主义的种种攻击和解构，都不是克拉克赞成的"逻辑"。既然既成的现代主义理论是错误的，那么后现代主义对这既成理论的指责也就必然无效，那种宣扬现代主义已经终结的甚嚣尘上的论调亦必是虚妄的；他认为，要抛弃囿于"形式自律"的现代主义理论，就要关注产生这种自律的更深刻"逻辑"，而这一逻辑必然存在于现代主义与资本主义社会、与现代性之间的本质关系之中。

---

1 T. J. Clark, *Farewell to an Idea*, 2.

早在1973年，克拉克便强调"一件艺术作品的创作——伴随着其他行为、事件、结构，成为历史进程的一部分——这一行为关乎历史也将在历史中进行"[1]，即意为艺术创作联系着历史进程，也是历史进程的一部分，但同时他又强调"艺术在与其他的历史事件和进程的关系上是独立自主的"[2]。尽管艺术是一种独立自主的活动，但它仍是在历史环境中发生的；现代主义，同样处于历史环境中，是历史进程的一部分；并且，它还是在艺术领域内对历史环境做出的回应。

克拉克指出："现代主义正诞生于对这种资本主义情况的反应之中。"[3]那么，何为当时的资本主义情况呢？综观其浩繁文本，晦涩、拗口而充满隐喻性的描述一度让笔者陷入纷繁复杂的万千头绪之中；让人颇感为难的是，"资本主义""现代生活"和"现代性"这些词在文本中并不完全以合乎各自层面的意义出现，这就很难对这一情况进行分门别类、提纲挈领的条分缕析。英国马克思主义史学家佩里·安德森在其著作《后现代性的起源》（*The Origins of Post-Modernity*，1998）中，将现代主义的环境条件定位于三个历史坐标之中，进而指出这三个坐标的消失代表了现代主义的终结。克拉克在2000年的论文《当下危机的起源》中，虽然赞同安德森对现代主义历史坐标的描述，但又从这个坐标系的延续性的角度反驳了现代主义已经终结的逻辑。结合克拉克在其他著作中的相关阐述，笔者发现，除了"景观社会"之外，资产阶级、技术理性和革命神话这三个历史坐标似乎可以差强人意地吻合于其所说的"资本主义情况"，且勉强地对应于克拉克所强调的现代主义的特征，为了论述这些特征，本章将在后面再次沿用这一坐标理论。那么，在这里，为何不借助安德森的范畴区分线索，将

1　[英] T. J. 克拉克：《论艺术社会史》，第8页。

2　T. J. Clark, *Image of the People*, 12.

3　T. J. Clark, "Clement Greenberg's Theory of Art," *Critical Inquiry*, 147.

清克拉克所着重强调的现代主义的产生环境呢？

佩里·安德森将现代主义描述为"被这三个坐标所构成的三角动力之域的结果"。这三个历史坐标是：

> 一个仍然半工业化的经济和社会，其统治规则仍然保留着农民或贵族的显著意味；一个激动人心的技术进步状况，其冲击仍然新奇或初始；以及一个开放的政治领域，在这个范畴中，这种或那种对抗通行法则的革命性剧变被广泛地期待或畏惧。在这样一个有界性的空间中，广泛而大量的艺术创新得以迸发——象征主义、意象主义、表现主义、立体主义、未来主义、构成主义；一些挖掘着传统记忆或贵族风格，另一些走向一个新机器诗学，还有一些被社会剧变的景象所激发；但是没有一个与作为现代文明组织原则的"市场"达到和睦相处的关系——就此意义而言，事实上，它们一概是反资产阶级的。[1]

安德森指出了现代主义的诱发条件（enabling condition），可以概括为三个方面：（1）资产阶级工业秩序与旧文化的对立；（2）技术革新及对其魅力的新奇崇拜；（3）革命的神话和对资产阶级社会的挑战，主要是各种形式的社会主义运动。[2]克拉克对第二点做了更引申的解释，将技术革新伴随的新奇性扩展到景观社会的概念，从而又增加了一个历史坐标。这样，资产阶级、技术理性、景观社会和社会主义这四个历史坐标，便构成了现代主义的历史坐标系，界定了现代主义的性质。这个历史坐标系伴随着现代主义的产生和发展，呼应着现代主义的特征。那么，它们是如何引起了

1 Perry Anderson, *The Origins of Postmodernity* (Verso: London, 1998), 81.

2 T. J. Clark, "Origins of the Present Crisis," 88.

艺术的现代主义反应的呢？我们不妨从各自范畴来细细探究现代主义的历史轨迹。

1. 资产阶级

现代主义是资产阶级自我定义、建立霸权和陷入文化困境的过程中的产物，现代主义意欲在艺术中界定资产阶级的身份，资产阶级的在场或缺席是现代主义意欲界定的本质主题之一。

克拉克极其重视阶级在不同历史时刻的定义与内涵，他指出，既然阶级与现代主义有着密切关系，那么"仅仅在抽象的层面上，将阶级当作符号再生产的地平线或母体来加以运用，却不在能够导向对阶级的限制力量和促成力量的详细描述的层面上来加以运用"[1]，是无法解决问题的。

克拉克认为，在资产阶级社会早期，资产阶级仍然面对着封建的、贵族制的对手，为形成自身特有的文化上的自我定义而努力奋斗；但是，这种自我定义的努力是相当困难的。他在多处引用罗兰·巴特的话："资产阶级被定义为社会阶级，而这个名字并不是他们想要的。'资产阶级''小资产阶级''资本主义''无产阶级'都是一场持续不断的失控行为发生的中心：意义从中不断涌现，直到他们的名字变得多余。"[2]巴特在谈到这种"命名欠缺"（name defection）的现象时，将资产阶级意识形态解析为"资产阶级将世界的现实变成一个自然中的世界、历史的图像的冲动"；所以，这种现象不应该被理解为一种资产阶级不愿被命名的绝对选择，而是一种构成社会群体的过程的逻辑后果。[3]因为其易变而新奇的阶级本质，资

1　[英] T. J. 克拉克：《现代生活的画像：马奈及其追随者艺术中的巴黎》，第24页。

2　Roland Barthes, *Mythologies* (Vintage, 2009), 194. 原书首版于1957年，英译本初版于1970年。

3　Béatrix Le Wita, *French Bourgeois Culture* (London: Cambridge University Press, 1994), 40.

产阶级的概念总是处于一种不确定性、含糊性和暧昧性的状态中。"因为其阶级本质，资产阶级的概念是，一个社会可见度（social visibility）之中或之外的恒久不停地闪烁着的，永恒而无尽的，善于创新的社会匿名者。"[1]所以，根据巴特的这一根本性原理，在19世纪，如何在艺术中再现或表现出资产阶级的阶级性，如何揭示出这个阶级深深隐藏的积极性，便成为现代主义企图界定的本质主题之一。克拉克认为，这一过程，是从古斯塔夫·库尔贝的《奥南的葬礼》开始的。

克拉克1973年的名作《人民的形象》的重点内容，正是《奥南的葬礼》中资产阶级的缺席的在场性。他从档案文献材料、新闻与文学等，理析出法国1849至1851年间的农村与城市、农民与资产阶级等社会结构和政治结构的状况；同时，从视觉分析方面指出画面中造成批评家集体"失语"的失调之处：库尔贝修改了流行的资产阶级形象，揭露了阶级结构及资产阶级本身的不稳定性，并颠覆了那统治地位的、城乡二元结构的流行意识形态；揭示了农村资产阶级的涌现；在1984年《现代生活的画像》一书中，克拉克通过分析四幅马奈画作，描述奥斯曼改造下的新巴黎，在街区街道、画廊展览、郊区休闲和音乐咖啡馆里的新鲜变化，从而揭示出新兴的小资产阶级的文化景观。可以说，这两部著作，都是对现代主义艺术"界定资产阶级文化身份"这一主题的扛鼎之作。

尽管克拉克认同巴特"命名欠缺"这一根本性原理，但他却认为，资产阶级最后跳出了这一逻辑，成为一个例外，其原因在于，资本主义市场经济已经完全渗透了社会整体，景观社会侵袭了现代生活的方方面面，资本霸权建立起来了；相应地，面对贵族特权文化等对手，资产阶级又不得不加强自我定义，不得不加强对市场、技术、公平及自由经济的自我赞

1　T. J. Clark, "Origins of The Present Crisis," 92.

美，这就走向了一个绝对的、极端性的特殊轨迹——建立资产阶级的文化霸权（cultural authority）。自19世纪中叶以来，面对旧有道德和文化的崩溃，面对意识形态的混乱和崩溃，面对70年代与贵族阶级的斗争中，资产阶级似乎以一种文化责任（cultural liability）的姿态，试图抹去其身份特定性的符号，从而构建出一种大众社会形式；换言之，"资产阶级身份的特定性和连贯性开始褪色了"，"资产阶级不得不去抹杀、取消它的聚焦了的特定性，从而作为它维持社会控制的代价"；或者说，为了进行有效的社会控制，牢固确立其阶级权力，它"设计出了一个一体化的伪艺术（pseudoart）和伪文化（pseudoculture），摧毁了它曾经自有的文化形式"，重新唤起另一种文化诉求，"掌握、控制、保留着贵族式的绝对主义"，但这种绝对主义失去了原先的阶级价值，转而成为一种策略，从而建设"一个快速同化（instant assimilation）的文化，一个对每天做可怜和解的文化，一个在资本面前遮掩着艰难、虚伪性和差异，强调平等性的文化"。[1]这种文化，正是格林伯格所说的庸俗（kitsch）文化。

有意思的是，在《格林伯格的艺术理论》一文中，克拉克虽然拥护格林伯格那种将前卫艺术的产生联系到政治—历史环境的发生学理论，却不赞同他那所谓的"前卫艺术"与资本主义文化危机之间的逻辑关系。格氏认为，前卫艺术（或现代主义）是一种保护艺术隔离于"意识形态分裂"（ideological divisions）的方式，因为"意识形态的混乱和暴力"正是艺术的力量和质量（concentration）的敌人，所以艺术要追寻一个分离于它们的自有空间，要脱离于资本主义社会中意义的无限不确定[2]，从而避开主题和内容，走向"为艺术而艺术"和"纯诗"，走向对绝对（absolute）的追

1　T. J. Clark, "Clement Greenberg's Theory of Art," *Critical Inquiry*, 146.

2　Clement Greenberg, "Avant-Garde and Kitsch," *Partisan Review* 6 (Fall 1939), 36.

求，专注于艺术媒介。[1]克拉克则不赞同这种现代主义的"逃避主义"逻辑，他认为资产阶级也沿承了领主贵族阶级的勇敢叛逆的骑士精神，他指出：

> （他们）在那些品质之外［贵族的品质］，还有着不妥协、紧张和情感生活中的冒险，对荣誉的激烈追求，以及精确的个体意识的渴望，对平庸的蔑视，对秩序的愤怒，坚持着世界的一致：在西方传统的巅峰时刻，难道这些不正是我们期望联系着艺术的东西吗？但是，他们是最高级的领主阶级：他们是资产阶级相信自己所继承的阶级，而他们选择抛弃这一阶级，是因为他们在1870年后的阶级斗争中，变成了一种文化责任。[2]

作为小资产阶级的艺术家自然也秉承了这种精神，就算是走向了形式自律和媒介性实验，走向了格林伯格赞颂的纯粹性实践（practices of purity）（对媒介的重视和法理化［enactness］），也具有不妥协、紧张、激烈、渴望、蔑视和愤怒这样一些特点，克拉克将它们归结为"否定性"。他指出：现代主义艺术坚持其媒介性的方式，是通过否定媒介的通常的一致性来实现的——"通过扯断它，排空它，制造间隙和沉默，将它设置成感觉或连续性的对立面，让这种行为事情（matter）成为抵抗的同义词"。一言以蔽之，现代主义将媒介当作"最典型的否定和疏离的场所"，因此现代主义是针对资本主义总体性的"否定的实践"。[3]比如，克拉克认为波洛克1948年画作中所迸发出的媒介的戏剧性，恰恰是被格林伯格所轻蔑描

---

1 ［美］格林伯格：《前卫与庸俗》，载格林伯格：《艺术与文化》，沈语冰译，广西师范大学出版社，2009年，第5、6页。

2 T. J. Clark, "Clement Greenberg's Theory of Art," *Critical Inquiry*, 147.

3 Ibid., 152.

述的那种"哥特"的、充满"暴力、愤怒和尖锐性"的、"让人回想到福克纳和梅尔维尔"的艺术特征。[1]而这种情绪正是资产阶级沿承自贵族阶级的批判精神。在晚期资本主义社会，具体是在1945年之后，这种粗野、传统的资产阶级性格在社会中渐渐消失了，在美国社会没有什么权力的小资产阶级的创作却变成了权力得以发声的唯一形式；在它的发声中，能够听到资产阶级曾经渴望的最后回声："它们革命口号的呼声，实现他们的要求的呼声，对能够保证其理智和自由的总体社会的呼求。"[2]身为一个小资产阶级的波洛克，表达出了强烈的粗野的个人主义意识形态，从而去维持了一种"高级文化"；抽象表现主义是小资产阶级对特权阶级（贵族阶层）及对一种整体性文化权力的渴望的表现，也是小资产阶级觉得其可以表达出（而它的主人也允许它去表达）贵族阶层的个体性主张的艺术，而粗俗（vulgarity）是这种渴望的形式。[3]但是，最终，波洛克没有足够的实质性的规模、权力、知识和野心来实现这种愿望，抽象表现主义画家的这种"抵抗"最终被资本主义文化挫败，转变为一种新式的愉悦。[4]

总而言之，对于资产阶级与现代主义的历史关联，克拉克认为，现代主义体现了资产阶级对贵族文化、旧有世界的打破，也体现了在这一破坏过程中对自我界定的追索，曾将资产阶级的阶级性作为其企图在艺术中加以界定的主题，但是这种努力往往因阶级的"命名欠缺"性而失败；伴随着资本主义霸权的建立和意识形态的混乱，资产阶级转向了贵族式的绝对主义，一方面寻求建立一体化的文化霸权，另一方面又将艺术逼迫进其自有之地，走向对绝对和纯粹的形式性的追求；于是，现代主义便成了"资

1 Clement, Greenberg, "The Present Prospects of American Painting and Sculpture," *Horizon* 16 (October 1947), 26.
2 T. J. Clark, "In Defence of Abstract Expressionism," 35.
3 Ibid., 36
4 Jonathan Harris, *Writing Back to Modern Art*, 110.

产阶级以其无情地打破世界和建构世界的方式所担当的重任"[1]。但是，资产阶级沿承了贵族阶级的批判性和个人主义，即使走向媒介自律的现代主义，也蕴含着具有个人主义意味的对资本主义总体性的否定性。基本上，资产阶级对贵族有着"长久的既爱又恨的关系"[2]；而现代主义也体现了这种精神双重性（doubleness of mind）。

2. 技术理性

早在本雅明的《机械复制时代的艺术作品》一文中，便包含了关于技术进步对现代艺术的刺激作用的阐述。他认为，向大众复制、散发和出售书本和图像的不断变化的技术力量，从第一张照片的发明开始，然后是电影的出现（甚至到我们现在的广播、电视和网络），所有这些都极大地改变了艺术家们生存的物质条件，以及他们的社会和政治作用。[3]因为技术革新而产生的日新月异的现代生活印象，现代主义作品普遍流露出对于波动和变化的意识，与此同时，它们对于技术、速度、行为、机器和工厂体系，以及新产品进入日常生活的趋势等也产生迷恋，在美学上引起了广泛的回应，其过程是先否定、后模仿，再到对乌托邦理想实现的可能性的思考（如柯布西耶规划的乌托邦城市）。

正如大卫·哈维所说，产生于第一次世界大战之前的现代主义是对于生产（机械、工厂、城市化）、流通（新的交通和联络体系）和消费（大规模市场、广告、大众时尚）的一种反抗和抵制，而并不是导致这些变化的先行者。不过这种抵制采取的形式随后却有了重要的意义。它不仅提供

1　T. J. Clark, *Farewell to an Idea*, 139.

2　T. J. Clark, "Origins of The Present Crisis," 90.

3　参见［德］瓦尔特·本雅明：《机械复制时代的艺术作品》，王才勇译，中国城市出版社，2002年，第81—84页。

了吸收、反映和整理这些急速而来的变化的途径，而且还给出了改造或者支持它们的行动方案。[1]这些行动方案首先呈现在建筑和设计的革新中，如提倡设计简洁化的莫里斯，宣扬"（房子是）一台现代生活的机器"的柯布西耶，以及将"工艺"重新定义为以机器效率大批量生产具有美学特质的产品技巧的包豪斯设计学院。

但是，克拉克的观点，却比哈维的要更深刻，他企图直探历史的河床，唤醒某种辩证逻辑。他指出："现代主义总是存在于它赖以存在的表象领域的亲密、危险的接近状态中。"也就是说，现代主义是一种关切当下生活的另一种现实主义。果然，他又说："现代主义的座右铭是从青年马克思对黑格尔的批评而来的话语：现代主义者相信，对于任何艺术、任何现实主义来说，必须要深深地在内部采取当下形式，冒着模仿的危险，几乎是种腹语（ventriloquism）；但是除此之外，就有了对真实不稳定的批评的可能性——它们将'教给我们以死板的形式，如何唱着他们自己的歌来跳舞。'[2]"[3]很明显，他的意思是，现代主义其实是在其自身内部、在形式上对技术主义的模仿，这种模仿并非总是张扬的，而是种种隐含的、隐喻性的腹语形式；或者说，是对某种理念的内化模拟。需要补充的一点是，克拉克没有将现代性追溯到更早的技术发展的关键阶段，如芒福德强调的理性的时间观念在15世纪的生成时刻[4]，这是因为他强调的是资本主义环境中的技术状况。

1　[美]大卫·哈维：《现代性与现代主义》，阎嘉译，载周宪主编：《文化现代性精粹读本》，中国人民大学出版社，2006年，第215页。

2　Karl Marx, "A Contribution to the Critique of Hegel's Philosophy of Right: Introduction," in Karl Marx, *Early Writings* (Harmondsworth, England: Penguin Books; London: New Left Review, 1975), 247, translation modified.

3　T. J. Clark, "Modernism, Postmodernism, and Steam," 160.

4　[美]刘易斯·芒福德：《技术与文明》，陈允明、王克仁、李华山译，中国建筑工业出版社，2009年，第182页。

综观克拉克的种种论述,技术理性对现代主义的影响大致处于两个层面上:其一,是拜物性、技术化和专业化;其二,则是实利主义、经济至上和效率优先。在《告别观念》的导论中,克拉克写下一段非常有趣又引发深思的文字:

> 有什么东西在19世纪还未能为其发明盒套或支架?手表、拖鞋、蛋杯、温度计和纸牌都有盒套。如果不是盒套或支架的话,19世纪发明了封套、托架、沙发套和防尘套。就好像有某样东西是不适于存在于这种文化,直到它可以坚实稳固地身处于自身内部;而且人们很难将其表达为——肯定按照门采尔水彩画的证据来说——是否是因为该物感到需要在普遍的交换旋涡(或子弹)中获得保护,或者认为它自身的存在如此奇妙,应该为它提供一个类似外壳和盅杯一样的独立的小型世界。哈特菲尔德的新人,从摄影的角度看满是污垢,似乎被鼓风炉、公司的公寓大楼、拖拉机、载满士兵的卡车和巴库的新闻大厦所包围。他注视着未来,喷枪修饰过的眼睛饱含泪水。[1]

请注意其中这两句话:"就好像有某样东西是不适于存在于这种文化,直到它可以坚实稳固地身处于自身内部";"认为它自身的存在如此奇妙,应该为它提供一个类似外壳和盅杯一样的独立的小型世界"。显然,克拉克捕捉到了当时人们对物体"自身内部"及其"小型世界"的重视和迷恋,这显然是近代以来人类社会的"拜物癖"的曲折体现。克拉克认为,"资产阶级理性的性质一度已被凝固于特殊的设备零件及梦想"[2],而现代主义的拜物崇拜恰恰体现于其技术策略中:

---

1 T. J. Clark, *Farewell to an Idea*, 2.

2 T. J. Clark, "Origins of The Present Crisis," 88.

现代主义是一种检验形式，也是现代性及其模式的一种形式。这些模式通过物质化，通过简缩成为一套实际的、技术的策略，而被放置于检验中；更有甚者，为了被检验，它在过程中被压迫、被变性，以便知晓，这些模式能够在多大程度上幸存于分散和排空、平面化和抽象、疏离和去技术化的极限（dispersal and emptying, flattening and abstraction, estrangement and de-skilling）之中——在现代主义中，上述这些程序奇怪地变成了物质化的过程。[1]

但是，与格林伯格和弗雷德对这种现代主义的媒介逻辑的热情拥护相反，克拉克对这种技术上的"物质化"是颇有微词的。

克拉克认为，现代主义不懈地在"自身内部"媒介的"小型世界"里进行种种形式与技术实验，实际上将技术性和专业化当成真理的担保人。[2]为何会是"真理"？他的解释是，许多20世纪早期的现代主义者，将艺术中的技术革新看作在基督教文明祛魅后、在信仰危机和意识形态混乱背景下的对"真理"的全新把握，如未来主义、立体主义和超现实主义，都以各自的现代主义语言实践着这种"乌托邦"梦想。但是，这完全是虚妄的梦幻，因为"现代主义中的技术是一种羞耻"，不能担负起表达真理的任务：

> 它（技术）存在于那最想要表达真理的画中，并自以为在那得到了真理——实际上从未达到；20世纪早期的现代主义者有时说，他们所做的，是尝试"物质的真理"。这是彻底的误识。因为现代主义中的"物质"总是非真实、虚假（Untruth）的场所，或者，是真理和虚假的问题消失进入实践黑洞的场所。[3]

---

1 T. J. Clark, "Origins of The Present Crisis," 91.
2 T. J. Clark, *Farewell to an Idea*, 8.
3 Ibid., 48.

当艺术家发现这种艺术"乌托邦"并不能捕捉、呈现现代生活的复杂性和虚无主义的时候，现代主义的信心受到了挫折。于此最好的例子，莫过于毕加索1914年之后对其高度技术化的立体主义语法的渐渐舍弃。克拉克在著作《毕加索和真理：从立体主义到〈格尔尼卡〉》中详细地剖析了这一现象，并将其称为现代主义的"退行性"，我将在下文对此特征进行分析。在书中他说道：

> 我们接近毕加索对立体主义的信心危机的原因了。这危机，正如格林伯格不断提醒我们的，是从1914年在技术上的高度现代主义信念在总体上加速爆裂的一部分表现——这种信念就是，相信对这个已祛魅的世界具有不断可控的知识的可能性，以及，对感知、明确性和总体性的执念，对一个"乌有乡的视野"（view from nowhere）的确信。[1]

所以，实际上，现代主义的技术化、专业化，根源于对世界的"可控"追求，根源于对物质的崇拜，也根源于从启蒙时代以来人类对世界的"控制欲"。此是其一。

其二，则是实利主义、经济至上和效率优先。商品经济以"效率"法则为圭臬，以节约成本、提速增产、层级管理为提高效率的手段，建立起一种经济的新秩序。克拉克认为这是现代主义首先需要回应的社会现实：

> 现代性的全新的令人头晕目眩的特征，不就是其受到纯粹物质的、统计的、带有倾向性的和经济考虑的驱动而形成的表面存在？我们知道我们正在经历一种新的生活形式，其中所有关于信念和社会交

1　T. J. Clark, *Picasso and Truth*, 228.

往的以前的概念都被打乱了。这种新秩序的真正恐怖之处在于，它受到完全的利润得失及种种出价和讨价还价的支配——或隐约感到其支配，也就是说受到一个没有具体目的或有关该目的的令人信服的图像或仪式化制度的支配。正是现代性的盲目性，在我看来是本质性的，而现代主义是对它的回应：回到亚当·密斯的真知灼见，这个首要的事实就是"看不见的手"的隐蔽性；确切地说，是这种隐蔽性的可见性——个人意识可以获得越来越多的表明社会行为无目的性的"信息"（大量愚蠢荒谬的、类似脑白质切除术的相同信息）。[1]

这"看不见的手"便是经济法则，它实际上亦根源于实用主义性质的技术经济理性。对于其对现代艺术的影响，克拉克给出的例子颇具有说服力。那就是俄国激进艺术团体新艺术联盟"宇诺维斯"（UNOVIS）[2]的口号："我宣布经济是新的第五维度和所有创造性的艺术活动的标准和尺度。""工厂的长凳正等着你。让我们一起推动生产。"[3] 而现代主义者标榜的"少则多"、秩序感，恰恰就是这种经济法则、这种技术经济理性的反映，是现代主义走向简洁、纯粹的推动力量。就像瑞纳·班海姆（Reyner Banham）所揭示的，密斯·凡·德罗等早期现代主义建筑师的很多灵感都来自当时美国中西部随处可见的实用谷物储存仓库。[4] 而构成主义，尤其是马列维奇的"黑方块"，那几乎成为概略图的黑色圆柱，则几

1　T. J. Clark, *Farewell to an Idea*, 8.

2　1919年，俄国人民艺术学校的师生围绕马列维奇组成了"新艺术联盟"小组，即宇诺维斯小组，小组的目标是"在至上主义的基础上，全面振兴艺术世界，并且通过新的艺术形式来彻底改变社会生活中的功利主义观念"。详见陈瑞林、吕富珣编著：《俄罗斯先锋派艺术》，广西美术出版社，2001年，第366—367页。

3　Kasimir Malevich, "On New Systems in Art" (Vitebsk,1919), in *Essays on Art*, ed. Troels Anderson (Copenhagen, 1968–1978), vol. I, 83. 转引自 T. J. Clark, *Farewell to an Idea*, 8。

4　参见Reyner Banham, *A Concret Atlantis: U.S. Industrial Building and European Modern Architecture* (Cambridge, Mass,1984)。转引自［美］大卫·哈维：《现代性与现代主义》，第215页。

乎达到了这个逻辑的顶点：现代主义的技术变成技术理性的完全镜像的那个时刻。[1]

所以，技术理性隐喻性地催使现代主义培植了极端主义——它看起来像是对现代生活的实用主义（pragmatism）和技术性（technicality）的一个回答，但是，这种极端性创造并未解决真理问题，并未实现再现的乌托邦之梦，正如克拉克所说，"现代主义中的技术并不是问题解决之道。它让问题更加糟糕了"[2]。这何以见得呢？克拉克说：

> 所有理性（rationality）的甜蜜梦幻，都是一个铁笼（iron cage）[3] 的噩梦景象（我想就是暗示制度理性社会的噩梦）。因为，以他或她的悲惨方式来生活的一个平常的"现代"个体，他或她，这一个体在进行句法运动（惊骇和迷失自我的运动）的时候，都具有对一个偏离中心的、伪机械化的主题沾沾自喜的、自以为是的行为。[4]

1　T. J. Clark, "Origins of The Present Crisis," 91.

2　T. J. Clark, "Modernism, Postmodernism, and Steam," 173.

3　1930年，塔尔科特·帕森斯（Talcott Parsons）在《新教伦理与资本主义精神》的英译本中将 stahlhartes Gehäuse 翻译成 iron cage（铁笼）。自此之后，这个"铁笼"隐喻便开始流行开来，被用来描述韦伯对现代社会中人的命运的"悲观预言"。按照这种比喻，理性化的法律和理性化的官僚制都是这个铁笼的栅条。个人乃是被动地陷入其中，从而失去自由。但这并非韦伯的本意，而是一种基于误译的误读。其实，stahlhartes Gehäuse 的本意是"像钢一样坚硬的壳"。韦伯借用这个比喻是想说明：在"圣人"那里本来可以轻易摆脱的外在之物，对于现代社会中的普通人来说却成了灵魂和身体的一部分，就像蜗牛的壳之于蜗牛。由于现代社会中的个人越来越习惯于依从责任伦理的指引去行动，而"信念伦理"逐渐丧失了在政治领域的地盘，他们不会因为成为"守法公民"而认为自己丧失了自由，因为这是他们自己的选择。当正当性与合法性逐渐融合，"自然法"逐渐丧失在实践领域内的批判力的时候，人们要评判一部法律是否正当，都不再诉诸外在的道德标准，而是根据另一种实定法——"宪法"。从这个意义上说，外在的理性化秩序同现代人内在的"循规蹈矩式"伦理选择之间并无矛盾。（转引自 T. J. Clark, "Origins of The Present Crisis," 92。）

4　T. J. Clark, "Origins of The Present Crisis," 92.

现代艺术甚至在某种程度上脱离了现实社会和人类生活，使人隔阂不解，走向了西班牙美学家奥尔特加·伊·加塞特在1925年便敏锐犀利地指出的"艺术的去人性化"（dehumanization）。[1]这些陷入各种"盒套或支架"包裹着的狭小的自我之域的现代主义，恰恰折射了技术理性的桎梏。

总而言之，克拉克认为，现代主义诞生、发展于那个正处于到来状态的机械世界的新奇性和不完全性之中，它沐浴着技术魅力[2]，将艺术创作方法简缩成为依赖自身媒介之域的一套实际技术策略，达到某种专业化、技术化、物质化的创作模式，这体现了拜物性（fetishes）的意味；但是许多20世纪早期的现代主义者所进行的各种艺术技术革新，并没有靠各自的现代主义语言实践达到在这"物质化"过程中把握文明祛魅后的"真理"的"乌托邦"梦想；这种技术的"物质化"过程向极端发展，在技术被固化的时刻，现代主义便隐喻般地成了技术理性的镜像（mirror-image）时刻。[3]对于现代主义中的技术，克拉克下的判断是："一种耻辱"——"声称自己是图画的真理，却总是对抗着图画的最好且最为绝望的努力"[4]。

3. 景观社会

"景观社会"是克拉克艺术史写作中出现频率非常高的词汇，这源自他对现代性的认知，即注重于视觉图像或符号生产。上文已就克拉克著作中的"景观"一词做了介绍，在这里将简略言之。

在《现代生活的画像》中，"景观"被赋予特殊的意义。他说："产生现代主义的环境并不现代，只有在被赋予了所谓的'景观'形式时，才成

1　［西］奥尔特加·伊·加塞特：《艺术的去人性化》，莫娅妮译，译林出版社，2010年。

2　T. J. Clark, "Origins of The Present Crisis," 87.

3　Ibid., 91.

4　T. J. Clark, *Farewell to an Idea*, 48.

为现代。从表面上看，印象派绘画就是一种景观形式。"[1] 德波认为，景观是不断积累的资本，直至最终成为一个图像；发达资本主义社会已经进入了以影像物品生产与物品影像消费为主的景观社会，"世界已被拍摄"，景观已成为一种物化了的世界观，而景观本质上不过是"以影像为中介的人们之间的社会关系"，"景观就是商品完全成功的殖民化社会生活的时刻"；[2] 与马克思分析的商品社会相比，这是一种役人于无形的更加异化的社会。而现代主义，在克拉克看来，"将一个变成外观景观王国呈现给了我们——（生活中的）碎片，拼缀着色彩的被子，由无关联的幻想产生的梦的静态画面"[3]。

在1984年的《现代生活的画像》这部克拉克分析景观社会的侵袭与艺术现代主义遭遇时刻的重要作品的导论中，作者开宗明义地指出，"景观"的"景观社会"是对资本主义社会一个大转变的理论概念，这个大转变就是：资本主义生产已经转变成提供商品和服务，以及随之而来的"日常生活的殖民化"。他具体阐释道："它指的是资本主义市场那种巨大而内在的扩张——它侵入并重组空闲时间、私人生活、闲暇与个人表达的整个领域，所有这些领域在构成城市无产阶级的第一次浪潮时，相对而言并没有受到控制。它表明了商品生产的一个新阶段——对过去被随便地称为日常生活的社会实践的整个领域进行市场化和商品化。"[4] 景观的侵袭是循序渐进、难以抵挡的，这种侵袭会催生新的阶级，也会消融抵抗，永远维持着资本主义的秩序。而《现代生活的画像》的篇章结构正是依据"景观社会"这一坐标点，这一侵袭的渐次深入，来描述现代主义与景观社会遭

1　［英］T. J. 克拉克：《现代生活的画像：马奈及其追随者艺术中的巴黎》，第40页。

2　［法］居伊·德波：《景观社会》，第15页。

3　T. J. Clark, "Modernism, Postmodernism, and Steam," 172.

4　［英］T. J. 克拉克：《现代生活的画像：马奈及其追随者艺术中的巴黎》，第34页。

遇的时刻的。他分析了四幅马奈画作：《1867年世界博览会》《奥林匹亚》
《阿让特伊的划船者》《女神娱乐场的酒吧间》。画作内容所对应的社会现
象便是景观循序渐进的侵袭过程：（1）巴黎的奥斯曼城市改造及公众对其
的接受；（2）第二帝国时间的卖淫业的社会生态；（3）巴黎的郊区，被一
个新的未确定的阶级的度假生活所侵入，这个阶级是处于资产阶级和无产
阶级之间的模糊不清的交界面上；（4）城市私人生活的面向，即新兴阶级
在音乐咖啡馆里的生活。[1]正如艺术史家大卫·卡里尔的中肯评价，那些是
"一系列排列的图像所构成的地方，这些图像的关系，在不经意间，揭示
了那文化想要抑制的严酷现实"，这个残酷的现实就是"城市、女人、郊
区和咖啡馆"都逐渐成了景观的表象。[2]这四幅画的依序安排显示了"景观"
从公共场所向私人场所、向日常生活世界侵袭的过程：城市街道——展览
馆——郊区——咖啡馆。克拉克的才能在于，他能以视觉方法，捕捉到画
作中所反映的景观社会侵袭之下城市生活中的不确定性，其中最重要的便
是阶级结构和意识形态的暧昧性。当然这本书的最新颖之处，在于对现代
主义与都市经验的全新把握。正如大卫·哈维所说：

> T. J. 克拉克研究巴黎第二帝国的马奈及其追随者们的艺术的出色
> 著作，或者朔尔斯克同样杰出的对"世纪末"的维也纳各种文化运动
> 的综合研究，进一步确认了都市体验在塑造各种现代主义运动的文化
> 动力方面有多么重要。它毕竟也是对都市组织、穷困潦倒和拥塞的深
> 刻危机的回应，这些危机直接形成了现代主义实践和思想的整整一个
> 方面。[3]

1　Beatrice Farwell, "Review," 685.

2　David Carrier, "Review," 204.

3　［英］大卫·哈维：《现代性与现代主义》，第217页。

　　描述19世纪下半叶以来资本主义景观社会与现代主义艺术遭逢的《现代生活的画像》，使克拉克获得了巨大声誉；20多年后，他仍然保持着对晚期资本主义景观社会的内在结构化和"图像政治"的关切。在《瞥见死神》一书中，他指出，居伊·德波并没有太看到（或者也许他在最后一刻看到了），随着图像越来越自我管理（self-administered），景观会适时地被内在化、私有化、个人化。比如，电视这个关键技术，是"符号管理（symbol management）的新机制的母体，以及通过符号来达到自我管理的新机制的母体"[1]。日常生活的殖民化更为加深了。

　　本书在之前提到过，在情境主义国际的理论里，艺术可以起到刺破资本主义社会所创造的日常生活中的虚假的作用，可以完成颠覆性的意图。"异轨"便是达成这种效果的一种最重要方法。"异轨"即"严肃的滑稽模仿"，是要"通过揭露暗藏的操纵或抑制的逻辑对资产阶级社会的影像进行解构"，是对先前表述体制价值的一种反转、颠覆与否定。德波在《异轨使用手册》里谈到，异轨的主要方式是对流行的艺术品与文本进行拼贴、挪用与置换，也就是将原始元素放在一个新语境中，并期待能够向人们警示出日常生活中的革命潜力。[2]克拉克在艺术社会史写作中，非常注意发现他所分析的现代主义作品中的"异轨"痕迹，如，库尔贝《奥南的葬礼》对资产阶级固有形象和农民—资产阶级二元对立神话的颠覆，马奈《奥林匹亚》中对裸女画艺术惯例和流行的妓女形象的双重颠覆，等等。在克拉克看来，这种揭示景观社会日常生活中的虚假的"异轨"策略，是现代主义的内在逻辑之一，甚至从19世纪延续到了当代。

　　关于克拉克对后现代主义的看法，我将在下文详述。简略而言，克拉克认为，1960年以来的所谓的后现代主义，仍然处于现代主义的逻辑中，

1　T. J. Clark, "Origins of The Present Crisis," 88.
2　［法］居伊·德波:《景观社会》，第158页。

是现代主义的延续。在这里，为了体现其对商品社会、景观社会与现代主义关系的观点，有必要提前引述一段关键论述：

> 这种走向崩溃的超然性，将再一次面对那位于祛魅的祛魅（真正的俗化）的中心的悲怆，这一悲怆是众多他物中的审美幻象，总是在商品沙漠中隐约出现在现代主义前头，它从未达到一种明确的形式。沃霍尔，必然是让这一幻象明显化了。[1]

需要解释的是"超然性""祛魅""俗化"这几个词。"超然性"指的是现代主义对技术和形式的绝对性探索；"祛魅"是韦伯学说中的含义，而"祛魅的祛魅"，是指资产主义为了维护祛魅后的世界的秩序，而建立的一体化、总体化的景观秩序，世俗化、大众化的审美幻象；而安迪·沃霍尔的现成品波普艺术，直接使用流行图像，是极端"异轨"的手段，其针对的对象，仍然是"景观社会"。

4. 社会主义

社会主义，是克拉克梳理现代主义线索、提炼现代主义宿命、挖掘现代主义特征的又一关键词。在进入克拉克的论述之前，我们先看看其他理论家是如何阐述现代艺术的反资产阶级性和先锋性的。

上文引述过佩里·安德森在《后现代性的起源》中的论述，他说，资本主义社会中渐渐形成"一个开放的政治领域，在这个范畴中，这种或那种对抗通行法则的革命性剧变被广泛地期待或被畏惧"，而在那许多迸发涌现的现代主义流派，"一些挖掘着传统记忆或贵族风格，另一些走向一

---

1 T. J. Clark, "Origins of The Present Crisis," 95.

个新机器诗学，还有一些被社会剧变的景象所激发；但是没有一个与作为现代文明组织原则的'市场'达到和睦相处的关系"，所以它们一概是"反资产阶级的"。[1]

马泰·卡林内斯库认为，有一种现代性，是导致先锋派（avant-garde）产生的现代性，自其浪漫的开端即倾向于激进的反资产阶级态度。[2]他认为，先锋派本身有两层含义："超前"与"战斗"。他们是一群旨在消灭精英的精英，他们拒绝美学的等级制。"成为先锋派的一员就是成为精英阶层的一部分——尽管与以往的统治阶级或统治集团不同，这个精英阶层投身于一个完全反精英主义的纲领，它的终级乌托邦目标是所有人民平等地享受生活的所有福利。"他接着指出，先锋派可以分为政治先锋派和艺术先锋派两种：前者认为"艺术应该服从于政治革命者的需要和要求"，后者"坚持艺术具有独立的革命潜能"。而且，政治先锋派试图通过陈腐的革命宣传来争取公众，是引力；艺术先锋派则有意识地背离一般公众在风格上的期望。但是，两者都从同样的前提出发：生活应该得到根本的改变。两者的目标也都是乌托邦式的无政府状态。[3]卡林内斯库由此这样定义现代艺术创造：

现代艺术创造以各种不同方式表明了它同时间的乌托邦/反乌托邦关系。几乎不言而喻的是，现代艺术家在其弃绝过去（变得彻底"现代"）的冲动和建立一种可以为未来认可的新传统的梦想之间受着折磨。对一种不可逆的时间（批判理性已净化掉了其所有超验的或神圣的意义）的意识使现代性成为可能，后者产生出有关一个光辉创造瞬间的乌托邦，作为一种新的、最终传统的核心要素（无论是多么反

1　Perry Anderson, *The Origins of Postmodernity*, 81.
2　［美］马泰·卡林内斯库：《现代性的五副面孔：现代主义、先锋派、颓废、媚俗艺术、后现代主义》，第48页。
3　同上书，第112—113页。

传统地被构想出来的），这个瞬间通过永无止境地重复自己能够压制
时间。[1]

《现代性的五副面孔：现代主义、先锋派、颓废、媚俗艺术、后现代
主义》出版于1987年，我不知道克拉克有没有读过这本书，可以明确的
是，他从来没有引用过这本书中的内容；这样就让我们不禁要唏嘘这种学
术上的"英雄所见略同"了。

作为一位左派思想家，克拉克一直强调现代艺术对资本主义社会的否
定性及其乌托邦性，以及现代主义与社会主义的如影随形的密切关系。其
著作中有关这个主题最精粹的文本，便是出版于1999年的《告别观念》。
这本书的写作开始于1989年柏林墙倒塌之后，他将这被大众和精英所认定
的社会主义事业失败的标志性事件，看成现代主义面临同样失败命运的
平行预兆。而这本书所要解决的关键问题是："如果两者是一同死亡的话，
是否意味着在长达一个世纪之久的共同依存中它们曾一道同呼吸共命运？"[2]

从书中内容得出的问题答案是，它们之间确实具有某种共存性（co-
dependency）。特别在20世纪早期阶段，它们几乎互相交织。这就与卡林内
斯库所笼统指出的政治先锋和艺术先锋的共存性，形成了理论上的呼应。
克拉克给出的话，可谓意味深长："如果我不再能够把无产阶级当作我的
选定的人民，至少资本主义依然是我眼中的撒旦。"[3]社会主义乌托邦的目
标，是以斗争来颠覆资本主义，是寻求一种异于资本主义现代性的另一种
现代性，是建立异于资本秩序景观社会的天下大同的幸福社会。而"现代

1　［美］马泰·卡林内斯库：《现代性的五副面孔：现代主义、先锋派、颓废、媚俗艺术、后现
　　代主义》，第76页。

2　T. J. Clark, *Farewell to an Idea*, 8.

3　Ibid.

主义同样从事着一场殊死的而且可能是无效的斗争，以便去想象另外的现代性"。换言之，"没有终结资本主义存在的实际可能性就不可能有现代主义，无论是以何种可怕的或令人同情的方式"[1]。可是，它们不管用什么方式，其"光辉创造瞬间的乌托邦"规划都走向了失败的宿命。但之所以如此，"或许是因为现代主义感觉到社会主义就是其影子"[2]。它们如影随形地走向了凋敝。

在《告别观念》中，克拉克具体分析了六个极限案例，它们都在某种程度上折射了现代主义对于资本主义的否定性，及其具有革命梦幻的乌托邦理想。两者之间"共存性"在两个层面上得以反映——"可怕的和令人同情的"。

一方面，在社会政治运动的活跃时刻，现代主义给予了回应。其中的三个案例是：1793年的雅各宾主义和无套裤汉运动，与大卫的《马拉之死》；19世纪90年代初的无政府主义，与毕沙罗的《两个年轻农妇》；1919和1920年俄国战时共产主义与马列维奇。

首先，法国大革命第二年的平等主义、政治恐怖、游行示威，剧烈祛魅后的混乱（经济和思想的混乱），与《马拉之死》那空洞背景和密闭性之间发生了某种联系，大卫希望确证某种状态，而这种密闭性（closeness）正是对此的回应。

其次，在1891年无政府主义蓬勃发展的时刻，作为信众的毕沙罗在创作《两个年轻农妇》时，陷入了朴素简洁与怪异惊人之间，或极端认真与夸张的感情之间的拉力战，在再现上走向了刀锋边缘，以其"感觉性"（sensation）将现代主义推向新的极限。克拉克说："我试图凸显的是毕沙

1　T. J. Clark, *Farewell to an Idea*, 9.

2　Ibid.

罗的政治立场，以及这一立场对其艺术的影响。""1891年独特的环境，打破了毕沙罗艺术实践所依赖的平衡"，这种平衡是他在与塞尚、莫奈和其他人的对话中建立起来的一套方法，但是，他被迫改变了习惯的平衡，使画作的表面让位于深度，以此回应独特的艺术状况。[1]

再次，在我看来最精彩的，便是克拉克对马列维奇在俄国特殊时刻的创作的分析。20世纪20年代的战时共产主义取消了货币——这一资产阶级表征的根本形式，使表意系统和"对符号的信心"处于危机之中。克拉克指出："现代主义在表征崩溃的情况中旺盛成长，或在那个使它可以说服自己相信这样一种价值重估即将发生的情境中旺盛成长（环境的特征亦与这种说服过程同谋）。"[2]而且，克拉克说，当社会主义处于极端困难的境地时，现代主义者往往会站在社会主义一边。[3]马列维奇和利西茨基的构成主义，使这个社会陷入"在马列维奇或列宁的术语中进行工业建设"的自我想象之中，陷入总体性梦幻和无尽变化的梦幻之间的工业化幻想之中，这就能帮助克服战时共产主义下的信心危机；而更深层的逻辑在于，像构成主义这种"现代主义的失重状况和极端主义"，还得自另一个重要原因，即"对工人阶级运动的温和稳健和完善极端主义的修辞的做法的强烈厌恶"，因为"这种修辞在工人阶级运动日益陷入走向议会之路时变得越来越充满火药味并且越来越标准化了"。[4]

当然，这三个案例并不能完全涵盖所有现代主义艺术对社会主义政治运动的直接态度，克拉克承认，这种共存性"并不必然意味着在许多事物

1　T. J. Clark, *Farewell to an Idea*, 104.

2　Ibid., 291.

3　Ibid., 9.

4　Donald Sassoon, *One Hundred Years of Socialism* (London and New York: I.B. Tauris, 1996). 其中关于修辞与实践的简介讨论，参见第5—82页。

上要相互援助和持有共同见解。对于工人阶级运动的空洞无效——其同情怜悯的政治立场、乏味的唯物主义、大众的品位和进步的观念等等，现代主义往往是直言不讳的"。

可是，还有另一类现代主义，它们并没有直接与政治运动发生联系，却也同样实践着艺术语言的"乌托邦之梦"。塞尚、立体主义、波洛克……他们都是这一群体的代表。这三者也是《告别观念》论述的案例。在克拉克看来，这些现代主义者的艺术实践，是在社会革命的环境中，退回到隔绝于世的艺术实验之域，去构建自己的乌托邦，将"革命的幻象"转变为媒介中的符号实践。他写道：

> 某些先锋派相信在革命中他们可以为自己打造一个属于自己的地方，并且与生成中的语言进行真正的交易；其他先锋派认为艺术家可以是科学家，将更大的可理解性问题撇在一边，在实验室的环境中打造关于这个世界的新的描述。我不认为这两种信仰必然（在逻辑上）是误导性的。它仅仅是在现代主义的实际环境中——即在现代性中——证实了到目前为止的状况。[1]

塞尚以反具身化的绘画创作，实践了唯物主义；立体主义以科学主义与合作方式，实践了集体主义；波洛克则以激烈的个人主义的滴画，展现了媒介的极端物质性，以及其对这个晚期资本主义世界的平庸的愤怒。这是不是就说明，他们各自的实践都是成功了的、确凿了的？克拉克不这样认为。他指出："他们所从事的工作仅是想象，而且是断断续续的想象——在冷静的技巧策略的幻想与直接性和此世存在的回应性的幻想之间

1　T. J. Clark, *Farewell to an Idea*, 10.

孤注一掷地、绝妙地游移穿梭。"[1]

是时候给出克拉克思想中最根本的现代主义与社会主义之间的关系了：社会主义占领了可以对现代性加以描述或反对的真实阵地；现代主义则占领了对现代性加以描述和颠覆的非真实阵地，以极端的艺术语言实验，甚至大力宣扬妄图以一种艺术方案构建另一个乌托邦，可是，现代主义，只是将其梦想自由的虚假性质写入梦想的实现之中罢了。

二、现代主义的本质

通过设置资本主义社会四个历史坐标——资产阶级、技术理性、景观社会和社会主义——作为分析范畴，并以此四维为参照系，切割、整饬和提炼的克拉克那略显晦涩含糊的文本，便能依循清晰的路径，进入克拉克现代主义思想的庭园中。现代主义，既反映了资产阶级的诉求和轨迹，又承载了技术理性的重压；既是对景观社会的反映和反抗，又是社会主义的一个共存镜像。在这个四维历史坐标系的框架内，克拉克现代主义理路这一本体，映射出了四个分体镜像；其中每一个，都值得更为深入地探究；而且，各条路线之间实际上存在着必然的联系。

如果说这四条路线就像一套茶具中的四个茶杯的话，那么茶壶便是涵括一切的理论总体。要理解克拉克现代主义的本质，就必须返回到现代性与现代主义的关系这一混沌而浓缩的母体之中。

1. 现代性的特征

克拉克思想中的现代性是怎样的呢？

1　T. J. Clark, *Farewell to an Idea*, 10.

我们先来看看卡林内斯库的判断。他首先把现代性定义为一种对时间的线性体验，一种对历史发展进步的信仰。他把这一现代性称为"资产阶级文明的现代性"，其理想包括了理性、实用、科学、进步等观念；同时，他认为还有一种现代性，可以称之为"审美的现代性"，代表着上一种现代性的反面，是对它的反动，表现出工业文明的危机和人类对它的反抗。在"审美的现代性"中，非理性、非实用、历史循环、审美感觉构成了它的主要内容。[1] 他将现代性归纳为三种不同用法：分别作为时期、特性和经验的现代性。[2] 但在具体论述中则采取了第一种含义，即认为现代性是一个历史时期。这是高度理论化、客观化和概括化的用法。西方马克思主义对启蒙以来的现代性却抱之以更为悲观的判断，霍克海默和阿多诺尖锐地指出："从进步思想最广泛的意义来看，历来启蒙的目的都是使人们摆脱恐惧，成为主人。但是完全受到启蒙的世界却充满着巨大的不幸。"[3]

克拉克对现代性的判断，大致上倾向于西方马克思主义、法兰克福学派的态度，但却具有独特的理论创见，即现代性具有"可能性"（contigency，也可译为"偶然性、权变性"，意即为没有普遍规律、具有多种可能性和变异性）的特征。他描述道：

> "现代性"意指可能性（contingency，或可译为"不确定性"）。它指的是这样一种社会秩序，该秩序从对祖先和过去权威的崇拜转向了对筹划的未来的追求。这个未来是物质的、享乐的、自由的，是由对自然和无限信息的驾驭构成的。这个过程赞同对想象力的清除和净化。

1　［美］马泰·卡林内斯库：《现代性的五副面孔：现代主义、先锋派、颓废、媚俗艺术、后现代主义》，第10—17页。

2　同上书，第25—26页。

3　［德］霍克海默、阿多诺：《启蒙辩证法》，洪佩郁、蔺月峰译，重庆出版社，1990年，第1页。

没有了祖先崇拜，意义处于供应短缺的状态——"意义"在此指的是对价值和见解的赞同及其制度化的形式，是文化在与自然王国和生老病死的现实进行斗争中具体体现其意义的隐含的秩序、故事和图像。在我看来，韦伯从席勒那里借用的"世界的祛魅"（Disenchantment）这句话，最好地概括了现代性的这一方面。[1]

概括而言，克拉克赞同韦伯的观点，即现代性是在从宗教神权社会向世俗社会的转型中对世界的一体化宗教性解释的解体，对科学和知识的神秘性、神圣性、魅惑力的消解，在引申意义上也是主体在文化态度上对于崇高、典范、儒雅、宏大叙事、元话语的能指疑虑或表征确认；而正因为这种消解，现代性就是任何可能性的集合，是可塑而应变的。克拉克这样解释道："可能性……这个词指的是我一开始就描述的特征：从过去转向未来，接受冒险，无处不在的变化，时间和空间的可塑性。"[2]或者说，可能性是一个努力去应对，并在膜拜形象、大众运动和极权政权中寻找补偿的过程。[3]

现代性的这种可能性，使现代生活中充满了不确定、不稳定的现代体验。在《现代主义、后现代主义、蒸汽》一文中，克拉克从"蒸汽"这个工业革命关键技术发明和现代性的发动机出发，描述现代生活的不稳定性（instability）。他认为，蒸汽是马奈的画《铁路》（*Le Chemin de fer*，1872—1873）中的伟大主题，"蒸汽是一个一般性的，也许是本质上的不稳定性——因为在现代性中，事物不断地改变它们的形状，快速向前，分

1　T. J. Clark, *Farewell to an Idea*, 7.

2　Ibid., 10.

3　Noa Steimatsky, *Italian Locations: Reinhabiting the Past in Postwar Cinema* (Minneapolis: University of Minnesota Press, 2008), xxiii.

散着，无形地成长着"[1]。随着现代社会的发展，看似均质、平乏、单调的生活之下，亦掩藏着更大的不稳定性。因为这单调性的事实"在现代社会无数次的自我抱歉中取得的成就，使得剩余的和扩大的不确定性更加难以承受"[2]。这种不确定性，在社会革命的特殊阶段体现得尤其淋漓尽致，如，"正是因为战时共产主义的混乱与理性，启示录与乌托邦的特征——以疾风骤雨的辩护和预言的面目出现——才产生了我们审视的现代主义（构成主义）"，"真正有意义的正是这种不确定性"。[3]

但是，可能性和不稳定性，并不意味着现代性、现代生活是绝对混乱的。克拉克说："我应该强调指出，这个词并不意味着现代生活的特征是绝对的日益增加的无从控制和预测的事件。"[4]因为，资本主义技术理性和市场体制不仅带来了计算技术、信息技术，还带来了"纯粹物质的、统计的、带有倾向性的和经济考虑的驱动力"，而现代性的"全新的令人头晕目眩的特征"正是这种驱动力的表征。正是这种"世俗化"（secularization）的驱动力，使社会生活越来越单调化、平面化、去深度化，使日常生活也被现代性噩梦侵袭、漫漶。他说：

> "世俗化"从技术上来说是形容这一单调空洞的好词。它意味着专业化和抽象化；一种受大规模统计概率的计算方法驱动的社会生活，其中所有人接受（或憎恶）高度的风险；时间和空间在相同的计算方法中变成了各种变量，两者都被注入了种种"信息"，在网络和屏幕上无休止和单调地消遣娱乐着；日常生活的技能退化（de-skilling）（在

1　T. J. Clark, "Modernism, Postmodernism, and Steam," 158.

2　T. J. Clark, *Farewell to an Idea*, 11.

3　Ibid., 242.

4　Ibid., 10.

自我日益微观的结构中，顺从专家和技术人员）；入侵性的无处不在的专业知识；一切事物依据"各学科"做出持久的调整；资本的积累及资本主义市场日益扩散到世界各地和人们交往的结构之中。我意识到这是现在少数人的观点，许多读者视其为20世纪初的弥赛亚信念的残余，而我努力与其保持距离。[1]

这种全新的现代生活，使原先关于信念和社会交往的所有概念和深度都被打乱、磨灭了。这种完全受到利润得失和讨价还价的逻辑支配的，受到亚当·斯密所说的"看不见的手"控制的全新秩序，让大量无目的性的"信息"（让我想到个人微博上的琐碎心情）涌进了人类社会中，更深刻的恐怖在于，这个新秩序"受到一个没有具体目的或有关该目的的令人信服的图像或仪式化制度的支配"[2]。这个新秩序是盲目的。

所以，克拉克眼中的现代社会，是由四处可见的标志或反复触摸的纯粹表面和知觉的统计积累形成的图景；克拉克眼中的现代性，是可能性（偶然性）、盲目性、无目的性、随意混乱性和空洞性的代名词。

2. 现代主义：现代性的赋形

克拉克认为，现代性和现代主义是同时发生的，甚至是伴随着现代性神话的不可能而同时发生的。那么现代性神话的不可能性是什么呢？那就是"将其对社会失范的解释与对社会划分的解释结合为一个整体"，"使一种控制形式符合另一种控制形式"[3]，或者说，是维护一个本质失范、表征危

1　T. J. Clark, *Farewell to an Idea*, 7.

2　Ibid., 8.

3　［英］T. J. 克拉克：《现代生活的画像：马奈及其追随者艺术中的巴黎》，第81页。

机的符号秩序，又或者说，是要以符号和图像确定现代性神话的意愿。因为，我再次引用，正如克拉克在《现代生活的画像》中所说："产生现代主义的环境并不现代，只有在被赋予了所谓的'景观'形式时，才成为现代。"现代主义实际上是变化的社会环境在现代艺术传统中的符号性表征。[1]

这就是现代性的再现机制——符号生产和再生产的深层结构。克拉克认为，现代性想要建立的符号秩序中，躺着两个伟大的梦想，或两个伟大的意愿：

> 第一个梦想显示出，世界之所以变成现代的，是因为它转而驶进了一个个独立主体们所栖居的空间，而每个个体都居住于感觉直观性（sensuous immediacy）中。这世界正变成一幅隐秘的图案——欲望、财产、累积物。而这些欲望足够去创造一个世界。在经济领域中，它们让市场兴起。而在体验领域，它们让再娱乐兴起了——生活成了一系列的精彩表演和游戏。
>
> ⋯⋯
>
> 第二个梦想，在实践中无法与第一个相分离，它们是孪生的。它就是，在一个越来越充斥着技术理性的领域，通过机械化和标准化，使这个世界在独立个体们那儿，变得越来越有用，并可理解。世界正在变成绝对物质的明澈。最终，它会变成（如果你仔细观察，实际上它已经变成了）这样一个世界，是关系而非实体，是交换而非客观目标，是通过符号控制的，而非必要性领域中的物理劳动或粗野挣扎着的肉体。[2]

1　[英] 乔纳森·哈里斯：《新艺术史批评导论》，第62页。

2　T. J. Clark, "Modernism, Postmodernism, and Steam," 164-165.

概言之，第一个梦想，是现代性进入个体的感觉直观性，并建立起一个所有个体都认同并共存于的资本主义世界的图景；第二个梦想，是以机械化、标准化的符号控制方式，使世界成为一个非实体而是关系的，非客观而是虚拟的符号世界。吊诡的是，现代性的这两个梦想，恰恰是现代主义发生的契机。因为，现代艺术家分享这两个梦想；现代主义绘画在某种程度上以自己的方式达成现代性的两大梦想。于是，相应地，现代主义也具有两个伟大的意愿，克拉克写道：

> 现代主义有两个重大愿望。它要引领读者意识到符号的社会现实（主张摆脱叙事和幻觉手法的舒适安逸）；但同样幻想使符号回到世界/自然/知觉/主体性的坚实基础，而这一基础是资本主义几乎不断要加以摧毁的。[1]

《现代生活的画像》所写的，就是现代主义绘画与某种现代性神话之间的邂逅。克拉克意图探究，现代主义是如何在艺术媒介中实践着现代性的梦想，如何完成自身的意愿的。

第一个意愿，就是要以符号来符指（signify）社会现实。现代主义对现代生活的图像和时机感兴趣；而且，早期现代主义在面对现代生活的混乱时，在绘画中出现了逼真性的矛盾痕迹，如马奈的《奥林匹亚》就颠覆了传统裸画惯例和流行的妓女形象，呈现出了表征的矛盾和意识形态的不确定性；另外，塞尚的专心凝视很快便被不确定性所取代，"对视觉的怀疑变成对卷入绘画行动的几乎一切东西的怀疑；最后，这种不确定性自身倒成了正当的价值；我们几乎可以说，不确定性已成为一种美学"[2]。那么，现

1　T. J. Clark, *Farewell to an Idea*, 9.
2　［英］T. J. 克拉克：《现代生活的画像：马奈及其追随者艺术中的巴黎》，第37页。

代主义绘画中的即时性、未竟性和模糊性，不正是现代性混乱的对应吗？

第二个意愿，是要"使符号回到世界／自然／知觉／主体性的坚实基础，而这一基础是资本主义几乎不断要加以摧毁的"。也就是说，现代主义想要回到一个除了资产阶级现代性之外的另一种本质、另一种总体性观念之中。克拉克认为："现代主义画家永远无法逃避艺术会宽恕或美化其环境并设法回到总体性的观念。你可以称之为人体、农民、人民、经济、无意识、党、方案计划，称之为艺术本身。"[1] 这体现了现代主义"要拯救人类、社会和话语的愿望"，这是现代主义让克拉克同情的一面。[2]

为了使符号回到坚实基础，为了在当下现代性的混乱中建构起自由而又虚假的、基于总体性理念的乌托邦之梦，为了协调这两种愿望，现代主义走向了形式实验。但是，克拉克却判定，"现代主义缺乏可以协调其两种愿望的社会及认识论的基础"；它只是将"其梦想自由的虚假性质写入了梦想的实现之中"。[3] 从某种意义上讲，现代主义欲以形式的创造建构一个既具表意又具视觉性的坚实而又平行于现实世界的艺术世界。

需要着重指出的是，现代主义的第一个愿望，即符指社会现实的愿望，往往针对的是公共领域；而第二个愿望，这种具有抵触性、否定性、乌托邦性的愿望，往往诞生于艺术家个体。所以，现代主义总是在私人领域（防御性）和公共领域（阐释性）之间来回往复的艺术，总是幻想公共生活的艺术。现代主义就是一种"尚未成熟的时代"的艺术。[4]

依照克拉克的现代性理论，"可能性"是现代性的必然特征。因为，可能性不是经验性的生命概率的问题（empirical life-chance），而是表征

1　T. J. Clark, *Farewell to an Idea*, 9.

2　Ibid., 167.

3　Ibid., 10.

4　Ibid., 160.

（representation）问题[1]，现代主义作为一种艺术形式，"在某种程度上深深地与现代生活的某些事实和可能性（被称为现代性的生活形式）之间达成协调"[2]。而且，现代主义不可能抑制可能性；现代主义赋予可能性以形式；或者说，现代主义是形式主义在现代性条件下所采取的形式。[3]

因为"可能性"意味着多样性、多变性，所以，现代主义的形式也就多重多样，不管是修拉的同一的、机械的和吞噬一切的色点，还是波洛克涉及偶然和必然的墙体般的大幅画面，都体现了现代主义对于现代性的赋形实验，都体现了现代主义实现两大意愿的宏大意图。但是，既要具有形式性，又要使形式具有表意性，就势必要在"作为透明的文本与作为视觉的独特（神秘）形式的文本之间取得一种微妙的平衡"[4]，这就"必须设计出一种表意的方法"。而这种形式，往往来自对物质世界的强烈感受，比如，"凡·高坚信物质世界，坚信艺术的责任就是重新获得物质世界的震撼，将这震撼转换为一种新的完全公共性的语言，以前无人曾经信奉的语言"[5]，这样的语言，"这样的方法肯定会十分怪异"[6]。

所以，现代主义所采取的形式，往往是这样的：

它所采用的形式……是被强调的和异常的（脱离正轨的）。或者说，形式秩序被放置于前景中来突出（或者可以说是盲目迷恋），是因为它被肯定性地强加了一项名义、一个预选编制的属性、一套机器制造样板。或者也可以说，形式被解散（朝向"空无"这个概

1　T. J. Clark, *Farewell to an Idea*, 11.

2　T. J. Clark, "Modernism, Postmodernism, and Steam," 160.

3　Ibid., 163–164.

4　T. J. Clark, *Farewell to an Idea*, 249.

5　Ibid., 130.

6　Ibid., 250.

念或仅仅是任意并置），总是被发现于无能（incompetent）或任意（arbitrariness）的边缘。现代主义中的形式看起来，是存在于纯粹的重复和纯粹的差异之间的交叉点。形式和单调（monotony）相伴而行。或者，是形式和无差异（undifferentiation）相伴而行。形式和幼稚、形式和混乱的涂抹。[1]

为什么这些形式往往体现出了矛盾？因为这种现代主义的形式，包含着赋予现代性以特性的两种巨大规则：形式在某种程度上成为这样一种形象，它包含着赋予现代性以特性的两种巨大规则：一方面是机器的现实，规整、同质，形式似乎在抽象意志的驱使下走向简化，走向对无法克服的个性的削弱；[2]另一方面则是一个更广大的社会的混乱和撤离（evacuation）。在最纯粹的现代主义作品的形式中，既有一种过度的秩序感，又有一种偶然性，这两者相互作用。克拉克认为，正是现代主义的这种秩序感与偶然性共存的形式准则，在努力表达那深深存在于整体的有生命的现代性结构中的某些东西。[3]具体到创作的过程中，当另类的再现体系的短暂显现遭遇到混乱遽变的现实的抛弃的时候，当发现这个体系的自相矛盾和遗漏之处的时候，在想象的对立之中临时创造的形式才会最终得到呈现。[4]

正如学者J. M. 伯恩斯坦（J. M. Bernstein）所言，在克拉克那里，"现代主义艺术成为一个对应于社会世界的不同种类的艺术"，现代主义具有（对现代性的）"认识论成果和理性潜能"，而这种能力、潜能或成就，恰恰来源于它的"物质主义（materialism），其对可能性（contingency）的捍

1　T. J. Clark, "Modernism, Postmodernism, and Steam," 164.

2　T. J. Clark, *Farewell to an Idea*, 222.

3　T. J. Clark, "Modernism, Postmodernism, and Steam," 164.

4　T. J. Clark, *Farewell to an Idea*, 165.

卫，以及其对碎片性（fragmentary）的遵守"[1]。所以，一言以蔽之，现代主义正是在现代性的种种"可能性"的条件刺激下所创造的契机中诞生的希图其以唯物主义的、实证的形式语言来把握世界、建构乌托邦的艺术。

这里仅举一例。克拉克给出的现代主义的开端，是1793年（共和二年）大卫的《马拉之死》，而不是马奈或印象主义。他认为，在1793年的那一刻，"可能性法则"产生了作用。"可能性进入了绘画的过程。它侵入了它。除了这个实质，绘画不能在别的实质中被创作——没有别的赋予，没有别的事件和主题，没有别的形式，没有别的可以使用的过去。"[2]接下来要展现的，便是考察《马拉之死》是如何体现、阐释可能性法则的，这就要考察这幅画是如何回应那周遭的政治事件，在这周围，政治"是可能性的形式，并塑造了现代主义"[3]。

克拉克认为，在《马拉之死》中的作为那苍白的"人民"（the People）形象的占位符（placeholder），正是画作中的空虚背景，尤其是右手边的角度。这空虚的背景，正"更像是一种绘画的表征，一个绘画作为纯粹活动性的表征。因而也是绘画作为物质的表征。无目的。最终，从任何一种再现性的负担中脱离出来。整体地脱离出来。由此而生的（单调的）秩序，脱离了它自身，或者可能脱离了根深蒂固的惯例。一种自主写作"[4]。换言之，克拉克在周遭现实的现代性中看到的，不仅仅是一种政治状况，而是一个巨大的熔炉，这个熔炉"使现代性的无根性和开放性向可能性敞开，使可能性进入这幅绘画"[5]。

1　J. M. Bernstein, *Against Voluptuous Bodies: Late Modernism and the Meaning of Painting* (Stanford: Stanford University Press, 2006), 12.

2　T. J. Clark, *Farewell to an Idea*, 18.

3　Ibid., 21.

4　Ibid., 45-47.

5　J. M. Bernstein, *Against Voluptuous Bodies*, 172.

3. 现代主义的性质

理解了克拉克现代主义理路中，现代性与现代主义关系的理路之后，再来探讨他反复提到的"检验"一词，就不会让人觉得唐突而费解了。

我们先来看1984年的《现代生活的画像》中，克拉克对现代主义的描述，他说道：

> 当人们称为"现代性"的价值与兴奋被刻画在一个二维空间里的时候，它会是怎样的情景？绘画是一种（再说一遍，潜在的）探索工具；是一种通过在实践中找到描绘它们的必要条件——平面与深度之间是何种嬉戏，何种强调可以施加于绘画的限定性之中，何种坚持、省略、表演性技巧及其限制？——从而发现世界的价值与兴奋可以达到何种程度的方法。[1]

这里面的关键句是，绘画是一种探索工具，也是一种在实践中找到描绘世界价值与兴奋的方法的探索工具。这就是说，现代主义绘画，从马奈甚至更早开始，就是将"现代性"刻画于媒介中的实验。在2000年的《当下危机的起源》中，克拉克进一步深化、概括了这一观点，他认为现代主义艺术家"发现他们自己将这些梦，或这些意象的图案放进实验中。而这种测验便是形式，是在一个特殊的媒介中的范例（exemplification）的检验"[2]。他还认为，现代主义对现代性逻辑的"态度"并不必然是确定的；因为现代主义若"不具备笼括全体的'判断'，从而也没有将这种判断赋予再现性实践行为（整体结构）本身的话，那么，它便不能将现代性放置

---

1 ［英］T. J. 克拉克：《现代生活的画像：马奈及其追随者艺术中的巴黎》，第15页。
2 T. J. Clark, "Origins of The Present Crisis," 91.

于检验之中"[1]。所以，现代主义便不断要去追寻一种能够笼括全体的"判断"，不断地实验、检验。

克拉克明确指出，现代主义是形式主义在现代性条件下所采取的形式。在其形式实验中，现代性被置于其间进行不断检验，克拉克形象地比喻说，"形式最终是一个熔炉（crucible）、一种侵犯行为、一个深渊，在里面，所有文化的舒适的'赐予物'都被吸纳，然后吐出"[2]。而现代主义的形式努力，就像一种"推力"（pushing），它可被理解为"扁平化"（flattening）。

他认为，现代主义，其实质是对现代性体验——这个世界根源性状态的形式再现：

　　肯定与否定，满与空，总体与碎片，复杂与幼稚，欣快与绝望，在对深深的无目的性和关系丧失的一种模仿的旁边，是一种对无限权力和可能性的主张。我认为，这才是现代主义对于它的世界的根源性的索求：现代性的体验，恰恰是同一时刻两种状态、两种色调的体验。现代主义，是一种持续在试验和系统性组合中，或者在知觉的另一边潜伏着的空白中发现连贯性和强度的艺术。事实上，并不在另一边——因为空白是一种知觉和受约束的活力现在实际采取的形式。[3]

最终，克拉克给予现代主义一个机器形象的比喻：

　　现代主义是一种风洞（wind tunnel），在里面，现代性及其模式被故意地推向强度极限点（breaking point）。[4]

1　T. J. Clark, "Origins of The Present Crisis," 92.

2　T. J. Clark, "Modernism, Postmodernism, and Steam," 172.

3　Ibid., 165−166.

4　Ibid., 165.

一言以蔽之，现代主义，是以视觉形式检验现代性的再现性的结构性模式，它强制性地不断进行这一检验再现（testing representation），并将其推向极限；根本上，它是对世界的根源性的现代性体验的索求和表现。再补充上文所述，现代主义占领了对现代性加以描述和颠覆的非真实阵地，凭借着对传统惯例的背弃，凭借着极端的艺术语言，在强制性的检验模式中不断努力，企图在打碎现实世界的同时，构建另一个乌托邦——现代主义，既是以视觉形式检验现代性的再现性的结构性模式，又是在非真实的艺术阵地构建现代乌托邦的执着创造。

可见，克拉克心目中的现代主义，并不对应于美国学者伯曼的分类法，既具有后者所提炼的"退却的现代主义"和"否定的现代主义"的特性，又具有乌托邦的建构性。[1]

三、现代主义的特征

作为一名历史学家，克拉克的文本是缜密而充满论据的；作为一位诗人，他的文字又是跳跃而深奥的；这两种风格的杂糅交织，不仅升华了语言的绝伦精妙，同时也加深了意义，平添了阅读的难度。关于现代主义的特征，克拉克并没有专门著文立论；所以，只有捕捉文字中散见的论述，

---

[1] 在伯曼看来，现代主义呈现三种主要形态："退却的现代主义""否定的现代主义"和"肯定的现代主义"。所谓"退却的现代主义"是指一种强调艺术自主性及与生活实践之区别的艺术倾向，鼓吹纯艺术和形式，其典型代表如巴特和格林伯格；"否定的现代主义"更像是早期现代主义或欧洲先锋派，或比格尔所谓的"历史前卫艺术"，是"永无止境的反对现代存在的总体性革命"，"它力图强有力地抛弃我们的一切价格，并不关心如何建构它所打碎的世界"。而克拉克所说的现代主义，则具有建构性，只不过是在非真实阵地里进行着这种建构。参见〔美〕马歇尔·伯曼：《现代性——昨天，今天和明天》，载周宪主编：《文化现代性精粹读本》，第22—42页。

才能提炼出要点。更大的问题在于，克拉克经常用不同的词语表达实质相同，但程度略异的含义，比如，关于现代主义抛弃主题、注重媒介进行自主实践的特点，他使用了"纯粹性""唯物性""极限性"和"超然性"等词语来形容。对于我们而言，重要的是对这些词语之间的程度差异进行区分，同时抓住其共同点。

在研读了克拉克几乎所有可找的文献后发现，总的来说，在克拉克的现代主义理路中，现代主义的特征可以依程度、按类型列为：极限性、媒介性、否定性、退行性等。在这其中，有一些与现在广为接受的现代主义理论相异，这正是以下研究要关注的特别之处。

1. 极限性

在上一章里，我已分析了克拉克现代主义理论对现代主义性质的界定：是以视觉形式检验现代性的再现性的结构性模式，它强制性地不断进行这一检验再现的实践，并将其推向极限。极限性，或极端主义，是克拉克对现代主义进行的媒介形式实验之走向的描述。在他看来，修拉的点彩法、塞尚唯物主义式的企图以物质性捕捉现象性的努力、毕加索的简化化（reduction）和基模化（schematization）、马列维奇的构成主义、波洛克的滴画……都是这种实验走向极限的表现。

需要强调的是，如何解释这种极限性倾向呢？难道是凭空产生的吗？克拉克的解释是，"这种持续不断的极端主义……是对某些处于检验中的事物（生活）的极端性的一种回应"[1]。他的立场是经验主义的，大概的意思是，现代主义的极端性反映了现代生活的极端性——生活的均质化、肤浅

1　T. J. Clark, "Modernism, Postmodernism, and Steam," 165.

化，事物的符号化、去中心化，等等。并且，现代主义的形式主义是被不断强制出来的（forcing）。

克拉克这样阐释这一过程：现代主义的符指现代性和绝对的双重梦想，在被放进检验过程时被物质化了，被简化为一组行动的、技术的策略；在这一过程中，一而再地，它们被强迫，被改变了本性，好像这些艺术家想要去理解，多少梦想能够在分散和抽空、平面和抽象、疏远和降低技术性（de-skilling）的极限中生存下来——在现代主义物质化的过程中固定下来。[1]

这一过程渐行极端，在现代性及其模式被放置于检验的过程中，被压迫，被变性了，从而显现出，"这些模式能够在多大程度上幸存于分散和排空、平面化和抽象、疏离和去技术化的极限之中"。在这些极端的程序中，现代主义奇怪地变成了物质化的过程：越来越平面化、越来越抽象、越来越空无……直至成了马列维奇的"黑方块"。

2. 媒介性

格林伯格现代主义理论的核心，是强调现代主义艺术的媒介自足性，即艺术越来越专注于自身媒介潜力的开拓，艺术创作成为一种囿于自身媒介的形式发展的过程，艺术价值来自自身。尽管这一理论令人信服地解释了现代主义的历史轨迹和累累硕果，但是，其对媒介和形式的过分强调，对社会和人性的故意隔除，则产生了另一种印象：理性、冷漠、无情。要强调的是，克拉克艺术社会史观并不否认艺术自主性，承认媒介的相对独立性、意识形态等表象通过媒介活动的形式过程（如艺术惯例的改变）而

1　T. J. Clark, "Modernism, Postmodernism, and Steam," 165.

曲折地反映出来。他语带诙谐地写道："在涉及观看和制作时,现代主义是名副其实的唯物主义者。"[1]但是,这种对媒介性的追求,实际上暗含着一种宏愿,也就是上文所说的,那种希图以形式语言来秩序化混乱世界的宏愿。在克拉克看来,"实证论或唯物主义本身,正是从库尔贝和马奈到修拉,甚至到凡·高的现代主义乌托邦的原动力"[2]。比如,在塞尚那里,他的艺术不断追寻形式与对应物(equivalence)的一致,用最朴实的努力在物质层面上将幻想重新书写——用一个物质的总体化去替代另一个物质的总体化。[3]

但是,克拉克却从不认为,艺术价值仅仅来自媒介本身。在《为抽象表现主义辩护》一文中,他就富有感情地强调了艺术家只能倚赖于"他的"艺术(而非传统)这一事实,捍卫艺术的抒情性。[4]

"所以现在我认为我已经理解什么是我自始至终捍卫的东西了。看来我不能完全抛弃艺术与抒情诗的等式。"而现代主义尽管经常陷入媒介的极端实验,但是同样含有情感和立场。"我并不相信现代主义能从这样一种等式中完全逃脱出来。在这里的'抒情诗',我指的是在一件表达了一个个人声音或观点的艺术作品中的幻觉(illusion),连续而绝对的,宣称一个它自己的世界。我的意思是,这些中介、控制和自我中心的隐喻,强迫我们去把作品接受成一个单一主题的表达。唉,不管现代主义的这一部分运作得如何艰难,这种冲动是根深蒂固的,不断地扰乱它、嘲弄它。抒情难以被现代主义所删除,只能被它抑制。"[5]

在克拉克看来,现代主义只是抵制了抒情,而非取消或排斥情感、立场或政治观念的表达。20世纪非常重要的艺术批评家克莱门特·格林伯

1　T. J. Clark, *Farewell to an Idea*, 129.

2　Ibid., 130.

3　Ibid., 159.

4　J. M. Bernstein, *Against Voluptuous Bodies*, 153.

5　T. J. Clark, *Farewell to an Idea*, 401.

格在1961年发表的《现代主义绘画》一文中指出，通过对于自己的特殊操作，每件艺术品自身都能产生特殊而独有的效果，每种艺术都具有其本质上的媒介独特性。[1]从这个逻辑来看，西方绘画三维深度空间的消解以及"平面性"的出现，是现代主义发展的形式轨迹。格林伯格是这样论述"平面性"之为现代主义绘画本质所在的观点的：

> 正是绘画表面那不可回避的平面性的压力，对现代主义绘画艺术据以批判并界定自身的方法来说，比任何其他东西都来得更为根本。因为只有平面性是绘画艺术独一无二的和专属的特征。绘画的封闭形状是一种限定条件或规范，与舞台艺术共享；色彩则是不仅与剧场，而且与雕塑共享的规范或手段。由于平面性是绘画不曾与任何其他艺术共享的唯一条件，因而现代主义绘画就朝着平面性而非任何别的方向发展。[2]

在1962年的《抽象表现主义之后》一文中，他甚至明确无疑地提出："绘画艺术的不可约性存在于两种基本惯例或形式中：平面性和平面性的界定。"[3]

克拉克对于格林伯格"平面性"概念的批判，主要出现在《格林伯格的艺术理论》一文中。他将格氏的理论斥为"臭名昭著的'平面性'"。他认为，平面性产生的原因并不来自艺术内部，而是"1860到1918年间

1　Clement Greenberg, "Modernist Painting," in *The New Art: A Critical Anthology*, ed. Gregory Battcock (New York: E. P. Dutton, 1973), 68.

2　Clement Greenberg, "Modernist Painting," in *Art in Theory 1900–1990: An Anthology of Changing Ideas*, eds. C. Harrison and P. Wood (Oxford: Blackwell Publishers Ltd.,1992), 756.

3　Clement Greenberg. "After Abstract Expressionism," in *New York Painting and Sculpture: 1940–1970*, ed. Henry Geldzahler (New York: E. P. Dutton, 1969), 369.

艺术的外在环境"。正是现代生活，使前卫艺术具有丰富的价值，并"赋予平面性以包容这些复杂而兼容的价值的能力"。所以，平面性价值必然是得自于当时的社会环境的，而非得自前卫艺术对所谓"纯粹"的追求。克拉克自信地雄辩道，平面性是快速而浅薄的"流行性"的模拟；凭借海报、标签、时尚印刷物和照片的二维性，平面性可以象征"现代性"。在这点上，克拉克与巴克森德尔的观点是靠近的。巴氏曾写道："……社会因素支持着特殊的视觉方式和习俗的创造产生，相应地，视觉方式和习俗也被清楚地转变进画家风格的可辨认的元素中。"[1]即社会因素对于新的观看方式或感觉模式的形成是有作用的，而这种新的感觉和观看方式又促成了新的绘画特殊的产生。在克拉克看来，平面性的表面完整性（unbrokenness）被塞尚等人视为观看，是我们认知事物的实际方式，是拒绝普通资产阶级进入绘画错觉空间去做遥远的梦的挑衅形式。所以，平面性是多元意义和价值的综合，"代表着计划、系统或组织"[2]——平面性因此在操作时（作为一个绘画的不可约的技术"事实"）伴随着所有这些总体化（totalizations），伴随着所有这些努力，这就让它成为一个隐喻。克拉克进一步指出："在某种意义上，它抵抗着隐喻，而我们最欣赏的那些画家**也**坚持认为，它是一个尴尬的、经验主义的遁词（quiddity）。没有了隐喻便没有了事实，媒介一旦不作为一个复杂的意义行为的工具，也就没有了媒介。"[3]也就是说，平面性成为前卫艺术的一种特性，完全是在与社会的

---

1 Michael Baxandall, *Painting and Experience in Fifteenth-Century Italy*, 7.

2 T. J. Clark, *Farewell to an Idea*, 235.

3 克拉克的这段文字在后来的《现代生活的画像：马奈及其追随者艺术中的巴黎》中又经修饰充实而出现，这里的理解参照了该书，参见［英］T. J. 克拉克：《现代生活的画像：马奈及其追随者艺术中的巴黎》，第39页；T. J. Clark, "Clement Greenberg's Theory of Art," *Critical Inquiry*, 152。

互动中自然而然形成的，全然处于社会进程之中，是社会进程的一部分。正如他后来在《现代生活的画像》中所写的那样，在绘画调整其程序或惯例时，社会细节才会被揭示，社会结构才被置于压力之下。

　　为了更深入地理解"平面性"隐喻，有必要列出克拉克极为赞同马列维奇的话："马列维奇说，'我觉得，只有我们关于立方体结构（organization of solids）的观念全都彻底粉碎之后，才能得到自由'。"[1] 所以，T. J. 克拉克支持将"平面性"（flatness）当作一种表示"物质性的隐喻"（metaphor for materiality），它在这个错觉虚假之维的世界，以及这个世界的"其他假象"（other false appearances）中，扮演了重要角色。[2] 假如"平面性"不具备这样的潜力，那么便会失去重要意义。克拉克指出："利西茨基通常无力（或不愿意）将平面性表现为力量或抵抗力，在我看来这是他的艺术局限性的关键所在。"[3] 所以，平面性不仅有着艺术的内在逻辑，也具有文化意义上的能量和重量。

　　平面性=物质性=经验主义=对假象的抵抗（flatness=materiality=empiricism=resistance to false appearnces）——这，就是克拉克的"平面性"逻辑！

　　简言之，是对超绝的梦幻国度的抵抗（transcendent dreamworlds）。其对立面，那由明暗法和透视法的图绘机制所呈现的深度错觉，是依附、联合于现代主义所奋力搏斗的所有错误价值，是现代主义的敌人。[4] 平面性，是现代主义对抗错误价值的利剑。

1　T. J. Clark, *Farewell to an Idea*, 235.

2　Ibid., 285.

3　Ibid., 235.

4　Catherine Bock-Weiss, *Henri Matisse: Modernist Against the Grain* (Philadelphia: The Pennsylvania State), 178, note 39.

3. 否定性

克拉克不仅曾是一位激进的马克思主义者，还是文化工业理论和情境主义理论的拥护者。他所认为的现代主义艺术中的否定性，既包含着对资产阶级社会意识形态的拒绝和颠覆，也包含着对景观社会和资本主义总体性的拒绝和否定。

从20世纪60年代末写作《绝对的资产阶级》和《人民的形象》开始，他便注重在绘画中发现那些失调、断裂之处，那些使评论者哑然缄默之处，从而揭示出画作对主流意识形态的颠覆。比如，《奥南的葬礼》中的农民穿着城市资产阶级的着装，这颠覆了当时巴黎流行的农民—资产阶级，或农村—城市二元结构的神话;《奥林匹亚》的形象使当时的评论家极度愤怒的原因在于，她不仅颠覆了提香式裸女画的形式惯例，还颠覆了当时的妓女形象，直指资产阶级的虚伪的意识形态。从画作中发现具体的颠覆性符号，这是克拉克所谓的现代主义的"否定性"特征的第一种表现形式。

第二种表现形式不走具象逻辑，而是以隐喻的形式呈现。上文提过，在克拉克的理论中，"平面性"是对抗资本主义社会错误价值的隐喻；而媒介本身就包含着否定的意义。他认为，没有了隐喻便没有了事实，媒介一旦不作为一个复杂的意义行为的工具，也就没有了媒介——这就批评了格林伯格所坚持的媒介特殊性、超然性的观点。他进而指出：现代主义艺术坚持其媒介性的方式，是通过否定媒介的通常的一致性来实现的——通过扯断它，排空它，制造间隙和沉默，将它设置成感觉或连续性的对立面，让这种行为事情成为抵抗的同义词。一言以蔽之，现代主义将媒介当作"最典型的否定和疏离的场所"，因此现代主义是"否定的实践"。[1]

克拉克认为，这种否定性的实现是"以一种绝对的、包罗万象的事实

1　T. J. Clark, "Clement Greenberg's Theory of Art," *Critical Inquiry*, 152.

出现"的，其实质是对资本主义总体性的否定。这种否定，在现代主义的早期阶段可能是细微的，不断累积后便达到了无法控制的状态，甚至走向完全抛弃主题和内容的极端。艺术通过媒介的极限实验，通过媒介的解构与重组，而表现出否定性。可见，上文提到的《奥林匹亚》应该就是个细微的例子，而将"媒介"推向极限的艺术，是塞尚、马列维奇甚至波洛克的艺术中曾一度拥有的、在操作媒介中呈现的"极限性"——比如，克拉克认为波洛克1948年画作中所迸发出的戏剧性，恰恰是被格林伯格所轻蔑描述的那种"哥特"的，充满"暴力、愤怒和尖锐性"的艺术特征。[1]

　　需要强调的是，克拉克说的否定性，并不以杜尚式的玩笑方式或讽刺方式所呈现，而是"刻在现代主义的实践之上"的，在艺术形式自身呈现出的价值。[2]更重要的是，这种否定性是伴随着社会事实、与广泛的社会进程而产生的，"统治阶级精英的衰退，为着艺术生产的'社会基础'的缺席，在一个资产阶级知识分子缺席情况下制作资产阶级艺术中卷入的悖论。否定是内在于这种广泛解体的艺术中的符号：它是一种捕捉这种文化中的一致性缺失和可复验意义的缺失的努力——去捕捉这种缺失，并将它们修改为形式（make it over into form）"。他指出，虽然格林伯格曾经看到了前卫艺术的无根性（rootlessness）和孤离性（isolation），却盲目乐观地认为"艺术可以用自己去替代那些已经被资本主义贬损得微不足道的价值"，这显然将"否定性"矮化为"补偿性"了。克拉克认为，实际上这种否定是空虚的，它"是一个启示，现代主义永不疲倦地进行重复的启示，以及一个它在其中有规律地流浪的领地"[3]。所以，像波洛克的努力也是一种失败的否定，因为他的画作最终被资本主义总体性、被景观社会所吞

1　Clement Greenberg, "The Present Prospects of American Painting and Sculpture," *Horizon*, 26.

2　T. J. Clark, "Clement Greenberg's Theory of Art," *Critical Inquiry*, 154.

3　Ibid., 154.

噬而成为商品。

　　进入21世纪之后，克拉克在文中使用"否定性"一词的频率明显下降了，他甚至变相地检讨了曾经将现代主义称为"否定性实践"的观点：

　　　　曾经，我将这种手段增剧（exacerbation of means），推向现代艺术的限制的行为，称为"否定的实践"。但是我不再喜欢这个公式了。我想，这个说法错误地选择了"否定的"（negative）或"肯定的"（positive），"美丽的"或"丑陋的"，这些词在特有的情绪气氛中来描述现代主义。要点是，现代主义总是处于历史时刻或实践的监视哨（lookout）上，对于这点来讲，两种描述都适用。[1]

　　看来，经过长期的深思熟虑，克拉克发现，在现代主义的历史时刻，其对现代性的当时的态度，并不一定是拒绝的，也有可能是一种幼稚的欢快反应。因为现代主义对其置身的世界的根源性索求，是现代性的体验——厌恶或喜欢，这恰恰是同一时刻的两种状态。正是这两种对立态度的共存，使得现代艺术家往往陷入苦恼之中，并引发了极端实践。克拉克说："现代主义是极度痛苦的，但是它的痛苦离不开那不可思议的怪异多变性或怪念头。其中，愉悦与恐惧相伴而行。"比如，20世纪30年代的"马列维奇也许是绝望的，或欣快的。他也许在向那集体化了人的理念倾泻了嘲笑，或者，他是在以一种彻底的童稚的乐观主义表达出这一理念。我们可能永远不会知道他的真实选择。他的图画两者皆含"。

　　可见，迈入老年的克拉克，少了激进多了平衡，思维的辩证性更为平衡、更为深刻了。

1　T. J. Clark, "Modernism, Postmodernism, and Steam," 165.

4. 退行性

"退行性"是克拉克在《毕加索和真理：从立体主义到〈格尔尼卡〉》中屡屡提到的关键概念。在书中，他抓住毕加索在1916年之后渐渐抛弃高度立体主义绘画语言这一点，来印证现代主义的退步性、回望性。

他指出，自1916年后，毕加索的绘画发生了非常大的变化，20世纪20年代早期粗野的裸体就开始出现了，在20年代最后几年的画作中，怪物列队而行，而在1924和1925年间，则出现了一系列怪异的大尺幅静物画，接着甚至走向了更恐怖的景象。他从视觉品质上这样描述《黑色扶手椅上的裸女》（*Nude in a Black Armchair*）中的退行性：

> 毕加索的伟大成就是立体主义，这种风格看似一度明确无疑地打开了一个新世界。如果说《黑色扶手椅上的裸女》离开了立体主义，那是难以想象的：它的空间位置的开合，本质上仍然运行着1914至1915年间的机制。但是，其语法（syntax）现在是松散的、简化了的。轮廓鲜明的边线（hard edge）不再脆弱易碎，不再是直线，那画中的空虚不再无所不包（all-encompassing）。智慧退让给了迷恋（infatuation），身体的法则（body rules）。[1]

为何毕加索的立体主义机制在"一战"之后渐渐消散了？这种退行性对于艺术来说，是伤害还是振奋？克拉克并不认为这种退化就应该被谴责（正像格林伯格所做的那样），就应该对它失望，他警告说，因为"艺术家很少是勇敢的，他们也不需要勇敢；由于他们诚实的怯懦，或愉快的自我

1　T. J. Clark, *Picasso and Truth*, 14.

专注，或从那围绕着他们的世界上而来的坦白的反感，在灾难时期，他们的这些品质都能对'灾难是什么'给出最充分的认知——这就是它进入并结构起日常生活的方式"[1]。一言以蔽之，这种退行性，正是直面残暴和欺骗而不让步和妥协的反应；这种退行性，正是使夏加尔比罗德琴科好，米罗比莱热要好，马蒂斯比皮斯卡托好，卡洛比里维拉好，席里柯比风格派好的原因。

承认退行性，才能更全面地考察现代主义。而要理解退行性，必须明白克拉克现代主义理论非常重要的一点，即，现代主义想要以形式把握世界的宏图最终是失败的，因为机械、固定、秩序化的形式努力与瞬息万变的混乱现实，是一对无法调和的矛盾。拿立体派来讲，"立体派的绘画并不是一种语言，它只是有语言的外观"[2]。正是这种失败，使艺术家们频频回望。

克拉克认为，现代主义艺术史上充满了曲折回望的倒退时刻。艺术家们感觉资产阶级社会正走向一个终点，悲观、恐惧和妄想的情绪使他们在艺术上采用了一种退行性的形式。也就是说，现代主义具有退行性的特点。克拉克说："我与20世纪欧洲和美国的艺术相伴而生活的时间越长，我就越感觉到，退化是它最深刻、最持久的调子。"[3]在他看来，这样的例子不胜枚举，如艾略特的《荒原》，庞德的《诗章》，或者乔伊斯的《芬尼根的守灵夜》，普洛斯特的回忆；或者卡夫卡对于探索的重写，马蒂斯的田园景色，巴托克的贝多芬，勋伯格的勃拉姆斯；或者施维特斯在汉诺威自己的住宅中筑造一所色情"教堂"，或者马蒂斯在他的公寓里对摩洛哥的重新组装；或者蒙德里安在他那梦幻的楼上，布朗库西则在图腾中间；塔特林在他的飞行器中暴跌向地面，博纳德在他的卫生间里，马列维奇在

1　T. J. Clark, *Picasso and Truth*, 19.

2　T. J. Clark, *Farewell to an Idea*, 324.

3　Ibid., 14.

他的棺材里；还有杜尚通过门的一条裂缝戏耍着躲猫猫（peek-a-boo）的游戏，波洛克则在他永恒的小木屋里展示着仪式——他的滴洒绘画。这些都是一次次拒绝、逃避、反抗的行为，都是退行性的种种形式。

所以，现代主义并不是一条直线向前、指向未来的箭头；那种向前发展的、向着理性或透明性或完全祛魅的现代主义版本，是我们已经习惯的艺术概念，这种信仰来自现代主义的最初宣言，既违反事实又屡遭挫折。[1]克拉克义正辞严地说，恰恰因为这种退行性，才成就了优秀的带有非同一性和否定性的现代主义艺术，是现代艺术得以旺盛茁壮的原因。毕加索，自然也逃不出这一逻辑，他绝不是"孤身而往"。[2]

四、现代主义的契机与类型

沈语冰先生曾指出，克拉克曲折改良的理论将形式主义和马克思主义艺术社会史这两种传统上对立的分析方法综合了起来。这种对立方法论的奇妙结合，在生产出让人惊叹的学术成果之余，也会无法避免地偶尔发生龃龉和矛盾。我以为，这种矛盾源自形式主义和马克思主义在研究时态上的无法谐和。形式主义，本质上强调绘画自身传统的变革，强调图式、惯例的内部变化，这是动态的过程；而马克思主义艺术社会史，则侧重于社会对艺术的影响，写作时往往强调这种影响的"覆盖率"和时代感，往往定格于一刻细析，这是静态的处理。

在这种动静之间，既会发生交集，也会产生冲突。这就导致克拉克笔下的案例，往往是在特殊的历史时刻发生的；这就让人质疑其现代主义理论的涵盖性。现代主义是一以贯之的发展理路吗？还是各种历史时刻的节点？

1　T. J. Clark, *Picasso and Truth*, 88.

2　Ibid.

1. 现代艺术的历史时刻

在克拉克的艺术社会史观念中，绘画惯例的变迁卷入了历史进程之中，要捕捉它与社会历史产生的联系（并不必然在所有作品中发生），则必定要面对一个特殊的"历史时刻"。在这一刻，"一个历史时刻的表征条件——技术与社会条件"是共生的，绘画同化于造成其变化的社会条件，社会现实内化于绘画形式变化中，要说明这种相互作用，就是要择取现代艺术史上的少数极端案例，去探讨这种"相遇的独特条件"（the specific conditions of one such meeting），从而更深刻地理解它们。

让我们看看克拉克笔下的这些极端案例。在《人民的形象》中，他追问的是当作品和艺术家不论多么轻微地卷入革命与反革命的过程中，当艺术在社会监控机制中丧失了其常规的位置并被迫暂时寻求其他迂回的主题和公众反应时，艺术家的作品会发生什么变化;《现代生活的画像》则讲述绘画与某种现代性神话的邂逅，以及在这一邂逅中绘画验证现代性神话的方式和时机，从而揭示后来被称为"现代性"的那一套再现方法如何掌控使用这类方法的画家们。而克拉克集中讨论的却都是特殊画家的个别作品，如库尔贝的《奥南的葬礼》、马奈的《奥林匹亚》和《女神娱乐场的酒吧间》等等。在《告别观念》中，克拉克给出了六个现代艺术史上的极限个案，以期解析社会政治与极端的形式实验之间的对应关系；他选择切入并质问的，往往只是近乎200年间的少数例证式的作品。[1]

要想以历史的特定时刻作为出发点，就要潜入作品生成的整体社会情境。所以，克拉克将对每一幅作品的读解都发展为一项浩大的工程。在《现代生活的画像》里，克拉克仿佛要将从宏观到微观、从经济到政治、

---

[1] Stephen F. Eisenman, *Nineteenth Century Art: A Critical History* (New York: Thames & Hudson, 2002), 16.

从物质生活到精神生活的整个社会情境的方方面面以文本形式重新建构起来；特别是在《奥林匹亚的选择》一章中，他以大量当时的公众批评为契机来揭露当时裸体画的流行观念，又从多方面文献中描绘出19世纪60年代巴黎人心目中的"交际花"神话，并不失时机地援引当时的摄影沙龙照片来体现《奥林匹亚》在学院派裸体画包围中的突兀情态，揭示出《奥林匹亚》对19世纪60年代巴黎妓女神话和裸体画传统惯例的批判，作品与社会条件在克拉克侦探式的见微知著和对蛛丝马迹的条分缕析中"互文见义"，让读者在一气呵成、环环相扣的"智力游戏"结束后恍然大悟，原来，这就是此画在当时的实际情境。

可是，尽管如此，仍然有许多眼光独辣的学者尖锐地提出了质疑和批评。如约翰·豪斯就指出，对社会情境的过分描述，会将对画作的视觉分析逼入狭仄的角落："在他对语词和图像的处理之间有一种奇怪的不平衡，这让他的任务显得更加困难了；在他使用大范围不同种类的文本材料的地方，他的视觉材料的范围往往就非常狭窄了。"[1]英国艺术史家尼古拉斯·彭尼（Nicholas Penny, 1949—　）更是一针见血地批评克拉克，指出其在论述时带有明显的选择性，这话说得没错。[2]我认为，除了认为这是一种方法论的一体两面，没有绝对优劣的判断。因为，正是这种有意识的选择性——特定时代、特定艺术家——让克拉克得以在洞开的空间里曲径通幽、深剖细析，展现出现代艺术与社会关联复杂的历史画卷。

克拉克在1971年11月给美国艺术史家韦恩·安德森（Wayne Adersen）的私人信件中坦白道，他的写作"集中于某个特定时期和数目有限的艺术家，以发现当时的社会和政治历史与特定画家的图像和视觉风格及公

---

1 John House, "Review," 296.

2 Nicholas Penny, "Review," *London Review of Books* (March 20, 1986), 13–14.

众反应之间的具体关系"[1]。这样的研究势必走向一种考古式的描述，从一件作品出发，先要发掘艺术家个体历史环境的复杂性和特别性，体会公众反应、特定事件中的经济政治状况，接着再体验形成其独特主题和风格的基础情境，去了解"背景"如何变成了"前景"，从而理解艺术家所适应的再现方式，而这种"与历史的碰撞及其特殊走向是由艺术家本人决定的"[2]。

既然那特殊走向是由艺术家在偶然的历史时刻做出的偶然决定，那么，现代主义是否还是一个涵盖全体的传统呢？

面对许多来自传统学院派史家和博物馆学者的指控，克拉克重新思考并界定了现代主义的概念。他称道，"我想避免在空间的意义上，甚至在概念性的空间意义上，思考现代主义"，他认为，"现代艺术概念是个宽松的和包容性的概念，我大部分（不是全部）的时间是用于极限的个案的讨论；我的设想是，在极限的个案中一个特定模式的再现所具有的压力和能力往往是最为清晰的，就是因为该能力被使用到了极限"。看来，克拉克并不想给现代主义下一个概要性的定义，而是"让现代主义在精神和技术的可能性方面呈现为一个独一无二的模式形成结构（patterning）"[3]。

为了证明这种现代主义的模式，克拉克才去选择这些极限个案，其目标并不是要描述一个现代主义的概念。克拉克认为，有限的个案，如1891年的毕沙罗、1920年的马列维奇、1947至1950年的波洛克，他们所具有的那种强化或削弱绘画形式风格的特征——通过简化或过度承载，通过戳穿虚假的直接性或绝对的沉默，通过观念的复活或终结再现，通过或许从再现

1　Wayne Adersen, *Myself* (Geneva: Fabriart SA, 1990), 557.

2　［英］T. J. 克拉克：《论艺术社会史》，第8页。

3　T. J. Clark, *Farewell to an Idea*, 7.

最终转向中介（agency）（从艺术到政治，从符号到痕迹，或到只会在未来才能把握其意义的符号）——以各自的方式支持了现代主义的模式结构。[1]

2. 现代主义的类型

克拉克从未划分过现代主义的类型，但从他的写作对象来看，大致可以依据艺术与社会、艺术与意识形态的密切程度，分为三种类别。

第一种类型是批判的现代主义。即与时代具有密切联系，并与意识形态激进交锋的现代主义艺术。克拉克的两部以博士论文为基础的著作《绝对的资产阶级》与《人民的形象》是研究这类现代主义的代表作。前者研究的是，在19世纪中叶的法国，某些艺术家如何试图追随他们的时代步伐的。它具体分析了杜米埃、米勒和德拉克洛瓦的绘画，以及波德莱尔的写作。揭示了以下情境：在法兰西第二共和国时期，曾经出现过一种培育国家艺术，并委托艺术家制作绘画、雕塑以便表现革命的企图。此书考察了这一企图，分析了它失败的原因；它细致入微地描绘了艺术工作者是如何试图控制艺术的赞助体制，而当局又是如何巧妙地拒绝这一观念的。[2]而《人民的形象》这本书则深入库尔贝与当时知识分子和社会公众的关系中去，颠覆其固有的单面孔的革命现实主义光辉形象，呈现出一个新的形象：总是将创伤混合进政治中的和蔼可亲的小丑形象；他总是对当时的社会与政治问题具有敏感的直觉和复杂的感情。而且，通过分析其画作《奥南的葬礼》，克拉克认为，库尔贝在画作中设置了违反流行图像的断裂之处，并由此挑战了当时的资产阶级意识形态，挑战了城市—乡村分立的神话。其

1　T. J. Clark, *Farewell to an Idea*, 7.

2　沈语冰：《译后记》，载［英］T. J. 克拉克：《现代生活的画像：马奈及其追随者艺术中的巴黎》。

批判效果比那些社会主义者所摇动的旗帜要更有颠覆性，更有效，因为它将困惑带进了城市资产阶级的世界观以及对这个世界中他们所处地位的感觉之中。总的来说，这两本书都关注了艺术与政治的关系，后者还界定了"革命艺术"的定义，赞扬了艺术的意识形态批判性。

第二种类型是修正的现代主义。艺术家并不具有如杜米埃、库尔贝这样的激进主体性，相反，他们企图在绘画中描绘现代性体验，捕捉现代生活的瞬间，将现代生活的经验和体验置于艺术中来检验；在这种用艺术媒介来检验现代性神话的再现能力中，原先的艺术惯例被破坏，被颠覆，或者被迫改变；这种修正，让当时的公众愤怒、缄默；通过这些修正，艺术间接地反映了社会现实。克拉克的《现代生活的画像》是研究这类现代主义的经典作品。在这本书中，他分析了马奈的四幅作品，其中最有说服力的，便是对《奥林匹亚》的解析。他先给出了当时对此画的评论出现的"一边倒"状况，即愤怒和嘲讽；他认为，这些刻薄的批评显然遭遇到了一种产生如此不愉快的"论述话语环境"[1]，《奥林匹亚》很可能是一幅对现成流行的符码（或惯例）进行的无效的颠覆、拒绝的案例。[2]克拉克接着阐述了《奥林匹亚》在四个方面背离、颠覆了传统文化中裸女画和妓女这两种形象：（1）画作展示方式；（2）绘画中的"不正确"之处；（3）对毛、头发和秃发症等"性的标记"的处理；（4）材料的物质性或笔触的方式。最终的结论是，马奈的《奥林匹亚》是对19世纪60年代法国巴黎的妓女神话与裸女惯例的双重挑战与颠覆。结果是，这种挑战造成了一种理解障碍和评论失语。尽管"想将马奈当作一个库尔贝式的现实主义者，但是，奥林匹亚……既不是按照裸画的图像来处置的，也不是按照现实主义那种对

1 T. J. Clark, "Preliminaries to a Possible Treatment of *Olympia* in 1865," in *Modern Art and Modernism*, 265.

2 Ibid., 260.

传统的激烈驳斥来处理的，它所策划的是一种僵局、一种障碍"[1]。这种"体统和羞耻的奇怪共存……就是1865年这幅画的难处"[2]。

第三种类型是隐喻的现代主义。现代性体验在艺术中的体现，并不是以具象方式、以流行意象的修正方面来实现的，而是以一种隐喻的结构来实现的。这类现代主义主要指的是走向媒介形式实验的、具有极限性特征的艺术形式。克拉克认为，这种走向媒介纯粹性的极端实践，本质上是对资本主义现代性和总体性的抵抗和否定，并企图建立一种自己的现代性；在这一过程中，现代性体验被变形、压缩、抽象、扁平化，以媒介的极端效果显现出来。塞尚反具身化的、唯物主义的专注绘画，马列维奇的黑方块、波洛克的滴画等等。如，克拉克曾将平面性看作来自19世纪晚期流行于巴黎人生活的一些日常价值的一种隐喻性表达；而在1947至1950年的波洛克这里，克拉克的论点是，其隐喻性就在于波洛克对隐喻的执着抵抗之中——他反对那种将他的画作安置于任何一种单一的隐喻框架内的读解；他想要越过隐喻，通过强化（accelerate）隐喻性来阻止这一暗示。他这样做的目的，是要强烈地表示，任何一种参照框架都不适合于界定他的画作，因为其画作中的不调和的形象取消了总体性形象。[3]

批判的现代主义、修正的现代主义、隐喻的现代主义，这三种类型大致涵盖了克拉克所论述的现代艺术；我的这种划分方法基于克拉克所强调的现代主义的否定性，且依据这种否定性的程度、方式来归类。需要强调的是，这三种类型虽然方式不同，但却同属于一种"独一无二的模式形成结构"之中。现在的问题是，这种结构在波洛克之后、在当下是否还在继续？

1　T. J. Clark, "Preliminaries to a Possible Treatment of *Olympia* in 1865," in *Modern Art and Modernism*, 268.

2　Ibid., 267.

3　Harris, Jonathan. *Writing Back to Modern Art*, 94.

五、后现代主义：现代主义的延续

克拉克对现代主义的界定将我们引向了他对后现代主义的评价。他是否像阿瑟·丹托（Arthur C. Danto）一样，冷漠地指出了"艺术的终结"？他是否与20世纪80年代的许多学者一样，欢呼着后现代性的到来？还是说，他已经在哀叹中承认了现代主义的远逝和终结？或者，他仍然相信现代主义模式的连续性和无尽循环？

这是个很有意思的话题。因为，综观克拉克20世纪90年代到目前的写作，其后现代主义观念经历了一番从质疑到哀叹、从哀叹到质疑、既而又否定的思想轨迹。而且，他的后现代主义观，是在批判后现代主义思想家的理论的过程中，在描述现代主义概念与特征的过程中显现出来的，而非专门对其进行论述。

在《告别观念》一书中，克拉克依照社会主义和现代主义的共存性暗示出，随着柏林墙的倒塌，社会主义运动走向终结，现代主义也渐渐衰微了。在《不悦的意识》一章中，克拉克肯定了波洛克及抽象表现主义沿袭的否定性，也指出了这种品质难以为继的状况。"这是一条我们称之为现代主义艺术的路线。波洛克是它的一部分：也许在线条的末端，可能不是；目前很难说是否这些反抗和拒绝的想法还留有任何持续的效力，或已被无望地整合进一个总体的景观中。"[1]他似乎暗示出，纽约画派中已经没有任何可以让艺术持续下去的值得一提的遗产，抽象表现主义是一种在后现代主义无止境的空虚到来之前的"最后的标杆"（last post）。[2]

这是否就承认了现代主义的死亡呢？并非如此。在导论中，他已经提

1　T. J. Clark, "Unhappy Consciousness," 364.

2　Jonathan Harris, "'Stuck in the Post?': Abstract Expressionism, T. J. Clark and Modernist Historical Painting," in *History Painting Reassessed: The Representation of History in Contemporary Art*, eds. David Green and Peter Seddon (Manchester: Manchester University Press, 2001), 18.

前意味深长地提出："现代主义是我们的古物（antiquity）；我们所拥有的唯一的古物。"[1] 这是多么耐人寻味的一句话啊！依照其对现代主义的界定，现代主义与现代性是相伴而生的，现代主义是将现代性置于视觉形式来再现的检验过程。而现代性，是"这样一种社会秩序，该秩序从对祖先和过去权威的崇拜转向了对筹划的未来的追求"。现代化，就是对那个"物质的、享乐的、自由的，是由对自然和无限信息的驾驭构成的"未来的追求"[2]。那么，假如现代化没有结束，现代主义也便没有结束。

在《当下危机的起源》中，克拉克对佩里·安德森提出的后现代性的三个历史坐标的判断进行了评判。

第一，按照安德森的历史坐标学说，现代主义意欲在艺术中界定资产阶级的身份，是资产阶级自我定义的挣扎和努力，但是，安德森却绘制了一幅表现资产阶级自我定位的异常而且短暂的图画：他认为，当这种自我定位走到终点时，后现代主义发生了，（现代主义）是一个过去的事物；因为，一旦"手段的民主化和道德观念的去抑制化"在象征和符号层面实现了，一旦"有产阶级的一个普遍性的堕落（encanaillement）"已经超越了旧式的、使人尴尬的、布尔迪厄式的阶级区分方式，也就是说，资产阶级已经完美地掩盖了阶级差异和资本实质，那么，这场游戏对于现代主义来说，便结束了。一句话，资产阶级已经抛弃了挣扎努力，并最终满足于纯粹的工具理性。但是，克拉克却并不这么看，他认为这种"终结感"，在现代主义历史上并不新鲜，而是屡屡出现的。[3]他反问道：

也许，战后的时代，确实存在着资产阶级的一种特殊校准和认同

1　T. J. Clark, *Farewell to an Idea*, 3.

2　Ibid., 7.

3　Perry Anderson, *The Origins of Postmodernity*, 85–86.

（levelling and dis-identification）。对于那种消失的细节，安德森的言语确实是鲜明和有说服力的。但是，这一种消失在本质上是新的吗？这是否意味着，现代主义是否直面一种先前从未面对过的主题？我是怀疑的。[1]

他再次给出巴特的定义——资产阶级的概念是，因其作为一个阶级的本质，是一个社会可见度（social visibility）之中或之外的恒定闪烁的、一个永久的、无尽的，善于创造的社会匿名者。在他看来，这是一个根本性原理，资产阶级的自身定义永远不会终结；而且，这种定义必然是以一组形式话语体现出来的。更重要的是，现代主义对那种妄图固定性质、定义的计划，具有兴奋、赞成而又质疑、抛弃的不息过程。他再次反问说：

> 难道，利西茨基那愚蠢的、冰冻的20世纪30年代的摄影作品，或者哈特菲尔德在驱逐希特勒和庆祝苏联新人类这两方面不顾一切的共同的努力，又或者弗里达·卡罗的对于一个明显的斯大林主义图像的最后的疯狂而悲哀的努力：对于它们试图去否定的那些可能性的征服和固定，难道这些人的创作和努力，都不是在与这种征服和固定进行对话吗？[2]

所以，这第一个后现代性坐标，克拉克并不认同。

第二，现代艺术建立表象体系的实践仍未终结。由于技术理性的征服，安德森认为，文化领域被"永久的情感机械，传送着那充满意识形态

1　T. J. Clark, "Origins of The Present Crisis," 92.

2　Ibid., 93.

的论述以及这一术语的强烈感觉"所浸透，即内在地结构化了。[1]更精确地说，现代主义的反抗性语言的这些（或另外的）关键术语（在其术语"图像""身体""景观""机器"之间的空间中，已没有批评距离存在的可能性）已经没有什么内在了，资产阶级的反抗语言被新的图像流通电路的绝对快速性的危急状态所剥夺了，而且，那些流通循环的清除区分的能力，使世界平面化和不真实化的能力，还有使任何观念、乐趣及恐惧转化为一个装饰图案的能力，都让资产阶级语言的反抗性失效了。对此，克拉克认为，这实际上正是"景观社会"再次侵袭、深入、覆盖的体现。因为：

> 德波的《景观社会》一书，作为预见性的著作，并不是对资本主义进行历史分期之作。它绝对没有说，"景观"何时到来。景观，是一个内在于商品经济中的逻辑和设备机制，从一开始，它便存在于其社会伴随物之中。无疑，当那机制越来越有效、越来越广泛传播时，这个逻辑也变得更清晰了。但是这个逻辑总是相对清晰的，而这个机制也是显著的——在某种意义上，是流行的。[2]

克拉克对景观社会在当代的表现，也有清晰的认识。他认为，在我们这个时代，有两种信仰体系：其一，是"信息"的意象化；其二，是"图像时代"的到来。这一分析相当深刻，值得全文引述：

> 我觉得在我们这个时代，两种信仰体系已经在扭打。其中一个简直是"信息"的形象化（imagery），以及对这个被真正的全球化、真

1　Perry Anderson, *The Origins of Postmodernity*, 89.

2　T. J. Clark, "Origins of The Present Crisis," 90.

正的虚拟化（virtualization）的总体设备给剥夺了空间—时间材料的新世界理念的形象化。世界掌握在符号控制者（symbol-managers）手中，假如你想要扭转的话；或者说，世界向数字大众开放，向混杂（hybrid）和细目（particulars）的伟大全球社区开放，假如你感觉能够购买进入安东尼奥·奈格里（Antonio Negri）最近计划建立的乌托邦社区的话。这是一个教义体系。你将会看到，在其他事物中间，它是一个关于新的知识形式的教义——一个劳动力物化（materialization）和去物化（dematerialization）的新含义。而在这个教义体系的中心，是一个形象化的认知图像，它出现在屏幕空间（screen space）上，通过新的放置（placing）和动用（mobilizing），它以自己的结构转变着，那新的表象体系。这直接导致了第二信仰。它仅仅是一个坚定的信念，它相信某个门槛正在被迈过，或者已经迈过去了，从一个以语言作为基本知识结构的过去的世界走向了一个通过图像和不断改变的视觉序列而统治的世界。[1]

克拉克认为，就像马奈一样，视觉艺术家已经无法反对或远离信仰体系（belief system）。100多年来，视觉艺术家不懈摸索着，将资本主义的概念当作纯粹的表象之域，建立起新的表象体系。[2]那么，在如今这个"图像时代"，这个图像完胜词语的时代，这种努力就更不会停止了。也就是说，现代主义建立当下的表象体系的努力，从逻辑上讲，就没有结束的可能。

此外，佩里·安德森曾言："事实上，后现代主义的所有美学机制和特点（对传统的拼凑，表现着流行性、自反性、混杂性、混成曲、比喻

1　T. J. Clark, "Modernism, Postmodernism, and Steam," 173.

2　Ibid., 174.

性，以及对主体的抽离）都能够在先前的再现机制中找到。"[1] 克拉克认为，不仅仅要承认现代主义和后现代主义分享了"策略和特征"，还要证明，它们的目的、问题和对象从本质而言是一样的——它们对于资产阶级工业社会和现代性的主要形式具有同样的矛盾情绪，它们同处于这种矛盾情绪的中心的、不可判定的关系之中。[2] 这种矛盾情绪便是"既爱又恨"，一方面想将现代性置于形式实践中；一方面又拒绝这种现代性，企图在媒介中建立自己的现代性，而这一逻辑还在延续。

第三，现代主义的形式实验及其模式结构的逻辑的延续性。克拉克认为，现代主义是一种艺术实践的模式，在这种模式中，现代性的再现意义（于其中的符号生产和再生产的结构），被放置于一个特殊媒介中来进行范例检验。[3] 在这种检验过程中，现代主义走向了极限，走向了平面、抽象、空虚、无意义，每一种规划都有着自己的极端主义特征。有意思的是，克拉克将安迪·沃霍尔直接利用现成商品的形象拿来创作的策略，也归于这种极端主义的形式实践之中。他说：

> 概括地讲（从源头上讲），我并不把沃霍尔的"态度"通路，或距离感的崩溃，或无力感或不可穿透的特性，看作什么别的东西，它们也是一种促使现代主义产生发展的策略的延续——但可能还不只是一种策略，而是一种结构性的必然性。[4]

除了沃霍尔，克拉克还认为，影像艺术家杰夫·沃尔抢救了绘画的传

1　Perry Anderson, *The Origins of Postmodernity*, 80.

2　T. J. Clark, "Origins of The Present Crisis," 90.

3　Ibid., 91.

4　Ibid., 94.

统。[1]对于詹明信的"艺术被哲学化"的论调，克拉克亦提出了批判。詹明信认为，黑格尔的"艺术终结论"，即认为"艺术不再是表现真理的最高形式"这一观点，应被倒过来理解，应是"艺术占领了哲学的领地"：

> 那没有遵循黑格尔的预言的东西，正是哲学对艺术的取代；或者倒不说，当旧的艺术终结后，一种全新的不同的艺术占领了哲学的领地，并篡夺了哲学所有的对绝对（Absolute）的诉求，从而成为"体现真实的最高方式"。这种艺术就是我们所谓的现代主义。[2]

后来，在《图像的变形》中，他又写道：

> 使现代主义卓越不凡的，不是它对于继承而来的形式或新发明的形式的实验……最重要的是，现代主义构成了感觉，而对于这种感觉，美学不能够完全认知和表现，这种感觉超越了美学……现代主义，是一种在其内在运动中试图超越自己作为艺术的一种艺术。[3]

詹明信所提出的"为了成为艺术，艺术必须成为超越艺术的东西"，体现出一种现代主义的"超然性"（transcendence）。也就是说，詹明信的现代主义，实质上是一场超然性的运动，它在运动中达到了绝对真理。对于这种"超然性"，克拉克解释道，"这种现代主义中的超然性，不仅仅靠

---

1 参见 T. J. Clark, "Three Excerpts from a Discussion with T. J. Clark, Claude Gintz, Serge Guilbaut and Anne Wagner," *Parkett* 22 (1989), 82–85。转引自 Virginia Adams, *Illusion and Disillusionment in the Works of Jeff Wall and Gerhard Richter: Picturing (post)Modern Life* (ProQuest, 2007), 96。

2 ［美］弗雷德里克·詹姆逊：《文化转向》，胡亚敏等译，中国社会科学出版社，2016年，第81页。

3 同上书，第101—102页。

着绝对的固有和偶然性的方式，通过一个深刻而无情的物质主义，通过这样一种超然性的俗化（专注于形式逻辑）而达到"，更重要的，是一种祛魅的逻辑。

克拉克认为，现代主义对旧世界的祛魅，恰恰是在与总体性理念的辩证关系的张力中，才能赋予这种解散（排空、禁欲、碎片化、加工、简化、无表情或无身份）以感觉。此外，艺术实践中所被赋予的解散或祛魅的图形到底多大程度上是一种超然性形式，是未能决断的；而且，现代主义内部经常出现这种超然性走向崩溃的状况。当超然性走向崩溃，现代主义面对着的是一个绝对世俗化的商品沙漠的再次祛魅，现代主义本身的祛魅就被再一次置于世俗化祛魅的中心之中，正如波洛克那充满否定意味的滴画，最终却成了商品，被商品经济给祛魅了。这种现代主义的悲怆命运，只能隐约地体现在除艺术之外的他物的美学幻象中，但这种幻象从来没有以艺术之名给予明确的形式，而安迪·沃霍尔的作品——那些坎贝尔汤罐头、水晶鞋子——让这个幻象明显了！他的作品充满了手工性，仍然承载着自由之梦，仍然体现了小资产阶级的特性。这，便是后现代主义。[1]

最后，让我引述克拉克的一句断语。

它证明了克拉克对于后现代主义与现代主义之争的胜者裁定：

> 现代主义之所以无法辨识，是因为它所承载的现代性尚未完全到位。后现代主义将先前的再现的毁灭，或从我们的立场出发它们看似毁灭的事实，误认为是现代性自身的毁灭——没有认识到我们所经历的一切就是现代性的胜利。[2]

1　T. J. Clark, "Origins of The Present Crisis," 95.

2　T. J. Clark, *Farewell to an Idea*, 3.

六、现代主义之争：在格林伯格、克拉克和弗雷德之间

　　T. J. 克拉克与克莱门特·格林伯格、迈克尔·弗雷德之间针对现代主义的论战，已经成为现代主义研究史上的一段公案。论争最初触发于1981年3月召开的主题为"现代主义和现代性"的温哥华会议。在会上，正值盛年的克拉克与德高望重的格林伯格进行了一番针锋相对的、面对面的对质。这次非常有意思的现场辩论的实录，收入于由本雅明·布赫洛、赛尔热·居尔博特和大卫·索尔金主编的《现代主义和现代性：温哥华会议论稿》。一年后，身为哈佛大学教授的克拉克在美国著名杂志《批评探索》上发表了《格林伯格的艺术理论》，在批判中阐发了自己的现代主义理论，而弗雷德咄咄逼人的文章《现代主义如何运作》也以略为自负的姿态在同期刊出；克拉克的回应文章《关于现代主义的论辩》次年收入米歇尔编的《解释的政治》中出版，围绕着格林伯格的现代主义理论而产生的批评链条最终形成。1985年，法兰西斯·弗兰契娜将这三篇文章与格林伯格的《前卫与庸俗》《走向更新的拉奥孔》一起，编入《波洛克及之后》一书，将整个论争记录在案。应该说，这并不是一场你赢我输的零和博弈，而是克拉克、弗雷德站在各自相异的立场进行的质疑和切磋，并从侧面证明了格林伯格现代主义理论显著的基础性和丰产性。

　　学者乔纳森·哈里斯（Jonathan Harris）在其著作《写回现代艺术：在格林伯格、弗雷德和克拉克之后》回顾并辨析了三位理论家的差异和论辩，并暗示性地指出，克拉克和弗雷德两人通过此次交锋赢得了彼此的尊重，后来都力图"带着知性的同情"来理解对方的作品。[1] 在国内学术界，王南溟先生在《现代艺术与前卫：克莱门特·格林伯格批评理论的接口》一书中以维护格林伯格理论的立场回顾并评判了两人的论战，张晓剑先生

---

[1] Jonathan Harris, *Writing Back to Modern Art*, 25.

也以《论弗雷德与克拉克的现代主义之争》一文切中肯綮地评析了此次论争。前人之述备矣！原本不想再就此徒添赘述，但考虑到此事件在现代主义学术研究史上重要性，又不得不谈；于是，我只能在原先概述基础上添加些背景和细节，并在最后依己之见给出并不那么中立的评价。唯愿不是画蛇添足。

1. 格林伯格现代主义理论概要

克莱门特·格林伯格是20世纪最重要的美术批评家之一，其主要观点代表了现代主义理论的法典化。所以，在现代主义和后现代主义的长期论战中，他的理论都成为焦点，引起大量争论和反论，几乎成了策动新理论成果的源头，像克拉克和弗雷德这样的重要人物也因其理论差异而产生论辩。

在1939年为《党派评论》所撰写的第一篇文章《前卫与庸俗》里，格林伯格就表明了自己对现代主义的立场。在他对现代艺术史的描述中，前卫驱使着艺术从社会的一般实践领域中分化出来，并且不断专业化，"将它提升到一种绝对的表达的高度"，从而出现"为艺术而艺术"和"纯诗"，避开主题和内容，走向对绝对的追求，抛弃三维空间，专注于艺术媒介。[1]实际上，正如沈语冰教授所指出的，格林伯格的方案是马克思主义政治学与包豪斯美学的某种混合。他将庸俗艺术的起源追溯到工业革命所带来的社会分化、文化普及的兴起以及廉价艺术品市场的诞生；将美国式资本主义的大宗产品和纳粹德国及苏联的官方艺术都归入庸俗艺术。他认为，对庸俗艺术的拒斥，反过来便是要求对高级艺术的坚决捍卫。[2]这一观

1　［美］格林伯格：《前卫与庸俗》，第5、6页。

2　沈语冰：《格林伯格之后的艺术理论与批评》，载《浙江大学学报（人文社会科学版）》，2012年2月，第105页。

点体现了格林伯格早期思想中的马克思主义政治倾向，而这一倾向也正是克拉克赞同之处。

其现代主义理论在《走向更新的拉奥孔》中再次阐发，并在《现代主义绘画》一文中被更为明确地固定下来。在以下这句话里，格林伯格的理论基础一言即明："每一种艺术独特而又恰当的能力范围正好与其媒介的性质中所有独特的东西相一致。自我批判的任务于是成了要从每一种艺术的特殊效果中排除任何可能从别的艺术媒介中借来的或经由别的艺术媒介而获得的任何效果。因此，每一种艺术都将成为'纯粹的'，并在其'纯粹性'中找到其品质标准及其独立性的保证。'纯粹性'意味着自我界定，而艺术中的自我批判的事业则成为一桩强烈的自我界定的事业。"[1]他坚持认为，通过对于自己的特殊操作，每件艺术品自身都能产生特殊而独有的效果，每种艺术具有其本质上的媒介独特性。在这篇文章里，格林伯格提出了"平面性"之为现代主义绘画本质所在的观点："平面性是绘画艺术独一无二的和专属的特征。由于平面性是绘画不曾与任何其他艺术共享的唯一条件，因而现代主义绘画就朝着平面性而非任何别的方向发展。"[2]而在《抽象表现主义之后》一文中他又明确无疑地提出来："绘画艺术的不可约性存在于两种基本惯例或形式中：平面性和平面性的界定。"[3]

这些就是格林伯格现代主义理论的主要观点，它们不仅独树一帜且具有很强的说服力，也容易被扣上本质主义、还原论的帽子。而在一贯批评形式主义的克拉克看来，格林伯格在1939至1940年文章中的马克思主义，才是更重要之处。

1　Clement Greenberg, "Modernist Painting," in *Art in Theory 1900–1990*, 755.

2　Ibid., 756.

3　Clement Greenberg, "After Abstract Expressionism," 69.

2. 克拉克对格林伯格理论的批评

早在《人民的形象》一书的前言中，克拉克就对艺术史研究中的图像学和形式分析走向极端化的状况，表示了警示和抨击。[1]他认为，应该将艺术的表征放在社会和历史因素的联系中来辩证考察；他摒弃把历史阐述当成作品研究的僵化背景，却坚持强调艺术与社会环境的互动关系。在《格林伯格的艺术理论》一文中，克拉克首先将《前卫与庸俗》和《走向更新的拉奥孔》置于20世纪30年代纽约的左派文化氛围中来理解，认为格林伯格当时的立场是"艾略特式的托洛茨基主义"（Eliotic Trotskyism），甚至还有些布莱希特（Brecht）意味。[2]对于他联系社会、阶级问题来理解前卫艺术，对于文中强调的马克思主义，克拉克是赞赏的，认为这是对"19世纪中叶以来的前卫艺术进程的历史阐释"[3]，因为现代主义正诞生于对这种资本主义情况的反应之中；但是，格林伯格最后的结论是，在与资产阶级既统一又对立的矛盾中，前卫艺术成为使艺术离开"意识形态"的一种途径，从而使艺术谋得自主，各种艺术自身便拥有正当性和价值。克拉克则说，"他的最终的艺术和艺术价值的观点，在我看来是非常糟糕的"[4]。他认为，格林伯格在1961年的《艺术与文化》一书中不收录《走向更新的拉奥孔》的决定是错误的，因为这就让《现代主义绘画》一文少了前因后果的学术背景。对于这一指控，格林伯格曾在温哥华会议上澄清说："我没有重印《走向更新的拉奥孔》，是因为它被误解了，正如我曾告诉你的，这就意味着我自己将纯粹性（purity）看成一种价值（按：一种否定性的价

1　T. J. Clark, "The Condition of Artistic Creativity," 561–562.中译本参见［英］T. J. 克拉克：《艺术创作的环境》，第101页。

2　T. J. Clark, "Clement Greenberg's Theory of Art," *Critical Inquiry*, 143.

3　Ibid.

4　Ibid., 149.

值）……实际上我是在描述某样东西……而不是认定赞同它。"[1]实际上，格林伯格正是指克拉克误解了这篇文章的主旨，同时撇清了他早期思想中的马克思主义意味。

但是，克拉克却抓住格林伯格早期文章中的政治性，将它与格林伯格主张的绘画"纯粹性"对立起来，在《格林伯格的艺术理论》中，他依次从四个方面相应地对格林伯格的理论提出了批评："我想要提供三种，也可能四种对这种观点的批评：第一，我将指出，在将艺术概念塑造成为一个独立的价值来源的过程中的困难；第二，我不同意格林伯格的价值陈述中的一个中心元素；第三，我将试图彻底改动他的现代主义形式逻辑的梗概，这是为了去涵括一些他所忽视或贬低的前卫艺术实践的其他方面，而这些方面，我相信与那些他心目中最重要的方面是紧密相连的。我想在这里指出的是，现代艺术中的**否定性实践**（*practices of negation*）在我看来，正是格林伯格赞颂的**纯粹性实践**（*practices of purity*）（对媒介的重视和法理化）的形式。最后，我将以某种方式指出，上述的三个批评是联系起来的，特别是，在那些否定性实践和资产阶级艺术家不以资产阶级身份进行创作这两者之间，存在着联系。"[2]简约而言，克拉克针对的是"艺术的价值源自哪里"、平面性和媒介、纯粹性及现代主义的否定性等问题。

首先，克拉克不能认同格林伯格将艺术本身作为价值的独立来源这种观念。他以一个第一次前卫艺术萌发期的"历史档案"提供了一个反证：于1890年自杀的杜佩曾被毕沙罗（Camille Pissarro）说成是"最好的业余爱好者"，克拉克评价他是一个非常能享受艺术的独立性、艺术独特审美

1　T. J. Clark and Clement Greenberg, "Discussion Between T. J. Clark and Clement Greenberg," in *Modernism and Modernity: The Vancouver Conference Papers*, eds. Benjamin H. D. Buchloh and Serge Guilbaut, 190.

2　T. J. Clark, "Clement Greenberg's Theory of Art," *Critical Inquiry*, 149.

价值的人。但克拉克同时强调，"他同样看到了艺术必然提供的体验和其他价值之间的一致性，而这些体验和价值正是属于他的日常生活的"[1]。也就是说，杜佩的日常生活与他欣赏的艺术独立品质具有一致性。借由杜佩钟爱修拉的绘画这一点，克拉克强调了前卫艺术与资产阶级之间的隐喻，即新印象派画作中的井然性、科学性和分析性，与杜佩所处的资本主义社会系统下的谨慎、观察、控制的日常生活，与资产阶级意识形态中所强调的合理性检验思维、商品作为自由之形式的观念之间，存在对应关系。他认为："在杜佩这里，那些导致他自己在实践生活中的自我感的价值，与他求之于前卫绘画的价值之间，既存在差异性又存在一致性。艺术的事实和资本的事实，处于活跃的张力中。"[2] 换言之，前卫艺术是其他价值和艺术价值间的相互作用。

对于格林伯格将"艺术价值变成一种单纯的学术准则"这种倾向，克拉克在1981年温哥华会议上便予以抨击。可是格林伯格的回应却批评克拉克误解了他对于价值的复杂理解："我没有暗示过，艺术价值是一种替代了其他价值的审美价值。我认为，审美价值，虽然它们可能是根本的价值，却不是最高的价值。还存在着比审美价值更高的价值，我认为我的观点被像你这样的误解所简单化了。"他继而强调："审美体验可能会与其他种类相重叠，但是，它确实发生在它自己的领域中。""审美价值是一个根本价值。艺术可能服务于其他，胜过于它自己，但是，至目前为止，在其自身中，审美构成价值是根本的。"[3] 概而言之，格林伯格并不否认其他价值，但是坚持的是艺术实践和艺术评价领域中的自治性。他以波斯细密画为例指出，虽然这种画产生于严厉的宗教环境中，但是我们在欣赏它们

1　T. J. Clark, "Clement Greenberg's Theory of Art," *Critical Inquiry*, 150.

2　Ibid., 151.

3　T. J. Clark and Clement Greenberg, "Discussion Between T. J. Clark and Clement Greenberg," 190–191.

时，其他方面被蒸馏、净化了，审美体验才是最终留下的。可是，克拉克也并不是要否认艺术的自治性，他的关注点其实是，这种自治性在何种基础或范围内才得以保存下来。这两位都试图拿康德美学来论证，但很可惜，并未就此展开实质性的讨论。辩论最终因为两者的分歧太过严重而继续不下去，在观众的掌声中体面收场。他们的分歧从着眼点上就存在着，一个是美学家的视角，一个则是历史学家或社会学家的眼光；从理论路径上看，一个是康德美学路线，一个则是马克思主义路线。

在质疑格林伯格关于艺术价值来源的观点后，克拉克继续在文中重新诠释格氏用来当成价值的艺术事实——"臭名昭著的'平面性'"。他认为，是"1860至1918年间艺术的外在环境"，使前卫艺术具有丰富的价值，并"赋予平面性以包容这些复杂而兼容的价值的能力"；这些价值必然得自于当时的社会环境，并非得自于前卫艺术对所谓"纯粹"的追求。克拉克对自己的立场是充满自信的，因为：平面性既是快速而浅薄的"流行性"的模拟；凭借海报、标签、时尚印刷物和照片的二维性，平面性可以象征"现代性"；平面性的表面完整性被塞尚等人视为观看，是我们认知事物的实际方式，是拒绝普通资产阶级进入绘画错觉空间去做遥远的梦的挑衅形式。所以，平面性是多元意义和价值的综合——平面性因此在操作时（作为一个绘画的不可约的技术"事实"）伴随着所有这些总体化（totalizations），伴随着所有这些努力，这就让它成为一个隐喻。克拉克进一步指出："在某种意义上，它抵抗着隐喻，而我们最欣赏的那些画家**也**坚持认为，它是一个尴尬的、经验主义的遁词（quiddity）。没有了隐喻便没有了事实，媒介一旦不作为一个复杂的意义行为的工具，也就没有了媒介。"[1] 也就是说，平面性成为前卫艺术的一种特性，完全是在与社会的互动

---

1 克拉克的这段文字在后来的《现代生活的画像》中又经修饰充实而出现，这里的理解参照了该书，参见［英］T. J. 克拉克：《现代生活的画像：马奈及其追随者艺术中的巴黎》，第40页；T. J. Clark, "Clement Greenberg's Theory of Art," *Critical Inquiry*, 152。

中自然而然形成的，全然处于社会进程之中，是社会进程的一部分。正如他后来在《现代生活的画像》中所写："因为只有当一幅画重塑或调整其程序——有关视觉化、相似性、向观者传达情感、尺寸、笔触、优美的素描和立体造型、清晰的结构等等的程序时，它才不仅将社会细节，而且将社会结构置于压力之下。"[1]

克拉克在抛出了"没有了隐喻便没有了事实，媒介一旦不作为一个复杂的意义行为的工具，也就没有了媒介"这句话之后，随即便将矛头指向了格林伯格对于媒介特性的坚持上。格林伯格认为，各门艺术不断发现各自媒介的特性，从而划定活动范围，因而媒介是各门艺术赖以确立自身权能范围的基础。克拉克反问道："假如我们接受这样的观点，即前卫绘画、诗歌和音乐被一种对媒介的坚持而赋予了特性的话，那么，通常这是怎样的一种坚持？"并进一步指出：现代主义艺术坚持其媒介性的方式，是通过否定媒介的通常的一致性来实现的——通过扯断它，排空它，制造间隙和沉默，将它设置成感觉或连续性的对立面，让这种行为事情成为抵抗的同义词。一言以蔽之，现代主义将媒介当作"最典型的否定和疏离的场所"，因此现代主义是"否定的实践"。[2]

那么，在克拉克看来，这种否定性是如何实现的呢？张晓剑先生在他的文章《论弗雷德与克拉克的现代主义之争》中概括指出："我们通过全文基本可以认为，'否定'是指对先前艺术惯例乃至社会惯例的否定。也就是说，现代主义强调媒介，不是像格林伯格所说的为了达到'纯粹性'，而是用来否定已有的艺术传统和惯例。"[3] 其实，综观克拉克自《现代生活的画像》以后的著作，基本可以判定，这种否定是"以一种绝对的、包罗

1 ［英］T. J. 克拉克：《现代生活的画像：马奈及其追随者艺术中的巴黎》，第19页。

2 T. J. Clark, "Clement Greenberg's Theory of Art," *Critical Inquiry*, 152.

3 张晓剑：《论弗雷德与克拉克的现代主义之争》，第106页。

万象的事实出现"的，其实质是对资本主义总体性的否定。在现代艺术史
上，这种否定在刚开始的时候，可能是细微的，不断累积后，达到无法控
制的状态，甚至走向完全抛弃意义的极端——解构惯例、强调媒介材料特
征，通过重构艺术的媒介形式而达到否定性的意义。

　　虽然因为篇幅所限，克拉克没有在文中用太多艺术史上的事实来详述
这种否定实践，但其后两年在他对马奈《奥林匹亚》的解析中就生动地指
出，奥林匹亚的形象，双重背离了裸体画传统和妓女的形象，这种背离就
带来了对19世纪下半叶巴黎社会的否定。可是，这只是一个"细微的"例
子；那么将"媒介"推向极限的艺术又是如何呢？克拉克所强调的否定
性，并不完全存在于张晓剑先生所猜测的"杜尚、达达、俄国构成派，可
能还有60年代的极简艺术"这条彼得·比格尔的"前卫艺术"路线之中。
能够肯定的一点是，克拉克对杜尚、达达主义没有太大的好感。克拉克
所指的格林伯格所蔑视的"现代主义预言的噪音"，也不仅仅是张晓剑先
生说的"杜尚、达达"那么简单、明显的行为。他所强调的绘画创作中
媒介的极限状态，是塞尚、马列维奇甚至波洛克的艺术中曾一度拥有的、
在操作媒介中呈现的"极限性"。比如，克拉克认为波洛克1948年画作
中所迸发出的戏剧性，恰恰是被格林伯格所轻蔑描述的那种"哥特"的、
充满"暴力、愤怒和尖锐性"的、"让人回想到福克纳和梅尔维尔"的
艺术特征。[1]

　　需要强调的是，克拉克说的否定性，并不以杜尚式的玩笑方式或讽刺
方式所呈现，而是"刻在现代主义的实践之上"的，在艺术形式自身呈现
出的价值。[2]而且更重要的是，这种否定性是伴随着社会事实与广泛的社会

1　Clement Greenberg, "The Present Prospects of American Painting and Sculpture," *Horizon*, 26.

2　T. J. Clark, "Clement Greenberg's Theory of Art," *Critical Inquiry*, 154.

进程而产生的，但是，"否定性"并不是"补偿性"，并不是去弥补在资本主义社会中被贬损的价值，而是以必然失败的命运，给予现代艺术以启示性。这种失败的否定性，正是现代主义的价值。他指出，虽然格林伯格曾经看到了前卫艺术的无根性（rootlessness）和孤离性（isolation），但却盲目乐观地认为"艺术可以用自己去替代那些已经被资本主义贬损得微不足道的价值"，这显然将"否定性"矮化为"补偿性"了。克拉克认为，实际上这种否定是空虚的，它"是一个启示，现代主义永不疲倦地进行重复的启示，以及一个它在其中有规律地流浪的领地"[1]。所以，像波洛克的努力也是一种失败的否定，因为他的画作最终被资本主义总体性、被景观社会所吞噬而成为商品。

总而言之，克拉克亦步亦趋地尾随着格林伯格的现代主义理路，不仅评析了格林伯格现代主义所围绕的历史和文化语境，反对了其艺术价值的自源论，还以批评性的例子来揭示格氏的"平面性"及"媒介纯粹性"概念在解释这些例子时的困难，同时给出了一个修正主义的理论版本——否定性。这种"否定性实践"是"纯粹性的实践形式"，它"是现代主义的当代形式……它不再厌倦发现自己是纯粹的，只有纯粹的否定才是纯粹的，而这提供给它的观者以空无（nothing），我承认，它在不知疲倦地、充分地将这纯粹的否定置于形式中"[2]。

恰恰是这句话给了弗雷德反击的机会。因为，看起来，克拉克以"否定性"替代了格林伯格的"平面性"，弗雷德最终在格林伯格的还原论和克拉克的否定论之间画上了等式。

1　T. J. Clark, "Clement Greenberg's Theory of Art," *Critical Inquiry*, 154.

2　Ibid., 156.

3. 弗雷德的双重批判

在《现代主义如何运作》这篇回应文章中，弗雷德本质上站在克拉克和格林伯格的反面，来陈述他自己的观点；文章给我的感觉是，他尽力去表现出对于后者的感恩，同时也包含着一些他对前者的赞赏：好像他希望去挑战，而不是冒犯。

在他对格林伯格理论的述评中，最为显著之处在于，他对格林伯格理论的理解基础与他对克拉克的理解的基础之间存在着暂时性的转位现象（temporal dislocation）。弗雷德更多的是从《现代主义绘画》及《抽象表现主义之后》这两篇文章来勾勒他对格林伯格哲学的看法的，而这两篇文章与克拉克所注重的两篇文章相比，竟然晚了20多年。根据国内弗雷德艺术思想研究专家张晓剑先生的考察，弗雷德本人在20世纪60年代初至60年代中期曾经历过形式主义批评阶段，《三位美国画家》（1965）的开头部分曾明确概括道：从马奈到立体主义，绘画"日益关注那些内在于绘画自身的问题"，也就是形式问题。到20世纪60年代后期起步的艺术史研究中，比如《马奈的来源》（1968）、《专注性与剧场性》（1980），弗雷德才发生了转向，才将艺术置于更大的思想文化的语境中来理解。[1]

但是，弗雷德却在回应文章里承认，艺术与社会之间并不相互排斥、相互封闭，他也否认存在一个独特的、形式主义意义上的绘画领域。[2] 张晓剑认为，从根本上说，弗雷德坚持艺术自主的观念。在回应文章的第三部分时，他一方面批判格林伯格的还原论和本质论，另一方面重申了自己的现代主义观念："现代主义画家寻求发现的不是所有绘画的不可还原的本

1　张晓剑：《论弗雷德与克拉克的现代主义之争》，第105页。

2　Michael Fried, "How Modernism Works: A Response to T. J. Clark," *Critical Inquiry* 9, no. 1 (September 1982), 226.

质，而是那些能够在艺术史的特定时刻有能力把他作品的主要身份确立为绘画的惯例"，而"那些惯例承载着同刚刚过去的最意义重大的作品中起作用的惯例的明确关系"，同时必须说明的是，"意义重大的新作品将不可避免地转化我们对那些先前惯例的理解，而且将那时它们可能还未具备的生产性的重要性（那难道不是一种品质或者价值的尺度？）赋予先前的作品本身"。[1] 他的观点是，新艺术可以赋予过去的艺术以新的价值，或者调整评判标准。所以，正如张先生所总结的，弗雷德用一种历史的（而非本质主义的）方式来界定现代主义；但也更加强化了格林伯格所看重的艺术发展的连续性。[2] 弗雷德认为，"当下的意义和价值都被构想为是由与过去（这个过去持续地被当下所修订和重估）的关系所担保的"，这种观点与现代哲学和解释理论中的反基础主义（antifoundationalist）思想密切相关。[3] 也就是说，他还是把艺术价值放在一个历史的动态关系中去考察的，实际上还预设了一个变化的艺术系统的存在：已有惯例、新与旧的不断调整的关系决定了作品的价值。所以，他尽管批判格林伯格的前卫自主发展的理论，实际上却并没有完全放弃自主的观念。[4]

我以为，这就决定了他对格林伯格理论的理解的基础与他对克拉克的理解的基础之间存在着的暂时性的转位现象（temporal dislocation）。

此外，弗雷德质疑克拉克所谓的否定性实践，认为它不能涵盖格林伯格所看重的抽象艺术的特殊路线。他开门见山地指出，克拉克没有为他的核心观点"现代主义从根本上说是否定的实践"提供令人信服的历史事

1　Michael Fried, "How Modernism Works: A Response to T. J. Clark," 227.

2　参见［美］格林伯格：《现代主义绘画》，载沈语冰编著：《艺术学经典文献导读·美术卷》，沈语冰译，北京师范大学出版社，2010年，第274—275页。

3　Michael Fried, "How Modernism Works," 217-234, here 228.

4　张晓剑：《论弗雷德与克拉克的现代主义之争》，第108页。

例。确实，克拉克只在文中笼统提到马拉美、兰波、勋伯格、杜尚等人，还有F. R. 利维斯、T. S. 艾略特、莱因哈特这些在弗雷德眼中的"次要人物"，而没有塞尚、马蒂斯、毕加索、波洛克……其实，克拉克在文章中加了这样一条注释："《批评探索》的编辑建议我就归之于现代主义的否定倾向的东西再多说几句，并举一两个实际的例子。堆积在脑海里的例子太多了，我应该避免更多的诱惑，因为我所涉及的是现代主义的一个片断或时期，其中大部分又总是与其他的目的或技术混在一起，尽管我认为前者总是支配着后者。"在我看来，克拉克当时关于马奈绘画实践中的"否定性"的解释，已经处于呼之欲出的状态了。而1999年出版的《告别观念》一书，几乎是对弗雷德这条质疑的回应，他确实在书中揭示了上述这些艺术家的"否定性实践"。弗雷德认为："……主流现代主义的最深的冲动或者支配性的惯例，从来不是去推翻或者取代，或者断绝与前现代主义的过去的关系，还不如说是企图让它的最高成就与过去相匹敌。"[1]也就是说，具有抱负的现代主义艺术家，总试图令其作品与先前品质和水准已然无疑的作品进行比较；其中内含了对品质的深切追求，那不可能是"否定的计划"。[2]

弗雷德这篇回应文最厉害的一点是，他指控克拉克将现代主义等同于否定，"关系到对格林伯格说明现代主义如何运作的不加批判的接受"。实际上，在十多年前的《形状之为形式》（1966）、《艺术与物性》（1967）中，弗雷德就对格林伯格将现代主义的本质归为"平面性和平面性的划定"表示了不满，批判那是还原论的、本质主义的。[3]他指责道，克拉克把

1　Michael Fried, "How Modernism Works," 224-225.

2　张晓剑：《论弗雷德与克拉克的现代主义之争》，第107页。

3　［美］弗雷德：《艺术与物性：论文与评论集》，第371—372页注9、第378—379页注6。另外参见张晓剑、沈语冰：《物性的诱惑——弗雷德的现代主义立场及其对极简艺术的批判》，载《学术研究》，2011年第10期。弗雷德当时对格林伯格的还原论和本质论的指控建立在后者的《现代主义绘画》和《抽象表现主义之后》之上；在眼下这篇文章中，他依然以那两篇为依据来概述格林伯格的现代主义观念。

现代主义视为根本上由否定行为所推动，表明他受到格林伯格关于现代主义事业的还原论和本质论观念的蛊惑，亦即"他的态度当然是格林伯格态度的颠倒，但是他的假设却直接源于格林伯格的图式"[1]。弗雷德对这两位现代理论家之间做的联系看似是清晰的、合乎情理的。他认为，克拉克只不过也是以另外的方式推进了格林伯格的论述，只是用"否定的实践"替换了"平面性"；更进一步讲，弗雷德认为，克拉克的现代主义论述仅仅是格林伯格理论的一个映像；这几乎轻视、故意贬低了克拉克的位置，认为他仅仅是格林伯格理论的俘虏而已。

　　尽管克拉克在回应文章中澄清，他对格林伯格后期的本质主义是不认同的，他只是想在晚期资本主义的环境下来更好地解释前期格林伯格的两篇文章及其造成的后果。但是显然这样的反驳从态势上讲，只是无力的防守。

　　我想强调的是，弗雷德在对极少主义的批评中，曾支持"仅在现代主义绘画中才有的一个价值"。他拥有着类似于格林伯格的乐观主义，即艺术可以成为它自己的价值之源的乐观主义，或者说，现代主义有着对品质的深切追求，我觉得这其实仍然是效忠于格林伯格的艺术"自足性"（self-sufficiency）和"自我决定性"（self-justification）的，而弗雷德正是利用这一点来反驳克拉克的否定辩证路径，反驳克拉克将价值归因于别处的观念的。但是，弗雷德同时又指控克拉克对格林伯格给定的路线的接受，以及相似的本质主义。这就让弗雷德的回应文显得异常激烈、咄咄逼人。

　　我的感觉是，弗雷德通过他与格林伯格的异同，以实际上忠于格林伯格的艺术自主观念批评了克拉克的文化辩证观点，同时，又利用克拉克

1　Michael Fried, "How Modernism Works," 222.

对格林伯格信条的接受来攻击克拉克。正是这种二元性加强了他的论辩，即，在现代主义论争的战场上，他简直是同时将格林伯格的理论，既当矛又当盾。

克拉克在随后的回应中说，弗雷德的反驳看起来是勉强而过分机智的，但是却允许他"大大超过各种各样的假想对手"。他认为，弗雷德的兴趣在于保存某种特殊的实践和感受力，一种原始经验的形式和"正确的直觉"。克拉克却对这种哲思似的顿悟不以为然，他所欣赏的成功的解读是"一种对复杂假设、承诺、技巧的动员"，"对象总是借此在利害和论证的背景中（作为部分）突显出来而得到观看"。也就是说，优秀的批评家应该把艺术对象放在历史环境中来考察，就像前期格林伯格一样，他赞誉道："格林伯格作为批评家的最好的年份，是他的解读依然活跃着更广的历史关切和党派性的时候。"[1]

正如张晓剑所总结的，弗雷德与克拉克的分歧源于一个基本的美学问题，即，面对艺术作品时，我们如何进行判断？[2] 弗雷德秉承的是格林伯格、弗莱这条线索，其根源是康德的美学理论——无利害的审美判断与对艺术本身品质的追求；克拉克虽然承认艺术的自治性，但他在研究、评析艺术时要求把艺术置于社会进程中来考察，并且强调艺术与社会的互动关系，这个立场是与情境主义、法兰克福学派和黑格尔美学相联通的。从职业上讲，这里也存在着艺术批评家与艺术史家之间在工作方式上的巨大区别，视觉品质分析与历史研究之间的巨大区别。

平心而论，在这场论战中，弗雷德以压倒性的气场、二元化的辩论，无可指摘地顺位为现代主义理论的最终权威地位，坐上了晚期现代主义理

1　T. J. Clark, "Arguments about Modernism," 85–86.

2　张晓剑：《论弗雷德与克拉克的现代主义之争》，第108页。

论的"王座"。但是，话说回来，弗雷德对"卓越的视觉品质"的执着，为他的批评提供了途径，而这恰恰揭示了他与他如此猛烈谴责的批评态度的潜在一致性，他的理解同样包含着可以用来反对他自己的某些方面。

但是，克拉克与弗雷德也具有共同之处，即，克拉克也看到了格林伯格本质主义的危害，他甚至比弗雷德更看到了格林伯格理论在价值判断上对艺术创作造成的潜在危险，也就是说，艺术家将仅仅进行自己的视觉游戏，隔绝于社会之外，艺术将贫血而亡。在温哥华辩论的结尾处，克拉克语带气愤地针对格林伯格说："你已经成为一种膨胀的艺术自我满足和惰性的代言人了（笑声和掌声）……我并不是说，所有你赞同的艺术家。我是说，因为你的幻觉——这种危机——我们这个时代里的艺术情境的极限性，在这里被表现为一种剥离下来的形式，这就给了那些认为这是理所当然的人以一个执照，他们会说，艺术是个审美领域，让我们继续工作吧，不要说话，画家画画吧——所有这些陈腔滥调！而这正是一个危险。"[1]

而对于格林伯格、克拉克和弗雷德这三者最为精辟的概括，出自图像学家米歇尔的天机之语："格林伯格留下的是一个辩论的空间，克拉克与弗雷德的相遇就是一个例子！"[2] 或者，正如伯恩斯坦对他们两位下的定义，即弗雷德的格林伯格式的形式主义，T. J. 克拉克的格林伯格式的激进主义。[3]

4. 德·迪弗对"现代主义之争"的甄辨与调和

格林伯格、克拉克与弗雷德之间关于现代主义的辩论，并不是一场你赢我输的零和博弈，而是马克思主义者和形式主义者，黑格尔主义者和康

1　T. J. Clark and Clement Greenberg, "Discussion between T. J. Clark and Clement Greenberg," 190-191.

2　W. J. Y. Mitchell, "Ut Pictura Theoria: Abstract Painting and the Repression of Language," *Critical Inquiry* 15, issue 2 (Winter 1989), 363.

3　J. M. Bernstein, *Against Voluptuous Bodies*, 12.

德主义者，或英国左派和美国保守主义者，在艺术领域中的一次论战。他们站在各自相异的立场，对现代主义的本质及运作，进行了深切讨论与切磋。论辩中碰撞出的真知灼见，对于现代主义理论的后续研究和更新深化，具有不可估量的启迪作用。例如，比利时学者、当代著名艺术理论家蒂埃里·德·迪弗便是当年列席温哥华会议、关注这次论战的年轻学者之一；多年后，通过对上述这场论争的细致考察，德·迪弗不仅指出了辩论双方各自的软肋和辩论本身的错位，还凭借知识考古学的研究方式，深刻精准地阐释了现代主义生成和运作的逻辑和机制，调和了"现代主义之争"，更新了现代主义叙事，体现出极强的理论能力。

（1）辩论的错位和克拉克的独创性

德·迪弗对克拉克和弗雷德"现代主义之争"所做出的甄辨，也许是迄今为止最为切中肯綮的裁定。他一针见血地指出，实际上，双方未就同一个问题进行辩论。就格林伯格而言，克拉克深入讨论的是其早期的教义性论文《前卫与庸俗》和《走向更新的拉奥孔》，弗雷德则对此完全无视，单单以其20多年后的《现代主义绘画》和《抽象表现主义之后》为讨论对象；就现代主义而言，克拉克阐释的是其"为何如此"的问题，弗雷德解释的则是其"如何运作"的问题。德·迪弗敏锐地觉察到了那渗透进辩论双方的微妙的不真诚（bad faith）[1]，因为他们只回答自己提出的问题，而不回应各自对手提出的问题，驳斥弗雷德尤其如此。[2]

对于辩论双方的观点和策略，德·迪弗都做了具体评析。

---

1 德·迪弗解释说，这种不真诚是对话者之间的感觉，有时还是盘旋在关于艺术的所有争论的本质。在这种争论中，一方宣称其讨论的是解释，另一方则宣称其讨论的是合适的名字和个人判断。这体现了利奥塔所说的"异识"（differend）的主观性。

2 Thierry de Duve, *Clement Greenberg: Between the Lines*, 53.

首先，他赞同克拉克的观点，反对格林伯格对于"只能见于艺术的价值"与"可见于生活的价值"的绝对区分；他还认为，克拉克的独创性在于对"他者性问题"（question of otherness）的揭示：现代艺术遇到的问题不是格林伯格所说的"庸俗艺术的威胁"，而是收信人（addressee）的缺乏。意即为，因为在现代主义萌生的年代，资产阶级无法胜任"审美仲裁者"的角色，所以现代艺术不能像古典艺术那样找到一个明确可信的"收信人"（如贵族阶层），便将这种"他者"的缺乏，以媒介中的种种缺乏（缺乏深度和空间统一性）表现出来。因为无法从"他者"那里获得价值，现代艺术便将媒介宣告为"它自己的价值，它自己的意义"[1]。德·迪弗认为，克拉克在"为何如此"这点上默认了《前卫与庸俗》中的观点，并将格林伯格所持有的（将政治的激进主义与艺术的先锋派联系起来的）马克思主义信念，推向不可能的境地。[2]但是，在强调现代主义媒介的"否定的实践"时，克拉克却相信阶级斗争会提供给艺术以它应得的公众，这样，他便在将媒介作为一个（有教养的收信人）缺席的场所，和作为一个阶级斗争的场所这两种观念之间，摇摆、犹豫。

其次，克拉克对"平面性"的解释，却被德·迪弗抓住了破绽。因为，根据其理论，平面性正是（收信人的）缺席或（阶级的）斗争带来的结果，这样，他就通过否定的"事实"解释了平面性的"事实"。问题在于，克拉克又将平面性作为一个"流行性"图像的类比物，认为其象征（stand for）着"现代性"；尽管他避免使用"再现"这个术语，但是"象征"这个词，难道不是一个暧昧的替代吗？依据"为何如此"的逻辑，正是"一个可向其表达的胜任的统治阶级的缺乏"导致了"再现的

1　T. J. Clark, "Clement Greenberg's Theory of Art," *Critical Inquiry*, 147.

2　Thierry de Duve, *Clement Greenberg: Between the Lines*, 54–55.

空虚"，导致了现代艺术的媒介极限实验（如马列维奇的黑方块）；假如存在一个已被现代主义在所有艺术中激烈否定、攻击、破坏和平面化的东西的话，那便是"再现"！如果真是如此，平面性对现代性的所谓"象征"（"再现"的替代词），又怎能站得住脚呢？所以，德·迪弗指出，克拉克之所以通篇不提"再现"一词，正是对现代艺术"否定性"格外倚重的体现；他的这种以"为何"解释"如何"的企图，是行不通的；关于现代主义的意义的辩论，则被他降为一场关于再现的政治学（politics of representation）的辩论。[1]

　　而弗雷德却毫不犹豫地以"信念的政治学"作为回应。他没有站在"为何"的范围内来回答克拉克，完全搁置早期格林伯格的悲世情怀和马克思主义立场，全然忽略格氏在《前卫与庸俗》中提出的"艺术自主是对社会历史现实的一种效应"的论点，反而在《前卫与庸俗》被忘却的情境下，讨论艺术"如何"自主的问题，并将其"否定"论指控为格氏还原主义和本质主义的现代主义概念的另一个版本。德·迪弗认为，这是一个非法审讯（rigged trial）。因为，还原本质（reduction to the essence）和否定之间存在着差异，弗雷德对否定和还原的归并，混淆了克拉克之解读的创新性——不将媒介设想为一种被纯粹化的物质材料，而是一个向失踪的收信人进行表达的场所。也可以说，在媒介的合适表达中，社会阶级（收信人）可能被找到，也可能找不到。可是，弗雷德，这位专门著书阐述专注性和剧场性之表达策略的作者[2]，却对克拉克的"他者性问题"这一社会性论点熟视无睹，这显然是刻意的。德·迪弗指出，弗雷德对"艺术向谁表达"这个问题的回避，实际上是对"为何如此"的回避；形象地讲，他并

1　Thierry de Duve, *Clement Greenberg: Between the Lines*, 57

2　参见Michael Fried, *Absorption and Theatricality: Painting and Beholder in the Age of Diderot* (Berkerley: University of California Press, 1980)。

不关心"信息发出时潜在的、无法预知的、被掩盖的传达对象",而只关心"信息实际上传达到了哪里",这就像玩三角形台球池的游戏,球发出后经过了复杂的运动轨迹,而弗雷德却仅仅在"球耗尽活力并停下来时,才重视这个游戏"[1]。从这个意义上讲,执着于"艺术自主"信念的弗雷德,在这时,已经自动成了那个曾经失踪了的现代艺术的收信人,并代表整个历史性生成的社会统治阶级说话。[2] 由此可见,弗雷德对现代主义"为何如此"的回避,让其对"如何运作"的解释大打折扣。

(2)惯例的协定:德·迪弗的调和

在辨别了"现代主义之争"的错位和不真诚,批判性地吸纳了辩论双方的论点,抛弃了他们的政治或信念的党派性之后,德·迪弗以知识考古学的姿态,给出了一个可以将"为何"与"如何"合并起来解释的现代主义叙事。

首先,德·迪弗珍视克拉克提出的"他者性问题",并受到这一问题的巨大启发,但是他并不完全同意其观点,尤其反对其"否定性"的阶级斗争意涵,故而,在剔除这一政治倾向后,德·迪弗给出的现代艺术走向媒介自律的清晰逻辑可以概括为:

> 野心勃勃、意味深长的艺术,本需要有教养的公众;在公众缺席的情况下,艺术家不知向谁去表达和投递,便只能钻进媒介中去寻觅和探索;[3] 这样,媒介便不仅是一种被纯化的物质材料,更是一个向失踪的收信人/他者进行表达的场所;于是,他者即媒介,媒介即他者,

---

1　Thierry de Duve, *Clement Greenberg: Between the Lines*, 60.

2　Ibid., 61.

3　Ibid., 64.

或者说，媒介的身份（技术—美学定义）正是这样的他者性（精神—社会定义）的存在场所。[1]

德·迪弗认为，"如何"与"为何"看似两个问题，却不容割裂，能够成功涵盖二者并形成统一的现代主义理论的关键，是"惯例"（convention）这个概念——在赞助人、购买者等外界影响下的艺术家职业惯例和美学规则。一旦艺术惯例嵌于所有惯例时，一个稳定的协定（pact）便在知己知彼的双方（艺术家和"他者"）之间订立起来；而当这种传递—传达的条件失去时，即如格林伯格所言，当社会在"发展过程中越来越不能证明其独特的形态是不可避免的时候，就会打破艺术家与作家们赖以与其观众交流的既定观念"，作家艺术家们便"不再能够评判观众对他作品中所采用的符号与指称所做出的反应"[2]。于是，在一般情况下，他们便脱离社会，转向自身，在艺术传统上大做文章。

其次，19世纪中叶法国艺术体制的变革，亦事关现代艺术的生成。其中，"沙龙"这个独特的艺术展览机制尤为重要。到了19世纪，最初受法国皇家绘画与雕塑学院控制、具有学院意味的沙龙展览，开始向公众开放，接受大众评判——1855年，几乎90万人参观了沙龙展。这样，"一个可以进行个人审美判断的公共空间被创造出来"，它与"学院精心维持的经典美学标准和长久沿袭的品质产生了明显矛盾，阶级斗争成了趣味斗争"[3]。艺术家的职业惯例，在芸芸大众面前，势必发生变化：任何对艺术惯例的破坏，都标志着与某个公众派别之间的协定的破裂；而要签订一个新协定，就要面向另一个公众派别。这绝不是前卫派对抗学院主义的简单情

1　Thierry de Duve, *Clement Greenberg: Between the Lines*, 53.

2　［美］格林伯格：《前卫与庸俗》，第4页。

3　Thierry de Duve, *Clement Greenberg: Between the Lines*, 62.

节，而是作为观众的"他者"的含混性，带动了故事发展。

一些敏感随性的、不被学院和生计所困的艺术家体验到，他们不可能在攒动的人群中找到取悦的对象，也认识到，这个人群中充满着多元而矛盾的审美期盼、趣味与偏见，而他们就在这种体验中作画。他们还感觉到，需要与那含混的、充满社会矛盾的收信人签订一个审美协定，于是，"正是在这些技术约束的审美压力之下，一个艺术家才名副其实地创造、接受或打破了一个惯例"。反之，在他与还未退场的权威协定之间产生的矛盾压力下，以及与另一个社会群体签订另一项协定的欲望下，"艺术家在审美观点上才创造、接受或违犯了一个技术约制"。通过打破惯例，前卫艺术家驱使公众认识到，惯例或协定都是不定的，而艺术家职业惯例也被推进到一种商榷的境地。[1]

艺术家职业规则，原本是由专业人员制定的；19世纪下半叶以来，艺术家职业地位越来越依赖于公众认同和协商，而传统的专业鉴别，也被公众的评判所取代。面对复杂含混的公众，前卫艺术家茫然无措，遂转入媒介，将技术上的审美约束当作推论新协定的场所，或表达场所。尽管不知道向谁传递，艺术表达都是达成一个协定的先决条件或前提要求。德·迪弗认为，这个协定具有媒介惯例（技术规则）和审美惯例（判断规则）的双重意义，而"一个绘画惯例必然是一个美学—技术规则与一个群体社会的协定"[2]，无法分离。

在那个新旧变换的时刻，原先的社会关系并未消失，所有惯例未被同时质疑，（审美和技术的）传统协定仍然部分有效，因而，对于一个19世纪沙龙艺术家来说，（持传统审美趣味的）公众总是出现在画中，所以，

---

1 Thierry de Duve, *Clement Greenberg: Between the Lines*, 63–64.

2 Ibid., 65.

他不能非常具体地躲避而不去处理那残存的审美共识，亦即媒介的传统惯例。学院派画家在普世主题价值的保护下，将其技术与美学手段降格，有选择性地奉承买家；前卫派画家却敏感、焦虑于审美协定的脆弱和收信人的不确定，转而向媒介自身来表达。媒介不是通道和手段，它反而成了收信人的体现，使他者性得以具体化、有形化。

在德·迪弗看来，现代艺术的媒介实践的根本机制，正是艺术表达与"他者"之间的协定，或者说，技术惯例与审美惯例的砥砺。传统惯例被艺术家破坏（如破坏深度），被破坏的惯例被掷给了无名的"他者"，他们被迫默许了这种破坏，接受并参与了技术—美学惯例的新协商。前卫派画家并不期待那些仍抱有成规的公众，认可新的绘画品质，他只要求观看者在审美判断中给那些传统的惯例施加压力，于是，他便缔结了一个达成一个新协定的协定（机制）。德·迪弗宣称，这便是现代主义自我指涉性的主要动机。[1]

在推导新协定产生的历史逻辑之外，德·迪弗还重视考察个人审美经验。在他看来，一个新的美学协定的正式确立，既需要艺术家的冒险革新，也需要那些已经敏锐感知到陈规正被推翻的、新协定正被重新协商的、来自资产阶级精英的艺术爱好者。他们拥有一种对社会异识（differend）的道德尊重，而这种尊重促使他们审美地感知艺术；他们还具有一种"想要异于普遍共识、非趣味判断"的异议情绪（dissent）[2]，这种情绪自然拥护所有否定性图形（解构、冲突、扯破、无意义）。而那些抛弃

1　Thierry de Duve, *Clement Greenberg: Between the Lines*, 65.

2　关于"异议情绪"，参见Thierry de Duve, *Kant after Duchamp* (Cambridge, Mass.: MIT Press, 1996), 33–35. 中译本参见德·迪弗：《杜尚之后的康德》，沈语冰、张晓剑、陶铮译，江苏美术出版社，2014年，第30—32页："异见——亦即，从字面上看（意味着意见不合 [dissentiment]），出于你自己个人的情感的冲突——的判断或许不再是一种趣味判断，尽管它还是一种审美判断。""艺术之爱也是由异质的情感阵列来加以维系。"这里要感谢此书译者之一张晓剑先生给予的提示。

了"高雅品位"之传统标准的资产阶级精英，开始根据自我感觉及特殊审美经验来建立协定。德·迪弗强调，"单一个体的体验"正是前卫派艺术爱好者的共同审美特征，而克拉克的唯一错误在于，他将"艺术想要向某人表达"中的"某人"赋以一个集体性的名词"资产阶级"，其实，审美协定是在一个个单一的审美判断上建立起来的。只有围绕着对单一作品的鉴赏，经历了无数个单一体验的检验，新的协定才最终被社会性地订立；在这一变革中，那引起最具反叛性的作品，因为在呼唤新协定过程中抛弃了传统、重新定义了媒介，就被推到了现代艺术的杰作之列。[1]

这种"叛例—接受"的新的审美协定达成方式，从根源上说，来自现代性的发展，而这种达成"新协定的协定"，亦作为现代艺术的传统而延传下去。例如，"马奈抛弃了明暗技法，塞尚抛弃了线形透视，立体派抛弃了欧式几何空间，早期抽象派抛弃了具象。这些抛弃被记录在一系列艺术杰作中，构成现代性的判例，并受到'最后'一次抛弃的重新审判，这就是杜尚对绘画本体的抛弃……"[2]

德·迪弗对现代主义艺术自律性的分析，既不单论艺术家的技术创新，也不只讲社会诱因，巧借"发送者—接受者"为模型的传播理论，还原社会历史情境，并矫正了克拉克对"他者"的误判，以"审美个人性"赋予这一阐释以确证性，其逻辑无疑比格林伯格之说更细致，比弗雷德之说更具信服力。更重要的是，他对"现代主义之争"的调和，不仅显示了其个人卓越的理论能力，也体现了西方学界对老问题的孜孜不倦、穷真溯本、青出于蓝的无尽求索，这无疑是西方艺术史理论研究具有丰产性（fecundity）的重要原因。

---

1 Thierry de Duve, *Clement Greenberg: Between the Lines*, 66–68.
2 ［比］德·迪弗：《艺术之名——为了一种现代性的考古学》，秦海鹰译，湖南美术出版社，2001年，第134页。

第五章
另类现代主义叙事与艺术史的反向实践：
T. J. 克拉克《告别观念》辨议

一、历史：缘起与问题

20世纪中叶以来，在各种西方现代主义艺术史叙事模式中，格林伯格的形式主义艺术批评鼎铛有耳，影响深远。格林伯格延续和发展了沃尔夫林和罗杰·弗莱的艺术思想，坚持康德的审美自律论，呼应韦伯社会学的自我立法说，强调现代绘画趋向"平面性""媒介性"和"纯粹性"的形式法则，为基于自律论的现代艺术史奠定了逻辑根由。[1] 格林伯格的理论作为对现代主义的捍辩和法理化，在美国从者甚众，影响深远。与此同时，在大西洋彼岸，艺术史研究的另一支重要流脉——马克思主义导向的艺术社会史也经历了从滥觞、沉寂到复兴的历程，20世纪20年代，弗雷德里克·安塔尔和阿诺德·豪泽尔在英语世界的艺术史研究领域留下了历史唯物主义的种子[2]，却在40年代后因自由主义思潮的压制而冥寂无声[3]，到了

1　在1961年的《现代主义绘画》中，格林伯格指出，每种艺术都具有本质上的媒介独特性，都在其"纯粹性"中进行自我界定，并以此为品质标准及独立性的保证；"平面性"是现代主义绘画的本质和专属特征。Clement Greenberg, "Modernist Painting," in *Art in Theory 1900-1990*, 755-756.

2　Lee Congdon, "Arnold Hauser and the Retreat from Marxism," 51.

3　Davin Craven, "Marxism and Critical Art History," 281.

60年代末70年代初，英法左翼思潮兴起，保守主义美学受到批评，女性主义、新马克思主义刺激了艺术史学界，一场艺术社会史的复兴随之而起，其引领者便是曾经加入情境主义国际、被誉为"新艺术史"旗手的T. J. 克拉克。他在1974年发表的《艺术创作的环境》中宣称：艺术史应该是唯物史观的艺术史，艺术史的实践不能脱离历史、经济、政治和社会生活，但后者不应被当作"背景"，因为艺术同样是社会进程的一部分。[1]由此，大西洋两岸这两种强大的艺术理论思想等待着必然的相逢。

　　格林伯格现代艺术理论与以克拉克为代表的新马克思主义艺术社会史的碰撞，发生在70年代以后艺术史学科的专业化和国际化迅速发展的背景之下。1975年，英国艺术史家效仿美国大学艺术学会模式建立了艺术史家协会，美英艺术史家的交流以会议形式展开了。正是这个契机，让格林伯格的现代主义理论与马克思主义艺术社会史正面相撞，针锋相对；引发了20世纪著名的"现代主义之争"。1981年3月，在主题为"现代主义和现代性"的温哥华会议上，克拉克与格林伯格针对现代艺术的自律性美学问题进行了唇枪舌剑的辩论。随后，克拉克在《批评探索》发表《格林伯格的艺术理论》一文，批判性地解读了格林伯格的现代主义观念，阐发了自己关于现代主义的理论思考；迈克尔·弗雷德对此发表了驳文《现代主义如何运作》，并在《批评探索》同期刊出；次年，克拉克以《关于现代主义的论辩》一文回应。[2]概而言之，在这场论争中，克拉克质疑"平面性"作为现代绘画本质上的"媒介纯粹性"的观点。他认为，现代主义将媒介当作对于资本主义总体性的"否定和疏离的场所"，是一种"否定的实践"，

1　T. J. Clark, "On the Conditions of Artistic Creation," 561–563.

2　对于这一段20世纪艺术批评史上的重要学术公案，国内学者亦有评介，重要的有《文艺研究》2013年第5期上刊载的张晓剑的《论弗雷德与克拉克的现代主义之争》，以及诸葛沂在《文艺研究》2015年第5期发表的《论德·迪弗对"现代主义之争"的甄辨与调和》（《人大复印资料·文艺理论》2015年第12期转载）。

而现代艺术走向无尽解构和极限实验的原因，正是因为资本主义社会中阶级和意识形态的含混性导致了审美标准的不确定性和"收信人/他者"或接收者的缺失，这便促使现代艺术以各种各样的缺乏（缺乏深度、清晰轮廓和空间一致性）将这种不确定性和缺失呈现在媒介之中。[1]弗雷德驳斥了克拉克的这种基于"否定性实践"的现代主义理念，他认为，用"否定性"替代"平面性"的做法照样陷于本质主义的还原论，现代主义艺术家总是在与先前水准的比较中内含对品质的需要；弗雷德还慨然直指，克拉克并没有也很难为他的核心观点提供令人信服的历史事例[2]——后者显然一时无力反驳这个一针见血的质疑，但是它却促使克拉克潜心20年，苦心孤诣地阐释现代主义的"否定性实践"案例，以期回应弗雷德的质疑，并最终呈现在《告别观念：现代主义历史中的若干片段》里（中译本由徐建等译，收入"凤凰艺术·艺术理论研究系列"，江苏凤凰美术出版社，2019年）。所以，尽管在80年代之后"现代主义/后现代主义之争"的大环境下钟情现代主义的克拉克已与弗雷德和解，但是《告别观念》一书仍然是"现代主义之争"的绵延余音；可见，要真正理解这段学术公案，就必须认真研读此书，要深入了解马克思主义艺术社会史的最新动向，同样绕不开它。

在对它绎解、评骘之前，我们应该带着这些问题展开：克拉克的写作是否很好地回应了弗雷德的质疑？《告别观念》提供了怎样一种现代主义叙事？其说服力又如何呢？我们又能从中得到哪些启发呢？

1　T. J. Clark, "Clement Greenberg's Theory of Art," *Critical Inquiry*, 139–156.

2　克拉克在文中笼统提到马拉美、兰波等，却未言及塞尚、马蒂斯、毕加索等现代主义艺术家。他在文中注解道："《批评探索》的编辑建议我就归之于现代主义的否定倾向的东西再多说几句，并举一两个实际的例子。堆积在脑海里的例子太多了……我所涉及的将是现代主义的一个片段或时期，其中大部分又总是与其他的目的或技术混在一起……"从中可见，克拉克对于举例论证已经有了初步的想法，是《告别观念》一书的萌芽，只是一时无法进行系统阐述。

二、叙事：谁的乌托邦之梦？

在进入这些问题之前，首先需要承认，现代艺术从来就不是艺术社会史研究的强项。迈克尔·巴克森德尔的研究专长是15世纪意大利绘画，斯韦特兰娜·阿尔珀斯专注的是17世纪荷兰艺术，艺术社会史研究如果进入现代主义范畴，很难避免落入粗疏的马克思主义"反映论"和"决定论"的危险窠臼；在现代艺术的重心从巴黎迁往纽约之后，马克思主义艺术社会史也很难在冷战背景下的美英立足，我们知道，格林伯格的形式主义理论主宰了"二战"后到20世纪80年代美国的整个现代主义研究。摆在T. J. 克拉克面前的问题有两个：其一，如何以马克思主义艺术社会史介入现代主义研究，从而在他初到美国时站住脚；其二，如何建构起以"否定性"实践为纲的现代主义叙事。

为克拉克建立声誉的两本早期著作，即《绝对的资产阶级》和《人民的形象》，处理的是现代主义前夜的艺术；在1976年正式成为全美大学艺术史学会的"马克思主义和艺术委员会"的创始会员并在1980年被聘为哈佛大学美术史系教授之后，克拉克成功实现了对现代主义早期艺术的历史描述，通过《现代生活的画像》这本著作实践了新的艺术社会史模型。这个研究范式认为，现代主义艺术家在绘画创作过程中敞开了（潜藏于言论、再现习惯或视觉结构中的）意识形态和图画传统砥砺的空间，在此中摩擦与探索的过程中，社会现实给艺术家施以压力并以图画传统的曲折改变而反馈出来，艺术实际上正是社会历史进程的一部分[1]，简言之，只有在对传统或惯例做出改变时，社会现实才能在图画中反映出来；[2]更重要的是，艺术不仅能够体现意识形态表象的斗争，还参与到社会观念和实践的

1　［英］T. J. 克拉克：《现代生活的画像：马奈及其追随者艺术中的巴黎》，第19页。

2　沈语冰：《是政治，还是美学？——T. J. 克拉克的艺术社会史观》。

博弈中，具有能动性和批判性——艺术"成为一个积极主动的代理，'作用'于或操纵那些与之关联的阶级价值观"[1]。对于艺术之能动性和否定性的强调，无疑是克拉克同传统艺术社会史家的重大差别，那么其思想源头在哪里呢？

首先，回望20世纪60、70年代，阿尔都塞的意识形态理论对左派学者影响巨大。"意识形态国家机器"理论宣称了意识形态实践的相对自治性和生产性角色。很快，"意识形态"一词成为艺术社会史的关键术语。包括克拉克在内的左派学者逐渐形成共识：艺术实践是意识形态实践的一部分，而不仅仅是产生艺术的社会的一种表现性反射；艺术实践以不可预知而又具有历史可理解性的形式重新协商和确证了资本主义社会的矛盾，故而艺术实践也是意识形态实践，具有能动性。阿尔都塞理论赋予"文化政治"以可能性。[2]克拉克则显然将这种强调能动性的意识形态理论内化于艺术社会史思想与方法之中，并在马奈及其追随者的艺术中找到了落脚点。其次，60年代兴起的马克思主义导向的社会文化思潮和政治运动情境主义国际对T. J. 克拉克这位曾经的SI成员产生了决定性的影响。情境主义国际具有很深的反抗或改造异化的西方社会现实的先锋派文艺传统；情境主义者想要摧毁由商品和幻象所带来的虚伪体验[3]，他们想利用艺术来实现颠覆性的革命意图，达到对景观社会、商品拜物教和资本主义总体性的否定与批判，进而建构积极本真的生存情境。[4]从青年时代起，情境主义国际就在克拉克的生命中烙下印痕，植栽了思想的种子。例如，"景观社会"这个概念几乎成了组织《现代生活的画像》的线索：通过论述马奈的四幅画作

1 Keith Moxey, "Semiotics and the Social History of Art," 987.

2 Joan Lukitsh, "Practicing Theories: An Interview with John Tagg," 8.

3 Anselm Jappe, *Guy Debord*, 159.

4 Amy Dempsey, *Styles, Schools and Movements*, 213.

（《奥林匹亚》等）揭示了资本主义生产及其提供的商品和服务，从公共场所到私人场所、从大众文化向日常生活的殖民化的侵袭过程，以及艺术家以改变绘画惯例（如西方裸女画惯例）的方式对景观社会的现实压力做出回应；现代艺术的能动性正是通过对（绘画的、社会的）惯例的"异轨"[1]来实现的。

《现代生活的画像》极好地实践了克拉克的新艺术社会史研究方法，将社会史范畴的"现代性"与艺术史上的"现代主义"紧密结合分析，在美国的史学界取得了很大的影响力。可是，这本书并没有面对其他更典型的现代主义者：塞尚、毕加索、利西茨基……也不能一劳永逸地解决上述第二个问题，即建构他在1981年提出的以"否定性"实践为纲的现代主义叙事。近20年后，我们可以在《告别观念》中看到其详细的叙事逻辑，尽管当中的个案分析很难说让众人信服。

具体而言，T. J. 克拉克认为，现代主义伴随现代性而同时发生；现代性想要在一个本质失范、表征危机的符号秩序中建立符号秩序，现代主义实际上就是变化的社会环境在现代艺术传统中的符号性表征；[2]现代性有两个梦想，一是进入个体直观感觉并建立起一个共同认同和存在的资本主义世界，二是以机械、标准的符号控制方式建构起一个非实体的虚拟的符号世界；[3]现代主义相应也有两个愿望，一是以符号来符指社会现实，二是"使符号回到世界/自然/知觉/主体性的坚实基础"（中译本《告别观念》

1　"异轨"（détournement）的意思是"严肃的滑稽模仿"，居伊·德波指出，异轨的主要方式是对流行的艺术品与文本进行拼贴、挪用和置换，将原始元素放在一个新语境中，期待能够向人们警示出日常生活的革命潜力。（［法］居伊·德波：《景观社会》，第158页。）在讨论《奥林匹亚》时，克拉克认为马奈是对西方传统裸女画惯例进行了更改，将一名巴黎的色情交际花按维纳斯的图像惯例进行描画，从而达到震惊世人的效果。
2　［英］乔纳森·哈里斯：《新艺术史批评导论》，第62页。
3　T. J. Clark, "Modernism, Postmodernism, and Steam," 164-165.

［下同］，第17页），通过形式实验建筑起另一种区别于资本主义总体性的总体性，一个基于总体性理念的乌托邦，现代主义艺术家个体在构建这种艺术乌托邦的过程中，恰是通过否定媒介的惯常"一致性"、消解束缚媒介的惯例来达到的，现代主义是将媒介当作对于资本主义总体性的疏离和否定的场所，最终走向绝对解构和极限实验，从而构建一种基于个体性和否定性实践的艺术乌托邦。更紧要的一点，也是克拉克在《告别观念》里反复提到的一点，是社会主义运动与现代主义的共程性和平行性——这两者"在长达一个世纪之久的共同依存中曾一道同呼吸共命运"（第15页），"现代主义感觉到社会主义就是其影子"（第16页），"社会主义占领了可以对现代性加以描述或反对的真实阵地……现代主义（实施的是）对想象阵地的占领"（第17页），"现代主义从事着一场殊死而无效的斗争以便去想象另外的现代性"，"没有终结资本主义存在的实际可能性就不可能有现代主义"（第16页）……总之，克拉克宣称，社会主义的政治乌托邦与现代主义的艺术乌托邦如影随形，甚至纠缠在一起。

这不禁让人想到马泰·卡林内斯库的观点，其认为导致先锋派（avant-garde）产生的现代性从其浪漫的开端伊始便拥有激进的反资产阶级态度；先锋派可以分为政治先锋派和艺术先锋派两种，虽然前者认为"艺术应该服从于政治革命者的需要"，而后者却"坚持艺术具有独立的革命潜能"，但两者的前提都是从根本上改变生活的热望，两者的目标也都是乌托邦的无政府状态。[1]可见，克拉克的立场与卡林内斯库的观点是呼应的。问题是，理论上的论述又怎么落实到具体的个案分析中呢？现代主义和社会主义的共存性（co-dependency），它们共同的乌托邦之梦，又怎样反映在艺术家

---

[1] ［英］马泰·卡林内斯库：《现代性的五副面孔：现代主义、先锋派、颓废、媚俗艺术、后现代主义》，第112—113页。

或艺术品的个别现象中呢？

　　在《告别观念》里，克拉克具体分析了六个极限案例，它们都在某种程度上折射了现代主义对资本主义总体性的否定以及革命梦幻式的乌托邦理想，以及现代主义和社会主义运动的交集和呼应。

　　一类是在社会政治运动的活跃时刻，现代主义给予的回应。三个案例是：1793年的雅各宾主义及无套裤汉运动，以及大卫的《马拉之死》；19世纪90年代初的无政府主义运动与毕沙罗的《两个年轻农妇》；1919至1920年俄国战时共产主义与构成主义者。首先，法国大革命第二年的平等主义、政治恐怖、游行示威以及（经济、思想和"人民"）概念的混乱，与《马拉之死》的空洞背景和密闭性之间存有某种联系，大卫以密闭性（doseness）的符号空间回应了现实。其次，在1891年无政府主义蓬勃发展的时刻，作为信众的毕沙罗在创作《两个年轻农妇》时，陷入了朴素简洁性与怪异惊人性之间，或刻板的认真与夸张的感情之间的拉锯战，在再现上走向了刀锋边缘，以其"感觉性"（sensation）将现代主义推向新的极限，他被迫改变了习惯的平衡，使画作的表面让位于深度，以新的手法回应独特的社会状况（第155页）。再次，是对马列维奇在俄国特殊时刻的创作的分析。20世纪20年代的战时共产主义取消了货币这一资产阶级表征的根本形式，使表意系统和"对符号的信心"处于危机之中，"现代主义在表征崩溃的情况中旺盛成长"（第463页）。马列维奇和利西茨基的构成主义，使这个社会陷入"在马列维奇或列宁的术语中进行工业建设"的自我想象之中，陷入总体性梦幻和无尽变化的梦幻之间的工业化幻想之中，这就能帮助克服战时共产主义下的信心危机，而更深层的逻辑在于，像构成主义这种"现代主义的失重状况和极端主义"，还得自于另一个重要原因，即"对工人阶级运动的温和稳健和完善极端主义修辞的做法的强烈厌恶"。[1]

另一类现代主义，并没有直接与政治运动发生联系，却同样实践着艺术语言的"乌托邦之梦"，《告别观念》里给出的案例是塞尚、立体主义和波洛克：塞尚以反具身化的绘画创作，实践了唯物主义；立体主义以科学主义与合作方式，实践了集体主义；波洛克则以个人主义的激烈的滴画，以前所未有的媒介极端物质性表达出对他身处的晚期资本主义世界之平庸的愤怒。总之，这些现代主义者试图以极端的艺术语言实验建立起另一种逃避、平行甚至对抗资本主义世界景观的乌托邦。

可是我们不禁要问，这到底是谁的乌托邦呢？乌托邦性是林林总总的现代主义的普遍意愿吗？或者说只是某一类现代主义艺术的目标？抑或是作者自己的意愿？在叹服于克拉克这种论证绵密、逻辑奇崛又独辟蹊径的现代主义叙事之外，我们不得不承认两个值得商榷的地方：一是他对个案的选择性，二则是作者自身心怀的党派性——也就是从青年时期便烙印下的激进的左派政治立场。尤其需要指出的是，20世纪70、80年代后，西方的社会主义和现代主义几乎同时走向了衰落；像波洛克那样激烈的作品难逃沦为时尚杂志图片背景的命运，被资本主义总体性所吸纳。这些，正是克拉克在《告别观念》中扼腕叹息的原因，正是字里行间的失落感萦绕不绝的原因。正如焦斯利特所说："对任何完备的解释范式的信念的失落，在克拉克的生涯里，这显然是指马克思主义。还有一个非常明显的失落，即现代主义的终结。"[2]可见，克拉克告别的正是"走向终结"的西方社会主义和艺术现代主义，正是那个属于他自己的"乌托邦之梦"。心心念念的乌托邦也许幻灭了，但是，否定性却牢固地扎根，正如斯言："如果我

1　Donald Sassoon, *One Hundred years of Socialism.* 书中关于修辞与社会主义实践之间关系的讨论，参见第5—82页。

2　David Joselit, "Reivew of *Farewell to an Idea*."

不再能够把无产阶级当作我选定的人民，至少资本主义是我眼中的撒旦。"
（第14页）

三、路径："不确定性"与隐喻

"现代性就是过渡，短暂，偶然，就是艺术的一半，另一半是永恒和
不变。"[1]从波德莱尔开始的对现代性及其特性的探讨，从来都是现代艺术
的历史学家和理论家念兹在兹的研究焦点。T. J. 克拉克的现代主义艺术史
叙事，在逻辑上依赖上文所述的否定性和乌托邦观念，在方法上则倚靠对
现代性本质特征的深察以及事态分析、隐喻中介等具体策略的运用；暂且
搁下这种方法的有效程度不论，先对《告别观念》中反复出现的"不确定
性"这一术语做一辨析。

"不确定性"（contigency）是一种怎样的特征呢？他描述道："（不确
定性）指的是这样一种社会秩序，该秩序从对祖先和过去权威的崇拜转
向了对筹划的未来的追求。……没有了祖先崇拜，意义处于供应短缺的
状态——'意义'在此指的是对价值和见解的赞同及其制度化的形式，是
文化在与自然王国和生老病死的现实进行斗争中具体体现其意义的隐含
秩序、故事和图像。在我看来，韦伯从席勒那里借用的'世界的祛魅'
（Disenchantment）这句话，最好地概括了现代性的这一方面。"（第13页）
简言之，克拉克认为，现代性是从宗教神权社会向世俗社会转型中对世界
一体化宗教性的解体、对科学和知识神圣性的消解，也是主体在文化态度
上对崇高、典范等宏大叙事的能指疑虑或表征确认；正因这种消解，现代
性就是不确定性的集合，可塑而应变。"不确定性……的特征：从过去转

1　[法]波德莱尔：《波德莱尔美学论文选》，郭宏安译，人民文学出版社，1987年，第485页。

向未来，接受冒险，无处不在的变化，时间和空间的可塑性"，"不确定性不是经验性的生活机遇问题，而是表征的问题"（第19页）。或者说，"不确定性"是一个努力去应对，并在膜拜形象、大众运动和极权政体中寻找补偿的过程。[1] 现代性使现代生活充满了不确定、不稳定的现代体验；现代性也让如阶级、意识形态、人民、国家等概念时时处于变化当中，因为"不确定性"正是现代性的本质特征。

笔者想要补充的是，随着20世纪下半叶西方马克思主义的发展，原先僵化固定的"社会基础"概念遭到质疑；受到结构主义语言学的影响，像克拉克这样的新马克思主义者开始借鉴灵活的表象系统概念，替代原先依赖固化的生产关系阶级结构来描述社会秩序的方式，从而体现出社会基础的变化性和复杂性。我们不得不承认，运用"表象等级制"替代抽象化的、范畴性的"社会形态"概念是更为客观和系统的，是对"粗俗的马克思主义"的僵化狭隘的概念矫正。用流变的、不确定的"表象王国"概念来替代刻板固化的意识形态概念，确实是T. J. 克拉克对艺术社会史方法做出的突破。

恰若巴纳德所言，因为对不确定性和表象等级的强调，克拉克便认为，现代主义艺术，始终是处于社会整体变迁中的表征，充满了各种形式的变体，而它们对社会的能动作用程度也全然相异——在他看来，视觉文化（艺术、时尚甚至审美偏好）应该被理解成一组表征，一个符号系统，一种能够复制出阶级等级状况和社会秩序的、具有意识形态作用的"表征的领域"。[2] 现代主义艺术是不确定性的表征，现代主义艺术家并不是被动地表现现代性的这种物质，实际上在艺术家个体的思想与信仰、作品主题

1　Noa Steimatsky, *Italian Locations*, xxiii.
2　［英］马尔科姆·巴纳德：《理解视觉文化的方法》，常宁生译，商务印书馆，2013年，第176页。

和形式语言的辩证探索过程等各个方面，无不体现和参与了这种"不确定性"。所以，《告别观念》中以这个词论及政治活动时，它可能指其中的盲目性、投机性、空洞性或意义的生成，在论及艺术时它又可能指画面上的形式语言（如笔触、色彩）的直接性、未完成性。[1]

　　例如，在《现代主义、后现代主义、蒸汽》一文中克拉克从"蒸汽"这个工业革命关键技术发明出发，描述现代生活的不稳定性，无形、分散的蒸汽正是马奈《铁路》一画中的伟大主题，也是现代性的表征。就艺术和意识形态之间的连接而言，克拉克在论及该问题时也强调了"不确定性"。在《告别观念》的《共和二年的绘画》这一章里，他在具体讨论大卫的《马拉之死》与当时的政治气氛时指出：这些政治实践的细节构成了《马拉之死》；他认为，政治实践是激情的、盲目而瞬息万变的，"政治实践是不确定性的最佳形式，而不确定性构成了现代主义"，"现代主义艺术不仅必须从政治事件中产生形式，而且还要使政治实践的不确定性和偏见性保留在这种形式之中——换言之，不使其发生改变"（第35页）。所以，席里柯《梅杜萨之筏》和德拉克洛瓦《自由引导人民》的诞生与政治实践提供的机遇必然相关。政治氛围的侵染让大卫意识到他所制作的马拉形象是人民需要的形象：为人民讲话，亲近人民，"艺术必须想象它是服务于人民的"。这种意识驱使画家在画面空间和人物形象的处理上凸显出一种背景虚空无形的"亲近性"——由于政治形势的笼罩，马拉的形象极易为人民/穷人/大众等概念所房获，马拉必须被描画为"人民"的一员，然而"人民"这个概念在当时是空洞不定、昧爽不明的，克拉克指出，这种"不确定性"恰恰通过画面上半部分的空白虚空而表征出来。此外，克拉

1　此处思考得到了苏州城市学院设计与艺术学院杨娟娟老师的文章《现代主义的"不确定性"——T. J. 克拉克于20世纪90年代的现代主义研究》（载《艺术史与艺术哲学（第一辑）》，商务印书馆，2020年，第417—435页）的启发。

克在第二章《我们是田间劳作的女性》里还举例论证了，艺术家如何主动以形式语言对自由与秩序的辩证探索来表达现代性的"不确定性"感觉。他在毕沙罗的信件和日记中挖掘论据——画家一再在讨论中强调他所追求的是"和谐"与"感知"，是"感觉系统与对象的实际联系"，画家反复言及"统一、和谐、综合、协调整合、相互区分和印象的澄清……感受、自我的质问、理论和理智的统一"（第203页），克拉克认为这恰恰是艺术家在激进的政治气氛和他自己的无政府主义信仰体系的双重压力下，在理智与情感、形式惯习与颠覆之间寻求表达的过程。

精巧的类比、冗繁的材料、形式语言分析让克拉克将现代艺术与现代性、现代社会政治紧密地关联了起来，这种"接合表述"[1]有时确乎达到让读者瞬时洞明之效，却也有管中窥豹之弊。比如，在论述毕沙罗那一章节中，克拉克花费大量笔墨铺陈渲染社会情境，即那个笼罩在社会和个人体验中的"不确定"感受，可是相对应的作品形式分析却仅仅局限于《两个年轻农妇》一幅画——你可能会觉得这种体量不对等的"接合表述"说得通，因为那个被作为"前景"来铺叙的社会"背景"让你也对"不确定性"感同身受并自然而然地接受了这种对应关系；尽管如此，你可能也会觉得难以被说服，因为他挑选出来分析的仅仅是一幅作品！可见，这个"不确定性"概念就像四两拨千斤的砝码，试图给批评者这样的回应：你可能觉得牵强，但你绝对无法否定"不确定性"的存在——因为，正如波德莱尔所说："现代性就是过渡，短暂，偶然……"笔者认为，这正是克拉克艺术社会史写作中真正迷人而吊诡的地方——"把背景当作前景"。其弊端也是显而易见的：虽然有作品形式分析，但因体量的不对等，"社会"仍凌驾于"艺术"之上；虽能解释"现代艺术的历史时刻"，却无法

1　参见Jane Turner, ed., *The Dictionary of Art*, 914–915。

真正组织起令人心悦诚服的"现代艺术的历史脉络"。

另外，《告别观念》中频繁使用的"隐喻中介法"也值得研究和甄辨。纵观 T. J. 克拉克的研究，从其写作对象来看，根据艺术与社会政治和意识形态的密切程度，现代主义可以分为三种类型：

（1）批判的现代主义。即与时代有密切联系，与主流意识形态激进交锋的艺术。《绝对的资产阶级》《人民的形象》此两部早期著作是研究此类现代主义的代表作。前者探究了19世纪中叶法国第二共和国时期曾经出现的培育"国家艺术"、委托艺术家制作绘画和雕塑来表现革命的企图是如何失败的，并细致入微地描绘了艺术工作者是如何试图控制艺术的赞助体制，而当局又如何巧妙地拒绝这一观念的。[1] 后者则通过分析《奥南的葬礼》，揭示了库尔贝在画面上设置的违反流行图像的断裂之处，他认为这种图像"异轨"挑战了资产阶级主流意识形态的"城乡分立"神话。总之，这两本书都关注艺术与政治的亲密关系，赞扬艺术对意识形态的批判。

（2）修正的现代主义。这类现代主义者并非激进的个体，但是他们企图在绘画中描绘现代性体验，用艺术媒介来检验现代性神话的再现能力，原先的艺术惯例被破坏、颠覆，而通过这些修正带来公众的失语或愤怒，艺术间接地回应了社会现实。《现代生活的画像》便是研究此类现代主义的经典作品。他写道，马奈不是一个库尔贝那种类型的现实主义者，也不是按照现实主义那种对传统的激烈驳斥来处理绘画的，他所策划的是一种僵局，一种障碍[2]——或者说，一种反思。

1　沈语冰：《译后记》，载［英］T. J. 克拉克：《现代生活的画像：马奈及其追随者艺术中的巴黎》，第461页。

2　T. J. Clark, "Preliminaries to a Possible Treatment of *Olympia* in 1865," in *Modern Art and Modernism*, 265.

（3）隐喻的现代主义。现代性体验在这类艺术中的体现是以一种隐喻结构实现的，其主要方式是以极端的媒介形式实验来隐喻性地表达出对资本主义总体性的抵抗和否定。在这个过程中，现代性体验被变形、压缩、抽象、简化，以体现于媒介的物质性或艺术惯例的极端变化效果而显现出来。为了描述这类现代主义，克拉克运用了"隐喻中介法"。

笔者在研究 T. J. 克拉克艺术社会史思想与方法的时候，特别注意了这种"隐喻中介法"。在艺术史领域中，艺术作品与社会背景之间要实现真正的"接合表述"，就要避免粗疏的反映、类比方式，转而进行中介式的调和机制。依照阿多诺的说法，"中介就存在于客体自身当中"[1]，克拉克要处理的就是如何在不破坏艺术相对自主的情况下，维持一幅画"与它所归属的世界之间的既普通又完全有代表性的距离"，他要思考的是艺术自治的观念是在什么基础上产生、动作和被理解的[2]，或曰"自治性得以保证的土壤"。克拉克在对自治性问题的重铸中，隐喻被用来支持和论证那种构建于现代主义理论中的价值的社会性。

例如，对于格林伯格提炼出的现代绘画的本质特征"平面性"，克拉克认为，它的产生与疏离的现代性体验及缺乏深度的社会形成了对应的共感关系，从而"赋予平面性以一种社会学"[3]，对于平面效果的追逐体现了艺术在变形中把握住了社会意识形态。[4]再比如，在《告别观念》的《不悦

1　Theodor W. Adorno, "Thesen zur Kunstsoziologie." 转引自［英］雷蒙德·威廉斯：《马克思主义与文学》，第107页。

2　Gail Day, *Dialectical Passions*, 52.

3　Charles Harrison, *Essays on Art and Language*, 228.

4　参见Norman Geras, "Essence and Appearance: Aspects of Fetishism in Marx's Capital," in *Literature of Revolution: Essays on Marxism* (1971; repr. London: Verso, 1986), 63−84; Peter Dews and Peter Osborne, "The Frankfurt School & Problem of Critique: A Reply to McCarney," *Radical Philosophy* 45 (1987), 2−11.

的意识》一章里，克拉克认为，在1947至1950年间，波洛克的现代主义艺术的隐喻性，就存在对隐喻性解读的执着抵抗中——他反对那种将他的画作安置于任何一种单一的隐喻框架内的读解；克拉克认为，波洛克这一时期的作品越过了隐喻性读解，通过强化（accelerate）隐喻性来阻止产生暗示，并强烈地表示，任何一种参照框架都不适合于界定他的画作，因为画作中的不调和的形象取消了总体性形象。[1]此外，塞尚的反具身化的、极端唯物性的创作，马列维奇的黑方块，毕加索和布拉克重构再现形式语言的努力……都被隐喻为在不确定性的现代性压力下的、在其所诞生的全新世界和特定时刻中产生的乌托邦抱负。

　　所以笔者认为，克拉克为寻找"文本"和"环境"之间的关联，采用的是开放性的隐喻阐释，时而是转喻，时而是提喻，体现出一种变动的辩证分析，也体现出一种游离的、不稳定的感觉；这种隐喻中介法确实拓宽了艺术社会史处理"接合表述"的手段，而且还为吸纳各种哲学概念和理论学说拓展了运用空间，如在论波洛克时引用了黑格尔和巴赫金，在论塞尚时援用了弗洛伊德和保罗·德·曼；但是，这种方法对各种理论的吸纳嫁接，并使它们契合于"不确定性""否定性"和"乌托邦"等逻辑，由此带来的是一种昧爽不清的观感。此外，频频运用各种"理论手术刀"来解剖艺术，显然产生了"文本"对"图像"的僭越，我们作为艺术史学者，对此是应该有所警惕的。

四、反思：艺术社会史的反向实践

　　纵观T. J. 克拉克从青年时代至今的整体研究历程，《告别观念》是其

1　Jonathan Harris, *Writing Back to Modern Art*, 94.

在艺术社会史研究领域里集大成的成就，此后的《瞥见死神》《毕加索和真理》《人间天堂》似乎已经远离了艺术社会史方法，放弃了原先雄辩的整体性叙事，弱化了激进亢奋的党派性，渐渐呈现为一种更为诗意和个人化的写作。这种个人性的"反向"实践，既折射出其自我批判与反思的倾向，又折射出马克思艺术社会史正如克拉克推崇的具否定性的现代主义一样，走向了乌托邦的幻灭，丧失了意识形态的批判性，被资本主义制度化[1]，以至于克拉克扼腕叹息地写下《左派艺术史的终结》[2]的悼文。因此，我们就可以认为，《告别观念》是T. J. 克拉克持续30年的艺术社会史研究的集大成之作，是其研究生涯的阶段性总结。

对于克拉克这一阶段的学术思想与研究方法，学者们的态度见仁见智，褒贬不一。但若要简洁精确地概括这个阶段的研究特点，"反向实践"也许是个不错的按语。T. J. 克拉克艺术社会史的"反向实践"至少包含两层意思，相应地，也给我们两方面的启发和警示。

其一，一种不断反驳、反击、反省的学术经历和研究姿态。T. J. 克拉克的研究生涯是以抵抗反马克思主义的政治与学术气氛、反对豪泽尔式的传统马克思主义艺术社会史为起始的：在论文《论艺术社会史》中他赞誉李格尔、德沃夏克的年代是艺术史的辉煌年代，因为这些老艺术史大师从来都注重在整体历史结构中去思考艺术，考察社会环境及其对艺术的影响，而非仅仅倚赖于某种"神秘方法"（形式分析、图像学）；在《艺术创作的环境》一文中他直斥那种认为"代表性的艺术家"能够提供一个时代阶级意识的粗疏马克思主义为"臆造之物"。[3]到美国任教后，他又反驳和反击格林伯格的形式主义艺术批评和理论，抵制格林伯格和弗雷德的现代

1　Fred Orton and Griselda Pollock, *Avant-Gardes and Partisans Reviewed*, xvii.
2　参见［英］T. J. 克拉克：《左派艺术史的终结》，易英译，载《世界美术》，2019年第3期。
3　［英］T. J. 克拉克：《艺术创作的环境》（载《艺术史的视野》），第103页。

主义理论的线性发展观，并在回应弗雷德的质疑和后现代主义的挑战中，以"否定性"为纲建构起现代主义艺术史叙事，用《告别观念》一书做了总结。再者，进入21世纪后，他又反思了自己之前的艺术史研究，放弃使用"否定"这个术语，转而通过静观、思悟与更细腻的形式分析，开启了新的写作方向。总之，克拉克这种不断反抗或反思的姿态，是其学术动力和生命力的来源；这一点启发我们，既要明辨现时的学术问题并做出"具有问题的研究"，又不能固步自封地画地为牢，应该承认和接纳艺术史学科的开放性。

其二，一种逆实证主义的、以政治激情或总体思想为纲的研究实践。从青年时代起，T. J. 克拉克便批评过纯粹实证主义的、不带任何批判性、不重视艺术能动性的艺术史研究，而他自己的研究则是充满政治热情和批判激情的，具有鲜明的党派性，其艺术史研究符合柯特·W. 福斯特曾呼吁的"以意识形态批评的方法来尝试"的艺术史，是一种"批评性的艺术史"。[1]后现代艺术批评家本雅明·布赫洛曾赞誉道："他的作品一次又一次地重新燃起我的希望，那就是：事实上艺术史写作中也可以融入对艺术品的激情。"[2]确实如此，克拉克的政治批判热情在其写作中是彰明较著的，有的时候甚至有张大其事的嫌疑；以至于在很大程度上，所谓的研究方法、研究策略，都受到政治立场的旌旗行麾般地提纲挈领、调度应对。比如眼下讨论的《告别观念》一书的各章皆受到"导论"中阐述的现代主义叙事的统领，即强调"否定性"和"乌托邦性"的现代主义VS资本主义总体性。毋庸置疑的是，克拉克的党派性与其丰产的研究成果和多样化的研究方法无法分割，某种程度上，正是前者促成了后者。但是在某些学者看

---

1 Kurt W. Forster, "Critical History of Art, or a Transfiguration of Value?", 459–470.

2 ［德］本雅明·布赫洛：《新前卫与文化工业：1955到1975年间欧美艺术评论集》，何卫华等译，江苏凤凰美术出版社，2014年，第3页。

来，他的政治思想又成了一个危险的统治者，这让他选择适合的案例就像选择合宜的标本来解剖，却罔顾其他；这种政治性、理论性、社会性的艺术史将艺术图像当作一个"处于内外交困中的城市"，既破坏了艺术，也破坏了理论本身。[1]

那么，虽然 T. J. 克拉克已经以杰出的艺术社会史家的身份进入艺术史的教科书里，但是当我们面对其政治姿态的时候，当我们在阅读像《告别观念》这样的著作的时候，当我们在研究其思想、方法和策略并试图运用到本土艺术史研究的时候，不仅应该发掘其中具有启发性的闪亮之处，也应该以批判性的目光来考察和省视——"批判性的目光"也许正是克拉克本人对读者的期待，因为，这正是他一直拥有的目光。

1　Ian Heywood, *Social Theories of Art*, 5.

第三部分

个案研究与解析

第六章
公众形象和公共艺术的困境：
1848革命年代的艺术

1973年，克拉克出版了两部以博士论文为基础的著作《绝对的资产阶级：1848至1851年间法国的艺术家与政治》与《人民的形象：库尔贝与1848年革命》。这两本以法国1848年革命及法兰西第二共和国时期政治与艺术为研究对象的著作，既奠定了他作为国际艺术史家的地位，也成为新艺术史的先驱之作。这两本书的主体创作于1969年。当时，克拉克虽然已从1968年五月风暴的革命激情中冷却下来，但60年代末的社会政治动荡和自身遭际，促使他将目光聚焦于同样动荡不安、虚无激进的19世纪中叶；时代气氛的相似，心境情绪的共鸣，使克拉克不仅察觉到自己所处时代与所研究时代的共通之处，也意识到重新审视激荡时代的艺术，探析艺术与政治、文本与环境之间关系的重要性。

在《绝对的资产阶级》中，克拉克剖析了在1848至1851年间的革命变迁，集中阐述了米勒、杜米埃、德拉克洛瓦的绘画及波德莱尔的写作，分析他们是如何试图追随他们的时代步伐的；而在《人民的形象》中，克拉克深切关注库尔贝的作品，试图将他从那大肆宣传的"右或左的传奇中"拯救出来。他要解决的问题是：在那动荡不安、变幻多端的社会政治环境下创作出来的艺术，是如何展现出艺术家在适应"历史的碰撞及其特殊走向"时所适时造化的再现方式的；以及，艺术家为了使艺术达到政治效果，成为政治艺术，而对政治、公众和赞助体制进行利用的方式。

实际上，因为1848年这一重要时刻的极端混乱性，对它进行文字描述本身便不是易事。马克思在《路易·波拿巴的雾月十八日》一文中坦言："这一刻，内容漫出了句子。"他在写作过程中察觉到的问题是：如何找到一种充分合适的"措辞"，去论述一个处于转变中的、变乱不定的"内容"？[1]既然1848年的社会政治环境本身便是混乱不变的，那么对于处于这一动荡环境中的艺术，又如何能以合适的修辞描述其隐藏的意义，描述其对那环境的表征方式呢？一般的学者定会对这"充分性难题"知难而退；那是因为，他们仅仅拿社会历史环境作为"背景"；他们不像克拉克一样，将艺术看作社会历史动态进程的一部分，将艺术看作一种卷入社会进程的动态过程。克拉克却选择了谨慎的路径，他声明："不准备先写历史，再写艺术史，因为这样往往会回避问题的实质。"[2]为了充分地描述社会动态进程中的艺术，他宣称，将试图去描绘那"视觉表现的有效系统，艺术的最近理论，其他意识形态、社会阶级，以及更一般的历史结构和过程"，是如何以复杂和不确定的方式，在一个单一艺术作品中结合的；[3]继而沿着这一大体规划，从单一作品出发，揭示机械的图像/反映系统背后所暗藏的具体意义，去了解/背景（结果）如何变成/前景（原因），并揭示两者之间真实复杂的关系，而不是形式和内容之间的"类比"。克拉克认为，"艺术家所呈现的再现方式，那种"与历史的碰撞及其特殊走向是由艺术家本人决定的"；"随着历史推进，这些解决方法自身也在不断地完善和转变；每个艺术家，每幅作品，它们都具有历史的特殊性"。[4]所以，克拉克是以

1　Colin Mercer, "Public Subjects and Subject Publics," 361.

2　T. J. Clark, *The Absolute Bourgeois*, 9.

3　T. J. Clark, *Image of the People*, 12.

4　Ibid.

对艺术作品的剖析为立足点，深切探查艺术家对当时社会政治状况的态度，从而揭示艺术再现方式对历史情境的回应。

一、"公众"：方法论的起点

尽管克拉克宣称"不准备先写历史，再写艺术史"，但"人民"（people）或"公众"（public）这类概念，却是上述方法论的起点——因为，在19世纪中叶法国那风起云涌、风云际会、激昂澎湃的革命年代，它们是多么关键、多么易变、多么不确定的词汇。正是这类概念那变迁不定的内涵，牵引着艺术家对革命进行回应；因此，这两本著作所论证的1848至1851年间最关键的政治元素，便是"公众"。

克拉克认为，19世纪中叶时代话语中的"公众"一词，一直是个模糊不清的概念，它并不等同于那些可以凭经验检验的所谓"观众"；有时，它的显现，类似于弗洛伊德所说的无意识，"无意识就是意识的一种体现，是错误的终止，是正常讨论中的沉默与停顿"；在评论家的口中，公众就是组成公众的那些个体的体现；一旦仔细倾听那些评论话语，便能在最无法理解的地方发现评论家心中的"公众"含义，它像无意识一样在终止之处得以展现；它还决定了个体言论的结论；但是它往往无法被表达，尽管它是最为重要的概念。[1] 也就是说，对"公众"的社会认知因时间、场合和个体之不同而变化，这种认知影响了艺术家的创作和评论家的回应，而且，"公众"还是先于创作过程的先在的因素。"它是作品中和创作过程中先见和幻想的部分"，而不是艺术家有意识地注意、满足或拒绝的东西，它像无意识一样存在于艺术创作过程中；虽然它往往是艺术家独处时的创

1　T. J. Clark, *Image of the People*, 12.

作发明，但它不是出于艺术家自愿，也从来不是艺术家所预想到的东西。[1]

克拉克又提出，对艺术家来说，创作、冒犯、附和、藐视他心目中的"公众"是艺术创作中必不可少的一部分。"如果我们想要理解19世纪中期的艺术进步和与之而来的失望悲观的话，我们就要了解更深处的状况。当这些朝向公众的立场一旦变成一种自发的或审慎的考虑（一方面是，使资产阶级震惊；另一方面是，迎合市场），或是当公众成为一个过于固执于具体存在或是过于抽象于不真实的概念时，艺术就已开始变得病态重重。"[2]换言之，"公众"这个概念成为艺术家心中的一个秤砣，它的内涵随着社会政治情状而变化，而艺术家对它的立场的变化决定了艺术家再现方式的变化。他简略地举库尔贝为例，他认为，对"公众"的呈现或模糊定义其为主要题材和观众，是库尔贝艺术的主要动机，也是他1848至1856年间绘画巅峰时期的重要主题，而一旦他对表现公众懈怠之后，他的艺术便陷于不断的衰退之中了。

正是对表现"公众"及艺术家与其的遭遇的执着追索，决定了米勒、杜米埃、德拉克洛瓦、波德莱尔和库尔贝等人的作品的重要性。在1848年，"公众"有时类比为"人民"，对于创作中的艺术家，甚至每个人的社会和政治的日常工作生活来说，"公众"都是个重要问题。那么，是否能够给1848至1851年间的"公众"以一个确切的、固定的定义呢？这公众，这人民，正是那些在1848年2月占领了市政厅和杜伊勒里宫的人吗？或者，是那些蒙塔涅的小资产阶级支持者吗？又或者，是那些在同一年4月投票给获得的保守派的人吗？又或者，是那些在路易·拿破仑即将摄取权力时所授权的那些农民吗？

1　T. J. Clark, *Image of the People*, 14.

2　Ibid.

　　显然，根据马克思在《路易·波拿巴的雾月十八日》中的坦言，要给其内涵限定根本性的内涵是不可能的。因为，"公众"概念的易变性和不确定性，正是其在第二共和国时期的本质特征。所以，要指出"公众"确切内涵的根本性的不确定性，克拉克就要避免一种纯粹数量的或社会学的评定；而将艺术家对"公众"的体验，作为论述的重点。

　　沃尔特·本雅明曾经在论述波德莱尔时说，对于波德莱尔来说，决定性的体验是"群众的推搡"；正是这一遭遇，驱使他去面对那"现代生活的英雄主义"。而对于米勒、杜米埃、德拉克洛瓦和库尔贝来说，这种（与公众的）遭遇，也一样如此具有决定性，并以不同的方式表现出来。克拉克雄辩地论述道，在他们的作品中，这种能够部分地感知到的，尽管有些朦胧的公众的存在，正是他们作品的一个本质要素。[1]

二、街垒：最突出的题材

　　马克思曾写道："二月革命是漂亮的革命……六月革命是惹人厌恶的丑陋的革命。"[2]克拉克认为，马克思的这句话里包含的对于革命的矛盾情感，一定是事出有因的，其原因也会潜藏于1848年的街垒艺术中。

　　巴黎的艺术家受到了1848年革命前后资产阶级革命态度转变的影响。他们看到，这些资产阶级革命者本与人民站在同一战壕，最后却站在群众反抗者的对立面。[3]克拉克详细地阐述了从二月革命到六月革命的革命焦点及资产阶级对工人阶级的态度转向状况，继而以这段时期最突出的绘画题材——街垒——为切入口，论述几位艺术家在变幻时局中的创作表现。街

1　Colin Mercer, "Public Subjects and Subject Publics," 362.

2　Karl Marx, *Karl Marx and Frederick Engels*, 161-162.

3　张茜:《阶级的形象——T. J.克拉克谈法国1848年街垒艺术》，第71页。

垒战是19世纪城市革命的典型手段和战斗场景，巴黎人民恰恰是通过这些街垒，完成了对整个巴黎城市空间的去中心化——通过街垒来分割巴黎的交通组织，每一个街巷，都成了一座战斗堡垒。在绘画作品（如流行的版画）中，街垒既是战斗场景的组成部分，又是展现革命者形象的舞台，更是资产阶级纪念和宣扬革命荣光的载体。1831年的沙龙展中，德拉克洛瓦的《自由引导人民》即纪念和肯定了资产阶级伟大的革命事业，但是克拉克却认为，这件作品在"诠释了神话的同时，又颠覆了它，用自己的表现说出了一些资产阶级不愿听到的声音"[1]。这种意味体现在画面中女神的形象上。女神的身体姿态表达出了斗争的情绪，其开阔的肩膀和强有力的臂膀，仿若一位饱满着革命战斗激情的女工人。克拉克认为，德拉克洛瓦是无意中将女神描绘成这样——人民革命先锋的代表形象。而这种对"共和国女神"的描绘方式，一直延续到描绘1848年二月革命街垒战斗的画面中。1848年2月29日，慕尼黑起义，大学生、工人、市民联合占据军械库，要求巴伐利亚国王路德维希一世以及他的宠妾"罗拉内阁"下台，皇帝被逼成立一个由中产阶级代表组成的新内阁。法兰西第二共和国成立后，一方面，临时政府也不得不在一系列问题上向工人阶级让步，接受工人的要求；另一方面，他们施展阴谋诡计，聚集力量，准备向无产阶级进攻。他们通过改组国民自卫军，解除了工人的武装。随后，巴黎工人的六月起义惨遭失败，工人阶级被孤立和打压。克拉克认为，这种阶级矛盾对立境况，能够在杜米埃的作品中找到蛛丝马迹。《杜伊勒里宫内的顽童》的脸部表情，要比《自由引导人民》中街头儿童的脸部表情更为傲慢粗野，《街垒中的家庭》中工人身份的父亲的头部显得倔强、强硬，画家在描画时似乎少了一份同情和怜悯，多了一份冷漠和疏离，克拉克认为这显然体

1　T. J. Clark, *The Absolute Bourgeois*, 17.

现了资产阶级对工人阶级的提防和戒备。

　　克拉克认为，像杜米埃这类画家，在目睹和经历了资产阶级对无产阶级的无情镇压后，街垒艺术中的人民形象——这个革命时期的艺术主题，变得空洞和虚幻了。克拉克敏感地捕捉到了画面形象中违背惯例的地方，将其与当时的社会政治情境紧密地结合在一起，立体地构建起了当时的艺术历史状况。

第七章
艺术与意识形态的交锋：库尔贝与1848年革命

所有蹩脚的诗都是真诚的。

——奥斯卡·王尔德

早在1969年，T. J. 克拉克便在《伯灵顿杂志》分两期发表了《一次资产阶级的死神之舞：麦克斯·布琼论库尔贝》[1]的论文。在这篇文章的开头，他就一针见血地点出了当时库尔贝研究所面临的瓶颈："每个人都同意，至少在某些时刻，库尔贝的艺术是政治性的；但对于这种政治性到底是优势还是缺陷，却没有一致的意见。产生这个问题的一部分原因在于，政治艺术（political art）概念一直没有精确的界定，另一部分原因则是，体现库尔贝的政治观点和政治意图的证据的缺乏。"[2]当时，对库尔贝艺术政治性的前沿研究成果，是迈耶·夏皮罗的《库尔贝和流行图像》一文和琳达·诺克林的著作《古斯塔夫·库尔贝作品中现实主义的发展和本质》。[3]

1　T. J. Clark, "A Bourgeois Dance of Death: Max Buchon on Courbet—I," 208−213; "A Bourgeois Dance of Death: Max Buchon on Courbet — II," *The Burlington Magazine* 111, no. 794 (May 1969), 286−290.

2　T. J. Clark, "A Bourgeois Dance of Death: Max Buchon on Courbet—I," 208.

3　Meyer Schapiro, "Courbet and Popular Imagery: An Essay on Realism and Naïveté," *Journal of the Warburg and Courtauld Institutes*, IV［1940−1941］, 164−191; Linda Nochlin, "Gustave Courbet: A Study of Style and Society."

而克拉克这篇文章的目的，是要呈现一份库尔贝在1849和1850年的政治性艺术意图的实质证据，那便是画家的朋友麦克斯·布琼（Max Buchon）对《奥南的葬礼》公开发表的评论。[1]他在条分缕析地探讨了布琼将此画看作"死亡之舞"的寓言性评论后，新颖地提出了有关画家政治意思和画作政治效果的独到洞察。实际上，1969年，正是克拉克从情境主义国际的桎梏中脱离出来，从1968年五月风暴的狂热气氛中冷却下来，并踯躅于牛津大学圣安妮学院，埋头撰写两部划时代著作的年份。而这篇有关库尔贝艺术的激进政治性的论文，正是《人民的形象》的先声之作。

《人民的形象》与其姐妹篇《绝对的资产阶级》，被认为是过去30年来占统治地位的艺术史研究方法——艺术社会史——的奠基性著作。[2]当时，对现代艺术史的研究方法，正如克拉克所指出的，统统笼罩于对"记述英雄般的先锋派历史"（the history of an heroic avant-garde）的热衷以及形式主义者对"一种纯粹感觉的艺术"（an art of pure sensation）的颂扬之中，而他这本书的目的是"探索在此期间（1848年革命那几年）艺术和政治捆束在一起的真实而复杂的关系"[3]。尽管这一宣言在现在读来并非震惊之语，但对于当时的艺术史界来讲，其特立独行可谓横空出世。对此书的反击和批评首先来自注重实证研究的学院派和博物馆界学者[4]，他们在书中发现了一种潜藏的危险，即缺少了主流艺术史的中立的客观性（objectivity）。阿兰·博尼斯（Alan Bowness），这位后来的泰特美术馆馆长，在《伯灵顿杂志》发表的书评中严词指责道："书中的腔调是尖厉的，有时甚至是虚

---

1 Max Buchon, "annonce," *Democrate Franc-Comtois* (25th April 1850).

2 Alastair Wright, "On T. J. Clark: *Image of the People*," 164.

3 T. J. Clark, *Image of the People* (Princeton 1982), 18 and 10.

4 2013至2014年，我以"联合培养博士"身份在得克萨斯大学达拉斯分校跟随理查德·R. 布瑞特尔（Richard R. Brettell）教授研究期间，曾问过英美艺术史家界对T. J.克拉克的看法。他说，一直以来，对克拉克的批评主要来自博物馆界学者。

张声势……波德莱尔、尚弗勒里或库尔贝……成了舞台上的演员，扮演那历史必然性理由分派给他们的角色。"[1] 应该说他的观察没有错，克拉克在早期著作中就体现出了黑格尔主义的意味。但博尼斯最敏锐的洞察在于：《人民的形象》牢牢地烙刻着党派性忠诚。确实，受熏陶于20世纪60年代的知识分子气氛，克拉克的写作立场是马克思主义的，或者说是一种新马克思主义，而这种立场在那已成为新艺术社会史宣言的第一章《论艺术社会史》中，已经提纲挈领地倾倒而出了。

一、破与立：艺术与意识形态的关系

可以说，此书第一章《论艺术社会史》[2] 是一篇整饬规范的理论性论文，以一种公然明确的新马克思主义视角，来处理艺术史研究方法中的一般问题。克拉克所做的第一步便是轻蔑地概括总结了正统马克思主义将艺术看成一个时代统治意识形态的反映的观点，他以库尔贝为例反问道："（换照反映论的逻辑来讲）库尔贝受到现实主义的影响，而现实主义又受到实证主义（Positivism）的影响，而实证主义是资本主义物质主义（Capitalist Materialism）的产物。在这样的话语逻辑中，任何人都可以依照自己的喜好往这些名词上撒下细节；而其实，动词才是问题所在。"[3] 克拉克所指责的"动词"，是这样一种单向的"决定"关系：社会的经济结构（这一经济基础［base］）决定了其他一切——所有其他的，法律、文化和艺术形式（上层建筑［superstructure］），都被动跟随着无处不在的经济基础。在这种决定论或反映论的马克思主义艺术阵营中，皇皇巨著《艺术社

1　Alan Bowness, "The New Courbet Literature," *The Burlington Magazine* 119 (1977), 291.

2　此文已经译成中文，参见［英］T. J. 克拉克：《论艺术社会史》。

3　T. J. Clark, *Image of the People*, 10.

会史》的作者阿诺德·豪泽尔是首发其冲的被批判对象。在1982年《人民的形象》的新版前言中，克拉克就指出，豪泽尔的《艺术社会史》正是这种错误的研究方式的最主要例子。[1] 他甚至对1973年原书第一章的标题表示反省："我现在多么后悔《论艺术社会史》题目中表现出的对豪泽尔的讽刺性的客套！"[2]

正相反，克拉克坚持认为，艺术应该是一个更积极主动的角色："一幅艺术作品的创作……是一系列在历史中进行，又对历史产生作用的行动……一件作品也许具有意识形态（换言之，那些观念、图像和价值是被广泛接受的，占统治地位的），意识形态也能作为材料，但是它却在**运用**（works）那材料；它给其一种新形式，在某些时刻，那新形式本质上是一种对意识形态的颠覆。"[3] 当然，这里所指的颠覆不是那种主动积极的革命宣传等具体事物，而是在图像创作中质疑它所浸淫于其间的意识形态。

这就赋予了艺术以颠覆那遮挡着我们观看世界的眼光的意识形态的能力，而且是一种必须具有的能力。他认为，主流艺术史家"像研究显见的景象一样研究盲区"[4]。"图式传统与模式的问题已经大大改变了。问题已经变成：为了看到某些东西，我们应该对它们相信什么？"[5] 克拉克在这里针对的显然是贡布里希。也就是说，正是意识形态，而非无政治意义的图式——正如贡布里希在《艺术与错觉》（1960）中的观念——限制了艺术家眼中的景象。克拉克向我们举了亨利·詹姆斯（Henry James）的作品《金碗》（*The Golden Bowl*）中的王子的例子，这个男子简直看不到"某一

1　T. J. Clark, *Image of the People* (Princeton 1982), 6.

2　［英］乔纳森·哈里斯：《新艺术史批评导论》，第68页。

3　T. J. Clark, *Image of the People*, 13.

4　Ibid., 15

5　Ibid., 16.

社会平面下"的东西（因为一个店员站在他前面，在他粗野的出现之外，王子看不到他的其他任何方面）。这种盲区，克拉克认为，"是一种19世纪的病症"，而艺术是最受其传染的。[1]

正如阿拉斯泰尔·怀特（Alastair Wright）所指出的，在1973年，克拉克并不是唯一一位对"经济基础—上层建筑"模式表示保留意见的人物。另一位新左派艺术史家尼科·哈吉尼柯劳同年出版的《艺术史与阶级斗争》中包含着同样的质疑。[2]但是在对特殊的艺术作品的分析中，这些质疑又消失了，他提供的，是对一个时代的视觉意识形态的高度概括性的解读——对于他来说，几乎总是统治阶级的意识形态的反映（在19世纪，那便是具优势地位的中产阶级的意识形态）。[3]这显然是因为哈吉尼柯劳受到了阿尔都塞理论的影响。阿尔都塞放弃了必然的反映论，代之以一种扩展的以表意系统（systems of signification）来界定的意识形态概念，覆盖了社会生活的所有方面，体现在文化表征的所有形式中，那么，艺术作品和所有其他包围着它的事物之间，就没有美学上的隔离线。但是克拉克意在将艺术作品从其他同属于文化范畴的文化产品那里区分出来，坚持着内在的审美价值。[4]克拉克明确地避开了这种划分时代的历史，而聚焦于第二共和国时期（1848—1851）这一狭窄跨度，相比哈吉尼柯劳，他对于阶级这一问题远为精确：他注明，那时"不止一种中产阶级，不止一种阶级在挣扎奋斗"[5]。确实，克拉克对当时的社会经济环境、阶级结构、思潮风尚的注意，决定了他对当时意识形态复杂性、多样性和流动性的判断，而这种判

---

1 T. J. Clark, *Image of the People*, 16.

2 Nicos Hadjinicolaou, *Art History and Class Struggle*, 77–78.

3 Alastair Wright, "On T. J. Clark: *Image of the People*," 166.

4 Keith Moxey, "Semiotics and the Social History of Art," 987.

5 T. J. Clark, *Image of the People*, 142.

断是极其具有说服力的。而《人民的形象》这本书的目的则在于给出一个中介性和关联性的论述，即将艺术作品与其他社会进程联系起来；其中心问题便是，库尔贝是如何找到视觉形式，来完成将人民的形象带入视野这一任务，而人民的形象看起来又是怎么样的，而这种新形式又是怎样颠覆了现有的意识形态的。

开篇第一章所设定的方法论，被接下来五章所遵循，这五章在组织严密的理论框架内进行细密的历史和图像分析，从而使《人民的形象》既鲜明地区别于1970年的主流的西方艺术史，又异于寻常的马克思主义艺术史，这正是克拉克所渴望达到的效果。

二、分裂的形象：艺术家的波希米亚之梦

习以为常的库尔贝的固有形象，在克拉克眼里是一个有待解开的谜："一个虚荣的男人，一个天真的人，一个幼稚的人，一个没有文化的农民，甚至连'rien qu'un peintre'都不会拼写。这一形象，被他那些或多或少有点不知廉耻的朋友固定在现实主义以及政治性作品中。"[1]克拉克想要将库尔贝从右翼和左翼陈陈相因的说法中拯救出来，想要摧毁这个"将创伤混合进政治中的和蔼可亲的小丑形象"，想要"把他的艺术和他的生活方式区分开来，单独探讨它们各自的特点；想要对库尔贝画中人物姿态进行分析解释，寻找他自负和野心的源头，解释为什么库尔贝要混淆他的艺术和他的生活"[2]。

克拉克从传记、共时性评论、支持者的文字材料、信件等等中寻找证

1　T. J. Clark, *Image of the People*, 22.

2　Ibid.

据，同时结合19世纪中叶巴黎艺术家群落中流行的波希米亚风格的特点，对库尔贝的个人传奇进行寻踪觅迹般的考察。他注意发现、拣选和甄辨原始材料中的矛盾点、冲突处，从而将库尔贝的整体形象更鲜明而雄辩地塑造了出来，这让学院派艺术史家比其他某些艺术史家更快更全面地喜欢这本《人民的形象》这本书。[1]

库尔贝是怎样的一个人呢？一方面，他喜欢待在巴黎的啤酒店而非咖啡馆，喜欢描绘农村生活而非都市场景，他有意地与资产阶级保持距离；另一方面，他又深入资产阶级圈子，了解它，却又假装无知，从而利用巴黎精英分子的思想而为自己的创作服务。这种种的混乱与矛盾，使他的艺术呈现出含混而粗粝的面貌：天真单纯的自然风格，既是其性格本质的体现，又是揭露巴黎的一种策略，还是使他保持住犀利道德意识的政治保障。正如克拉克所言，总的来讲，他是一个矛盾综合体，一个极端主义者，一个有怪癖的人，一个地下工作者。[2]这个具有多重性格与身份面向的库尔贝，绝非那种教科书中提供的单一面孔的革命现实主义光辉形象。

如果说保持天真是库尔贝传奇的核心，如果说保持原始性是他实现抱负的雄心与途径，那么库尔贝又为何显露出复杂性呢？克拉克认为，正是天真本身，才是库尔贝的个人和艺术呈现复杂性的本质原因。这在画家所倾心热衷的艺术波希米亚生活方式中便能觉察出来。

首先，克拉克细考了波希米亚在1830至1850年期间的人群和内涵嬗变。起先，它指代的是一帮生活无忧、游手好闲的"富二代"，其后则成为一种追求悲哀的浪漫、反对资产阶级的生活方式的代称，到了19世纪中叶，波希米亚凝聚成为一个真实的社会阶级——贫穷、落魄、反抗、怀旧、自我、

1　M. D. Biddiss, untitled review, 434−436; H. D. Weston, untitled review, 321−322.

2　T. J. Clark, *Image of the People*, 23−32.

狂热、无政府主义，对资产阶级社会极度反感……它是巴黎无产阶级和受教育阶级之间的中间地带，它是一个复杂、矛盾、含混而分裂的社会群体。库尔贝便从属于这一阶级，他的绘画实践始终披着波希米亚的外衣。

克拉克试图解决的关键问题是库尔贝的身份：农民，波希米亚，两者兼具？克拉克解决这个问题的方法是，对画家的几幅自画像进行精神分析式的剖析，这种弗洛伊德方法的运用最终仍然是为了实践马克思主义艺术社会史的研究目的。

库尔贝有多幅自画像。克拉克在对《叼烟斗的男人》这幅自画像的具体分析中指出，其头发和胡须的粗糙坚硬、面部表情的挑衅，与抽烟者的脆弱和眼睑处的阴影显示出的虚弱，进行了直接的对比。克拉克将这些矛盾之处作为主体自我分裂的标志："狂热、禁欲主义和幻灭是波希米亚式绘画的本质组成要素。但这三者在自身立场上同时也是相互矛盾、模棱两可的概念，而且还不相互兼容——库尔贝笔下人物的头部显示了他们分裂的人格；他们的冲突，同时也是共存的状态。这也是第一次库尔贝无法对自己有一个明确的认识，从这一点上说，它也象征着一种进步。"[1]他认为，这幅画的失调之处揭示了库尔贝在建构艺术波希米亚中与其对自己波希米亚身份想象之间的矛盾。对艺术家个人性格心理的剖析反映了克拉克的这一观念：艺术家是使个性、视觉文化和社会状况交错的内部和外部力量的媒介，是艺术家使艺术与历史、与意识形态的遭遇具有了可能性。[2]画面中失调分裂的地方，其源头所在，正是阶级之间或阶级之中的紧张关系。这种紧张关系在库尔贝和他的朋友及批评家身上体现出来，也在《奥南的葬礼》中体现出来了。

1　T. J. Clark, *Image of the People*, 45.

2　Gabriele Guercio, *Art as Existence*, 244.

三、颠覆神话:《奥南的葬礼》中的断裂

对于克拉克来说，库尔贝自画像中体现出的这种模棱两可的含糊性、不确定性以及分裂性，正是构成当时政治状况的因素所致。在接下来的第五章和第六章里，克拉克多管齐下，一方面从社会学角度，利用多方面材料——档案材料、纪实文学、新闻评论甚至库尔贝本人的家庭状况，揭示1849至1851年间农村与城市、农民与资产阶级等社会结构和政治结构的状况；更重要的是，另一方面，克拉克不仅从画作的视觉分析方面，还从人们对库尔贝重要画作（《奥南的葬礼》）的反应入手，在画作探讨造成这种集体"失语"的失调之处，从而指出正是库尔贝借用、修改流行图像，在画中对阶级稳定结构的质疑，颠覆了资产阶级有关农民和资产阶级之间、城镇和乡村的习俗的固有成见，以及占统治地位的流行意识形态。所以，第五、第六章可谓是《人民的形象》一书的重中之重。

克拉克极力去凝结解译那更广阔的历史环境，特别是乡村里快速变化的政治派别（political allegiances），他认为这种政治忠诚不是一个统一体，而是一种无尽的阶级、地域、城镇和农村的分化组合，这种分化都伴随着它们自己的历史而形成。他在文学领域中找到了一个旁证，那就是巴尔扎克的《农民》。巴尔扎克在《农民》中所描述的战争是，虽然农民现在已经意识到自己的主人已从这个（大地主）换成了另一个（资产阶级）；他们凝视着一大片一大片的地产，却只能看着它们被分到资产阶级的手中。难怪，在1851年12月，农民阶级开始暴乱，这次暴乱对准一切核心问题。而资产阶级取代了贵族阶级，成为农民不满的中心。1844年的小说中所预言的未来社会正是1849至1851年间法国乡村最粗略的境况。而这个世界已经慢慢地，但是毫无疑问地入侵了库尔贝的人生。[1]克拉克了解了库尔贝

1　T. J. Clark, *Image of the People*, 96–98.

家庭及他朋友所感觉到的变化，实际上，库尔贝的家庭同样处于两难的处境，他们处在农民和乡村资产阶级之间的社会地位。换言之，在库尔贝家里，就上演着"穿罩衫和穿燕尾服人之间的战争"[1]，也就是农民和资产阶级之间的战争。而这，就是画作《采石工》和画作《奥南的葬礼》产生的时代背景：一场乡村人民的战争。

克拉克认为，在《奥南的葬礼》中，库尔贝选择了这种斗争的最佳位置，人物众多，斗争特别频繁，而且库尔贝还能在这幅画作中隐藏其真实态度，因为画作本身包含了太多的矛盾——宗教的、世俗的、喜剧的、悲剧的、伤感的、诡异的。正是它的全包性，它准确而又冷酷的面无表情的人物形象，使它成为众多不同意义的中心。这是一幅呈现环境色彩的图像，或许是画家有意设计的。[2] 这样就造成了画家真实态度的暧昧性，从而使评论出现了问题。克拉克不仅考察了画作是如何处理原始资源的（最重要的便是流行图像中的习俗和意识形态暗示）；还详细地探讨了人们对1849至1850年间库尔贝的重要画作的反应，并细细分析了位于不同地点（贝桑松、第戎和巴黎）的观者对这些画作的不同反应，也就是说，它们被谁观看这个问题，成了克拉克对绘画"作为既在历史中又作用于历史的行动"的调查研究的中心问题；而批评家之所以对这幅画无法言说，恰是因为画作中的"无法言说"之处挑战了意识形态，挑战了城市—乡村分立的神话。

这幅画作一度被认定为具有社会主义倾向。从哪里可以看出来呢？首先，画家将普通农民以君王的尺寸描绘到画面上，体现出一种强烈写实主义倾向；画作中的人物平行排列，并无突出的焦点，体现出一种平等主义

1　T. J. Clark, *Image of the People*, 114.

2　Ibid., 83.

观念。克拉克从中读出的则是另一层意味：画作中的人物虽然是农民，其穿着却是典型的城市资产阶级的行头，这便让当时的批评家莫衷一是——他们到底是悲惨而粗野的农民，还是资产阶级？这种对象的阶级不确定性，正是理解这幅画的最关键之处。这幅画之所以让巴黎中产阶级震惊，恰恰因为它冲击了城市—乡村分立的神话，打破了田园诗的梦幻，模糊了阶级、城乡的区分，同时揭露了社会阶级的矛盾和意识形态的动态对立。库尔贝画笔下的人民形象，不再是单一面孔的木偶，而是拒绝一致性的主体，还是让城市资产阶级产生身份动摇意识的力量，因为后者的阶级身份是建立在想象结构中的幻影，稀微、易碎。

克拉克手里所握着手术刀的尖刺所指，正在于阶级的稳定结构被库尔贝的画作所质疑了，相对于任何左派教条（后者虽然在1848或1850年具有潜在的威胁性，并最终加固了他们那相对于吠叫暴民的中产阶级身份）所应有的公开宣言，这种方式对于其观众来说，更具有挑战性。对于克拉克来说，艺术对抗权力的最有效的方式，不在于直接对立，而在于毁灭那权力操作所依赖的思想结构。因而（至少部分地）这是他对于艺术价值的信仰。豪泽尔和哈吉尼柯劳倾向于将艺术看作统治阶级的一个工具，而且顺从地认为，资本主义统治下的对抗性艺术往往以失败告终（甚至是最激进的艺术）。他们这样评价库尔贝：豪泽尔警告，"一个困惑的（confusedly）颤抖的画家绝不可能做出一个预言，一幅卖不出去的画作的展览也不可能造成一个历史性事件"[1]。而对于克拉克来说，这混乱困惑正是关键所在：《奥南的葬礼》最终比那些社会主义者所摇动的旗帜要更有颠覆性、更有效，因为它将困惑带进了城市资产阶级的世界观以及对这个世界中他们所处地位的感觉之中。[2]

1　Arnold Hauser, *The Social History of Art*, vol. 4, 62.

2　Alastair Wright, "On T. J. Clark: *Image of the People*," 171.

四、异轨的共鸣：激进的主体性

毋庸置疑的是，克拉克与哈吉尼柯劳的区别是极其明显的：图画并不被看作是表现了一个确定的意识形态，而是在以不同的方式、不同的情况下干预意识形态；一幅画的意义将改变，而这种改变是根据何地、何时、何人的观看而产生的。而在库尔贝这里，艺术对意识形态的干预，甚至深刻到超越任何偏狭的政治派别，因为，"没有人想要一个农村资产阶级的巨大厚重而又讽刺的画像"。右翼们发现，这种以艺术的方式来批判的方法，比直接对抗还要麻烦得多；而对于左翼（甚至其在巴黎的艺术宣传者）来说，他们想要的也是一个对简单纯朴的农村生活的赞颂，或者也许是一个对其艰难困苦生活的直接描绘。中间党想要的也是保留住那乡村神话。[1]

那么，这是否意味着库尔贝艺术的价值诉求对象，是更广大的潜伏的观众群——"公众"或者"人民"？虽然克拉克有时是这样建议的，但是他并没有说库尔贝的艺术对那潜在公众要表达或者宣传什么政治理念。这就让艺术史描述一直赋予库尔贝的社会主义者形象，产生了动摇。《奥南的葬礼》确实以现实主义技法直面描绘人民、描绘大众，但是这并不意味着画家有多么忠诚于人民的价值且为之摇旗呐喊。克拉克认为，之所以会产生这种偏差判断，恰是因为艺术家依赖于流行意象（popular imagery）来描绘人民形象，以至于使观者产生了"艺术忠于人民"的错觉。

克拉克对两个问题更感兴趣：第一，流行意象的形式是怎样允许画家"在一定的社会平面之下"看到并提供一个人民的形象的（尽管是混乱困惑的）？第二，库尔贝是如何对流行艺术的惯例进行策略化运用，从而将

1　T. J. Clark, *Image of the People*, 142.

它在《奥南的葬礼》转译为"宗教与世俗的冲突，以及那在相似的怪异油画之中的突然变化"，并最终破坏了原先稳定的含义，或者说，破坏了流行意象本身第一次达成的那种人民形象？[1]这就要从艺术家主体的身份特征及其所运用的策略两方面来考察了。

在克拉克的叙述中出现的艺术家库尔贝，是一个更为复杂的形象，是一个异于常规的左派激进英雄。他并不是一个普通平常的社会主义者，赞颂着工人，或者记录下资本主义社会的病症（这就是为什么《采石工》没有成为克拉克的关键例子：它看起来意图太明显了）。[2]他在《奥南的葬礼》中所描绘出的那种颠覆、取消优势意识形态和思想结构的失调、分裂之处，克拉克认为没有证据表明他是否意识到："它没有告诉我们，我所指出的这种含糊暧昧是否是有意识的，或是无意识的：但是它们就在那儿存在着。"[3]但是，通过弗洛伊德式的类比，克拉克最终认为画家并没有意识到，但是他又暗示，作品中的这种含糊暧昧，恰恰是画家自己故意使用的策略造成的结果："采用这流行艺术的程序甚至价值［正如库尔贝］——这是极具颠覆性的。"[4]库尔贝对流行意象和艺术程式进行了改造、转换，"玩弄着含义，转换着代码，留下可疑痕迹"[5]——正是这种策略使艺术对意识形态具有干预作用；正是这一行为反映出克拉克在第一章中提议的那种积极的主体性。

这正是克拉克的解析让许多读者感到困惑的地方。因为，一方面，艺术家并非故意在画中设置失调之处；另一方面，艺术家又故意使用策略来

1　T. J. Clark, *Image of the People*, 139.

2　Alastair Wright, "On T. J. Clark: *Image of the People*," 173.

3　T. J. Clark, *Image of the People*, 115.

4　Ibid., 140.

5　Ibid., 18.

转换流行艺术程式。该如何理解他的立场呢？正如怀特所说，种种情况都表明，克拉克的书中存在着两种解释模型：其一是弗洛伊德—马克思主义的，将艺术家当作一个无意识的主体；其二是另一种根植于1960年巴黎思潮中的更为激进紧张态势中的模型。[1]

注意到《人民的形象》的成书时间，我们发现，这正是克拉克与左派联系最为频繁的后期，也是巴黎激进运动刚刚偃旗息鼓的时候。在20世纪60年代，克拉克看过《新左派评论》(New Left Review)，读过居伊·德波的《景观社会》[2]，后又于1966年加入情境主义国际，虽然关系并不热忱：在一年多后，他和其他英国成员一道被情境主义国际官方驱逐了。但是，他还维系着（直到现在还保留着）这一团体的理念，而他对库尔贝玩弄着流行意象的意义这一论述，也与情境主义国际的政治活动的关键模型所建议的运作方式完全相似，这种方式就是"异轨"。这种策略很简单，将艺术作品作为其对象，将现成存在的图片、文字、声像等以重绘、插放标语等方法加以重组，并给出新的含义，而其先前的意义被取消、推翻，或被证明具有争议性。[3]克拉克对于库尔贝的写作，很明显是与其共鸣。但是，《人民的形象》中那丰富多层的论述理路不能被压缩为单一的情境主义国际方法或教务，只不过是呼应了20世纪60年代的知识分子环境。

《人民的形象》一书中，采用了1960年晚期左派政治家所渐渐生成的一般性术语，同时其写作情境还呼应了书中库尔贝所处的情境。正如克拉

1　Alastair Wright, "On T. J. Clark: *Image of the People*," 173.

2　关于克拉克对《新左派评论》"含蓄而沉默"的评论，参见T. J. Clark and Donald Nicholson-Smith, "Why Art Can't Kill the Situationist International," 17。

3　参见A. Jorn, "Détourned Painting (1959)," in *On the passage of a Few People Through a Rather Brief Moment in Time: The Situationist International, 1957–1972*, eds. E. Sussman et al., exh. cat. (Paris: Centre Georges Pompidou; London: Institute of Contemporary Arts and Boston: Institute of Contempary Art, 1989–1990)。

克在1982年再版书的前言中所说，这两本书的"大部分写于1969至1970年的冬天（在牛津大学圣安妮学院的图书馆里），在一场看起来可耻但却无法避免的从过去六年的政治事件中撤退下来的心境中。那些事件萦绕于这两本书最好和最坏的那些文字中间"[1]。所以，克拉克的悲观主义体现在了书中：库尔贝之后，还有什么更具革命性的艺术吗？[2] 这也许反映了1968年五月风暴的悲惨余波正如1848年的二月革命一样。在这里，我赞同怀特的观点，正是克拉克对他自己那个时代的矛盾冲突的感觉，允许他去尽可能深刻地思考，那个同时存在于库尔贝自己的生活和他周围的社会中的矛盾。[3]

五、影响与评价

之前提到过的博尼斯虽然在书评中充满了批评，但是他也中肯地表达了某种欣赏之情："（这本书）有着一种对渴求一种新的历史研究方法的意识（尤其是新马克思主义者和结构主义者），而这是完全值得赞赏的。[4] 实际上，历史学家和社会学家（如詹明信）对《人民的形象》的赞赏，远远早于艺术史主流杂志对其给出积极评价的时刻。[5]

此书出版后，克拉克的研究方法备受瞩目和赞誉，1976年，他在利兹市建立了艺术社会史的硕士点，但是，他的艺术社会史分支方法很快传播

1　T. J. Clark, *Image of the People* (Princeton 1982), 6.

2　Ibid., 154.

3　Alastair Wright, "On T. J. Clark: *Image of the People*," 174.

4　Alan Bowness, "The New Courbet Literature," 291.

5　A.de Leiris, "The Recent Courbet Literature," *Art Quarterly* 1, no. 1 (1977), 134–138. 可以预见，新马克思主义期刊对其评价很好。参见F. Jameson, "Political Painting: New Perspectives on the Realism Controversy," *Praxis* 1, no. 2 (1976), 225–230。

于国际学界。《人民的形象》这本书变成了一个艺术社会史的写作模板，被许多新学者竞相仿效。但是，大多数跃跃欲试的实践者，却没有抓住最关键的价值。很多新的艺术史家往往又回到了克拉克曾经批评过的那种早期马克思主义的失败之中：设想，艺术作品可以被看作一个大致勾勒出的历史环境的反映。

更麻烦的是，某些艺术社会史在实践中出现了一个趋势，即拒绝"理论"，使写作成了一种懒惰的玩游戏式的，或像升级了的形式主义似的态度，无视阶级、种族和性别的紧迫问题。而克拉克所提供的方法——将艺术作品放在一个历史情境中，作品中的关键的失调之处，体现了作品对权力对意识形态的干预和挑战。如，库尔贝对"城市—乡村二分法"主流神话的拆解。渐渐地，克拉克的这种方法成了20世纪80年代的激进的政治性的学术规范，当时学者着重考察主流叙述（dominant discourse）中的断层，而不是去呼吁那左派曾经喜爱的宏伟叙述，当时的学者所赞美的艺术家，是其作品能够同样被看出并验证那种分裂断层的艺术家——正如克拉克笔下的库尔贝一样。而克拉克也继续在《现代生活的画像》中采用这样的方法。非常有趣的是，一些当代艺术家也跟着学样，将他们自己的意图也插入主流叙述中，但是讽刺的是，在20世纪70年代，这种被辛迪·舍曼和芭芭拉·克鲁格所采用的策略，在颠覆思想结构和意识形态上，已经效果平平了。

克拉克的艺术社会史研究中对情境（context）的关注，受到了后来者的重视和效仿。但是他们的一些历史调查，有时却只是片面的历史图表，缺少视觉分析。而克拉克从来就不放弃对绘画的内部矛盾进行分析，他只是把这种分析置于历史情境中来进行，从而揭示绘画内部矛盾的真正的政治性意义。按他自己的话来讲，即"视觉表现的有效系统，艺术的最近理论，其他意识形态、社会阶级，以及更一般的历史结构和过程"，是如何以复杂和不确定的方式，在一个单一艺术作品中结合的。[1]

　　对于库尔贝和19世纪中期意识形态的特殊联系的注意，对于他的（分裂的）阶级地位的特殊性质的注意，对于他的艺术被公众观看的具体情境的注意，还有对于绘画将这些材料处理并产生新的、经常使人不安的意义的这种创作方式的注意，这些都是《人民的形象》的注重点。正如怀特所下的最终评价所说，这种研究方法，让《人民的形象》成为一个几乎无可匹敌的研究范本，展示了当理论复杂性和历史精确性结合起来后，艺术社会史研究会产生怎样的可能性。[2]

1　T. J. Clark, *Image of the People*, 12.

2　Alastair Wright, "On T. J. Clark: *Image of the People*," 174.

第八章
景观的神话：马奈及其追随者的艺术

　　自1973年出版《绝对的资产阶级》和《人民的形象》之后，T. J. 克拉克的第三部著作（也是他最成功、最具代表性的著作）《现代生活的画像：马奈及其追随者艺术中的巴黎》在暌违11年之后出版了。在今天看来，这本书已经成为历史专业（不仅仅是艺术史）的重要必读书，尤其在印象主义研究领域享有绝对权威的地位。要知道，这是克拉克花费了其整个30到40岁的人生时光来成就的厚重作品，尽管这期间他遇到了来自时间、计划甚至政治上的困难，正如他在1999年再版前言中所说："读者是否可以感到，尽管我觉得完成这本书是件值得骄傲的事，但回首这本书时，我并没有过多的欣喜。的确，我创作这本书的时候正冗务缠身；再回头看这个任务（我花的时间似乎太多了），它似乎无比艰难；我的写作风格，令现在的我感到吃惊，我竭尽全力才能避免魔鬼的侵扰——这其中就有玛格丽特·撒切尔（Margaret Thatcher）和罗纳德·里根（Ronald Reagan）。"[1] 1979年5月赢得大选后，作为保守党领袖的撒切尔夫人成为英国历史上第一位女首相，她和与其意识形态比较接近、在1980年赢得美国总统大选的罗纳

1　［英］T. J. 克拉克：《现代生活的画像：马奈及其追随者艺术中的巴黎》，第25页。

德·里根，结成了对抗共产主义的资本主义战壕里的同盟，共同以前所未有的强硬姿态坚定地反对共产主义。可见克拉克所面临的政治环境上的困境之大。

从学术史背景上看，因为20世纪60年代晚期和70年代早期的激进政治化的环境渐趋式微，对左派风潮的扼制已经消失了（尤其在法国），"后现代主义"意识形态产生了。在原先新批评的激进左派们活跃的阵地里，伪－马克思主义批评家运用时新的结构主义、符号学、解构主义和现象学等理论新潮，生产出了各种各样的马克思、弗洛伊德、索绪尔和海德格尔的"混血儿"。正如记者汤姆·沃尔夫（Tom Wolfe）的话所说，"在这种气候下，成为一个马克思主义者而又不牵扯进乱糟糟的政治，是有可能的，也是流行的"。我相信，克拉克一定体验到了左翼学派的龟缩，也一定体验到了马克思主义研究方法的批判力的萎缩，在他看来，这一定是资本主义总体性景观的又一次成功的吸纳融合。所以，美国马克思主义学者洛尔·戈尔德纳的评价是极其中肯的，他认为克拉克的这本书"使人重振精神，它超脱于学术时尚，完全没有理睬那些污染了当下环境的消化不良的理论"[1]。

确实如此。如果说，1973年的《人民的形象》的成功，反映了克拉克同感于库尔贝时期资产阶级与工人、农民之间的社会内部矛盾，从而表达出了他对自己所处时代的矛盾冲突的强烈感觉的话，那么1984年的《现代生活的画像》则同样对晚期资本主义"景观社会"的难以逃避的"罪恶"产生情感上的共鸣。而且，在马奈逝世100周年时出版这本书，既有对他的纪念意味，同时又何尝没有一种对这100年来资本主义进程的深切而痛

1　Loren Goldner, "Modernism as the Vanguard of a Consumer Aesthetic Two Views," https://libcom.org/article/modernism-vanguard-consumer-aesthetic-two-views-loren-goldner.

彻的体察呢？当然，这种情绪上的推测也许缺乏证据，但是，克拉克显然延续了自己对艺术与社会阶级，现代主义与资本主义现代性、与景观的关系的思想探索，并在结尾处给出了他心目中的现代主义标准。

为了清楚地论述19世纪晚期"景观"在法国经济结构中扮演的支配性角色，克拉克不遗余力地重构当时的社会情境；为了深入地研究马奈及印象派画家对这种总体景观的回应，就需要探讨阶级的流动性和易变性、表象的善变性和暧昧性。而这一切都得从界定克拉克自己的马克思主义关键术语和基本观念开始。正如他在《人民的形象》中之所为，《现代生活的画像》的加长版的导论，再一次成为他、成为读者远征前的"壮行词"。

一、表象的等级：艺术如何回应社会政治？

在这篇导论的开头，克拉克便意识到阐释其论述所扎根的基础概念的重要性，他写道："任何详细的讨论——以及稍微超出议题和隐喻的尝试——都会使我反复使用诸如'阶级'（class）、'意识形态'（ideology）、'景观'（spectacle）以及'现代主义'（modernism）等术语。因此，要是我立即给这些也许看起来含糊不清，或至少是没有定论的概念下一些定义，可能有所裨益。不过问题是，要定义它们当中的任何一个，特别是第一个，就必然涉及一连串相当笼统的、简直可以说是陈腐的关于社会本质的命题。"[1]

早在十年前出版的《人民的形象》中，克拉克就已经在写作中表现出了与另一位质疑"经济基础—上层建筑"传统模式的新左派艺术史家尼科·哈吉尼柯劳的不同之处，他不再去笼统地论述依时代划分的艺术史，

1　［英］T. J. 克拉克:《现代生活的画像：马奈及其追随者艺术中的巴黎》，第30页。

而是以"事态分析"这种具体研究方法，聚焦于第二共和国时期这一狭窄跨度，谨慎而精确地处理当时的阶级问题远为精确，他注明，那时"不止一种中产阶级，不止一种阶级在挣扎奋斗"[1]。克拉克对当时的社会经济环境、阶级结构、思潮风尚的注意，决定了他对当时意识形态复杂性、多样性和流动性的判断，这种判断是极其具有说服力的。随着其思想的发展延伸，他越加感觉到，意识形态或其他表象，并不是按照粗俗马克思主义的机械反映论分门别类、简单对应的。他认为："任何社会秩序主要都是由阶级分层构成的……这种类型的秩序似乎是由表象或符号系统最强有力地确立起来的，而且在我看来，将它描述为一种表象的等级制，并不意味着就淡化了'社会形态'的概念。"[2]要注意的是，他并没有陷入克尔恺郭尔式的唯心论，而是坚持表象的"等级制"。他说："这样的话，人们就……避免了在声称以下观点时所遇到的困难：任何社会形态的基础都是比符号更严格、更实在的材料——例如经济生活的材料——所构成的赤裸裸的现实性。在一个将各种配置称为经济活动的社会中，坚持决定因素的重要性，是一回事（且仍然必须坚持下去）；而认为在这样做时，我们将捅破符号和常规的外观，触及建立在它之上的物质与行动的本质性基础，是另一回事。"[3]

克拉克认为，社会实践是错综复杂的，所以表象世界不可能按照粗俗马克思主义那样"严丝合缝地符合设置、系统或'表意实践'"，不可能一一对应于固定的严格划分的社会阶级。社会是一个表象的王国，是一个表象的战场，"其中任何表象的既定范围和一致性不断成为争夺的对象，并时常遭到破坏。因而，可以这样说，表象总是受到一种比它自身更为根本

1　T. J. Clark, *Image of the People* (Princeton 1982), 142.

2　［英］T. J. 克拉克:《现代生活的画像：马奈及其追随者艺术中的巴黎》，第31页。

3　同上。

的现实——社会实践的不断检验"[1]。而社会实践也是错综复杂的，"总是超越一种既定话语的约束；它是表象的重叠和冲突；是表象在其运用中的重新安排；是巩固或摧毁我们的范畴，制造或撤销一个概念，模糊一种特定的语言游戏的边界，使其难以（尽管有可能）区分错误与隐喻的检验"。当一切社会实践都太复杂而难以确定，一切表象都因社会实践的复杂性而难以固定并认知时，又能如何理解表象呢？克拉克认为："一切都取决于我们如何去描述任何一组表象与被马克思称为'社会实践'的总体之间的关系。"[2]

克拉克所选择的方法是，将社会实践处理为"表象的等级制"或符号系统，并且认识到在这个系统中，个体不断商榷着他们在社会中的位置，而不是一直固定不变。这就需要从整体上把握社会实践的总体结构与趋势，并细致分析社会结构的变迁，把握处于重叠、冲突、斗争、变化中的表象，只有这样，才能继续保持历史唯物主义的轨迹。

具体到资本主义社会中的"社会秩序""经济表象"以及"阶级"这些概念，克拉克给出了极其重要、难以略读的观念释析：

在资本主义社会，经济表象是母体，所有其他的表象则围绕着它组织起来。特别是，某一个体所在的阶级——他或她对生产资料的有效占有或分离——是社会生活的决定性因素。这并不意味着，从这一点上便能立即读取这一个体的宗教信仰、投票习惯、着装选择、自我意识、审美取向，以及性道德。所有这些都在各种特定的、不同的表象世界中得到清晰的表述；但这些表象世界都受到具有决定性的阶级

1　［英］T. J. 克拉克：《现代生活的画像：马奈及其追随者艺术中的巴黎》，第31页。
2　同上。

关系的约束和渗透；而且在19世纪里，阶级作为各个独立领域的组织结构的存在，往往是显而易见、清晰可感的：只要想想资产阶级服装的历史，或者市场经济的逻辑结构渐渐支配彼此削价出售的种种方式。这就使扩大阶级的概念，以便容纳除了经济之外的其他现实有了可能：比如，将某些娱乐和性活动的方式称为"资产阶级的"。我觉得，这样做并没有害处：它记录了一种行为者自身感知到的联系，完全回避这种做法将是迂腐的；但是我们应该清楚，我们不能过于随便，比如，当我们将某些东西称为"内在地属于资产阶级"的时候，我们所指的只不过是关系，而不是本质如此。当我们将视线从资产阶级转移到它在19世纪的庞大对立面时，我刚才的提醒也许就更具有针对性了。因为在这里，我们显然是在对待一个尚在形成中的阶级或一组"阶级特征"——从人民（peuple）到无产阶级（prolétariat），从劳动阶级（classes laborieuses）到工人阶级（classe ouvrière），这些完全不确定的称谓表明它仍然在形成之中。[1]

对于克拉克是如何定义"阶级"这个概念的，沈语冰教授在中文版《现代生活的画像》的译后记中给了切中肯綮的提析。过程余不赘述，只将结论录呈于下：

> 显而易见的是，克拉克在以下两个重大方面，重新界定了阶级这个术语，从而区别于传统的马克思主义者和艺术社会史研究者：第一，他认为阶级并不仅仅由经济地位决定，而是受到除经济表象之外的其他各个表象的影响；第二，他认为阶级并不是一个一成不变的本质概念，而是处于时时变化中的关系概念。

---

1 ［英］T. J. 克拉克：《现代生活的画像：马奈及其追随者艺术中的巴黎》，第31—32页。

理解克拉克对阶级的定义，才能理解《现代生活的画像》中他所将要联系着绘画来加以剖析的"一个尚在形成中的阶级或一组'阶级特征'"。这个阶级就是小资产阶级，它正是此书的主角，它正是马奈那个时代随着社会总体实践、随着资本主义母体的发展而正在形成的一个阶级。他说："显而易见的是，那时候——比方说，19世纪70年代——被称为小资产阶级（Petit Bourgeois）的现实，便是由各种各样的男男女女构成的：他们从事的小生意曾经在城市经济生活中给予他们一定的保障，但随着大规模工商业的到来，他们这点小小的安全感也被剥夺了；这种小资产阶级还包括一些新的劳动者群体——职员、店员以及诸如此类的人——他们是同一个经济变迁过程令人不安的新颖而又野心勃勃的产物，他们的不稳定性与过去地位的丧失没有关系，而与整个社会系统无法在新秩序中决定他们地位的高低有关。"[1]

在《人民的形象》中，克拉克就特别注意考察阶级结构的流变状况，他觉察到库尔贝所处的乡村中也开始形成一个乡村资产阶级，一个从农民转变成资产者的过程中产生的阶级。如果说，这个乡村资产阶级的产生是资本主义土地制度和资产阶级革命促生的后果的话，那么，19世纪70年代形成的小资产阶级则是"现代性神话的最佳男女主角……他们在很多方面都没有阶级性可言，既不属于资产阶级，也不属于无产阶级，却因此得以发展壮大。他们是阶级社会的变形人，是边缘和荒原的鉴赏家"[2]。他们又何尝不是1850至1870年"现代生活"的男女主角呢？那些渐渐争得原先资产阶级才具有特权与品位的人，那些郊游者、观光者、划船者、野餐者，那些被称为"奥林匹亚"的交际花，那些音乐咖啡馆里的驻唱女，以及"女

---

1 ［英］T. J. 克拉克:《现代生活的画像：马奈及其追随者艺术中的巴黎》，第32—33页。
2 同上书，第330页。

神娱乐场"的吧台女……他们好似嚓地一声出现在马奈及其追随者的视野
里和身旁，以至于应该如何再现他们，都已经成了一时难以解决的问题。
而那伴随着小资产阶级的涌现而产生的社会生活、审美趣味和价值观念在悄
无声息地改变，如何去描绘它们，不正是马奈及其追随者所面临的考验吗？

而在《人民的形象》中发展而来的方法，即将艺术作品与其他社会进
程联系起来，放在一个历史情境中来考察，并找寻图画中的失调之处，进
而分析这种与传统艺术惯例相异的新形式是怎样反映了社会意识形态的变
化，这种方法在《现代生活的画像》中得到了更极致的发挥。并且，克拉
克还在导论中明确地阐述了这一策略。

"在我看来，一幅画并不能真正表现'阶级''女人'或'景观'，除
非这些范畴开始影响作品的视觉结构，迫使有关'绘画'的既定概念接受
考验。（这是像绘画这样的手艺传统表面上守旧性的另一面：只有在传统
规则和惯例仍然在影响决策的实践中，改变或打破规则的目的——及其力
量和重要性——才会变得清晰起来。）因为只有当一幅画重塑或调整其程
序——有关视觉化、相似性、向观者传达情感、尺寸、笔触、优美的素描
和立体造型、清晰的结构等等的程序时，它才不仅将社会细节，而且将社
会结构置于压力之下。"[1]这就不仅呼应了，而且具体化了1973年的话："视
觉表现的有效系统，艺术的最近理论，其他意识形态、社会阶级，以及更
一般的历史结构和过程，是如何以复杂和不确定的方式，在一个单一艺术
作品中结合的。"[2]而这种结合是在一个现代艺术的历史时刻发生的，"至少
在某一刻，它就有可能抓住一般文化现象的固定表达方式，以及同一性与
差异的生产方式——有关自我与他者，'内在'与'外在'，自由与自我意
识等等的同一性与差异。换句话说，不单单是'景观'和'阶级'，而是

1　［英］T. J. 克拉克：《现代生活的画像：马奈及其追随者艺术中的巴黎》，第19页。

2　T. J. Clark, *Image of the People*, 12.

特定形式下的视觉化了的景观和阶级，将世界划分为客观性、内在性和欲望的封闭领域"[1]。

克拉克在《现代生活的画像》中着眼于19世纪下半叶的巴黎，他发现这座城市正经受着如大卫·哈维所称的"创造性的破坏"（creative destruction）[2]之中，奥斯曼改造和景观神话的侵袭，让老巴黎的景象烟消云散。克拉克认为，奥斯曼对于第二帝国巴黎的重新形塑，背后仰赖的是资本主义对于巴黎是什么与巴黎会是什么的再想象。他指出，资本"并不需要地上的砖瓦或祭坛来呈现自我，也不需要在城市居民的心里铭刻地图。人们甚至可以说，资本宁愿让巴黎失去图像——不具形式、难以想象、无法阅读与误读、无法产生空间主张的冲突——然后再大规模生产自己的图像以取代原先资本所摧毁之物"[3]。而克拉克要处理的，正是马奈等艺术家在面对社会表征符号的崩溃、表征体系的危机时的应对方式。

在书中，克拉克主要具体分析了四幅马奈之作，在每一章里都或多或少、或深或浅地利用这种方法，找出作品中对传统或惯例的改变，揭示其对社会现实的间接反应。这其中最有说服力的一章，便是第二章《奥林匹亚的选择》。

二、奥林匹亚的选择

早在1980年，克拉克就已在《屏幕》杂志上发表了长文《对1865年〈奥林匹亚〉一种可能性解读的初步研究》。[4] 1980年的文章内容更为凝练、

1　［英］T. J. 克拉克：《现代生活的画像：马奈及其追随者艺术中的巴黎》，第17页。

2　［美］大卫·哈维：《巴黎城记：现代性之都的诞生》，第68页。

3　［英］T. J. 克拉克：《现代生活的画像：马奈及其追随者艺术中的巴黎》，第66页。

4　T. J. Clark, "Preliminaries to a Possible Treatment of *Olympia* in 1865," in *Modern Art and Modernism*, 259–273; Original Source: *Screen* 21, no. 1 (Spring 1980), 18–41.

简洁，更反映出作者的研究思路，而著作第二章则更为详尽。因为沈语冰教授对这一章中的内容和思路进行了细致的提析（可参见沈语冰：《图画的秘密：T. J. 克拉克艺术社会史观述要》），所以我在此处便只进行概况性的介绍。

首先，克拉克炫耀了他对于当时报纸上的共时性评论进行的巨细无遗的研究，在那里，他发现了一个相当多的各不相同的评论，而所有的都具有价值。[1] 在对19世纪60年代巴黎出版业高峰期的报纸杂志进行的考察中，他发现沙龙艺术评论几乎成了众所期待的栏目，有关1865年沙龙的80篇奇怪地评论中有近60篇提到了马奈，但只有4篇是肯定的。"我完全感觉到，他们自己就像一个家庭里的数个成员，相互嘲笑着各自的偏爱，来回借用着各自文章的短语，在一个单调而严厉的对话中争斗着机会（为了原创性而争斗）。"[2] 面对这些丑闻报道和漫讽刺画，面对公众反应和批评家们的压倒性的嘲讽反应，克拉克指出，忽略它们而只重视肯定性评价是不负责任的。他认为，这些评论中出现的不可饶恕的刻薄挖苦，本身就是19世纪艺术批评必须的修辞手法，但是肯定有一种基础决定了一边倒的批评和反对。这显然暗示出了《奥林匹亚》的先锋性，它可能是一个对现成流行的符码（或惯例）进行的无效的颠覆、拒绝的案例。[3] 也就是说，克拉克想要了解的，是"奥林匹亚在1865年遇到的，到底是一种怎样的论述话语环境，而且这种相遇为何如此不愉快"[4] 的原因。

遵循这一思路，克拉克将当时批评中的沉默、忽略和隐瞒，从潜藏状态抬到了显微镜下来观察。这种沉默，正如人们当时对《奥南的葬礼》的

1　Beatrice Farwel, "Review," 685.

2　T. J. Clark, "Preliminaries to a Possible Treatment of *Olympia* in 1865," in *Modern Art and Modernism*, 259.

3　Ibid., 260.

4　Ibid., 265.

沉默一样，显现了意识形态神话的遮蔽，一旦将它撩开，便能在虚假的遮盖下面发现真实。克拉克列出了许多卖淫业的社会纪实材料，虽然它们不是什么新鲜的论述，但是展现了1865年《奥林匹亚》中的阶级模糊性，他认为评论者对于这点是缄默的；更重要的是，他发现批评家们居然未将此画与提香的《乌尔比诺的维纳斯》进行比较，从而"没有被给予任何可以参照的首要的所指系统，来作为一个对背离/偏向的检验"[1]。

　　克拉克指出，与提香的画作相比："传统在《奥林匹亚》中被滑稽化了：它隶属于某种退化的类人猿形象，裸女在其中被剥夺了最后的女性特质、肉感和人性，而只剩下'随便什么东西的形式'——一只来自橡胶林的黑猩猩，手挠着外生殖器。"[2] "在逃离了传统体统的约制这一点上，她已经不是以那种清晰展现出性征的传统裸体画法所描绘出来的一个修正形象。"[3] 所以，她看上去既不是一个裸体，也不是一个妓女。"我的观点是，它改变了，甚至破坏了传统文化一直试图保持不变的东西，特别是对于裸女和妓女的看法。这也是《奥林匹亚》如此不受欢迎的原因。"[4]

　　对于流行观念和流行图像的考察，在《人民的形象》中就已经成为相当成功的策略。克拉克接着阐述了《奥林匹亚》是如何背离、颠覆了传统文化中裸女画和妓女这两种形象的。假若"奥林匹亚是一个妓女"，那么按照当时的风化和画坛对妓女生活场景画的包容，马奈的画就不应该备受苛责；关键之处在于，"《奥林匹亚》却试图更为彻底地描绘这一力量；它试图通过在妓女阶层与其赤身露体之间建构一种不同类型的关系，来拆解

1　T. J. Clark, "Preliminaries to a Possible Treatment of *Olympia* in 1865," in *Modern Art and Modernism*, 267.

2　Ibid., 95.

3　Ibid., 267.

4　Ibid., 100.

交际花这一范畴"[1]。

要说清《奥林匹亚》对交际花神话的挑战，就要细细地观察它与西方裸体艺术（"裸女"）的传统或惯例的相异之处。在《对1865年〈奥林匹亚〉一种可能性解读的初步研究》中，克拉克将这种观察称为"内行细看"，尽管当时也有批评家发现其中几点，但却没有将它们作为焦点来阐述，而克拉克要做的正是这些。

克拉克相当聪明地给出了一幅1865年的沙龙照片：《奥林匹亚》被学院派裸体画团团包围，显得如此突兀。奥林匹亚，是多么不同于那些官方认可的裸体啊！正如肯尼思·克拉克在《裸体艺术》开头所说，"任何一个裸像，无论它如何抽象，从来没有不唤起观者的零星情欲，即便是最微弱的念头。如果不是这样，它反而是低劣的艺术，是虚伪的道德"。裸体画与单纯的赤身裸体的不同之处在于，它是艺术的一种语言，美的一种符号。但这是20世纪的想法，在19世纪60年代，裸女的负担是"得体"与"性愉悦"之间的冲突，资产阶级想在没有太大道德危险的情况下，通过她的赤身露体了解裸女，因为她的肉体与性是分离的，肉体得以显露，被赋予特点，并被归入秩序，不再成为问题的场所。[2]但是，这种分离在60年代的裸体艺术中很难实现，这就让当时这一画种的位置显得尴尬。克拉克认为，《奥林匹亚》所做的，正是以一种视觉形式来坚持这种尴尬。这种视觉形式所体现出来的不可协调性（unco-operativeness）是相当微妙的，主要在四个方面背离了惯例：（1）画作展示方式；（2）绘画中的"不正确"之处；（3）对"性的标记"：毛、头发和秃发症的处理；（4）材料的物质性或笔触的方式。

1　T. J. Clark, "Preliminaries to a Possible Treatment of *Olympia* in 1865," in *Modern Art and Modernism*, 117.

2　Ibid., 130.

因前文已述，这里简言之。首先，《奥林匹亚》被置于一个在一定距离外足以直面可视的距离，既不能过高以显庄严，也不能过低以致如视淫一般，而女人的眼神是直视挑衅的，而非传统裸女画中女性眼神的虚空感和柔和感。其次，女人身体部分存在错位和畸形，轮廓线尖锐而突兀，与传统裸女画惯例的柔顺线条是有差别的。再次，女人的性别符号较为明显，身体性增加，如放在私处的凹凸感极强的手，以及浑身的绒毛，这也与传统惯例相悖。最后，马奈强调了绘画材料的物质性特征，从而让材料本身超过了预期，更凸显出了与传统惯例的背道而驰。

克拉克指出，马奈的《奥林匹亚》是对19世纪60年代法国巴黎的妓女神话与裸女惯例的双重挑战与颠覆，因此，这种挑战造成了共时性评论的失语。因为批评家陷于传统裸女画的惯例的思想框架里，无法看到画面中裸体女性的现实阶级标志。最终，他认为："1865年的《奥林匹亚》之所以让批评家们难以理解，最重要的原因就是，她极大地背离了当时有关卖淫业的游戏规则，以及她又明确地指出了这一游戏在阶级中的位置。她来自社会底层。"[1]

前人之述尽矣。我不想再对《奥林匹亚的选择》这一章做太多的赞美了，只是想添加这样的印象：不得不说，30页的视觉分析文本是稠密的、迂回的和迷人的，但是看起来复杂得有些过分了，会很容易让读者抓不住要点。而我们在翻译的过程中也饱尝艰辛。可是我感觉，如果我们游离于《现代生活的画像》这本书的主线，就有可能抓不住克拉克笔下最为基础性、决定性的主旨。可是一旦我们细究这一章，就能明白克拉克摁在时代的动脉上——"在这样的一个社会，妓女是最重要商品的供应商"[2]。"商品"

1　［英］T. J. 克拉克：《现代生活的画像：马奈及其追随者艺术中的巴黎》，第197页。
2　同上书，第155页。

或"商品化"这个词鞭策着所有章节的展开，决定了章节的结构，它构成了克拉克在导论中所说的"社会总体实践"——"景观"。

三、景观的侵袭

在导论中，克拉克赋予"现代主义"以一种特殊的意义：它关切到的不是（或不仅仅是）一种艺术风格，而是一个社会环境。他说："我希望我能说明，产生现代主义的环境并不现代，只有在被赋予了所谓的'景观'形式时，才成为现代。"其意即在于，要想说清楚、透彻理解现代主义，就必须对资本主义"景观"予以绝对重视，任何将现代艺术与资本主义发展割裂开来的思路都是不值一提的。

"景观"是被居伊·德波和1960年的情境主义国际所形成发展的概念，这个概念用来描述法兰西第二帝国时期的一揽子的、商品化的、疏离的公众文化，从而与先前时代的那种更为私人性、个人性的日常文化进行对比。克拉克承认夏皮罗对他的启发，也承认情境主义对他的影响，事实上，他曾经还是情境主义国际的会员。其实这个概念早在1937年就被夏皮罗在一篇著名的文章中所描述了，而夏皮罗的这篇文章被克拉克认为是启发了《现代生活的画像》的驱动点。[1]克拉克认为"景观"和"景观社会"的概念代表了一种理论上的努力，也就是想要为资本主义社会的一个大转变的含义进行理论概括，这个大转变就是：资本主义生产已经转变成提供商品和服务，以及随之而来的"日常生活的殖民化"。克拉克继续陈列出马克思主义的帝国主义理论："它指的是资本主义市场那种巨大而内在

---

1 Meyer Schapiro, "The Nature of Abstract Art," in Meyer Schapiro, *Modern Art: 19th and 20th Centuries* (New York, 1978), 185-211, 最初发表在*Marxist Quarterly* (Jan.-Mar., 1937)上。

的扩张——它侵入并重组空闲时间、私人生活、闲暇与个人表达的整个领域，所有这些领域在构成城市无产阶级的第一次浪潮时，相对而言并没有受到控制。它表明了商品生产的一个新阶段——对过去被随便称为日常生活的社会实践的整个领域进行市场化和商品化处理。"他还一针见血地引用了居伊·德波《景观社会》中的名言："景观是不断积累的资本，直到它最终成为一个图像。"[1]

"景观"走向"图像"，这正应合了《现代生活的画像》开头引用夏皮罗的段落："在将周遭的现实画面当作一种人来车往、环境不断变化的景观来加以欣赏时，这些有教养的食利者在现象层面上体验着周围环境、商场的流动性，以及工业的流动性；他们获取收入并因此而得的自由都得归功于此。""由于资产阶级的社交环境从社区、家庭和教堂转移到了商业化或私人的临时性场所——街道、咖啡馆和度假胜地——由此带来的个人自由意识越来越疏远于那些古老的纽带；而那些虽接受了自由的准则却没有经济收入来获得这种自由的富于想象力的中产阶级成员，在匿名的、麻木不仁的大众面前，精神上被一种无助的孤立感所撕裂。"[2]但是，克拉克谨慎地指出，这种"景观"并不是一夕遽成的，而是一个变化的过程，从一种资本主义的生产到另一种资本主义的生产，某种程度上还是一种振荡过程。这种景观替代传统的过程并不仅仅是一个纯粹文化和意识形态重整的问题，而是涵盖整体性的经济变迁：走向林荫大道和百货商店，以及相伴随的旅游、娱乐、时装和陈列展览等行业的大发展——这些产业促成了巴黎整个生产关系的转变。这就非常符合马克思主义以及情境主义的主要观点——景观的侵袭，这种侵袭是循序渐进、难以抵挡的，这种侵袭会催生

---

1 ［英］T. J. 克拉克:《现代生活的画像：马奈及其追随者艺术中的巴黎》，第35页。
2 同上书，第27页。

新的阶级，也会消融抵抗，永远维持着资本主义的秩序。

在他看来，马奈及其追随者的绘画，正是景观社会意识形态的表征和后果：视觉空间的平面性，对社会阶级的不充分或含糊的再现。以"景观"作为坐标点和视角来看《现代生活的画像》的篇章结构，其逻辑不是一目了然的吗？四幅马奈画作《1867年世界博览会》《奥林匹亚》《阿让特伊的划船者》《女神娱乐场的酒吧间》，基本上是按照时间顺序来安排的，而它们相对应的社会现象，亦是景观循序渐进的侵袭过程：（1）巴黎的奥斯曼城市改造及公众对其的接受；（2）第二帝国时间的卖淫业的社会生态；（3）巴黎的郊区，被一个新的未确定的阶级的度假生活所侵入，这个阶级是处于资产阶级和无产阶级之间的模糊不清的交界面上；（4）城市私人生活的面向，即新兴阶级在音乐咖啡馆里的生活。[1]正如艺术史家大卫·卡里尔的中肯评价，那些是"一系列排列的图像所构成的地方，这些图像的关系，在不经意间，揭示了那文化想要抑制的严酷现实"，这个残酷的现实就是"城市、女人、郊区和咖啡馆"都逐渐成了景观的表象。[2]在我看来，这四幅画安排并对应的城市生活，显示出了"景观"从公共场所向私人场所、向日常生活世界侵袭的过程：城市街道——展览馆——郊区——咖啡馆。

克拉克在修订版前言的开篇指出："《现代生活的画像》讲的究竟是什么？我想，首先，它讲的是绘画与某种现代性神话之间的邂逅，以及这一邂逅验证现代性神话的方式和时机；还有绘画发现了整体上在巴黎（以及关于巴黎）所提供的图像及其理解框架的种种缺陷，并对同样的材料建构出另一个形象（另一种理解框架）。"[3]这个现代性神话，就是景观侵入社会

1　Beatrice Farwell, "Review," 685.

2　David Carrier, "Review," *The Journal of Aesthetics and Art Criticism* 44, no. 2 (Winter 1985), 204.

3　［英］T. J. 克拉克：《现代生活的画像：马奈及其追随者艺术中的巴黎》，第18页。

方方面面，侵入日常生活世界的神话。

正如约翰·豪斯所说，在四章中的每一章里（关于巴黎市区、《奥林匹亚》、城市郊区和《女神娱乐场的酒吧间》），那些场景被繁多的语言材料细细地分析和重组起来；这些材料包括报纸杂志、小说、游记和日记，当然还有艺术批评，这些材料都在直面图像之前便被罗列出来。克拉克将对"表象"的历史分析保持在有生命的社会—经济实验中。[1]这些材料之繁之多，不禁让人产生这样的评价：如果将艺术和艺术家的内容都删掉，这本书仍然存在，仍然是一本关于城市及其人口变迁和阶级结构的实质性著作。[2]

克拉克的书包含了对于19世纪50、60年代的巴黎奥斯曼化的讨论，在其对街道生活和人群的废止中，在郊区的出现中，在音乐咖啡馆的历史中，这些讨论本身就可以是一部社会史。他想要呈现"奥斯曼手下的巴黎，的确不是资本主义得以偶然产生的一种中立形式：它是资本本身的形式，而且是最有效率的形式之一"[3]。他是将这社会史当作讨论具体作品的背景。在这个背景面前，正如前文所详细介绍的对《奥林匹亚》的解析一样，克拉克经常通过类比方式对画作进行形式分析：视觉结构、距离感、疏离感以及情绪性的平面性。这些形式都"表现了"现代性（或景观）所提供给当时巴黎人的现实。

在《1867年世界博览会》中，一个巴黎人正冷漠地观察着他们的城市中一支喜庆的游行队伍，但是他被图画上一个悬未决定的距离所隔离开。克拉克认为，这幅画中的现代主义，只是萌芽和胚胎期。这个城市作为现代性的真相，在莫奈的林荫大道的画作中才第一次被发现，现在完完全全

1　John House, "Review," 296.

2　Beatrice Farwell, "Review," 685.

3　［英］T. J. 克拉克：《现代生活的画像：马奈及其追随者艺术中的巴黎》，第92页。

地发展起来了，在那些画里，人们变成了斑点，而且全是全景画。而林荫道，正是奥斯曼改造最先进行的计划。从某种程度上来说，奥斯曼不知不觉地成了催生新绘画的助产士。

在论述《阿让特伊的划船者》的这一章里，郊区成了故事发生的环境。虽然印象主义者也会将郊区的工厂囊括进风景画中，但是对于体力劳动者的出现，印象主义者却感到不舒服，克拉克将现代艺术与中下阶级为争得对休闲和娱乐的手段及其趣味联系起来评述，即劳动阶级开始坐着火车到郊外来享受周末了，而这种休闲和娱乐原先是将他们排斥在外的真正资产阶级的生活方式。在克拉克看来，资产阶级的景观文化诱使劳动阶级阶层进入、参与到景观中，使他们抛弃了他们对资产阶级的对抗，因而屈从于那由他们的统治者为他们捏造出来的虚伪的文化。而对于马奈的画作，克拉克看到了那种微妙的策略，即通过视觉的不确定性和不适性，压缩了图画的视觉空间的策略。他宣称："在我看来，他们并没有完全说错；但我需要反复强调，在比喻意义上来说，马奈是发现了平面性（flatness）的手法，而非发明了（invented）它；他从包围着他的、熟知的世界中发现了它。我的意思是，这种平面性本来就在那里。"[1] 马奈所发现的平面性，在其对虚假不真、对疏离异化、对景观的"新社会阶层"（Nouvelles couches sociales）的描绘中细节化地详细体现出来，而这种新社会阶层混淆了阶级差异，也侵入了像阿让特伊这样的巴黎郊区的农业村庄。

阶级混淆的状况在音乐咖啡馆这个伴随着林荫大道的建设而出现的场所里彻底地发生了。在论述《女神娱乐场的酒吧间》的这一章里，前三章所描述的社会转化已经彻底完成了；小资产阶级已经清清楚楚地出现了。克拉克对于粗俗的音乐咖啡馆及其闪耀的明星特丽莎的冗长的诠释，为我

1　［英］T. J. 克拉克:《现代生活的画像：马奈及其追随者艺术中的巴黎》，第220—221页。

们重构了马奈所选择呈现的场所的社会形式图卷，而且他还暗示性地指出，新阶级被休闲业的商品化所创造，又迎合这种商品化，而景观则是一种"阶级构成的手段"；它创造了新阶级，也控制了他们。[1]克拉克认为，《阿让特伊的划船者》和《女神娱乐场的酒吧间》这两幅作品表现了不断增长的疏离，面部表情能看出来，平面性也是一个表征，还表现在抽离主题的纯粹形式游戏中。这幅画里最让人困惑的便是透视关系；它看似没法说得通，那在音乐咖啡馆里的吧台女的正面与她在后面镜子里的反射是不一致、不协调的。

通过将画作联系到19世纪下半叶巴黎一种商业化的休闲文化的兴起，克拉克解释了这一"瑕疵"。他是这样说的："如果这位女侍完全处在镜中——即完全处在迷人的灯光和引人入胜的表演的一部分之中，被那个手持手杖的男人直接求爱——那么，她就会被置于真实的社会环境里，而这种真实的社会环境恰恰是她并不曾拥有的。"[2]尽管景观"为了一部分社会的利益组织了意象"，但是这一组织的力量"在影响那些仅仅沉思于那些意象的人的真实社会活动中是不能失败的"[3]。以这种方式，这幅画的透视表现了"真实"生活和被景观所促发的生活之间的裂缝。此外，只在镜中以反射出现的那个男人，在克拉克看来，其与吧台女和音乐咖啡馆之间具有某种特定的商品联系。克拉克写道："一位顾客认为她是又一件金钱可以买到的东西，而在某种意义上来说，维持这样的错觉，乃是她的职责之一。"如果联系拉康的"镜像阶段"观点来看，克拉克显然认为，这个形象恰恰是自我的虚幻本质的一种表演。也就是说，这是一个资本主义疏离的场

1　［英］T. J. 克拉克：《现代生活的画像：马奈及其追随者艺术中的巴黎》，第305—306页。

2　同上书，第325页。

3　同上书，第102页。

景，这个吧台女是一个乞求我们注视的卖淫女。[1]而这个自我个体转化为一个商品的过程，恰恰暗示了景观侵蚀社会的深度。[2]

可见，"景观"才是组织起整本书结构和内容的关键词，把握住了它，才能把握住克拉克《现代生活的画像》的实质，但是要知道，真正让印象派研究者、让当时政治环境中的读者感到晴天霹雳的，并不仅仅是他的艺术社会史方法，而是对马奈和印象主义"拉下神坛"的判断的指责，更是他的一种似乎不合时宜的政治倾向性。正如法威尔的评价，克拉克以"景观"来确证"现代主义"（有时以"现代性"来互换），在某种程度上，这本书是关于高度资本主义进入晚期资本主义时所孵出的不可避免的邪恶的冗长悲叹。[3]

四、田园诗的幻灭

在《现代生活的画像》出版之前的很长时期，艺术史界对印象主义的理解，公众对印象主义的印象，都是将他们当成从他们那个时代的工业化和城市化的恐怖中逃脱出来的无忧无虑的田园诗人，克拉克的惊人一鸣，将他们从流行的误解中解救了出来。此外，克拉克的书还打破了那种将印象主义当作先锋运动的观点，而是将他们塑造成保守的角色，他们不安地与那由于奥斯曼改造被粗鲁地甩在他们身上的新巴黎搏斗，而且，克拉克还指出，这些画家最初因他们的技巧的缺乏以及他们主题问题的缺乏而受到轻视。所以，克拉克认为，在那个时代里，马奈的艺术"在再现上是失败的"，而印象主义绘画"并没有找到一种充分刻画阶级的方法；尽管'充

1　David Carrier, *Art Writing* (Amherst: The University of Massachusetts Press, 1987), 6.

2　Gregory Seltzer, "Situationism and the Writings of T. J. Clark," 132.

3　Beatrice Farwell, "Review," 685.

分地'在这里不应理解为'简单地'或'明确地'。要为现代生活发明一种图像学，一种可以为后代艺术家继承并加以发展的图像学，是不可能的"[1]。

这种失败的原因，主要在于社会正处于急剧转型的状态中，那充满不确定的变量。"现代性不再具有等级和操纵系统的特征，而是具有一般生活行为的混杂、越界和含混的特征。在我看来，这似乎是将资本主义社会中的真正而又重要的误差幅度，误解为阶级纽带的总体上的松散。"克拉克认识到："资本主义社会本质上并没有像封建社会那样有固定的等级制度。它并不需要它的身份成为绝对，成为世上神圣不可侵犯的东西。少数人应当避开这种身份的限制，成了新秩序的一部分。"在马奈的时代里，"现代性神话的最佳男女主角是小资产阶级。他们在很多方面都没有阶级性可言，既不属于资产阶级，也不属于无产阶级，却因此得以发展壮大。他们是阶级社会的变形人，是边缘和荒原的鉴赏家"[2]。也就是说，小资产阶级是易变的、多样化的，他们是资本主义、现代性或景观的进程中涌现出的新阶级；而要捕捉这些突然袭来的景观文化，马奈及其追随者有些不知所措了。

对于那些因为面对着强加于巴黎的现代化以及随后而来的阶级关系解体而被迫进行革新的画家所面临的困境，克拉克是抱有同情的。因为小资产阶级的出现，画家们的目标突然复杂了，而且，他们面对下等阶级所突然拥有的特权，又抱有巨大的矛盾情绪，他们感觉不太习惯、不太舒服了。这就在主客观两方面局限了马奈及其追随者的艺术创作。克拉克在最后暗示说，直到修拉，才能解决他们所未能解决的阶级重构的矛盾，这是因为：小资产阶级完全出现了，阶级结构相对明朗了；而修拉也已寻找到合适的形式来表现"大碗岛"上的法国资产阶级社会的阶级表象，在修拉

1　[英]T. J.克拉克：《现代生活的画像：马奈及其追随者艺术中的巴黎》，第332页。
2　同上书，第330页。

的画里，那被每个阶级的代表所制造的坚固、精细的栅栏，要比马奈和德加绘画中的神经质的阶级意识要更为精确。[1]

在《现代生活的画像》中，克拉克使这些画作具有了政治性，在他看来这种政治性并不是激进的，而是保守的。它们之所以具有如此这般的普遍的感染力，部分是因为它们被认为是纯洁、无内容和无倾向的。对他来说，马奈及其追随者"作为画家的实践——他们想要成为现代派的自我声明——取决于他们比以往任何时候都更多地与他们所属的资产阶级的兴趣和经济习惯紧密地联系在一起的事实"[2]。所以，他们的绘画压抑了那些在克拉克"同志"看来想要讲述的残酷事实——资本主义景观文化的吞噬。

在书的末尾，克拉克给出了一段意味深长的句子："马奈和印象主义者的作品被资产阶级给买完了，并伴随着景观意识形态确证了他们的身份，现代性自身被塑造成了一个罪犯。"因而，"印象主义很快就成了上层资产阶级的独特风格，在它化为棕榈泉和派克大街上的豪华装饰中，有许多方法恰到好处：它揭开了这类绘画讨好现代性的真相"[3]。换言之，马奈及其追随者艺术中的缺点是，他们的艺术在认识景观的正在发展的文化时失败了，在否定这种文化时也失败了，因而注定会在景观文化中被淹没，所以他们的意识形态仍然是统治阶级的。在我看来，马克思主义、法兰克福学派和情境主义理论浸透到克拉克思想中的程度，并不亚于景观侵袭社会生活的程度。

但是，这些诟责并不意味着马奈绘画的意义因此就大打了折扣，在克拉克看来，他已经提出了正确的问题，也已经以敏锐的新风格快速地记录下了他们那个世界的某些关键的变位（dislocations）。

1　Byron Nelson, "Review," 392.
2　［英］T. J. 克拉克：《现代生活的画像：马奈及其追随者艺术中的巴黎》，第332页。
3　同上书，第341页。

第九章
艺术如何无政府主义？:
论关于毕沙罗的两种解读

在他的画里，可以听到土地深处的声音。

——左拉

我坚信，我们的思想充斥着无政府主义的哲学，它在我们的作品中蔓延，因此（他们）对当前的思想感到厌恶。

——毕沙罗给儿子卢西安的信，1891年4月13日

在1991年1月第2期的《牛津艺术杂志》（*Oxford Art Journal*）上，英国著名艺术史家格里塞尔达·波洛克发表了一篇标题诙谐的书评《别盯着毕沙罗：拾起莫奈快跑！》，她评论的是耶鲁大学出版社于1990年出版的两本印象派专题研究著作：理查德·布瑞特尔（Richard Brettell）的《毕沙罗和蓬图瓦兹：风景中的画家》和保罗·塔克（Paul Tucker）的《19世纪90年代的莫奈：系列画作》（*Monet in the 90s: The Series Paintings*）。[1]姑且不论波洛克教授如何评价这两本书，单看标题便能抓住她的观点——比起莫

---

1 Griselda Pollock, "Don't take the Pissarro: But Take the Monet and Run! Or Memoirs of a Dutiful Daughter," *Oxford Art Journal* 14, Issue 2 (1 January 1991), 96–103.

奈，毕沙罗太难研究了！尽管这两位作者都师承耶鲁名师罗伯特·L.赫伯特，但正如布瑞特尔在《毕沙罗和蓬图瓦兹：风景中的画家》导论中所写的话："也许正因为毕沙罗是个复杂至极的艺术家——远甚莫奈——所以，在研究他时，塔克的方法便发挥不了太大的作用了。"[1]

复杂至极？何出此言呢？

印象派研究大家约翰·雷华德（John Rewald）曾这样描述毕沙罗：

> 卡米耶·毕沙罗被他的同时代人看成是圣人般的人物，一位具有崇高道德品质的人，几乎找不到一句批评他的话。譬如塞尚向来是个嘴不饶人的人，但每当他提到毕沙罗时总是说："那位谦虚的巨人毕沙罗。"[2]

正是这个印象派的"圣人"，既没有莫奈身上璀璨的光环，也没有塞尚身后加持的荣光，却是印象派中最年长的一位，印象派的中流砥柱。究其一生可见，他拥有不停追求一切能够丰富艺术语言的好奇心，甚至向西涅克和修拉等年轻人学习点彩画法；他虽没有莫奈等声名煊赫，却是印象主义绘画运动始终如一的参加者、组织者和推动者；虽一直经受着人口众多的家庭在经济上的困难，却顽强而执着地以自己对艺术的热烈信仰和自信心，坚持与学院派决裂，忍受嘲笑和贫困，深信未来；虽然他对许多印象派画家有过教导和直接的影响，却无私地拥抱新事物，以谦虚的良知观察新的技巧，胸襟坦荡地支持任何新的艺术发展方向——更特殊的是，他

---

1 Richard R. Brettell, *Pissarro and Pontoise: The Painter in the Landscape* (New Haven: Yale University Press, 1990), 5.

2 ［美］约翰·雷华德、［英］贝纳·顿斯坦:《印象派绘画大师》，平野、陈友任译，广西师范大学出版社，2002年，第55页。

还是一位立场鲜明的无政府主义者！

要理解毕沙罗的艺术，怎么能够回避他的政治信仰呢？早在19世纪50年代晚期，毕沙罗便与库尔贝相识，无政府主义理论家蒲鲁东的两本小册子——《论革命与教会的正义》(De la Justice dans la revolution et dans l'église) 和《论艺术的原则和社会功能》(Du Principe de l'art et de sa destination sociale) ——带给他深刻的心灵冲击。蒲鲁东认为，艺术创造的使命是为了教育人类，揭露社会现实和不公。也许是他自身的天性使然，毕沙罗开始拥护蒲鲁东的无政府主义思想，成为公然自认的无政府主义者。为了回应蒲鲁东，毕沙罗在多年后说，艺术家的任务"是根据自己的感觉去寻找周遭环境的元素。这只有通过凭借我们自己的当代感受力去达到。那种认为每个艺术形式都与当下无关的观念，是个严重的错误"[1]。

可是，毕沙罗并不是杜米埃式的画家。尽管他身处激荡澎湃的社会环境，怀揣强烈的无政府主义立场，但是他的作品却多是宁静悠然的风景画和人物画，再加上他风格多变、作品繁多，如何将其艺术与其政治信仰联系起来讨论，便成为一个既棘手又吸引人的课题。最早专门讨论该问题的文献可能是本尼迪克特·尼科尔森（Benedict Nicolson）在1947年发表的《卡米耶·毕沙罗的无政府主义》。[2]到如今，这个炙手可热的问题已经形成了一个讨论的链条。

本章将择取两种具有代表性的研究一一评述，并从侧面体现出西方艺

1　Christopher Lloyd, *Camille Pissarro (1830−1903): St Thomas to Paris* (London: Stern Pissarro Gallery, 2003), 3.

2　Benedict Nicolson, "The Anarchism of Camille Pissarro," *The Arts*, no. 2 (1947), 43−51. 除了本文要讨论的三个文本之外，其他论及毕沙罗无政府主义的较重要的文本还有：Martha Ward, *Pissarro, Neo-Impressionism and the Spaces of the Avant-Garde* (Chicago: University of Chicago Press, 1996); Robert and Eugenia Herbert, "Artists and Anarchism: Unpublished Letters of Pissarro, Signac, and Others," *The Burlington Magazine* (November 1960), 473−482 and (December 1960), 517−522.

术史学研究方法的多元变迁，以期能从这个案例中得到思想与方法上的启示，从而引发我们研究艺术史，特别是中国艺术史的灵感。

一、理查德·布瑞特尔：从证据到结论

2011年6月11日到10月2日，一场名为"毕沙罗的人物"（Pissarro's People）的展览在斯特林和弗朗辛·克拉克艺术中心（Sterling and Francine Clark Art Institute）举办，后又巡展至旧金山艺术博物馆（Fine Arts Museums of San Francisco），相继产生了轰动效应。这次展览既颠覆了毕沙罗作为乡村风景画家的固有印象，又完整展现了其作为一个具有明确政治倾向的艺术家的创作活动。策展人理查德·布瑞特尔教授是印象派专家、毕沙罗研究的国际权威学者，在那本详尽的展览目录里他强调，无政府主义是"毕沙罗作为一个人的首要特性——因此，也是其作为一个艺术家的首要特性"[1]。在题为《毕沙罗和无政府主义：艺术能是无政府主义的吗?》的重要论文里，他凭借渊博详尽的资料和信息的积累比对，从作品和人生两个方面串起了一条毕沙罗式"无政府主义艺术"的发展之线，这篇论文就好像是细致有序编织起来的一首谨严的古典主义乐曲，回荡着"无政府主义艺术"的主旋律。

首先，布瑞特尔在开篇便引用了毕沙罗在1891年4月13日写给他的儿子卢西安（Lucien）的信，并以此作为阐述毕沙罗"无政府主义"的纲领[2]："我坚信，我们的思想充斥着无政府主义的哲学，它在我们的作品中

---

1 Richard R. Brettell, *Pissarro's People* (San Francisco, CA: Fine Arts Museums of San Francisco, and Sterling and Francine Clark Art Institute, 2011), 64.

2 毕沙罗与其长子卢西安的通信，被视为印象派研究的基础。

蔓延，因此（他们）对当前的思想感到厌恶。"[1]这句朴实的自我认定，就像是一个方程式的答案，等待艺术史家给出解题的过程。

布瑞特尔在解题过程中，运用了多种艺术史研究方法。首先，他承袭了罗伯特·L.赫伯特的耶鲁学风，善于运用传记研究方法，从日记和书信等资料中找到线索。[2]他指出，毕沙罗从年轻时便全然拒绝他自己家庭的资产阶级价值观，也就是当时犹太人对商业和财富的重视和追求；他在早期的信件中曾表露出对贫穷生活和劳动的珍视，到了19世纪60年代，他开始介入无政府主义圈子，他开始系统地阅读在当时是被系统的国家新闻检查署严格限制的政治和社会理论著作；写给儿子的信件也时常表露出其无政府主义思想。从传统生活桎梏中解放而得到的自由以及心仪的政治思想吸引毕沙罗走上了一种非营利性（non-mercantile）的生活方式和生产方式。[3]种种证据表明，无政府主义思想并未被毕沙罗抛到工作室的"门外"，它必然渗入其艺术创作之中。

依靠年代学方法寻找线索，布瑞特尔判定，《在拉罗什居永骑驴》（*Donkey Ride at La Roche-Guyon*，1865）是毕沙罗第一幅具有清晰的"政治性"的作品。画面中左边的两个小孩是穷人家的孩子或流浪儿，他们那身脏兮兮的邋遢衣着体现了其处于社会底层的状况；而右边的两个孩子显

1　毕沙罗写给儿子卢西安的信，1891年4月13日。引自*Correspondance de Camille Pissarro*, ed. Janine Bailly-Herzberg, 5 vols. (Saint-Quen-l'Aumône: Valhermeil, 1986–1991), vol. 3, 63。英文版出自Camille Pissarro, *Letters to His Son Lucien*, ed. John Rewald, trans. Lionel Abel (New York: Pantheon, 1943), 163。

2　在某种意义上，在研究印象主义画派时，毕沙罗的信件要比他的作品发挥着更大的作用，因为这些信件的内容是如此可靠，如此清楚，因为它们直接报告了那些有才华的艺术家，如莫奈、雷诺阿、德加、塞尚、高更、修拉及其他人的情况。这些信件揭示了当时复杂的艺术界：画廊、批评家、博物馆、艺术家、新闻、政治和金钱。西方艺术史学界普遍认为，毕沙罗的书信是现代艺术批评家和历史学家的真正而首要的研究材料。

3　Joachim Pissarro and Richard Brettell, *Pissarro* (Madrid: Fundación Colección Thyssen-Bornemisza, 2013), 56.

然是资产阶级富人阶层的孩子，他们高坐驴身的姿态更为凸显出其社会地位。我们明显接收到了画家在仔细观察社会阶层状况后通过艺术传递的社会信息——社会阶级之间的对立，资产者与无产者之间的对立。1870年的素描《巴黎的城市起义》（*Urban Uprising in Paris*）则表现了法国的一场集会活动，它更直接地表明，毕沙罗已经决定，艺术是一个更进步的政治观念得以展示的舞台。[1] 正是在从1864到1870年的这段时间里，蒲鲁东的《论艺术的原则和社会动能》出版，毕沙罗也进入政治激进者的圈子，阅读与实践引发他创作出了这种政治宣言式的画作，彰显出他在面对充满矛盾冲突和问题的世界时的激越与思考。

正是毕沙罗与无政府主义思想与运动的遭际，促使布瑞特尔埋头于蒲鲁东著作的字里行间，因为他认为，要研究毕沙罗艺术中的无政府主义意味，就必须既重视其画作（不仅仅是如上述两幅主题和立场一般鲜明的画作），又重视无政府主义著作"乏味的文本的重要性"。那么，如何把这两者联系起来考察呢？

布瑞特尔给出的第一个分析样本是画家1867年所作的《静物》。诺曼·布列逊认为，静物画作为"低级的现实"，实际上受到周围"高级"层面的文化及其话语的塑造。[2] 布氏显然采取了布列逊的符号学研究路径，探寻隐藏在静物背后的思想形态。他指出，这幅摆着食物和葡萄酒的静物画处处体现出了底层、原始而又粗陋的生活水平：混浊的自酿酒被放在一个简朴的玻璃瓶而非精美的水晶瓶中，三个小小的黄苹果看起来摘自一棵近处的树上，厚实粗糙的法棍面包，加上一小片有着肥皮的火腿不雅地坐在一个手工制作的土陶盘里，而调色刀粗粝的涂抹为一个自产劳动者的晚

1　Joachim Pissarro, Richard Brettell, *Pissarro*, 58.

2　参见［英］诺曼·布列逊：《注视被忽视的事物：静物画四论》，丁宁译，浙江摄影出版社，2000年。

餐更增添了一种朴实的力量。显然，这些物品不精致、不优雅，全凭手工制成，大多未经交易，远离喧嚣蓬勃的资本主义工商业，它们被摆在一个粗陋的村舍里等待着朴实的主人，比如毕沙罗。这种表现"非生产性消费"的画面，多么吻合于蒲鲁东所膜拜的《贫困的哲学》。[1]

对于毕沙罗第一幅印象主义沙龙风景画《布吉瓦尔的房舍》(*Houses at Bougival*，1870)，布氏认为，其描绘对象（农村、郊野和乡民）的平凡本质正是毕沙罗的谦逊、集体生活的绘画意识形态的一部分。画面中心人物是一个母亲和她的穿着简朴、背着小书包的乡村小男孩。对于无政府主义者来说，献身于不懈的智识和道德进步是与在这个现代集体主义世界里的田地和工厂里劳动一样的事情，正是全民教育的观念让毕沙罗在画面中掩藏了天主教堂的尖顶，成为残余的角色。无政府主义哲学在毕沙罗艺术中的进一步发展，体现在1873年的《蓬图瓦兹旁的瓦兹河》(*The River Oise near Pontoise*)这幅画中。此画特别之处在于，厂房和它们的烟囱统治了风景——甚至已经达到了否定这个区域的农业性质的地步。画家努力想要在画面上实践一种无政府主义的"平衡"哲学：也就是俄国无政府主义学者克鲁泡特金所谓的农-工(agro-industrial)理想[2]，即工人们每个季节花费数月在田地里，另花费数月在工厂、码头、技术室和车间等进行其他劳动。布氏认为，毕沙罗在这幅画作中展现了这种理想，从这层意义上讲，它是一幅无政府主义风景画。[3]

毕沙罗曾创作过表现多幅集体性劳作场面的画作，布瑞特尔着重评论了1892年的《丰收》(*The Harvest*)和1888年的《在厄哈格尼摘拾苹果》(*Apple Picking at Eragny-sur-Epte*)。他认为，前画中宽阔背景里谷物收

1　参见［法］蒲鲁东:《贫困的哲学》，商务印书馆，2011年。

2　参见［俄］克鲁泡特金:《互助论》，李平沤译，商务印书馆，1963年。

3　Joachim Pissarro and Richard Brettell, *Pissarro*, 62.

割的景象是如此理想化，没有监工，没有地主，没有等级制，这些劳动着的男女是平等的、愉悦的，画面恰如其分地体现了毕沙罗至高无上的无政府主义。这同克鲁泡特金在字里行间中对厨师、园丁和农民的赞美如出一辙。《在厄哈格尼摘拾苹果》一画也描绘了一个想象中的乡村乐土，集体劳动的景象，呈现了米勒所开启的法国乡村画传统里几乎从未见到的意味——闲暇。[1]

《社会距离》（*Turpitudes Sociales*）是毕沙罗在儿子卢西安的帮助下绘编的一本小集子，其中文本是摘录自无政府主义的文献，插图则有力地控诉了资本主义社会的邪恶。此书是毕沙罗为其妹的两个定居于英国的女儿所作，原因是画家担心她们太习惯于资本主义世界的整体社会腐化。布氏认为，这些黑白钢笔素描尽管迥异于毕沙罗的一般风格，但无疑应该被当作19世纪无政府主义艺术的核心作品来看待。[2]最后，布氏还提供了两张毕沙罗家庭合照来佐证这位艺术家奉行的"平等的"家庭观念——画家随意地坐在一边，丝毫没有家长的架子。

总之，布瑞特尔教授运用翔实的传记资料、精细的符号学分析以及对无政府主义文献的"语—图"互文指证，全方位地证明：毕沙罗的无政府主义信仰乃是其一生艺术发展的驱动力。他在研究中既体现了传统的实证主义研究的优点，又展现了新颖的研究方法，谨慎、严密而具有说服力，并代表了大多数艺术史家（尤其博物馆界）的研究习惯。

二、T. J. 克拉克：形式的隐喻

本章要评议的第二条论证路径，来自当代著名艺术社会史家、新艺术

1　Joachim Pissarro and Claire Durand-Ruel Snollaerts, *Pissarro: Critical Catalogue of Paintings*, 3 vol. (Skira/Wildenstein, 2006), vol. III, 555−565, no. 850 and 605−606, no. 920.

2　Richard R. Brettell, *Pissarro's People*, 241−255.

史领军学者 T. J. 克拉克《告别观念》一书里的一章：《我们是田间劳作的女性》。这也是克拉克最集中讨论毕沙罗艺术与其政治信仰的论文，他运用复杂的新艺术社会史研究方法，把分析对象放在现代主义艺术发展进程中来考察，获得了一种对于毕沙罗无政府主义艺术的全新认识。与前论布氏的论文最明显的差异在于：克拉克只聚焦于一幅作品，即1892年的《两个年轻农妇》，但是却洋洋洒洒着墨几万字，将此画诞生时的社会政治情境、艺术发展状况、公众接受、共时性评论和艺术家个体的种种外部条件，与画面形式细节进行了接合表述（articulating）。[1]

在此，介绍和提示 T. J. 克拉克艺术社会史与现代主义艺术理论的基本思想是非常必要的。克拉克艺术社会史范式认为，意识形态潜藏在言论、再现的习惯或者视觉结构之中，绘画创作过程敞开了意识形态和图画传统相互砥砺的空间，在这种摩擦、探索的过程中，社会现实（经济、政治、公众批评等等）给艺术家以压力，并通过图画传统的改变曲折地反馈出来，艺术实际上卷入了社会历史进程之中。[2]他将对艺术作品的美学评价与背景研究结合起来，发掘作品创生的复杂历史因素。此外，克拉克现代主义艺术理论的核心命题是：现代艺术是现代性的赋形，现代主义占领了对现代性加以描述和颠覆的非真实阵地，以极端的艺术语言实验，企图以艺术的方案构建另一个层面的乌托邦，这种艺术的乌托邦梦想与社会主义运动平行发展；当艺术家遭遇到思想激荡、社会动荡和时代变革的特定时刻时，艺术家在社会、个体和绘画惯例的多重砥砺下，在创作中给出相应的

1　根据麦克米兰公司出版的《艺术词典》中的定义，艺术社会史倾向于对艺术生产或艺术实践做社会历史性的论述，其任务是在理论与方法上探索：如何对艺术作品和社会历史进行接合表述，如何阐释视觉符号或文本与意识形态机制、艺术手段与社会历史及其他外在因素之间存在的种种关系。参见 Jane Turner, ed., *The Dictionary of Art*, 914–915。

2　诸葛沂：《艺术社会史的界别与范式更新》，载《学术研究》，2017年第2期，第174页。

回应——压力下的极限性实践，而这个时刻，被他称为现代艺术发生的历史时刻（historical moment）。

《两个年轻农妇》的诞生，恰恰属于这样的历史时刻。正如马奈在《奥林匹亚》里改变了西方女性裸体画的惯例一样，毕沙罗想要建立一种迥异于米勒与夏凡纳的乡村农民画风格，他既要颠覆传统惯例，又要将自己一直以来出售良好的绘画风格置于压力下，更重要的是，依照克拉克的观点，这还是一幅毕沙罗企图实践其"无政府主义政治学"的困难重重且最终失败的尝试。

克拉克的论述如同一条游蛇，穿梭于社会背景、政治运动、艺术家个性、画面构图、符号形式及共时性评论等方方面面，行文虽然一如既往的晦涩，但通过反复阅读仍然能够把握其论证逻辑。克拉克认为，首先，1891年下半年的政治气氛对《两个年轻农妇》产生了重要影响。[1] 此画作于1891年富尔米总罢工被暴力压制之后，也就是1892年无政府主义者拉瓦肖尔爆炸之前，在这个时刻，无政府主义者宣扬"用行动去抵抗"，其暴力威胁成了欧洲的梦魇，毕沙罗在给卢西安的信里写道："革命正处于高潮。"虽然画家并不是和平主义者，但他也没有毫无保留地在画面中渲染革命的热血。克拉克认为，毕沙罗秉性谦逊温和，他的无政府主义立场介乎于"为富尔米复仇"和"克鲁泡特金的《面包与自由》"之间。正是在这样一个政治动荡的时刻，画家在思想与实践中遭遇到了压力；他亲眼见到农民的贫穷与辛劳，想替他们"抵抗"，却又身处于描绘"田园理想诗"的绘画传统和市场要求之中。

克拉克把论证的焦点移回画面本身，捕捉体现上述压力的视觉符号。先从构图上看，这是毕沙罗头一次在田园风景画中把人物置于如此逼近的

1　T. J. Clark, *Farewell to an Idea*, 98.

前景中，而不再是如米勒一样把人物置于中远景，这样人物便显得更结实而有力量[1]——且看画面左边的农妇，那支起的拳头是如此有力，如此坚毅，像是压迫者的反抗，但是右边的农妇却纤细雅致，漂亮虚幻，克拉克认为她刻画得远不如位左者成功，可见毕沙罗在处理结构时的困难；再从线描与色点的角度来看，我们知道，线描易于刻画人物的独特个体性，明暗鲜明，更能体现出纪念碑性，而受到"点彩派"影响的满幅色点则追求画面的完整性和平面性，以及一种梦幻般的装饰诗意，而这两方面显然在此画中反复进行着拉锯。这种拉锯，在克拉克看来，正是毕沙罗的政治信仰与现代主义形式发展之间的冲突。简言之，线描和明暗会产生深度，而深度正是现代主义者（马奈和修拉）曾经极力摧毁的隐喻的领域；走向平面和自统一的整体，是如格林伯格所总结的现代艺术发展之路。

在这里，克拉克把"现代主义"作为一场势不可当的美学或技术上的绘画变革运动。他指出，"农民的生活"成为"一个现代主义可以投射其技巧和表现力的屏幕"，现代主义在想象、表现对象（农民/田园）时往往过分强化物象的典型特征，往往走向理想化、美化或浪漫化（例如莫奈画中夸张的色彩、光影与人物）。毕沙罗处身于这样一种走向平面性、装饰性的现代主义潮流中，而他却是一个充满抵抗意识的无政府主义。这种矛盾便在《两个年轻农妇》的画面中隐喻性地体现出来了。"在质朴与炫耀之间，在有力的表现和强烈的情感之间，毕沙罗将自己推到了现代主义的极限。"[2]最终，在这个极限情境下，政治性表达的冲动屈从于绘画的现代主义追求。

1　如马克斯·J.弗里德伦德尔在《论艺术与鉴赏》中所论："远景中的小人物表现的是类型，近景中的大人物表现的则是个性。"参见［德］马克斯·J.弗里德伦德尔:《论艺术与鉴赏》，邵宏译，田春校，商务印书馆，2016年，第54页。

2　T. J. Clark, *Farewell to an Idea*, 61.

彼时毕沙罗正意欲摆脱点彩派的影响，努力创造出自具特色的画面整体性和一致性，他强调"清晰和透亮的整体统一性"。而这种超越点彩派的新的现代主义绘画实践产生的效果，"只有当自然光极强烈时才得以展现自身"，可见"光线是绘画完整性的保障，最终也是表现完整性的保障"——但是，这幅描绘阳光下的村野的作品，却是在室内完成的！这也就意识着，在创作的时刻，毕沙罗并未面对对象，并且疏远了记忆中的实际情况，完全执着于对光线的复杂想象和重构。他只把绘画当作画面整体去理解，当作由笔触的多样性、一致性和创新性聚合的画面去实现。他的实践融合了内在性和梦幻色彩，具有迈克尔·弗雷德宣称的"专注性"（absorption）[1]，完全沉浸于自己的世界；或如格林伯格所说："他让自己的感受力——对于自由状态的漫射光的感受力——窒息和吞没了所有突出的特征，他说像另外一个唯物主义者库尔贝，他们看待画面的态度是一视同仁的，把一致的特征（uniformity）当成了统一体（unity）。"[2]也就是说，按照盛期现代主义批评家的观点，毕沙罗走向了现代性的媒介实践，走向了现代艺术的自主性。那么，对于克拉克这意味着什么呢？

正如本节开头所述，克拉克现代主义艺术理论的核心命题是：现代主义是以极端的艺术语言实验，企图以艺术的方案构建艺术的乌托邦。所以，他认为，毕沙罗在《两个年轻农妇》中进行的创作实践，在当时是极端的修辞实验；颜料作为意识形态和个性的物质显现，使"符号具有材料自身的特性"，并且成为塑造世界并使其成为"我的世界"的符号；画家

1　即"专注"（absorption）的精神沉思。参见张晓剑：《狄德罗时代的反剧场化事业——论弗雷德的18世纪法国绘画研究》，载《新美术》，2013年第3期，第26—27页。

2　参见Clement Greenberg, "Review of Camille Pissarro: Letters to His Son," in *Clement Greenberg: The Collected Essays and Criticism*, 4 vols., ed. John O'Brian (Chicago: University of Chicago Press, 1986–1993), vol. 1, 216。

企图通过再现的过程重新打造世界及我们对世界的认识。[1]这就让《两个年轻农妇》的创作具有意识形态的乌托邦性，这恰恰是毕沙罗无政府主义的根本体现。

就这样，克拉克以形式与思想的隐喻性类比来分析《两个年轻农妇》这件处于现代艺术历史时刻的极限个案，结论是：其美学—政治的计划最终被抑制，屈从于现代主义实践。

三、对比、评述与启发

在本章的最后部分，笔者想对上述两种研究路径做此比较和评述，最终获得一些在艺术史研究方面的启示。

布瑞特尔教授是印象派研究的国际权威，曾因对法国艺术卓越的研究、策展和推广而贡献获得"法兰西奖章"，他历任芝加哥艺术博物馆欧洲馆馆长、达拉斯美术馆馆长、美法艺术交易协会主席和艾迪思·奥多奈尔艺术史中心（The Edith O'Donnell Institute of Art History）创任主席。就毕沙罗艺术的无政府主义而言，凭借逾半个世纪的印象派研究，他掌握了海量翔实的档案资料，如数家珍地铺陈论证；承袭耶鲁艺术史学派的严密学风，他注重严密、严谨的引证，并在策展实践中不断发掘材料价值；同时，他也善于学习、消化和吸收符号学分析和语—图互文等新艺术史研究方法，有力地增强了论证的说服力。笔者曾询问他对克拉克的分析的看法，布瑞特尔认为其"过度阐释"了毕沙罗艺术中的无政府主义。在他看来，依靠画家日记和相关作品等材料，足以解释这个命题。所以，布氏的论述在艺术史界（尤其博物馆界）绝少有质疑和批判，堪称"专家之论"。

---

1 T. J. Clark, *Farewell to an Idea*, 137.

但这也意味着这一话题没有了继续深挖的潜力。

T. J. 克拉克对毕沙罗无政府主义的读解，则招来了不少非议，也敞开了讨论的空间。这些批评中最著名的，是美国西北大学教授史蒂芬·F. 爱森曼（Stephen F. Eisenman）的《现代主义的觉醒》一文，他认为克拉克在面对这个棘手的艺术和政治问题时，语言晦涩不明，观点先入为主，形式分析过于武断，一开始便替观者决定了观画的感觉，而且案例单一，对其的选择只是为了支撑克拉克自己的现代主义艺术的历史理论。[1]笔者认为，爱森曼的质疑是一针见血的，因为克拉克确实是要用这个案例来支持其现代主义理论的历史论点；但是，爱森曼的批评同样也是"过度"的，因为并不是每一种艺术史研究都要走向实证主义或"专家之论"，正如潘诺夫斯基提倡"作为人文学科的艺术史"，艺术史研究的多重面向本无可厚非，更何况是对"毕沙罗的无政府主义艺术"这个高难度的命题呢？

行文至此，不禁想起德国著名艺术史家马克斯·J. 弗里德伦德尔（Max J. Friedländer）写的一段话：

> 艺术学者界有两帮人，人们也可说两派。喜欢自称历史学家的人主要占据着大学的教席，而你在博物馆办公室遇到的则是"专家"（experts）。历史学家通常努力追求从一般到特殊、从抽象到具体、从知识到可见，而专家的研究路径正相反。双方多半都止于中途——顺便提一句，双方从未相遇……历史学家瞧不起"专家"为细节而吹毛求疵的争吵；至于专家，则指责大学里的同行对艺术作品抱有偏见。双方的责备都有道理。[2]

1　Stephen F. Eisenman, "Modernism's Wake," *Art in America* 87, no. 10 (October 1999), 59–61.
2　[德] 马克斯·J.弗里德伦德尔：《论艺术与鉴赏》，第112页。

在我们讨论的两条解读路径里，达拉斯美术馆前馆长布瑞特尔教授正是"专家"，而T. J. 克拉克则是作为"历史学家"的艺术社会史家；因为知识背景和身份的差异，他们的解读自然也就不同；但他们有一点是相同的，即对分析对象和分析过程本身的殷切执着。

那么，对于我们来讲，不带偏见地了解和学习他们不同的研究方法，不正好能够拓展我们自己的研究视野，扩充我们自己的研究手段吗？

第十章
反具身化的绘画实践：
对塞尚的保罗·德·曼式解读

我并不是在寻找一个离经叛道的答案，但在探索过程中，我发现弗莱、格林伯格和梅洛－庞蒂对塞尚的解读都错了。与此相反，我想伴随他们走向尽可能的深度。

——T．J.克拉克：《塞尚作品中的现象性和物质性》
（"Phenomenality and Materiality in Cézanne"）

这就将我带回到现象性这个关键的概念，以及德·曼对它的讨论——"符号的现象性"。

——T．J.克拉克：《塞尚作品中的现象性和物质性》

一、引论

正如美国学者维切尔（Beverly H. Twitchell）所说："塞尚作品的地位和影响是无可争议的，他的绘画对艺术批评和艺术史的影响巨大，就像它们对其他艺术家的作品的影响一样。结果是，现在已经不可能在不受到人们关于塞尚绘画的形式、意义及其影响所讲的那些话的左右下来观看他的画了。"[1] 确实如此，不管是从罗杰·弗莱、赫伯特·里德到埃尔·洛兰（Erle Loran）和格林伯格的形式主义批评，还是法国哲学家莫里斯·梅洛-庞蒂（Maurice Merleau-Ponty）的现象学艺术批评，抑或是夏皮罗的心理学/图像学/形式主义的综合批评，都体现出了塞尚艺术无与伦比的多义性，及对各界学者的诱惑力。[2] 随着新艺术史的兴起与发展，塞尚绘画更成为各种批评方法跃跃欲试、一展身手的主题。其中，当代杰出的艺术社会史家T. J. 克拉克的研究独树一帜：他不仅反对弗莱和格林伯格的形式分析，也否定梅洛-庞蒂的"具身化"（embodiment）的现象学分析，还借用符号学家、解构主义文学批评家保罗·德·曼的理论，从"现象性"（Phenomenality）和"物质性"（Materiality）的视角，通过类比和鉴别，揭示了塞尚晚期艺术创作的彻底唯物主义倾向，并最终将塞尚绘画归位于克拉克自己的艺术社会史的现代主义理路中。

克拉克的两篇论文，《弗洛伊德的塞尚》（"Freud's Cézanne"，1999）和《塞尚作品中的现象性和物质性》（2001），都提及了德·曼的理论，尤其在后者中，克拉克充分挖掘了德·曼理论在解析塞尚绘画时所拥有的批评潜力，从文章题目上便直接呼应了德·曼的《康德作品中的现象性和物质性》（"Phenomenalityand Materiality in Kant"，1996）一文。早在20世纪80年代中期，德·曼便出现在克拉克《波洛克的抽象》一文的注释和文末，而在1992年一篇名为《一种颠覆性的艺术史理念》（"On the Very Idea of a Subversive Art History"，1992）的会议论文中，克拉克认为，德·曼提供了对"艺术社会史"的"导引"，其后在1994年于纽约举办的大学艺术学会年会上，身为主席的克拉克投递了一篇题为《一种德·曼式的艺术

1　Beverly H. Twitchell, *Cézanne and Formalism in Bloomsbury* (Ann Arbor, Michigan: UMI Research Press, 1987), 3, note 1.

2　参见沈语冰：《弗莱之后的塞尚研究管窥》，载《世界美术》，2008年第3期。

史》（"A de Manian Art History"，1994）的论文，进一步探讨德·曼理论与艺术史进行链接的可能性。这确实让人感到奇怪：一个以马克思主义艺术社会史家闻名于世的英裔美国学者，怎么会拾起德·曼这位背负着道德阴影的冷酷的解构主义理论家呢？[1] 毋庸讳言，德·曼的作品确实启发了克拉克在20世纪末的艺术批评和艺术史写作，但是，他并不是将德·曼的文学理论直接照搬、移植到塞尚绘画研究中，而是经过深思熟虑的借鉴、比对和鉴别，最终迂回地将结论引回他自己的现代主义理论中。

要理解克拉克复杂的论述逻辑，我们就要先从德·曼理论本身进入，理解其文本唯物主义观点和对"具身化"美学的批判。只有这样，我们才能把握克拉克解析塞尚的逻辑，并最终进入克拉克现代主义理论的宏旨之中。

二、德·曼的文本唯物主义及"具身化"批判

与其说，克拉克机械地将德·曼理论强压进塞尚作品研究之中，倒不如说，他在德·曼的文本中找到了"物质性"和"现象性"等概念，找到了一种文本唯物主义立场及对"具身化"美学的批判，进而拥有了运用这些概念来认真处理塞尚晚期绘画中的彻底唯物主义的可能性。[2]

在进入德·曼理论的具体概念和立场之前，有必要对"具身化"（embodiment）这一概念稍作解释。"具身化"这个主题，在18世纪中叶已经生成，现已经与审美哲学密不可分。它的宗旨是，在对于感觉事物

1　Christopher S. Wood, "Paul de Man and Art History," *Flash Art International* (Summer 1995), 87. 最初发表："Paul de Man und die Kunstgeschichte," *Textes zur Kunst* 14 (June 1994), 87. 德·曼于患癌症病逝后获颁耶鲁大学人文学科的斯特林教席。然而，人们发现了200多篇他在第二次世界大战时为敌方报章所写的文章，其中一份报章更带有鲜明的反犹太主义色彩。

2　Jeremy Spencer, "The Bodies and the Embodiment of Modernist Painting," *Journal of Visual Art Practice* 5, no. 3 (2006), 231.

（sensuous things）的专注（attentiveness）和回应（responsiveness）中，身体用感性（sensual）调和了概念性（conceptual），而精神会赋予物质以表达和调和（reconciliation）的原则，正如特里·伊格尔顿（Terry Eagleton）所说，解释这种"具身化"一直是美学的首要目标，哲学美学自身便是"天生的身体话语"（born as a discourse of the body）[1]。

　　但是德·曼却对此持有异议。哲学家尼古拉斯·达维（Nicholas Davey）指出，德·曼的文本唯物主义挑战了解释学美学和"具身化"概念。[2]德·曼晚期的那种虚无主义、不近人情的语言观念，正是来源于对那以意义的"具身化"为原则来确定文学价值及其重要性的拒绝。德里达对德·曼的立场给予了恰切的评价，他认为，德·曼的文本唯物主义理论，悬置了那些"表现性的、意向性的、拟人化的、指示性的、比喻性的、象征性的"语言模型，因为这些语言模型都是表示艺术的意义和真理的传统修辞手段。[3]

　　德·曼的文本唯物主义体现在他反对"具身化"美学、强调现象性和物质性的概念上。尽管他在晚年写作中日益频繁地使用这两个词，但并没有清晰地解释它们的定义。然而，基本上，"现象性"意指着"直觉和认知的可及性"（accessibility to intuition and cognition），它是"再现的"（representational）、"形象的"（iconic）、"感官体验的"（sensorial），德·曼认为，它在文学作品压缩、集束了一个确凿无疑的愉悦的"审美时

1　［英］特里·伊格尔顿：《美学意识形态》（修订版），王杰等译，中央编译出版社，2014年，第1页。

2　Nicholas Davey, "The Hermeneutics of Seeing," in *Interpreting Visual Culture: Explorations in the Hermeneutics of the Visual*, eds. Heywood and Sandywell (London and New York: Routledge, 1999), 8.

3　J. Derrida, "Mnemosyne," in *Mémoires: for Paul de Man*, revised edition (New York: Columbia University Press,1989), 31. C. Norris, *Deconstruction and the "Unfinished Project of Modernity"* (London: Athlone Press, 2000), 139.

刻"。[1]也就是说，现象性能够避免能指和所指的混乱，从而把符号的暧昧性约简到彻底透明的程度。如，任何人都不会在他心智正常时，在漆黑的夜晚，仅仅因听到"白天"（day）这个词就出去种植葡萄，因为夜晚这一现象辟清了现实。[2]"现象性"概念表现的是一种普通的指示性的能力，它被假定为符号的力量，它能够唤起自然的或经验主义的现实中丰富的感官体验。

德·曼认为，为了寻求现象性，人们就需要物质性的理解和行为方式，在进行文本阅读或其他审美活动时，也一样需要物质性的理解方式。但是，有些学者认为，能指和所指的混乱正是审美体验的本质，反对"具身化"美学的后果，是走向一种"没有活力的唯美主义"（effete aestheticism）。然而对于德·曼而言，这是一种"对这类美学的误读"，因为这种误读回避了那显著地体现在康德美学中的彻底的唯物主义。[3]

德·曼作品中有三个紧密关联的物质性议题：文字或题词的物质性、历史的物质性，以及物质性视觉（material vision）。[4]"物质性视觉"的出处是在康德《判断力批判》论崇高的章节中，在那里，"诗人"被设想的观看自然的方式是神秘的物质性的（enigmatically material）。于是，德·曼便坚持认为，康德的美学批评是唯物主义的，在某种程度上甚至比"现实主义"或"经验主义"这样的术语还要传递出更彻底的唯物主义意味。[5]他认为，康德提供了一种唯物主义的审美批评，这种批评"与那关联着审美

1 R. Gasché, *The Wild Card of Reading: On Paul de Man* (Cambridge, MA and London: Harvard University Press, 1998), 53. Paul de Man, "Hyprogram and Inscription," in Paul de Man, *The Resistance of Theory* (Minneapolis: University of Minnesota Press, 2002), 34.

2 Paul de Man, "Hyprogram and Inscription," 11.

3 Paul de Man, "Kant's Materialism," in *Aesthetic Ideology*, ed. Warminski (Minneapolis: University of Minnesota Press, 1996), 121.

4 J. H. Miller, "Paul de Man as Allergen," in *Material Events: Paul de Man and the Afterlife of Theory*, eds. Cohen et al. (Minneapolis: University of Minnesota Press, 2001), 187.

5 Paul de Man, "Kant's Materialism," 121.

体验的所有价值和特征背道而驰"[1]。"美学实际上……是一个意义和理解的过程的一种现象主义"，他将美学描述为"由感觉性所显现的意义的具体化"[2]。根据德·曼的理解，康德美学无涉于象征的或感觉的具体化，它们并不产生集聚的思想和观点，这样，康德式的唯物主义在德·曼的文本中便显现为一种"反－美学"（counter-aesthetic），其反对的是传统的美学观念。当然，要厘清这种"反－美学"是困难而复杂的，在德·曼的晚期写作中，对此出现了省略性和隐喻性的倾向。

但是，德·曼对"具身化"的批评却是明确而坚定的。他的晚期论文和讲座，总是在质问哲学美学中的"具身化"概念，他的初衷是要让"能指"摆脱指称意义（referential meaning）的束缚而欣快释放[3]。对于德·曼来说，从德里达那里借用的"解构"（deconstruction）一词的大体意思是：撤销或揭露那强加于文本之上的主题的或审美的总体性；取消对于文本的主题化解读。解构，本质上是审问、拷问那些接受、默许了表面上的所谓的文本的"总体景象"（totalizing images）的解读方式。德·曼1982年的论文《黑格尔美学中的符号与象征》（"Sign and Symbol in Hegel's Aesthetics"，1982）表现了对"具身化"概念的一种持续性审问，这一审问是通过分析黑格尔对符号学和心理学的论述，以及黑格尔对它们对美学分类状况的影响的分析而展开的。"象征"阶段是黑格尔艺术史的第一阶段，根据德·曼的语言学分析，黑格尔"一直认为，象征经由**符号**与意义之间的不断增加的亲近性而实现"，"这一亲近性，由相似、类比、谱系认定、解释及其他原则所促成，是这些原则加强了符号与意义之间在相同点

1　Paul de Man, "Phenomenality and Materiality in Kant," in *Aesthetic Ideology*, ed. Warminski (Minneapolis: University of Minnesota Press, 1996), 83.

2　Jonathan Loesberg, "Materialism and Aesthetics: Paul de Man's Aesthetic Ideology," *Diacritics* 27, no. 4, 89.

3　Paul de Man, "Roland Barthes and the Limits of Structuralism," in *Reading the Archive: On Texts and Institutions*, Yale French Studies, no. 77 (New Haven: Yale University Press, 1990), 180.

上的联系"。[1] 德·曼认为，黑格尔所谓的"象征"是一种接合、融合和代替的比喻，黑格尔将象征设想成参与指定一个总体性的"一个更具有普遍意义的感觉［等价物］（the sensorial [equivalent]）"[2]。而德·曼确实从中发现了惊人之处，即，在黑格尔赋予艺术的身份以象征的本质中，黑格尔并没有将象征抬得很高，相反，"符号"在黑格尔的文本中是"伟大的"，因为它证明了我们执意而极端地转化、解译世界的能力。符号能"抹去它的属性，并让其他东西取代它"[3]。

为什么符号具有这种抽空自身，欣快释放，摆脱指称意义的能力呢？这种能力从何而来呢？德·曼认为，正是在其物质性中，符号不仅不能表达出言说主体，也不能表达出，在这个世界上主体对这个符号自身的识别，同时它又是一个真实的"自消除"（self-erasure）的中介。而符合，亦因其物质性，而区别于象征。那么，没有任何指称意思的符号，便因其纯粹的物质性而实现了现象性。[4]

三、德·曼式的塞尚

德·曼对"具身化"的批判，对于克拉克来说，是哲学美学的一个形影不离、恒定不变和意识形态的主题，它激发了克拉克向塞尚画作质问的那个问题：塞尚画中的唯物主义到底是如何达到的？

克拉克在分析塞尚时的基本立场，显然是与"具身化"的美学背道而驰的。对于现代主义美学而言，身体是一种紧密关联着社会和历史体验

1　Paul de Man, "Reply to Raymond Geuss," *Critical Inquiry* 10, no. 2 (1983), 386.

2　Paul de Man, "The Rhetoric of Temporality," in Paul de Man, *Blindness and Insight: Essays in the Rhetoric of Contemporary Criticism*, second edition, revised (London: Routledge, 1989), 189–192.

3　Paul de Man, "Sign and Symbol in Hegel's Aesthetics," *Critical Inquiry* 8, no. 4 (1982), 767.

4　Jeremy Spencer, "The Bodies and the Embodiment of Modernist Painting," 235.

的文艺实践手段，这些社会和历史体验，正是身体想要去清晰揭露出来的东西。比如，绘画中的身体，似乎允许我们超越艺术再现的意识形态中介，于是媒介不再是身体的替代物，而正是身体本身。这种现代主义美学显然恢复了我们直接感知事物的能力，依靠这种能力，在其直观性（immediacy）之中，我们就能够将绘画假设为一种"具身化"的艺术。[1]

如果要给一个用"具身化"原理来分析塞尚的最佳范例，那必属法国现象学家莫里斯·梅洛－庞蒂。依据梅洛－庞蒂1961年的论文《眼与心》（"Eye and Mind"）中的洞见，是身体在绘画，而非心灵，他认为，绘画呼应着无法逃避的视觉呈现条件和艺术家的身体运动。在梅洛－庞蒂那里，视觉必然受惠于身体运动，并与其交织着，因为身体必然要转过来看，眼睛才会随之移动而观看。同样地，一幅画将呼应、唤起一个艺术家对其绘画主题所最初经历的身体体验。在他以现象学理论介入艺术批评的名篇《塞尚的疑惑》（"Cezanne's Doubt"，1945）中，梅洛－庞蒂指出，塞尚"意在接近"（tending toward）圣维克多山，并且"意在接近"在画布上表达此山，倒过来，塞尚也通过在画布上制作那座山，"意在接近"表达本身。而塞尚在投身于绘画时所感到的疑惑，被梅洛－庞蒂认为是一种笛卡尔普遍怀疑论的体现。对塞尚来说，疑惑乃是一种化合之物，在战栗、汗水以及他可能永远也无法实现他想要的东西的恐惧中显示自身。由于不能确定他能否将对那座山的表达"挪到"画布上，结果是产生了化合，亦即一种生理体验。[2] 说到底，这仍然是一种具身化的美学。克拉克认为，弗莱、格林伯格和梅洛－庞蒂，全都错了。[3] 实际上，塞尚的计划，是要用画痕／

1　Jeremy Spencer, "The Bodies and the Embodiment of Modernist Painting," 229.

2　Maurice Merleau-Ponty, "Cézanne's Doubt," in *Sense and Non-Sense*, trans. H. L. Dreyfus and P. A. Dreyfus (Evanston, Ill.: Northwestern University Press, 1964), 9–25. 转引自沈语冰：《弗莱之后的塞尚研究管窥》。

3　T. J. Clark, "Phenomenality and Materiality in Cézanne," in *Material Events: Paul de Man and the Afterlife of Theory*, eds. Cohen et al., 105.

笔触（mark）的物质性实现现象性，去达到形式与自然的完全对等。这无疑是一种不可能完成的任务。

克拉克在《弗洛伊德的塞尚》中认为，塞尚的最后三件《浴者》（*Bathers*），是对那"总被用来达到与自然对等的目的"的"一套特定的再现能力"的检验。通过将它们"物质化，通过简化为一套实际的、技术的运用"，塞尚的画考验了"再现能力"。[1]他写道，塞尚在当时所进行的，是一种唯物主义的计划。

克拉克认为，"现代主义和唯物主义如影相随"，尽管"在过去150年的艺术中，没有现代主义传统这回事"，但是，现代主义和唯物主义**确实**"走到了一起"。克拉克坚持认为，19世纪90年代的法国绘画，"当它在被观看和被创作时，它被真正看中的，正是唯物主义"。是塞尚最终发现了唯物主义的极限，其发现方式，用弗洛伊德的话来说，"就是将心理过程描述为具体的物质粒子在数量上的明确状态，使其简单明了，没有前后不一的矛盾"[2]。格林伯格认为，塞尚绘画"体现了实证主义或唯物主义，它的本质存在于即时感觉中"；可是，克拉克在这里并未走向格林伯格，而是德·曼，他认为，这"绘画的材料"，"这笔触的物质状态"，"只有在它被认知为意义的原材料时，即我们可以称其为某种复杂的、棘手的所指的能指（记号）"时，才是紧要的。[3]显然，克拉克在塞尚后期的《浴者》中所探查到的那种"更为激烈的唯物主义"，其代言人正是保罗·德·曼。[4]也就是说，德·曼所坚持的具有物质性的符号，能够在塞尚的绘画中找到替身。正如塞尚研究专家理查德·席夫所言，塞尚的笔触，在它的所指面

1　T. J. Clark, "Modernism, Postmodernism, and Steam," 165.

2　T. J. Clark, *Farewell to an Idea*, 139.

3　Ibid., 129.

4　Ibid., 166.

前并没有消失；这些笔触拥有不能被轻易穿透的独立性，它们构成了我们所注视的画作的表面。在塞尚的绘画中，独立的笔触保留着"强势的可见性"，超越了被表现对象的边缘，成为"一系列彼此溶融的形状"[1]。

需要强调的是，克拉克认为，只有在塞尚把现代主义的唯物主义或实证主义（格林伯格的描述）拓展到幻想领域（realm of phantasy）时，唯物主义的极限才暴露出来。克拉克以巴恩斯美术馆里的《大浴者》（The Large Bathers，图23）为例来进行论述，他认为这幅画试图创造一个"可感知的"幻想世界，试图将幻想具体化。这幅画右手边的那个明显处于幻想状态的人形，引起了克拉克的兴趣，这种"梦想状态的形体"在性别上是不确定的；他或她的形象，以一种性征的缺失（absence），一种"在大腿和抬起的小腿的图形之间的真空"，结合成了一个更为阳刚的肌肉组织。当这件纯粹而虚幻的作品，面对一种对现实的正确理解时，便不能维持了。克拉克认为，塞尚对"幻想中的身体存在"（the existence of the body in phantasy）进行具形化的努力，远不是在击碎那作为驱动力的唯物主义；他"从未放弃以物质主义语汇去努力幻想那个想象的世界"[2]。也就是说，塞尚的唯物主义还在继续前进，在朝着极限进发。

克拉克发现，费城艺术博物馆里的那幅《大浴者》（图24）在表现幻想的途径上，是异于巴恩斯的《大浴者》的。他将画作最右边的两个女性形象作为他论述的对象，概括性地指出它们在与巴恩斯画作进行比较时，在表达幻想的实践或方法上显现出来的差异。其中，那个跪下的人物的手臂和肩膀，成了另一个站着的形象的小腿和臀部：一个形体的一个部分，恰好构成了另一个的不同部分。这两个形象并不模糊，也不相融，它们仍

1　Richard Shiff, "Mark, Motif, Materiality: The Cézanne Effect in the Twentieth Century," in *Cézanne Finished Unfinished*, eds. Baumann, F. et al. (Ostfildern: Hatje Cantz, 2000), 116−117.

2　T. J. Clark, "Freud's Cézanne," *Representations* 52 (1995), 105.

各自在油画表面保持了"显著性"(salience),克拉克用了最简便的语汇来描绘它或它们——"双重形体"(double figure)。[1]

"双重形体"正是塞尚"用物质语言来重写幻想的坦率的尝试",克拉克坚持这一观点,同时,他还认为,塞尚极端的唯物主义试图去明白朴素、逐字逐句、确凿无异地表现出身体的隐喻。正是费城的这幅《大浴者》对"努力达到隐喻的字面化直译"方式,决定了"画中素描和色彩的总体抽象性"[2]。

恰是这一总体的抽象性,使费城的《大浴者》区别于巴恩斯的《大浴者》。如果说,巴恩斯美术馆的画作妄图使一个原始体验"具身化",那么,费城的《大浴者》则试图去提供一个对幻想自身的彻底清晰明了、连贯凝聚的成像。这种尝试本身便通过"其表面的平面性"而被隐喻性地实现了,通过提供一个身体经由绘画而实体化的绘画语言,塞尚超越了"具身化"。

克拉克认为,使"无生命的物质"变得美丽的能力,正是现代主义的"最糟糕的发现"或"可怕的"理解。因为现代主义主张"美是艺术的终极承诺",但是,塞尚却发明了一种审美机制,或者说,他认识到了,无生命的物质本身便能够产生出有生命的人体效果。在费城的《大浴者》这幅画中,机械的绘画技术和程序把有呼吸的生命和死亡带进了身体,并唤醒了它们。

塞尚曾坦白他自己的焦虑,因为他没能领悟这个客观世界。他写道,虽然他"在面对自然时越来越敏锐",但是,他仍然不能呈现"那在我的感觉的产生之前,自然所显现的强度"。[3]但对于德·曼来说,"非具身化"的作品在创作时,没有任何"智性参与"(intellectual complication),是严格而又彻底物质性的,是取消那种"感觉体验和理解之间持久的联系"的

---

1 T. J. Clark, "Freud's Cézanne," 110.

2 Ibid., 112.

3 John Rewald, *Paul Cézanne, Letters* (London: Bruno Cassirer, 1941), 262.

审美体验的，在此过程中，眼睛从心灵那里脱离了，呈现出一种盲目性。[1]
英国历史学家柯林武德（R. G. Collingwood）曾用"盲目"这个词来描述
塞尚的绘画，他认为，塞尚的绘画活动是一个通过画笔的碰触而用身体参
与到一个险恶的客观世界中的活动，因而，塞尚是在像一位"盲人"一样
画画。塞尚晚期的静物水彩画中的水果、水壶和盘子，看起来像是"用婴
儿般进行感知的双手抚摸过的东西"[2]。而塞尚自己也说过，艺术家仅仅是一
个"优秀的机器"，"一个感觉的容器……一个记录装置"。[3]

　　为了逼近塞尚的极端唯物主义，克拉克转而去分析《树与屋》（*Trees
and Houses*，图25）中最吸引他的那些细小的笔触，去质问它们的动机或
意图。对于塞尚画笔的"细小的点触"，罗杰·弗莱早有论述，他曾说，
这是"他的感觉的最精彩的体现"，因而其画具有一种"惊人的合成能
力"。[4]然而，克拉克怀疑这种所谓的"合成性"（synthesis），正是制作画
痕（mark making）这一行为背后的包罗万象的意图。也许弗莱的论点是
对的，对于塞尚来说，世界"应像眼睛所把握的一样被描绘出来，并确确
实实将其'整体化'"。然而，克拉克认为，这种"整体化"在塞尚绘画中
的实现，往往建立在笔触的爆裂（exploding）或混乱的"数据"（data），
抑或绝对难以处理的数据的基础之上，这种"数据"证明了合成的可能
性，尽管它们看似提供、显现了感觉的物质性。[5]塞尚的绘画，是一个彻
底唯物主义的计划，它冒险去达到在"经验单位之外重造体验的结构的可
能性"，并将"每个事物建立在这种可能性之上"。[6]然而，塞尚对单一的

1　Paul de Man, "Kant's Materialism," 128.

2　R. G. Collingwood, *The Principles of Art* (New York: Oxford University Press, 1974), 144.

3　M. Doran, ed., *Conversations with Cézanne* (Berkeley, CA: University of California Press, 2001), 111.

4　Roger Fry, *Cézanne: A Study of His Development* (London: Hogarth Press, 1927), 43-44. 中译本参见
　　［英］弗莱：《塞尚及其画风的发展》，沈语冰译，广西师范大学出版社，2009年。

5　T. J. Clark, "Phenomenality and Materiality in Cézanne," 105.

6　Ibid., 106.

"元素颗粒"（elementary particle）的恋物崇拜，以及那"瞬间—物质化"（momentary-and-materialing）的视角，导致了这样一种效果的实现，即它最终不是一个合成的或完全可以体验的形式。[1]

在这一点上，克拉克遵循着德·曼的概念和思路，但却没有德·曼对物质性的盲目乐观，他认为，现象并不能被物质材料必然一致地替代，物质性并不能完全对等于现象性，他只能无限接近现象性。比如，在塞尚晚年的绘画中，便出现了这种单一触点和体验之间的"非同一性"。其原因就在于，塞尚绘画中的物质性和现象性，并不是共时关系，而是一种先后时序关系。

克拉克是这样描述塞尚绘画过程中物质性与现象性的博弈的。首先，笔触的物质性进入了视野，但是它立即就不停地被"图画"（picture）所取代，并以此继续。塞尚运用笔触的"狂热的过程"（fanatic process），在任何一个瞬间都可以达到或体现出这感觉世界的现象性，或者说，就算其被"图画"所取代，下一个笔触也可以将图画拉离感觉，从而导向一种更为严峻的物质性描绘。这下一个笔触"不可能（莫名其妙地）仅仅是一个序号，而是一个被看见的物体的真实图形，一个位于图画之上的独立图形，或者说，它们被赋予了一种不同的力量"。克拉克犹豫着，是否可以将其理解为一种"消磁"（erasure）的过程或顺序，这过程揭示了塞尚并不想这幅画中"呈现那具身化的美学魔术"，他在进行的是一种反具身化的绘画创作。图绘（picturing）并不内在于画作的表面：图绘或"所见"（seeing as），并不存在于在画面上的艺术性涂绘的小点状中。但是，在另一方面，它们的物质性却又并不替代它们的现象性。塞尚绘画的"生动性"，对于克拉克来讲，正来自这样一个步骤，一个最终总是无法保证符号的现象性的步骤，这注定是一个失败的步骤。克拉克坚持认为，塞尚绘

1　T. J. Clark, "Phenomenality and Materiality in Cézanne," 107.

画的这种生动性，正是这样一种"挫败的生动性"（vividness of defeat）[1]。

为了更好地理解塞尚的绘画，请允许我尝试将克拉克晦涩的分析用更具体平实的语言描述出来。塞尚的具体作画步骤是：看一眼面前的事物，然后即时以画笔触碰画面，画面上留下一个笔触，他以这种机械而无心的活动，来使这一点代替他所见的那一现象（但不是感觉）；但是，当这个笔点处于图画中时，它又被图画的整体效果所取代了，或者说，被融合了；但是，塞尚运用笔触的狂热式行动，就是要让每一笔、每一触，都体现出感觉世界的现象性，所以下一个笔触，就又突兀而独立地显示出了现象性，因为塞尚坚持极端的物质性，不想达到那种"具身化"的（也就是经由心灵为中介而去进行构想的）美感描绘。可是，塞尚所强调的笔触的物质性，又达不到完全的现象性，这是不可能完成的任务。这样，在绘画过程中，他就一直用物质性来表达现象性，用物质性与"具身化"的美学进行搏斗，但这种现象性却最终无法通过笔触的物质性来保证，因为笔触总是一再地陷入图画的整体性之中，塞尚的计划最终失败了。然而，对于克拉克来讲，这种博弈的挫败，正是塞尚绘画得以如此生动的原因。而这种挫败的生动性，是现代主义艺术历程中又一次"失败的成功"。

四、现代主义宏旨

让我们将克拉克对塞尚进行的德·曼式解读，放到他那宏大的现代主义构想之中来考察，这样才能明白，塞尚的这种"反具身化"的绘画实践，是处于克拉克现代主义宏观图景的哪个坐标点上。

从很早开始，克拉克就提出一个野心勃勃的计划，要去复活那种关切艺术与社会历史之间辩证关系的艺术史学科。在《论艺术社会史》中，

1　T. J. Clark, "Phenomenality and Materiality in Cézanne," 108.

他描述了艺术社会史的原则，即要阐述那种艺术在面对社会时的"转换"/"联结"/"调和"的过程，通过这些过程，图像性的"文本"将社会—历史环境融合在它的作品中。[1]这并不是简单机械的反映论，而是在强调艺术也是社会进程的一部分，艺术在社会进程中调整、转变甚至设计着自己的形式方案。克拉克正是以这一视角来审视现代主义的发展脉络的。

综观克拉克对现代主义的论述，其中最根本的逻辑在于，现代主义是对历史的特殊回应，在这种回应中，暗含着否定性。或者，借用他在《现代主义、后现代主义、蒸汽》一文中的句子来一言以蔽之，"现代主义是通往现代性的一种途径"[2]。在克拉克雄心勃勃的《告别观念》一书的导论中，他写道："现代主义有两个伟大的梦想。首先，它希望它的观众被领向一种对符号的社会现实性的承认；同时，它又梦想着将这符号带回到一个世界/自然/感觉/主体性体验的基础上。可是，资本主义拥有这一基础，并最终摧毁了它。"[3]这一定义在其他论文中被反复阐释，如"现代主义……深深地嵌于现代性的再现含义之中——在于其中的符号生产和再生产的深层结构。在符号秩序的心脏中，躺着两个伟大的梦想，或两个伟大的意愿。第一个梦想显示出，世界变成现代的，是因为它转向并驶进了一个独立的个体们栖居的空间，每个个体都居住于感觉直观性（sensuous immediacy）中。……第二个，在实践中……它越来越成为一个技术理性的领域，通过机械化和标准化，让这个世界在独立的主体们那儿变得越来越可理解"[4]。

也就是说，现代主义的修辞，那一系列图像策略，调节着现代主义中

1　T. J. Clark, *Image of the People*, 12.

2　T. J. Clark, "Modernism, Postmodernism, and Steam," 164.

3　T. J. Clark, *Farewell to an Idea*, 9–10.

4　T. J. Clark, "Modernism, Postmodernism, and Steam," 164–165.

再现和体验之间的关系，调节着现代主义对现代性的回应[1]，而伟大的现代主义艺术家以独特的计划来实践着这两个伟大的梦想。《告别观念》一书中提供了七个现代主义艺术案例，每一个插曲片段都表现了现代主义建构过程中的极限情况。因为，这些"现代艺术家分享了它们［梦想］……他们自己将这些梦，或这些意象的图像放进实验中。而这种测验便是形式，是在一个特殊的媒介中的示范性（exemplification）的检验"。"现代主义是一个风洞（wind tunnel），在里面，现代性及其模式被故意推向高强度的极限点（breaking point）。"现代主义的形式主义是被不断强制出来的（forcing）；……这种持续不断的极端主义，应被看成对某些处于检验中的事物（生活）的极端性的一种回应。[2]

塞尚正是这样一种极限情况，他的方案就是一种极端唯物主义方案。而这种唯物主义，按照克拉克的理解，同样起源于一种对现代性的反应，起源于一种对一切来自自身意识的主体的抑制意识，并走向了反"具身化"的、纯粹无目的的、客观的物质主义绘画。

而面对塞尚绘画这种现代主义方案的挫败时，克拉克感叹道："还有多少现代主义梦想，能够在分散和抽空、平面和抽象、疏远和降低技术性（de-skilling）的极限中生存下来呢？——在现代主义变成物质材料化的过程中，这个步骤是多么奇怪。"[3]这个步骤不仅是奇怪的，而且注定是失败的。但就在这种种计划、构想和形式方案失败的时刻，现代主义，产生了。

1　Raymond Spiteri, "A Farewell to Modernism: Re-reading T. J. Clark," *Journal of Art Historiography*, no. 3 (December 2010), 3.

2　T. J. Clark, "Modernism, Postmodernism, and Steam," 165.

3　Ibid.

第十一章
最后一击？：论波洛克及抽象表现主义

　　T. J. 克拉克对杰克逊·波洛克及抽象表现主义艺术所作的两篇评论，是在这一艺术运动结束近30年后，也是在克莱门特·格林伯格和迈克尔·弗雷德的形式批评尘埃落定多年后才发表的。《杰克逊·波洛克的抽象》[1]最初发表于1986年，即克拉克的《现代生活的画像》出版后一年，而后此文又以《不悦的意识》为题收入他的《告别观念》一书，克拉克在这篇深思熟虑的文章里评析了格林伯格和弗雷德的理论，给出了另一种对波洛克艺术的黑格尔主义的、阿多诺式的批评版本；[2]而发表于1994年《十月》杂志的《为抽象表现主义辩护》一文则微言大义地以"粗野"（vulgarity）作为关键词，进行了一番社会阶级性剖析。可以说，这两篇文章是克拉克有关20世纪绘画的最重要论述，它们形象地体现了克拉克艺术社会史与形式主义批评的巨大差异，也呈现了他是如何将其现代主义逻辑轨道从19世纪的巴黎延伸到了20世纪50年代的纽约，从而将库尔贝、马奈、毕加索与波洛克联结起来的。[3]

1　See T. J. Clark, "Jackson Pollock's Abstraction," 172–243.

2　T. J. Clark, "Unhappy Consciousness," 299.

3　Jonathan Harris, "'Stuck in the Post?': Abstract Expressionism, T. J. Clark and Modernist Historical Painting," 18.

一、艺术史理路的延续

在《为抽象表现主义辩护》的开头，克拉克便踌躇满志地认为："我们从抽象表现主义的年代走到现在，而如何理解我们与它的关系再一次变得有趣起来。对于它胜利的畏惧已经过去很久了；而对其廉价哲学的嘲笑，或对其势大气粗的厌恶，或对其崇高感的厌倦，或对其在冷战中的角色的怨恨，也已去日颇多。……可以说，这些感觉中没有一个……是对这种绘画的认真态度。它们都是艺术家和批评家暂时性的感觉……"[1] 所以，"对于抽象表现主义的分析已经陷入了僵局"，而他本人，则另辟蹊径，以历史话语，为斯蒂尔和波洛克，以及其他艺术家进行辩护。[2]

那么，克拉克所谓的历史话语是怎样的呢？是一种马克思主义，还是一种情境主义，抑或是一种调和的辩证法？从60、70年代以来，克拉克就一直顶着马克思主义溃败的压力思考艺术与社会历史的关系。有人说，克拉克对艺术史的主要贡献是引入了社会背景（social context）及对生产条件（conditions of productions）的关切，我觉得并不确切。实际上，克拉克一直在一个更高的层面上思考内容与形式、内在与外在、文化与环境之间的关系，而非简单地将两者对立。[3] 所以，克拉克既抨击庸俗的艺术社会史（如，对豪泽尔的反感）[4]，也反对格林伯格将艺术价值断定为一种不断增长的自我正当化的美学理论。从1973年开始，他就一直在寻找与19世纪到20世纪初文化艺术史的"黄金时代"相关联的新途径、新模式。克拉克的艺

1　T. J. Clark, "In Defence of Abstract Expressionism," 23.

2　Ibid., 25.

3　Gail Day, "Persisting and Mediating," 2.

4　实际上，克拉克对豪泽尔抱有的反感，在1982年《人民的形象》再版前言中就清晰地表达出来了："我现在多么后悔《论艺术社会史》题目中表现出对豪泽尔的讽刺性的客套！"参见［英］乔纳森·哈里斯：《新艺术史批评导论》，第68页，注释8。

术社会史模式，摒弃了把历史阐述当成作品研究的僵化背景的做法，而是强调艺术与社会环境的互动关系。克拉克坚持认为："一件艺术作品的创作——伴随着其他行为、事件、结构而成为历史进程的一部分——这一行为关乎历史也将在历史中进行。"[1] 克拉克并不反对或怀疑艺术的自治概念而抛出一个对立的反－自治性论点，而是去挑战那在格林伯格理论中所谓的自治性得以保证的土壤[2]，挖掘现代艺术发生的历史时刻。

克拉克认为，当某艺术家遭遇到社会激荡和变革的特定时刻（现代艺术的历史时刻）时，在其艺术创作中便会给出相应的回应，而这种回应往往是一种对资本主义总体性进行抵抗的"成功的"失败。正如乔纳森·哈里斯所言，克拉克的现代主义，是一种对资产阶级霸权的社会总体性符号的分解、否定、拒绝和抵抗。[3] 综观克拉克的研究历程，《人民的形象》里关于库尔贝的研究在一定程度上呈现了一种具有激进的"批判现实主义"性质的现代主义；而在《现代生活的画像》里关于马奈的论述又推出了另一种现代主义，比如克拉克认为，马奈的《奥林匹亚》对那个历史时刻（奥斯曼改造中的巴黎社会）的批评，正是在他按照学院传统惯例来表现女性裸体时的失败中体现出来的；而到了波洛克《1948年第1号》这里，克拉克认为它是一件伟大的绘画作品，它大大地挑战了我们的理解力。"如果你让我在现代主义中挑出一个时刻，那时形式和绘画的极限被十分完整而深刻地呈现，并且其创作方式在与时代对话，或在创造时代，那么，这就是那个时刻。"[4] 也就是说，这幅作品是一个有思想的、有目的的传达中介，与画家在创作时所经受和体验的世界形成相互砥砺的对话关

1　T. J. Clark, *Image of the People*, 13.

2　T. J. Clark, "Clement Greenberg's Theory of Art," *Critical Inquiry*, 152.

3　Jonathan Harris, *Writing Back to Modern Art*, 95.

4　T. J. Clark, "Unhappy Consciousness," 313.

系。在这里，克拉克仍然继续着"现代艺术的历史时刻"这一命题，将艺术形式探索与社会历史环境在一个关键时点互动相联，他认为波洛克的绘画是从19世纪中叶以来前卫艺术家探索实践的延续，由此描绘出一道特殊的现代艺术发展轨迹。

当然，对"非同一性"（non-identity）和"否定性"（negativity）的强调，也是克拉克判断现代艺术优劣的特点。他认为，库尔贝、马奈和毕加索的画作，都产生了超越文化"普通理解"（normal understanding）的意义："对艺术的检验在于，创作中是否出现不和谐或艰难，是否有着对抗行为，抗拒着这个世界的同一性（普遍相似性）赖以存在的那些准则和步骤。"[1]也就是说，优秀的现代艺术必然具有对同一性的否定，在相对具象的绘画中指明这一点不难，而抽象绘画却摒弃相似性和可辨识图像，那么在不主张利用艺术家社会历史身份的情况下，又该如何调和波洛克的艺术和这个社会世界之间的关系，如何阐述这种"不和谐和艰难"呢？这种"内在于一定阶级文化中的特定的表征实践"[2]，又如何能够维持"与其所属世界之间的彻底的表征层面的距离"，从而延续克拉克艺术社会史理路中一直强调的现代艺术在历史时刻体现出的"非同一性"呢？

首先，克拉克援用了黑格尔的"苦恼意识"的概念。他曾在1974年就反对当时流行的讽刺黑格尔的思想倾向[3]，他认为正是辩证观念的缺席造成了艺术—历史的僵硬分化，艺术史需要借开放的黑格尔语言来加以拯救。[4]这一次，他援用的"苦恼意识"便来自黑格尔的现代性思想：现代性是偶然性和自同性（selfsameness）作为不幸的对立面遭遇彼此的时刻，一

1　T. J. Clark, "Unhappy Consciousness," 364.

2　T. J. Clark, "In Defence of Abstract Expressionism," 35.

3　T. J. Clark, "The Conditions of Artistic Creation," 561.

4　克拉克想要复兴的，是黑格尔的"habit of mind"或"kind of thinking"，即一种充满辩证视角和观念的艺术史。

面是"单一的不变性"（simple Unchangeable），另一面是"多样的可变性"（protean Changeable）。黑格尔所谓的"苦恼意识"既来源于主体对这种两面性和分裂性的认识，也来源于他对这种"分裂即统一"状态的无法接受的焦虑。克拉克认为，对于艺术家来说，一旦拥有这种"苦恼意识"，便到达了"处理其不理解的事物的良好时机"。因为无法总体把握社会现实，这种"苦恼意识"便促使波洛克想要在画布上完全抹去社会存在，体现出"非同一性"。所以，克拉克说："我越了解波洛克（我对他的评价越高），《精神现象学》关于苦恼意识的更多内容便会强迫我把它们作为参考。"[1] 可见，"苦恼意识"这个主题驱动了克拉克的写作，将现代艺术身处的持续性环境放置到前景来呈现。

其次，克拉克借用了巴赫金关于语言的表述行为的对话式解释。巴赫金反对将文本与背景看作是对立的关系，想要建立一种"超越"内/外、前/后等概念二律背反的思考方式。这种思考方式强调"情境"材料，"文本"一直"已被述说"。它为克拉克提供了一种综合、融贯波洛克绘画内在/外在的分析途径。依靠着大量画家本人陈述、传记材料及画家对共时性评论的反应，克拉克渐渐形成了一种注重"当下性构造"的思考模式。克拉克从巴赫金的对话理论中得到的重要概念是"预期性"（anticipation），即对表达方式将得到的何种回应的预期。他认为，在波洛克"特别煞费苦心、处心积虑"的例子中，正是一种对于塞西尔·比顿将波洛克的作品当作时尚摄影背景的"噩梦"的预期，而他那激烈的画作，恰恰体现出了波洛克对于抽象艺术被资本主义总体性文化吸纳裹挟为装饰物这一宿命的恐惧。[2] 在克拉克的笔下，波洛克的抽象是对现存秩序"社会"的预示和征兆，也是抵抗。

1　T. J. Clark, "Unhappy Consciousness," 329.

2　Gail Day, "Persisting and Mediating," 11.

正是对黑格尔和巴赫金理论的援用，让克拉克得以在波洛克及抽象表现主义的问题上，延续其艺术社会史的理路：首先，坚持现代艺术在历史时刻体现出的"非同一性"和"否定性"；其次，继续艺术社会史对艺术和社会历史关系的无尽调和。那么，如何在波洛克的艺术中具体实现这两个要点呢？克拉克借"隐喻"一词[1]，照亮了波洛克的秘密花园。

二、波洛克：抵抗隐喻

克拉克反对任何对波洛克的还原论的或唯心主义的艺术史理论，也反对任何一种束缚于某一标准的现代主义艺术史解释，如弗雷德式的"视觉形式"或格林伯格式的"艺术概念"，因为它们无法真正解决滴洒绘画的意义问题。[2]克拉克笔下的波洛克，没有一点弗雷德在《三位美国画家》中所描绘的那种精力旺盛和积极进步，处于世纪末回望历史的克拉克，也没有弗雷德和格林伯格在当时情境中的激情和热望。[3]面对《无题》（Untitled，图26）中被"掷"入的混乱材料，克拉克认为很难按弗雷德"形式的艺术批评"方式来理解。面对《1948年第1号》上的手印，克拉克不否认这显现了平面性的发生，"但任何人只要是看到了同样的画面，都会指出此时此地的画面中有一种戏剧性特质"[4]。在这一点上，他倒赞同早期格林伯格对波洛克的描述："哥特、妄想症和愤怒。"[5]克拉克认为："从1947到1950年，

---

1 有关克拉克艺术社会史理论中"隐喻"概念的分析，可参见Gail Day, "Persisting and Mediating," 1–18.

2 T. J. Clark, "Arguments about Modernism," 83.

3 沈语冰、张晓剑：《晚期现代主义的形式课题——论弗雷德对格林伯格形式批评的推进》，载《美术研究》，2011年第4期，第87页。

4 T. J. Clark, "Unhappy Consciousness," 311.

5 Clement Greenberg, "The Present Prospects of American Painting and Sculpture," in Clement Greenberg, ed. O'Brian, 166.

波洛克创造了一整套表现形式，囊括了之前被人们所边缘化的自我表现方式——沉默的、肉体的、野蛮的、自危的、自发的、不受控制的、'存在主义'的、超越或先于我们意识的——这些层面在波洛克那里变得明晰起来，并且获得了一系列相对稳定的能指（signifier）。"[1]波洛克所掷入的，正是被资产阶级霸权排除在外的混乱、失语、过时的东西，以及缺失的历史、唯我主义和丑陋的东西，但这还不是批判或讽刺的基础。

一幅马奈或一幅库尔贝的作品可能在社会文化特殊的"符号秩序"中找到一个持不同政见（dissident）的讽刺符号来加以表现，而波洛克却在画中掷入了那么多的盘绕、扭曲和混乱，以扰频的"密码形式"阻碍完整清晰的呈现。面对解释的困境，克拉克再次用"隐喻"这个术语，来论证建立在现代主义理论中的社会性价值。在《格林伯格的艺术理论》一文中，平面性被看作来自19世纪晚期流行于巴黎人生活的一些日常价值的一种隐喻性表达。[2]而在1947到1950年的波洛克这里，克拉克的论点是，其隐喻性就在于波洛克对隐喻的执着抵抗之中——他反对那种将他的画作安置于任何一种单一的隐喻框架内的读解。他想要越过隐喻，通过强化（accelerate）隐喻性来阻止这暗示。他这样做的目的，是要强烈地表示，任何一种参照框架都不适合于界定他的画作，不调和的形象取消了总体性形象。[3]克拉克引用大量画家本人陈述、传记材料和迈克尔·莱杰的著作来证明，波洛克的主观意图便是如此。

结合传记材料，克拉克按时间推移细致地分析了波洛克创作的演变：从1947年开始，波洛克感觉到自己处于全新表达方式产生的边缘，想要用滴洒绘画来"描绘他和世界的关系"，以象征某种供体验的秩序，而这要

1　T. J. Clark, "Unhappy Consciousness," 308.

2　T. J. Clark, "Clement Greenberg's Theory of Art," 152.

3　Jonathan Harris, *Writing Back to Modern Art*, 94.

在粉碎对世界中任何事物的依附或者断绝对自然的联想之后才能获得。可是在他将尘世各种元素抛进画面时，并没有合成为一个有着"视觉整体性"的秩序，反而产生了"不和谐"，而波洛克在绘画中仍然坚持使用其原创的"哥特、妄想症、愤怒"，以不和谐的形象抵制有关总体性的形象，这恰恰便是克拉克所强调的画作中的否定和怀疑——"激烈的暴力"。[1] 但是，克拉克强调，这个"不和谐"并不是波洛克绘画的真相，而只是一个时刻。波洛克的目的不是让画中不和谐的形象取代整体形象占据支配地位，因为他选择的是抽象而非模仿。他想要以增加内涵的方式来为理解内涵设置障碍，从而越过隐喻这个层面，企图以此促进象征的意味，波洛克意识到，可以在不触碰隐喻、清除掉所有带有相似性的痕迹和残留影像的情况下达到严格的"视觉性的"、反形象的抽象绘画，从1948年开始，他采用新技术去营造某种触觉、颜色和空间构成，防止作品与自然景色（或甚至是海洋、天空）相似。克拉克认为，《1949年第1号》（*No. 1, 1949*，图27）是1947到1950年间的经典作品，因为其绘画语言在此画上获得了最大程度的简洁和微调。可是，1950年的到来却突然地宣告抽象的结束，《秋天的韵律》（*Autumn Rhythm*，图28）、《一：1950年第31号》（*One: Number 31, 1950*，图29）等已具有逼真的完整性隐喻，伴随着某种实践的迹象走向终点，克拉克按着阿多诺的思路说：不和谐的形象变为了黑白的简单图解；"不和谐"意识到自己是模仿，是笔迹，是某种戏剧；它被从知觉的混合中提走了。[2] 在面对批评家的赞赏和沦为时装摄影背景的命运之中，波洛克的探索历程结束了。

在析述了波洛克的抽象历程之后，克拉克并没有忘记那种促使其抽象

1　T. J. Clark, "Arguments about Modernism," 82.

2　T. J. Clark, "Unhappy Consciousness," 340.

绘画产生的"否定性":波洛克的艺术,在它们对资产阶级霸权的抵抗中,回到了它自有的抽象的根本情境之中,并试图赋予它们以形式。"在其1947至1950年间的最好时期,波洛克的绘画是矛盾的:它靠矛盾生活,靠它们兴盛,也因它们而失败。这种矛盾是任何在资本主义社会里创作出来的抽象绘画都会遇到的,因为这个文化环境掌握不了(尽管它非常想这么做)符号化的社会现实。"[1]这个充满了"苦恼意识"的矛盾就是,一方面抽象绘画想要在结束与物质世界的关系后建立新的感受秩序;另一方面,绘画又不可能通过现有的方式去获得这种方式。它在这种矛盾感和分裂感中被资本主义文化吞噬。

克拉克断言,现代主义的最好创作者,如马奈、毕加索和波洛克,他们都诚恳地承认了自己小资产阶级式的渴望,都卷入了一场战争,这战争的双方,一边是对绘画技艺的运用,另一边则是他们意欲"控制和评价"的世界,而这场以绘画技艺来抵抗总体性、"征服"世界的战争,最终都走向了"成功的失败"。这种失败,恰恰是克拉克认为《1948年第1号》超越了《一:1950年第31号》的原因,因为它体现了现代主义的"悲怆"。[2]

三、粗野的抵抗

克拉克对纽约画派的评述主要集中于1994年发表的《为抽象表现主义辩护》一文中,与上文讨论的《波洛克的抽象》比起来,此文简短含糊,观点奇特,全文各节以序号排列,也许旨在加强逻辑性。在克拉克看来,纽约画派的作品不像法国19世纪60年代和1848年的作品一样英雄般高尚地

---

1 T. J. Clark, "Unhappy Consciousness," 365.

2 Ibid., 314.

胜任了对那个时代的政治和社会剧变的内在反应，它们恰恰是以"粗野"（vulgarity）、荒谬和夸张来作为与美国社会剧变相关的品质。而且，克拉克还要以"粗野"来导向一套新的鉴别机制，以区分不同艺术家不同时期的作品，区分波洛克的滴洒绘画在1947、1948年及其最终1950年之间的差异。[1]克拉克讽刺地说，到了20世纪50年代中期，波洛克、德·库宁、霍夫曼等艺术家的个人主义已经成为侍奉美国权力精英的男仆，尽管个人主义恰恰是大多数纽约画派艺术史家赞美抽象表现主义是"二战"后人文主义文化顶峰的主题词。但是，由于"粗野"，这些艺术家偶尔还是能创作出"准确再现"和批评资本主义精英主义的作品。

"我的标题《为抽象表现主义辩护》绝对不是反讽的。我已经指出，我所想的是对这些艺术可能有的最好辩护，当然我也意识到在这样做的时候，'粗野'一词已经转向为一种价值术语，不管我是否想要它这样。假如准则不是那么机械，我还准备这样说，当抽象表现主义作品最粗野的时候，也就是它们最优秀的时候，因为在这个时候，它能够最完全地表现其历史时刻的状况——技术的和社会的状况。"[2]这恐怕是克拉克对抽象表现主义最具标志性的评论。

为了界定"粗野"一词的含义，克拉克在《牛津英语辞典》中找到了答案："拥有一种普遍性、冒犯性的意义特征；粗鄙的陈腐之物；缺乏文雅和高雅品位；无教养的、粗俗的。"[3]而这种品质正是抽象表现主义区别于19到20世纪现代主义流派的显著特点，因为它没有那些魔术般的花哨技法，只以激烈的方式寻求谬误，而这种激烈恰恰就是此种绘画个性的唯一形式，不假装不虚伪。只有这些抽象表现主义画家会这样去作画，他们

1　T. J. Clark, "In Defence of Abstract Expressionism," 38.

2　Ibid., 39–40.

3　Ibid., 29–30.

着迷于激烈的强度和可笑的大尺寸画幅，全神贯注于绘画的姿势，过分而夸张。

克拉克确信，波洛克的"抵抗"形式大体上伴随着特殊的"表现性"效果的再现，如画面密集性和夸张的姿势，这些都是"粗野"的表现。抽象表现主义画家除了投身于"整体性"抽象的膨胀空虚之外，无处可去，"他们真正消耗了自己的空虚的强度，他们摆弄着绘画的姿势，呈现着荒谬的巨大和夸张"[1]。正是以这种粗野而密集的方式，抽象表现主义绘画向美国的消费者资本主义和冷战社会提供了一种抵抗。但是到了1950年，波洛克就"不再那么投入地进行自我消耗了，差不多达到一种和谐状态"[2]。

克拉克固执地想要去提炼出一种"粗野"的一般性品质，或者抽象表现主义中作为一种特征的"粗野"的一般性品质。他认为，这种品质是在艺术作品产生的世界中的社会阶级的某些价值："粗野这个术语……对于对象自己，其组成部分中的某种悲惨或荒谬，泄密的污点，残酷凶暴的视觉品质……对于一个特殊社会世界中客体的存在……我希望能赋予像波洛克的《切出》（Cut-out）和德·库宁的《女人》（Woman）这类绘画以阶级归属的可能性……即尝试着去探索他们参与达到一种小资产阶级的特殊胜利和灾难的那些方式。"[3]

作为左派知识分子的克拉克虽然惯于从阶级结构来思考，但他同样反对那种将抽象表现主义视为中情局一手策划的说法（可惜这一谬误却在中国流行），他说："我所说的是它在一个确定性阶级结构中的位置，并不是处在一个国家机构或一个新的临时性的前卫艺术赞助体系或一个博物馆/

1　Jonathan Harris, "'Stuck in the Post?': Abstract Expressionism, T. J. Clark and Modernist Historical Painting," 26.

2　T. J. Clark, "In Defence of Abstract Expressionism," 30.

3　Ibid., 28.

艺术世界的上层建筑中。"[1]那么，站在阶级分析的角度，克拉克的解释是什么呢？他认为，小资产阶级怀抱着对整体性文化权力的渴望，他们以各种形式表达了资产阶级所宣扬的绝对个体性，粗野正是方式之一；而资产阶级"只能通过准许其下等阶层（指小资产阶级）为其代言，通过给予他们以整体性诉求的残羹剩饭，并通过坚持让自己听这些下等阶层的荒唐的混杂物的方式，来保持住权力。资产阶级不仅聆听，还假装赞成它们，并且有可能最后这种赞成也成为真诚的了"[2]。所以，在资产阶级的支持下，小资产阶级取得了特殊性胜利（如抽象表现主义），但是，这种胜利又被资本主义文化所轻易地吸纳并挫败了，正如波洛克的画成了高级时尚女装的背景一样。

四、最后一击？

让我们绕过这些阶级论述直指问题的核心：克拉克的西方马克思主义立场，从卢卡奇到阿多诺，他的口吻越来越像他们，对资本主义大众文化、对美国商业社会充满着悲观情绪。

克拉克论文的本质是，1945年之后美国的抽象绘画，是对一种国家状态的回应，这种状态就是，粗野的、传统的资产阶级性格在社会中渐渐消失，在这种情状下，波洛克等艺术家表达出了强烈的粗野的个人主义意识形态，去维持一种"高级文化"，去捍卫在战后美国的消费者资本主义环境中正在失去的文明，但是他们完全没有足够的实质性的规模、权力、知识和野心来实现这种愿望，他们的"抵抗"最终被资本主义文化挫败，成

1　T. J. Clark, "In Defence of Abstract Expressionism," 34.

2　Ibid., 36.

了一种新式的愉悦。[1]

因此,《告别观念》整本书都弥漫着无望气息,悲叹着现代艺术的否定性特质岌岌可危的命运。来看他的最后陈述:"以纯粹抽象的形式,他们既表现了,也忍受了极端个人主义的荒谬——这种绘画形式几乎牢不可破。但是,它就像飞机坠落时最后吸的一口氧气。我想,这就是1945年后的美国绘画的状况。"[2]但是,克拉克仍然大声地肯定了波洛克及抽象表现主义沿袭的否定性,"这是一条我们称之为现代主义艺术的路线。波洛克是它的一部分:也许在线条的末端,也可能不在;目前很难说这些反抗和拒绝的想法是否还留有任何持续的效力,或已被无望地整合进一个总体的景观中"[3]。

也许,在克拉克的悲哀视野中,波洛克及抽象表现主义,已是一种在"后现代主义"无止境的空虚到来之前的"最后一击"吧。

1　Jonathan Harris, *Writing Back to Modern Art*, 110.

2　T. J. Clark, "In Defence of Abstract Expressionism," 48.

3　T. J. Clark, "Unhappy Consciousness," 364.

第十二章
撤退的英雄：毕加索新论

作为当今声望卓著的艺术史界"公爵"，放过毕加索这条大鱼而不论，对于 T. J. 克拉克来说绝对不是一个明智的选择。因为，立体主义已经不可动摇地成为20世纪现代主义艺术史图景中最为典型、最有成就、最被认可的经典和丰碑，而毕加索作为主角更背负着巨大的盛名和传奇，任何对他"哑然沉默"的现代主义理论都将在根本上失去合法性和说服力。尽管，克拉克曾在1999年出版的《告别观念》一书中论述过立体主义与集体性之间的隐喻关系，但是他对于毕加索绘画的专论却迟迟没有出现——他是不是也已经绝望于毕加索研究的困境，弃之于不顾了？实际上，毕加索研究已经无可阻挡地走向花边逸闻的挖掘、肤浅谄媚的叫好和片面狭隘的解释。面对卷帙浩繁但又波澜不惊的种种阅读材料，人们不禁疑惑地思忖，对于毕加索，是不是已经没有什么新鲜事儿可言，没有什么新观点可说，没有什么新视角可看了？

这个疑问得到了令人惊叹和满意的回答。2013年5月出版的《毕加索和真理：从立体主义到〈格尔尼卡〉》也许是本领域中近十年来最具新意和启发性的"破冰"之作。尽管克拉克已经年过古稀，但是他的思维仍然活跃。与年轻时那扎实的史料、雄辩的修辞和排山倒海的句子相比，这本著作中的语言充满了深沉的哲思冥想、细致的视觉分析和诗意简洁的语言。为了叙述毕加索对"真理"最初的执着，到他对呈现"非真理"（Untruth）的艰难转型，再到《格尔尼卡》的最终完成，为了透彻地论述毕加索与"真理"和现实历史的关系，为了分析他在二三十年代绘画语言、主题和空间的变化，克拉克耐心地将一幅幅画作进行细细解析，娓娓道来，我们甚至可以想象他在2009年第58届梅隆讲座上同题演讲的现场场景，那应是多么充满智性思辨气氛的会场啊。

尽管，在这光怪陆离、虚拟当道的21世纪，"真理"已经是一个几近过时的词；但是这本著作，不啻给茫然空虚、缺乏价值感的艺术史研究抛下了重重的锚。这一切，都将从批判那些二流的传记研究开始。

一、现代主义的退行性

克拉克在导论中并未点名道姓的批判，注定会让许多人感到如坐针毡、芒刺在背。他写道：

> 为何大多数毕加索研究作品都糟透了，我感觉肯定有一个理由。在那奉承的诏媚和那炫耀的错误否定之间，观点疯狂地在这两极之间摇摆着，有的充满淫乱色情的语调，有的卖弄学问，以及那愚蠢的X=Y的等式，以及对艺术家自己几乎绝迹的迂腐宣言的叙述；那伪-道德主义，伪-女性主义，以及伪-亲密性（pretend-intimacy）；而首要的原因，便是对毕加索毕生致力的艺术的结构及主旨果断的沉默，或者做些无关痛痒的叙述。为何会这样——这些二流的名人传记——是因为毕加索艺术是这个世纪最难理解的图画性思想；而这样一种思想，正如毕加索的同侪所承认的（通常是不情愿的），在改变诗歌、

建筑、音乐、雕塑、电影、戏剧和小说中，是决定性的思想?[1]

"二流的名人传记"恐怕是一个很重的词组，尤其对于专事传记研究、已出版三卷本毕加索生平的约翰·理查森（John Richardson）来说，更是如此。在接受《泰晤士报》专访时，这位毕加索传记的权威作者向记者控诉克拉克是"完全针对我的"，克拉克则向记者回称理查森是"可笑的"。[2]我想克拉克并无意于引起这样的纷争，他的初衷恐怕只是对当下毕加索研究中失衡于传记研究的抱怨，并期求于对他"毕生致力的艺术的结构及主旨"的认真对待，期求"一种将他与他生存的世纪的内在关联起来，并在某种意义上达到的——有目的的——必然叙述"，而不是"崇拜……屈从；抨击，理想化，促销，佯装不见，甚至低级到婚姻的或私通的连环画，或者直接将他转移到老大师的天堂去"。[3]在这里我们又看到了克拉克在1973年《人民的形象》第一章《论艺术社会史》中的相似呼求。只是这一次的批判对象，不再是老对手形式主义、图像学和实证研究，而是庸俗化、商品化和肤浅化的研究态度；他强调的也不再只是艺术与社会、艺术与意识形态之间的动态联系，而是与历史的"内在关联"甚至追求"某种意义"。经过整整40年的思考与写作，克拉克对现代主义已经怀有更成熟的定义、更深刻的感情，以及更独特的思路。

克拉克在导论开篇借用菲利浦·拉金（Philip Larkin，1922—1985）对现代主义的愤怒，来引出自己的现代主义理论。拉金，这位愤世嫉俗的冷眼怒目者，这位留恋于19世纪乡土气息的反现代主义者，曾认为三个以

1　T. J. Clark, *Picasso and Truth*, 4.

2　Jonarthan Jones, "Picasso—Separating Truth and Fiction," *The Guardian* (10 July 2013), http://www.theguardian.com/artanddesign/jonathanjonesblog/2013/jul/10/picasso-separating-truth-fictio.

3　T. J. Clark, *Picasso and Truth*, 5.

P为姓名首字母的艺术家，是20世纪的破坏者（destroyers）：艾兹拉·庞德（Ezra Pound）、查理·帕克（Charlie Parker）和帕布罗·毕加索（Pablo Picasso）。因为拉金自己所理解的艺术，已经被1907至1949年间的一些艺术家给破坏了，而这三位是对应领域的首当其冲的变革者，他们使得那曾经美好的诗歌、爵士乐和绘画变得令人作呕了！他还曾说，这三个"P"豢养了一个新的学院讼棍和时髦的混蛋阶层，他们靠着吹捧这三位而过着轻松赚钱的生活！"我厌恶它们并不是因为它们是新的，而是因为它们正如我们所知，是与人类生活相冲突的不负责任的技术开发。"[1]

他们的这种破坏性果真是不可饶恕的吗？克拉克不这样看，他倒以为，"这种破坏性恰恰是一种来自现代主义本身的、巨大而补偿性的反向运动"。正是对现代性保持一种的活跃的愤恨（resentment），才使现代主义保持了持续的活力。这种令人讨厌的破坏性后果，这种现代美学的不协调（discord）、无意义（senselessness）、对差异性的破坏，以及自我吹嘘的"少则多"，恰恰是"现代性哺育着艺术的时候，发出悲叹和遗憾的声音"。[2]而且，克拉克坚持一贯的观点：现代主义不是一条直线向前、指向未来的箭头；那种向前发展的、向着理性或透明性或完全祛魅的现代主义版本，是我们已经习惯的艺术概念，这种信仰来自现代主义的最初宣言，既违反事实又屡遭挫折。[3]

如前所述，克拉克认为，现代艺术史上充满了曲折回望的倒退时刻。因为资产阶级社会的种种腐化、堕落和危机，艺术家感到悲观和恐惧，这种不安促使他们在艺术上回归传统，采取一种退行性的形式。克拉克认

1　Literary Review, "We Need to Talk about Pablo," *Literary Review*, http://www.literaryreview.co.uk/we-need-to-talk-about-pablo.

2　T. J. Clark, *Picasso and Truth*, 4.

3　Ibid., 88.

为，恰恰是这种退行性成就了优秀的带有同一性和否定性的现代主义艺术，是现代艺术得以旺盛苗壮的原因。

克拉克以画商卡恩维勒1932年给毕加索的朋友及传记作者李瑞斯（Michel Leiris）的信来引证毕加索从立体主义那儿撤退下来的事实。曾在1916年为立体主义盛期著书的卡恩维勒在信中表达了他对毕加索的新作《黑色扶手椅上的裸女》的惊诧和忧郁，因为他曾赞颂的1914至1915年的康德主义的立体主义机制，已经不再明显，甚至失却了。确实，自1916年后，毕加索的绘画发生了非常大的变化，20世纪20年代早期的粗野的裸体就开始出现了，在20年代最后几年的画作中，怪物列队而行，而在1924至1925年间，则出现了一系列怪异的大尺幅静物画，接着甚至走向了更恐怖的景象。

试看克拉克是如何从视觉品质上阐释《黑色扶手椅上的裸女》的这种退行性的。

毕加索的伟大成就是立体主义，这种风格看似一度明确无疑地打开了一个新世界。如果说《黑色扶手椅上的裸女》离开了立体主义，那是难以想象的：它的空间位置的开合，本质上仍然运行着1914至1915年间的机制。但是，其语法（syntax）现在是松散的、简化了的。轮廓鲜明的边线（hard edge）不再脆弱易碎，不再是直线，那画中的空虚不再无所不包（all-encompassing）。智慧退让给了迷恋（infatuation）。身体主宰着一切（body rules）。

为何毕加索的立体主义机制在"一战"之后渐渐消散了？这种退行性对于艺术来说，是伤害还是振奋？有何价值？为了解答这些问题，克拉克给出了一个相当考验知识和智力的迂回而思辨的答案。

从自传材料看，画中的女人是毕加索的情人玛丽-泰蕾兹·沃尔特（Marie-Thérèse Walter），画家自然以热情倾注于她的形象，那么当然，直觉告诉我们，这是一幅叙说着毕加索的"自我"（I）的艺术。但是，正如黑格尔对直觉主义的厌恶，克拉克也厌恶这种专制的唯我论，因为它会摧毁一切与社会进行联系的纽带[1]，而割裂艺术与社会的关系是艺术社会史绝不允许的答案。可是克拉克的新艺术社会史同样厌恶机械的反映论，并尊重审美创造的自主性，同时强调艺术家的创作主体对意识形态、社会状况甚至人类状态的能动作用，而这种能动作用并不一定是在主体的刻意状态下有意识地进行的。为了使主体与社会历史产生联系，在毕加索这个案例里，克拉克首先采取的策略，便是设置了一个主体腾空出主体性的逻辑。

他强调，毕加索一直喜欢将兰波的名言挂在嘴边："自我即他人"（Car je est un autre）。毕加索还曾对人说，"人类是自然的仪器（instrument）；它将它的性格、它的外观强加于他身上"；"正如兰波所说，我们身上，有另外一个自己在进行着计算"；"你开始画一幅画，可是它变成了完全不同的东西。很奇怪，艺术家并不关心这个问题……"所以，画中真正叙说的力量并非纯粹的画家主体，而是某种力量或实质。这恰恰是毕加索所信奉的"我—说"（I-saying）方式。而卡恩维勒评论说，"看起来，就像是一个刚刚杀死一个女人的萨蒂尔（Satyr），才能画出这样的画作"，则恰恰是遵循了毕加索的"我—说"逻辑。也就是说，"毕加索"的意识主体让位给了怪物萨蒂尔。克拉克说，毕加索"立即放弃了权威性——首先，是空间的权威性——而把权威性给予同一空间里的其他生物。毕加索已处乌有之地，毕加索已经找不到了，而怪物们却扑面向前"[2]。《黑色扶手椅上的裸女》让人感觉到的是奇怪、悲伤、性的恐怖。

作为一个画家，毕加索是以一种腾空出意识主体的方式来表达"我"

1　[英]特里·伊格尔顿：《美学意识形态》，王杰等译，广西师范大学出版社，1997年，第131页。

2　T. J. Clark, *Picasso and Truth*, 12.

的，它似乎是一个分裂和投射的过程，即分裂的是自我的主体性，而投射的，似乎是一种更大的，毕加索曾强调过的一体性（one universal），或者说，虚构的主体性。我想，克拉克想暗示的这种一体性，正是毕加索生活时代的悲惨的灾难性的人类社会状况，正是它，促使画家的退行性行为，促使他在实践中对它进行着艰难的抵触。

"在将'退化'这一判断用在分析一位艺术家时，必然首先要知道，艺术家到底从哪里后退了一步——先前的征服和继续进行的努力。"[1]这是一个很有意思的问题，即这个人类的硝烟时代，这个暴力和灾难的世纪，是如何在退行性中体现出其作用力的呢？

克拉克认为，作为一个艺术家，毕加索并非在意识形态层面，而是在直觉层面上面对这种"资产阶级社会的终结感"。毕加索对生活的理解的中心，他的世界，他所深深归属的生活方式，是抚养他长大的19世纪文化，是对这样一个空间观念的信守：一个小的或中等大小的房间，一个安置着财物的室内世界。正是他对于世界及其居住者的本质上"限于房间"（room-bound）的观念，赋予他的立体主义艺术以庄严性和不朽性。[2]可是，面对着走向终结的灾难性的资产阶级社会所带来的恐惧，这一观念被摧毁了：他画中的室内空间发生了畸变，恐怖的裸体出现了，畸形的怪物出现了，外部空间涌入了，立体主义的语言解散了，艺术采用了一种退化的形式。

不要认为，这种退化就应该谴责（正像格林伯格所做的那样），就应该失望，克拉克警告说，因为"艺术家很少是勇敢的，他们也不需要勇敢；由于他们诚实的怯懦，或愉快的自我专注，或从那围绕着他们的世界

1　T. J. Clark, *Picasso and Truth*, 13.

2　Ibid., 17.

上而来的坦白的反感，在灾难时期，他们的这些品质都能对'灾难是什么'给出最充分的认知——这就是它进入并结构起日常生活的方式"[1]。正文前文所述这种退行性，正是直面残暴和欺骗而不让步和妥协的反应；这种退行性，正是使夏加尔比罗德琴科好，米罗比莱热要好，马蒂斯比皮斯卡托好，卡洛比里维拉好，席里柯比风格派要好的原因。克拉克知道这一论点会让他背负上道德家的虚名。但是，他说："我很高兴因这一观点（艺术效果）而加入道德家的行列，病态的，只要道德家回头同意，毕加索成功地为那个时代刻画了病理学，而不是为了个人。"[2]

为了使读者理解整个退行过程，克拉克要从立体主义或毕加索最初的空间观念谈起。

二、立体主义与真实

克拉克首先细细分析的画作，是1901年的《蓝色房间》(*The Blue Room*)。在这幅小画中，空间是克制镇定的、与世隔绝的，又是亲密而隐私的；这室内的洗浴者的身体，就像待在过去的时空中，那墙壁和地板，那厚重的家具，都是真切而可靠的。克拉克认为，这幅画体现出来的确凿的空间感，是可控制的，可占有的，被耐心建构的，是人的附属物(belonging)。而空间具有一种特殊的品质，是在历史之中深深地变化着的，意即具有历史性。这是刚刚过去的19世纪的空间感，毕加索在20世纪第一年以"这幅画纪念了一个世纪"[3]。19世纪的空间感及对物体的感觉——实质性、亲近性(proximity)、触知性、自足性、固态性——延续在毕加

1　T. J. Clark, *Picasso and Truth*, 19.

2　Ibid., 21.

3　Ibid., 26.

索的创作中，并在1914至1915年间的立体主义盛期的作品中达到高潮。

在克拉克看来，立体主义的源动力就在于在平面上再现出物体的实质性："立体主义的本体论（ontology）……立体主义的物体为我们而存在。它们将自己提供给我们，去触碰，去把玩。当然它们是固体的，也是明确的。"[1] 比如，1908年《面包和水果盘》(*Bread and Fruit Dish*) 这幅朝向立体主义开端的画作便充满了这样的感觉：有那么多这些物体的石头似的复制物，被安置在永恒之地；它们自豪而艰难地展示出独特性和真实性。也就是说，立体主义仍然是一种想要牢牢拽着现实性的艺术。而毕加索和布拉克的绘画语法，是简化视觉世界的某些方面，同时将其他方面复杂化。从总体上看，是减少了几乎所有形式，将它们简化为一个个直棱状的几何形状，并将这些形式推得与画作平面越来越近，将它们的边缘锁定为一张网或粗糙的网格。渐渐地，这种绘画语法产生了不可思议的效果，创造出了真实物体的双重尺度，并且能够以矩形、椭圆形等形状既不机械也不重复地包含住物体的闭合轮廓。最终，他们在物体世界的形式和拉伸的画布几何学这两者之间发明了各种各样的张力。这种张力或紧张性，体现在面包和水果盘这些物体上，既顺从又抵抗着图画平面的矩形的力场，也能够在对抗那构成它们的油彩的紧张性中维护它们自己的物质性。[2]

但是，克拉克并没在这个定义上止步，而是进一步挖掘出更深刻的立体主义创作机制。他承认，立体主义是一种程序的艺术，或平面性的艺术，但是每个站在《面包和水果盘》前的观者都会看出画面上存在对立的纵深方位。这就暗示了，立体主义不仅仅是一种绘画的语法，而是一个语义学、一个自我规划的以空间意识为转移的世界观。"假如它们没有强迫

---

1 T. J. Clark, *Picasso and Truth*, 104.

2 Ibid., 70.

观者认为，在它们中存在着被揭露的世界的真正深度（或肤浅），那么它们就什么都不是。"[1] 空间意识的世界观决定了立体主义在画面平面上构成空间深度的新语法，它才是主导动机。由此形成的这种格调（idiom）、这种新的阐述方式，似乎拥有了某种生命力量，环环相扣，自有逻辑；其语法互相包含而驱策，并通往更多结合、移项、强化；它既严格又有生产能力，好似驱赶着它的代言人（毕加索和布拉克）往史无前例的道路上前行。风格看似承载其实践者向前行，而不是实践者驱使着风格向前进。正如毕加索的断言："风格为我们代言。"[2]

请注意，克拉克的脚步还没有停下，还在继续往深处走。毕加索的断言所暗示的意思是，画家已经在风格中消失了，新风格依靠着它的使用者冲往深远的星群，而毕加索成了他自己的他者。那么，这个风格凭什么熟练地遥控着艺术家给予事物以形式呢？克拉克给出了一个神秘的答案：直觉。这直觉便是立体主义的原型（Grundform）。Grundform是毕加索时代德国美学家使用的词汇，克拉克解释说："事物形状的意识刺激了它（Grundform），生命的形式暗含于其深层结构之中；它呈现了人类周遭的自然，人类客体，那种栖居于世界，并使世界成为一个整体的方式。"[3]是这个原型左右着一切，但它并不是凌空蹈虚的概念，它显然与文化具有联系。

为了进一步探讨精神接合的状况，为了将"空间"与"真理"带入讨论，克拉克再次强调了这种空间感与波希米亚这个文化群体的世界观之间的密切关系。"立体主义来自波希米亚。"[4]克拉克曾在《人民的形象》中详

1　T. J. Clark, *Picasso and Truth*, 71.

2　Ibid.

3　Ibid., 74.

4　Ibid.

细界定过库尔贝的波希米亚意味：社会最底层的落魄者，他们坚守浪漫主义的目标，具有自我毁灭的个人主义精神、狂热的躁动和乌托邦的理想。[1]而立体主义是波希米亚——这"从库尔贝到阿波利奈尔的伟大弧线"——的终结，最后的欢呼和总结。立体主义画作中的物品，那烈酒、吉他、女人……不正是艺术的波希米亚，这小资产阶级乌托邦之梦的表征吗？立体主义继续着那因艺术的生活而创造的中产阶级世纪的愉悦：愉悦、庄重、沉着，那种身处物质世界里的完全、唯一、真实的身体感觉，以及那种期待这种自由感的意识。[2]有意思的是，罗莎琳·克劳斯（Rosalind Krauss）曾在1980年纽约大型毕加索回顾展的讲座"以毕加索的名义"中说，毕加索的立体主义拼贴画《酒瓶、玻璃杯和小提琴》（Bottle, Glass and Violin）等作品，体现的是具有多义性的再现结构，不能得出"明白清楚的指代意义"[3]。而在克拉克这里，竟然颇具说服力地得出了波希米亚主义的意义！

在形式术语上，立体主义又继承了波希米亚的什么呢？克拉克以画于"一战"开始的《一个年轻姑娘的肖像》（Portrait of a Young Girl，1914），和两年后的《壁炉前的男人》（Man in front of Fireplace，1916）为例来解答。首先，立体主义的世界有着结实的结构，并且具有限定性，即，这世界是彻底实质的，只有空间才是真实可感的；为了达到这样的程度，它就必须是被遏制的、被凝固的。物理现实是那种思想或想象只能不完全碰触的东西，因为物体抵抗着我们的分类学；而绘画，能够很好地表达那物体的彻底的非人性（或物性）；但是却仅仅通过给予它们的差异性以某一种建筑的、直线的形式来达到，最终的呈现是"立方体的"建构性（constructedness）。这个世界就像是一套乐器或器皿，邀请我们去触碰，

1　T. J. Clark, *Image of the People*, 34.

2　T. J. Clark, *Picasso and Truth*, 74.

3　曹意强：《后形式主义、图像学和符号学》，载《美苑》，2005年第3期，第4页。

去拿握。这个世界是所有物（property）。[1]这是19世纪的典型空间意识。

其次，波希米亚者总是想要住在一个布满了退化（过时）的昨天的时尚之物的地方：壁纸是老式的剥落的，扶手椅是破损的，音乐是怀旧的，镜子的木框是使人惊恐的。而这些正是资产阶级的中心梦想，对于资产阶级来说，这个世界恰是一个房间，强烈的个人主义浸淫于每件事物之上：房间、室内装饰、家具、盖子、花饰，都是"个人"创造的肉体。波希米亚者认为，艺术——艺术的生活——可以使内部世界任意内化（internalization）一个监狱或梦之屋。

克拉克感叹道："除了立体主义之外，没有什么风格能够如此好地处理这室内的逼仄之地，这被占有和操纵的小空间。"所以，房间是立体主义的前提和地基——它的美和主观性的模式。[2]比如，在《一个年轻姑娘的肖像》的空间中，小资产阶级的所有物被统统拿来堆在一起：报纸、散页乐谱、火柴盒，女儿的剪贴簿、他的朋友或画商的名片。正是对这室内空间的任意摆布，才能满足小资产阶级的自我意识，才能感受到那亲近性、触知性、确凿性。

所以，对于波希米亚，对于立体主义这最后的信众来说，"室内空间正是空间的真实性（truth of space）"[3]。这就是立体主义与真理的关系。克拉克认为，毕加索生活在真实性处于危机中的20世纪早期的欧洲文化之中。他是其代言人和受害者，这造就了高度立体主义的成就：1910至1911年间严肃的油画中，存在着一种想要在艺术中表达真理（truth-telling）的最后一种努力——这是一种与事物深刻、彻底而又艰难的相遇。[4]

1　T. J. Clark, *Picasso and Truth*, 77.

2　Ibid., 78.

3　Ibid., 81.

4　Ibid., 130.

三、告别真实，直面"虚假"

如果说1914至1915年间的高度立体主义风格的画作代表的是波希米亚的最后吹呼和终结的话，那么从孩童起便伴随着毕加索的19世纪小资产阶级的空间感便濒临破灭，以及他对空间中物质实体性的执着追求亦岌岌可危，当外部世界不可阻挡地涌进室内空间，当立体主义的空间真实性难以为继时，毕加索的撤退，伴随的是怎样的艰难探索和转型的呢？克拉克凭借着从细致的视觉分析、敏锐的先后对比，以及与哲学的深刻联系，颇具洞察力地讲述了这一过程。

克拉克就1920年《指与脸》（*Fingers and Face*）和《构成》（*Composition*）之间的差异对比为径来考察最初的挣扎和变化。《指与脸》虽然是一幅小漫画，画中的手仅比真实的手稍大一点儿，但是那古典主义的技法使手看起来显得庞大、凝固而具实体性。相反，同年9月的《构成》，则是一幅极薄、极平面、朴素而抽象的水彩画，克拉克描述道："它看起来意在将空间及其内容减缩为纯粹的位置和方向，实体和透明层（transparencies）。其目的是从物体世界抽象出一些品质，这些品质在各部分之间造成均衡（equilibrium）。这样产生的结果是与众不同而又美丽的——因其冷静和简洁而与众不同——而它的美，又打动了我，这美，首先得自于这幅画朴素的即刻性：其脆弱性（fragility）。"[1] 显然，《构成》是毕加索的新实验。虽然它仍然保持着那标志性的各部分的边缘和轮廓的明晰性，但它绝对站在《指与脸》的对立面。

克拉克概括性地指出，这两幅画代表着毕加索艺术创作两个极点：其中一极是实质（substance），另一极则是结构（structure）；一极是沉重的

1　T. J. Clark, *Picasso and Truth*, 30.

不透明性，另一极是失重的半透明性。[1]油画有着逼迫性的特写镜头，而水彩画中却缺少实在的（entities）联系和物质性材料，反而发散着无限性（infinity），但并不空虚，而是具有一种占据着画面的空间特性。油画呈现的仍然是实质性的空间感，而水彩画则在形状和情绪上走向一种更形式化的"现代"空间。这两幅画恰恰显示出毕加索在这两极之间角力、实验、探索。

克拉克一向善于从历史背景和同时代思潮来映照艺术家个体的创作行为，奇妙的是，这两者大多能在他的叙述中得到对应。20世纪20年代早期德国的逻辑本体论运动进入了克拉克的视野，他发现，维特根斯坦在《逻辑哲学论》（*Logisch-Philosophische Abhandlung*）中对事物的看法"吻合于"毕加索的观念。物体、实质、形式——这些词语是维氏1921年哲学思想的生命线，也是毕加索当时纠结的问题所在，即如何去最好地表现出一个物体的样子。

在维特根斯坦那里，有两种物体世界模型，其一是实质性的世界，其二是幻想的世界。世界的图景在两极之间移动，一方面他断言，这世界是实质的（substantial）；另一方面，他同样强烈指出，形式正是那处于事物基底的东西，"世界的实质只能决定一个形式，而不是任何物质的性质"；"一个幻想的世界，不管它与真实的世界有多么不同，也必然与其有共同之处——一个形式"；"物体正是构成那不变的形式的东西"。《指与脸》和《构成》之间的对立，正是实体与形式的对立，在本质上，不正是维特根斯坦所指的吗？毕加索的实验，正是去证明和比较两种表达同样事物的方式，或者说，以哪一种方式才能准确地传达出他的世界观。克拉克不留情地嘲笑，只有蠢蛋才会认为他之所为是"抽象"（abstraction）。

1　T. J. Clark, *Picasso and Truth*, 39.

"毕加索的上帝是准确（exactitude）。"[1] 到底哪一种显现模式——实体和形式——才更接近事物存在的方式，这正是驱动毕加索向前行进的问题。如果说手代表了维特根斯坦的"物体世界一"，那么，最能代表"物体世界二"（一个形式的世界）的，便是吉他。因为对于毕加索来说，它是形式的形式——一把吉他是世界上最开放自身来重构为纯粹形状、纯粹标识物和空间承载物的事物，它甚至代表着和谐的抽象体验。毕加索已经认为，绘画是物体世界模型的微型化（miniaturization）。而画面是一个剧场、一个舞台，它是真实的吗？克拉克适时抛出了艺术家的原话："我的树（或吉他）并不是由我选择的结构组成的，因为这些结构是由那施于我身的我自己的精神动力带来的机会所造成。我没有一个预先设立的美学可供选择，我也没有一个心中预设的树。我的树并不真实存在，我运用我自己的心理—生理动力，在我的行动中伸展出它的枝杈。这完全不是一种审美态度。"[2] "在任何情况下，都不存在视觉感知，因为我的工作从未由大自然而来。"[3] 显然，毕加索"一战"后的绘画实践，并不再如塞尚一样执着于"真实"物体世界，而是"准确"地展现一个幻想世界。

依照维特根斯坦的逻辑，物体的实质并不将人带进真理，因为这世界的核心独立于我们所描述的它的样子；可是，"图画形式……使事物以相同的方式相互关联，事物都是图画的元素；正是一幅画联系着现实的方法触碰到了现实。它就像尺子一样横对着现实"[4]。

同样，1915年之后毕加索也已经渐渐放弃了对物体实质性的表现，转而走向以幻想的形式来准确表现一种世界观。他说："在那些日子里，我

1　T. J. Clark, *Picasso and Truth*, 44.

2　Ibid., 56.

3　Ibid., 58.

4　Ibid., 51.

们热情地全身心投入于准确。""寻求真相（truth）的意志已经完结了。"[1]

问题并没有在此戛然而止。克拉克认为，毕加索的早期立体主义奠基于一种视觉真实的理念，即在艺术家的想象和目之所见的事物之间，具有相当直接的联系；可是在20世纪20年代，毕加索已经开始在绘画中寻找那尼采所刻画的"虚假"（Untruth）特性：他以所有怪异畸形、直面扑来的形式，表达了一种对抗现实的后－道德主义的（post-moral）、后－基督教（post-Christian）的世界观。而毕加索之所为，便是尝试如何将这"虚假"带入房间中。[2]

如果说与维特根斯坦哲学的关联仅仅是从绘画实践的表层意识反映出"真理"退场的状况的话，那么延用尼采哲学则能将这种退场的深刻原因和内在动力彰显出来，并更有说服力。克拉克写道："我们知道，毕加索，在他在巴塞罗那的早期阶级，生活在一个将尼采视为新的但丁的圈子中。但是我并不想说尼采影响了毕加索，也许是如此，也许不是，但是，尼采可以给我们提供一种意识、一种想法，去考虑毕加索这个画家的创作。"[3]对于我来说，最有意思的倒不是他给出的最终结论，而是他将毕加索与尼采联系起来的策略。之所以可以让这结论看起来可信，正是因为他的策略是从对具体作品的细看静观开始的。

首先是1924年的《窗前的静物》（*Still Life in front of a Window*）。画中的空间感开始转变了。虽然室内大体静止，但是外部的世界却惊人地出现了——阳台、三朵云、被画作一条淡蓝色抛物线的天堂的穹顶。显然，外部世界确实渗透进了立体主义"房间—空间"（room-space）的基本隐喻。可是毕加索会毫不抵抗地让外部世界一拥而进吗？克拉克认为，毕加索在

---

1   T. J. Clark, *Picasso and Truth*, 58.

2   Jack Flam, "Picasso: Wizard of the Real," *Times Literature Supplement* (23 October 2013) https://dilipsimeon.blogspot.com/2013/10/t.html.

3   T. J. Clark, *Picasso and Truth*, 52.

控制着这种空间渗漏。为了包含这渗透而进的外部性（outwardness），立体主义就必须去展示那物体和周遭的联系，而不是让物体分解。画面从外部世界的入口处（窗户和阳台那里被拉回来，并将它的物体牢固坚定地安置在房间里，"房间—空间"仍保留着它的现实，但室内的物体却因为外部的涌进和侵袭而变了形。"这些物体不再是固体、可信和可使用的了。"[1]这些物体已经不能再被"内在化"（internalization）以吻合立体主义的本体论了，"虚假"已开始显现。

1925年的《三舞者》（或《窗前舞蹈的少女》）（*The Three Dancers/Young Girls Dancing in front of a Window*），在克拉克看来是毕加索艺术生涯的转折点。他认为，单纯执迷于那激烈扭曲的情绪和畸形的艺术史家对它的理解是片面的，重要的应该在这一点上，即那被外部渗透了的空间是如何驱使、强迫并侵入了她们，使她们产生了一种"不可名状的狂野"（Nameless wildness）。以图像学的视角来看，通常的具身（embodiments）和身份（identities）脱离画中的少女，她们进入了狂喜入迷（ecstasy）和疾病发作（paroxysm）的情绪，"一个狄奥尼索斯式的舞蹈能手陷入狂暴状态"[2]，那个最左边的女人，就像女祭司在跳死神之舞。虽然《三舞者》继续了《窗前的静物》对外部世界的有限开放性，但是女祭司的身体仍然在"语法上"完全遵循立体主义：展现了视觉连锁、类比、平衡、演绎、重复形状的迁移和突变，展现了各种线条类型和空间间距。所以，让这幅画看起来恐怖的，倒不是她们的狂暴，而是以立体主义语法来表现这种狂暴而产生的庄严感；换言之，1910至1911年间的高度立体主义原是坚信并表现"真理"的，而在真理退场后，居然表现起了癫狂！

---

1 T. J. Clark, *Picasso and Truth*, 104.

2 Ibid., 118.

当真理从高度立体主义那儿退场之后，这种恐怖便与尼采所谓的"虚假"有关，其艺术与"虚假"同在。克拉克断言，1910至1911年间的高度立体主义画作是禁欲主义理想（ascetic ideal）的最后一次胜利："它们将所有事物置于几何秩序下来演练"，它们努力去"感觉那潜藏于表象下的结构、理念"，正如尼采所言，"所有这些冷酷的、严格的、禁欲的、英雄主义的精神，它们构成了我们时代的荣耀……它们相信自己从那禁欲的理想中分离开来了，这些'自由、非常自由的精神'：然而……这个理想恰恰是他们的理想……这些根本不是自由精神，因为它们仍然相信真理"[1]。冷酷、严格、禁欲、英雄主义，这些词正是形容1911年毕加索的最恰当词汇。所以，1910至1911年间的毕加索仍然是真理的追寻者和坚守者。可是，随着文明的祛魅和真理在艺术中的退场，立体主义语法是否也必然一同被抛弃呢？答案是否定的。因为尼采从来没有明确说过，假如知觉不再在真理的庇护下行进的时候，知觉将会是什么样子，他真正关心的是对那得自于真理的道德——禁欲主义——的攻击。于是，克拉克给出了《三舞者》的本质意图，恰恰拿起了立体主义的武器，将枪口反转指向了促生出立体主义的禁欲理想。[2]正如尼采所赞扬柏拉图反对荷马一样，是彻底的、真正的对抗。

有趣的是，克拉克在这里再次迂回地指出了绘画内部的对抗性：如果说《三舞者》是以立体主义来对抗禁欲主义的，那么，假如画中没有禁欲主义的存在，这种对抗也就不存在了；换言之，这种对抗实践，必须在面对真理这个对象时才有效，真理仍然在负隅顽抗；而要消灭真理、超越真理、强过真理，则要引入"虚假"；同理，这种"虚假"只有在与真理

1　T. J. Clark, *Picasso and Truth*, 55.

2　Ibid., 132.

交锋时，只有在抵抗时，才是一个真实的力量，否则什么都不是；"虚假"的存在，只有通过否定真理赋予之形，只有通过它不是什么，才能在这种抵抗的"凹痕"中反映出来。于是，这房间便成了抵抗的图像。[1]

关键问题是，毕加索是如何在实践中让"虚假"进入房间的呢？根据毕加索那内外区分的空间感，外部进入到房间，这正是"虚假"的来源。是外部世界那汹涌的蓝色直面而来。蓝色漫漶开来，参与了房间内部的演出；蓝色压制着演员，激活她们，塑造她们，穿过她们。"蓝色靠近我们。它们像主事之神，倾向于这戏剧。"[2]也就是说，这蓝色烘托甚至促成了那非真实气氛。这个蓝色不是背景，也不是存在的对立物，它在房间里无处不在，它产生了阴影，阴影与女人的头部轮廓重叠从而产生了怪诞，光明和黑暗、外部和内部叠加在一起，它就像巨大的存在穿过、交织过我们的生活，它是画家再也无法占有的现实。

对于尼采来说，真理是不可知的，图画不能像维特根斯坦所说的那样能够测知现实世界，却是除了自己之外无处可及，存在仅是现象；《三舞者》中的蓝色让空间失去了深度，这个空间完全不是真理引导下的可靠与可触之物了，"虚假"已一拥而进。

四、不舍与艰难：走向《格尔尼卡》

当毕加索在发现他所建立的立体主义风格已经不再将他推向世界以接触之后，当他发现上帝般的"真理"已经烟消云散之后，当"房间"这个立体主义的"真理—条件"（truth-condition）已被《三舞者》里涌入的狂

1　T. J. Clark, *Picasso and Truth*, 136.

2　Ibid., 139.

喜漫漶的外位性（outsidedness）的异质空间渗透之后，他是如何继续创作的？这是克拉克接下来要研究的问题。

整个二三十年代，毕加索一直在继续完成转变，错觉主义失败了，"虚假"以畸形、死亡、性怪异及置之于陌生空间的方式，呈现出来；但是，克拉克总是捕捉画作中的细节并指出，"房间—空间"这种毕加索所依恋的感觉仍然执拗地存在着，甚至在《格尔尼卡》的创作过程中，毕加索还会怀旧地回望20世纪早期现代主义的巨大的怀念性的梦想，还会重新捡起高度立体主义时期的亲近性（proximity）和亲密性（intimacy）的残余，还会重新捡起回溯19世纪的波希米亚之梦。

以1927年的《画家与模特》（*Painter and Model*）为例。画面上，左边是一个畸形的女人，右边是一个贫穷而严格的艺术家。乍一看，整幅画中的形状完全没有体现出深度，没有前景和背景，画面非常平面，一切元素处于一种自由流通的状态中。可是克拉克注意到画面当中的两个白亮的光圈或光斑，它们就像拉开幕布打亮的探照灯，或被玷污的玻璃，总之，它们赋予画作的显像面，或者说图画表面以一种透明效果。这绘画平面的透明光斑尽管很薄，但是具有一种有形性。有形性（tangibility）是真实性的前提，而一个牵制包含的亲密空间又是这种有形性的保证，由此产生的实质性使人感受到了亲近性和亲密性。克拉克说，毕加索又在幻想中回溯并重构了立体主义的空间，立体主义的空间、色彩和几何学，再次成了子宫。只不过，这光圈是在绘画承认自己完全是一种虚构状态的时候，空间在画中出现的样子；而穿过那画作的表面去观看的策略，已经成为描述真理（Truth）的最后避难所。[1]也就是说，毕加索虽然已经离开了那切实描绘现实物体和眼中世界的立体主义绘画理念，但是仍然在描绘幻想世界时留

1　T. J. Clark, *Picasso and Truth*, 190.

恋着立体主义的语法，对19世纪仍然充满了怀旧之情。

当然，光圈还有其他的意义。毕加索在20世纪20年代转向了畸形性。克拉克认为这种畸形性与他对自己所注重的人性维度的思考有关，有时这些维度甚至是破坏性的和令人恐惧的。毕加索相信，畸形性是人类在极限时刻所自我揭示的样子。然而，克拉克同时声称，这种畸形性是被限制、被捆缚住的。"基督教之后的艺术的任务（文化的任务），就是去塑造那承认畸形性，又约束畸形性的那种幻觉。那些光圈意在此处。它们是幻觉在喧嚣的表面必须采取的形式（这正是人类产生的结果）：真实的形式，硬的、清晰的形式，但最终却是个包裹物——正如笼子的铁栏。"[1]原来，光圈是隔开畸形的栅栏，使它不至于震裂人心。你看那画中的女人，她虽然畸形，但是不恐怖也不恶心，反倒有点性感，她似乎狂喜于她的畸形之中。

1927年的《画家与模特》可是说是立体主义的死亡。因为从此以后，毕加索开始将怪物转移到了户外，"房间—空间"完全被外位性空间所替代。克拉克强调："进入一个不同的空间性的努力，对于毕加索来说，等同于去进入一个不同的人性观。"他试图将怪物放在海滨、天空下，他想尝试将户外的开放性（openness）框制于画布矩形之内，还能够显得既有存在感，又清晰凝聚，因为当外部空间被完全形象化处理时，才能使怪物人性化。所以，户外空间的怪物越来越像纪念碑雕塑一样有实体感，好像它们就站在我们身边。例如，《海边的裸体》（*Nude Standing by the Sea*）这幅画，其中裸体是多么具有实体性，充满人性和日常性。克拉克认为，使怪物、外位性、雕塑性合为一体，对于毕加索而言是巨大的挑战。但是，在这一过程中，一种奇怪的清醒，一种对人类的脆弱性和镇静沉着的新感觉，产生出来了。[2]

1　T. J. Clark, *Picasso and Truth*, 190.

2　Ibid., 220.

《海边的裸体》中的那个怪物，暴露在阳光下，手臂和手掌高举头部，既不色情也不吓人，反倒多了份体操意味。畸形伴随着柔和感，没有威胁。为何如此？克拉克解释道，尽管毕加索以陌生之物来强调他一生追求的出世性（other-worldness），但是不可预料性、怪异性和陌生性，恰是日常生活的一部分，所以，这些怪物的出现就不必显得那么晦涩、神秘或黑暗。毕加索是以陌生之物来揭露人类生活的"虚假"；畸形性是固着于日常生活的"虚假"；那奇怪性和极端性总以人性方式显现，如性、暴力、死亡，以及痛苦的欲望。故而，畸形性是毕加索的"真理"的替代物。[1]克拉克重回到了真理与"虚假"的问题！

所以，在毕加索这里，畸形性只是一个游戏，其最终意味并不想吓唬人。毕加索只是用它来赋予人类日常真实境况以一种丑陋怪异的景象，从这个复杂而且几乎自我矛盾的角度来看，20世纪在毕加索画作中的出现，更是暗示性的，而不是直接指涉的。20世纪境况在毕加索绘画中出现的间接方式，是由人类正在创造的怪异和令人不安的事物显示出来的。然而，《格尔尼卡》也是如此吗？

不，《格尔尼卡》是一个特殊而异常的例子，因为它确实明显直接表现了战争。对于毕加索来说，这幅画简直是难题的综合体，空间不仅是外部的，而且还是公共性的，表现是直接的，而且还必须使观者感受到那惨状的真切和亲近。克拉克对《格尔尼卡》的读解将所有前文的线索拧成一个结，极大地加深、拓宽了我们对这幅画的理解，颠覆了先前概念化的平乏认识。

克拉克先是承认，要全面地讨论《格尔尼卡》，就势必要去探讨毕加索作为一个公民与20世纪的事件之间的联系。他的假设是，这个世纪塑造

1　T. J. Clark, *Picasso and Truth*, 232.

了、启发了毕加索的世界观。如果说，克拉克在《人民的形象》中将库尔贝与1848年激进政治变革建立起的联系，以及在《现代生活的画像》中将马奈与奥斯曼大改造后的巴黎社会建立起来的联系，都难以让所有人信服的话，那么，在《格尔尼卡》这幅已经成为"反战宣言"的画前，谁还敢说或能说，它们之间毫无关系？承认它与人类社会境况、与战争和悲痛的联系，完全是继续讨论它的前提。

在详细考证了此画创作时的社会状况后，克拉克反驳了习见的观点，即他是在事件发生之后才作画的，实际上，当毕加索创作完成他的画的时候，战争仍然在继续，画家与战争之间的距离并不遥远。"这种影响在一个结构的层面上：毕加索作为一个画家，这个新时代仅仅只有在一个走向终结的生活形式的伪装中，才能真正出现。"[1]克拉克所说的这种人类社会境况对艺术的影响，不是在主题上，而是在结构上，这正是他的高妙之处。当然，这也就需要仔细观看、分析才能让推理逻辑可信、完满。

克拉克分析了《格尔尼卡》的整体结构，中心的形象处于主导，两边是对偶的灾祸景象。左边的母亲和牛的空间不是中心形象所在的空间，右边坠落在公寓里的女人也处于不同的空间中。这两边就像祭坛画的两翼。实际上，毕加索对这画面抱有一种"容纳"（containment）的意识，空间必须限于矩形之内满满涂抹；或者说，他要以巨大的尺幅来巩固一种完全固着于地面的、本质上谦逊的生命观，因为生命是画作中的主题，在灾难面前，生命都是普通的肉体，这是人与动物共同所具有的价值。所以那种将牛看成牛头怪的观点，是彻底错误了！

为了真切地表达出面临死亡的生命，毕加索以形象化的方式来计划事物（身体、灾难）的一系列标志。怎么将生命置于一种死亡时代里呢？从

1　T. J. Clark, *Picasso and Truth*, 240.

戈雅《1808年5月3日》(*The Third of May*，图30)中毕加索得到了启示：在戈雅的画中，被枪决者被面前放着的一个巨大的灯笼所映照，这灯笼便是死神，所以，要将生命置于死亡时代，就要将其置于一种光线中。毕加索领受了这一启示，他在画面中央顶端设置了一盏白炽灯，它正是死神之灯，死亡漫漶于整个画面，无所不在。克拉克认为，正是这"将我们置于死神时代(Death's time)的理念"[1]，促使毕加索将场景确定为公共场所的轰炸，而受害者主要是女性和动物，"他们"(人和动物)的生命将被剥夺，但本身的物质性却没有消失，毕加索意识到，他们被损害的场景必须被放在地面上，或者窗户里，必须表现为真正的坠落和尖叫。"他们"领着毕加索，走出了他一直居住的空间。

问题是，在20世纪30年代中期，毕加索已经开始将外部世界成为他自己的世界，那世界往往是朦胧的、神话般的，可是现在，这火焰、灾难和肢解的惨状所充斥的外部，却要以被放在画面中，还要赋予其重量感，日常化、实体化和亲近性。而这种亲近性，在以往必须是在"真理—条件"下、在"房间—空间"中才能完成的。内部空间伴随亲近性，这是立体主义的直觉；可是现在，外部必须以一种亲近性状态置于画面中——毕加索的挣扎和艰难可想而知。所以，空间成了毕加索最头疼的问题：怎样在外部空间中产生亲近性、远近感、实体性呢？

朵拉·玛尔(Dora Maar)拍摄的十张《创作中的格尔尼卡》[2]提供了追踪的线索。就在画作完成前不久，明显的"立体主义"特征的东西出现了：毕加索先将一些有图案的纸张，粘到他绘画中的黑色、白色和灰色上，就像是拼贴一样——"回溯"又出现了。

---

1 T. J. Clark, *Picasso and Truth*, 251.

2 Dora Maar, *Guernica* in progress, May-June, 1937. Gelatin silver print (Paris: Musée Picasso, 1998).

克拉克是这样解释的：从技术上讲，拼贴是应运而生的步骤；而从结构上讲，这些纸片是保留住房间—空间的最后一次努力；房间重新彰显了它自己，这拼贴是它的壁纸。那种"亲密性、结构性，可触性——体现于裱糊的气味，大头针的整洁。所以，这个拼贴的时刻，部分地，是怀旧的、补偿的，注定难以为继的：这是在这一最后的呈现中，对20世纪早期现代主义巨大的怀念性的梦想"[1]。这些拼贴纸片，正是在重新挽救和恢复的"图画表面"，并给身体以它们的实体。这是让世界接近画作表面的步骤，它能带来亲近性，那19世纪波希米亚想要的真实感。但是，毕加索想要的只是亲近性，而不是亲密性，所以最终，他发现逗号形的、明暗法绘制的马鬃就足够表现出这种亲近性了，于是，他又把报纸拼贴撕去了，代之以马身上弥漫开来的黑色线条。

还没有结束。因为死亡既要被直接抽象化，又必须同时发生在真实的身体上。对于毕加索来说，庄重性和亲近性是在世上事物的概括性品质。假如画中的生物无法"站立"（standing），那么这种庄重性和贴近性就什么都不是。所以它们必须与脚下的地面保持接触。于是，在画作完成的最后一刻，在《格尔尼卡》的底部60厘米的地方，那在空间和地面之间的整体平衡开始变化：破碎的雕像变成了三维的样子；剪贴的表面被更硬的地平面所回应；一个初现的瓷砖网格，锚下了这幅画的整体空间性。最终，地平面铺展开来，好似离我们不到2厘米；上部的身体在平面性和立体的固定性之间来回转换；瓷砖的方块被推回到身体的后面，人物看起来更近了。这就是亲近性的最终呈现，但却是彻底改造过的。这是一种找到了立足点的平面性。[2]

1　T. J. Clark, *Picasso and Truth*, 275.

2　Ibid., 277-278.

　　最后，克拉克总结道："毕加索要重新改造他的整个世界观。我甚至可以说，他奋起而接受了这个挑战——恰在最后，他最终在《格尔尼卡》中找到了一种途径，去让他的人物和动物来到我们近旁，并把它们放在地面上；而这一个范围既不是外部的也不是内部的。"

　　在阅读完《毕加索和真理：从立体主义到〈格尔尼卡〉》这本书后，许多读者都有这样的感觉，毕加索作为一个艺术家甚至思想家的形象变得更真实、更丰满了。这种效果不仅得自于作者缜密的逻辑思考，更来自那凝神的观看和细致的视觉分析——正如他在上一本书《瞥见死神》中对普桑画作的长时间凝神注视一样。这种静观细看正是当下艺术史家和艺术批评家最缺乏的东西。这种情况在对毕加索的研究中更为严重，因为大量的传记研究将他脸谱化、平面化了。其实，毕加索不仅仅是那逸闻趣事里浸泡的喜剧角色，也不仅仅是勇往直前的前卫先锋；实际上，他的创作基于整个自身的整体世界观的转变，而这世界观的改变，又与20世纪人类状况具有内在联系；不要再去责难毕加索从高度立体主义开始的撤退，不要再去批评那畸形和怪异，因为这种退行性的艺术轨迹，正是基于毕加索对世界、社会和人类的思索才形成的。

　　他是一位苦思者、一位撤退的英雄。

第十三章
超越"语—图"之辩:《瞥见死神》的写作实验

在1999年出版的《告别观念》中,T. J. 克拉克将现代主义艺术界定为与社会主义运动平行的、以极端的艺术试验隐喻性地抵抗资本主义现代性的艺术,并以此为纲领,略显蛮横地描述了七个艺术案例。这种野心勃勃的论点和主题先行的写法,不仅使其名著《现代生活的画像》给人们留下的谦逊、细致的印象完全破碎,还招致了左、右各派的批判,他们称其已经陷入了黑格尔主义的"理性独裁"状态中。也许是为了廓清形象,阐明立场,时隔七年之后,克拉克冷静而幽默地向喧嚣的人群掷出了一支精致优雅又发人深省的小小利箭:《瞥见死神:艺术写作的一次试验》。

此书以既非理论辨析,亦非历史分析的前所未有的日记体形式,穿插以诗歌及图画细节,娓娓记录了他对两幅普桑画作——《平静的风景》和《被一条蛇杀死的一个人的风景》——的长时间观看和沉思。从2000年1月开始,在六个月的学术研究假期里,克拉克几乎每天都到洛杉矶盖蒂博物馆观赏这两幅因机缘巧合而面对面悬挂的画作,他说,"在我心中没有什么特别的企图,仅仅是观看"。他关注的问题,不再是"这幅画的意义是什么",而是"我们如何去观看它",或者甚至是"从它那里接收到了什么","时间是如何改变了观看者,以及在那不断变化的光线中,如何改变了图画本身"？这种日记体写作的目的仅仅是"描述一个反映……而不是理论"。[1]

可以说，克拉克以这种将绘画、观看和书写纠缠一体的共时性写作方式，挑战了传统艺术史写作惯例，即围绕一个哲学、政治或意识形态的主题而阐释的写法。就普桑研究而言，安东尼·布伦特的著作便是这种传统艺术史写作的个中法典。布伦特的书出版于1966年，当时的社会相对较为整饬，价值较为单一，而进入20世纪后期以来，所谓的"图像转向"发生了，传统的观看方式遭遇质疑，拥有长久历史的"语—图"之辩，面对瞬息万变的图像流，也进入了纵深的迷茫期。面对当下情境，面对艺术写作的困境，面对胶着的"语—图"之辩，克拉克在《瞥见死神》中所选择的写作方式，其意义正在于对绘画和观看模式的回应，对艺术与语言关系的思考，对艺术写作失陷于困境的超越，以及对当下社会的批判与警示。

一、对"语—图"之辩的超越

"语—图"关系认知，一直是中西思想史中的重要问题。在传统西方思想史中，语言和图像关系的主导倾向是二元对立，图像受制于语言，但又试图模拟并不断超越语言理性的束缚而走向独立和自立。20世纪以来，随着唯美主义、形式主义等美学思潮兴起，随着各种现代艺术流派的图像实验和形式探索的出现，所谓的"图像转向"相应而成为惹发热议的问题，在这些因素的共同推动下，人们被图像点燃或面对图像而迸发出来的激情，反过来一度使图像阻遏并溢出了语言理性的制约和调节。[2]

1　Anita Brookner, "The Eyes Have It," *The Spectator* (12 August 2006).
2　郭伟：《"语—图"关系认知考辨》，载《武汉科技大学学报（社会科学版）》，2013年第3期。

随着"语—图"关系认知与争辩的深入,艺术史与艺术批评领域(以下统称为艺术写作)也在两种本质上不同的研究方法之间振荡着,并由此大致产生了两个阵营。其中,一些艺术史家和批评家的目标是"读"(reading)、解释(interpret)或者破译(decipher)艺术的"文本"(text)。这一阵营有着悠久的历史,20世纪初,以李格尔为代表的新艺术史学者强调,人们对于图像的接受已从以前的"观看"转变为现在的"读解"方式。潘诺夫斯基于1939年出版的《图像学研究》是图像理论学科化的重要尝试,他把古典主题的各种演化凝结成哲学观念变异的征象,虽然其分析显然还没有完全脱离黑格尔主义的影响,但以其探讨为基础,逐渐发展起来一种跨学科式的图像解释的规范或方法论,即图像学。[1] 而以豪泽尔为代表的艺术社会史家,则以庸俗马克思主义为指导,以"反映论"为纲书写艺术史;新艺术史家则往往强调社会与艺术的互动关系,仍然充满了政治、经济、性别和意识形态议题,容易形成主题先行的现象,虽然他们(如克拉克)采用了20世纪60、70年代在人文和社会科学领域里盛行的结构主义和符号学方法。这种方法的宗旨是去打碎一件作品的现象外观(phenomenal appearance),从而使它可以像语言一样,像一个不同符号的合成物一样被理解。这种方法是这一阵营的极端表现:一种严密的符号学方法和一种严厉的偶像破坏主义(iconoclasm)。这一阵营的其他研究者的共性也在于,批评那种减少我们对艺术作品的感性—审美体验(sensory-aesthetic experience)的方法。[2]

另一阵营所采用的艺术写作方式,其目标在于拥抱、皈依艺术作品的潜在指示(符号化)(subsignifying)的物质性和艺术品的无形式的实质

---

1 [英]贡布里希:《象征的图像——贡布里希图像学文集》,杨思梁、范景中编选,上海书画出版社,1990年,第413页。

2 Margaret Iversen and Stephen Melville, eds., *Writing Art History* (Chicago and London: University of Chicago Press, 2010), 129.

（formless substance）。这一立场的极端形式，就是对艺术作品的"内容"
（content）或"意义"（meaning）甚至都表示怀疑。梅洛-庞蒂回应胡塞
尔"回到事物本身"的号召，提出语言永远也抵达不了图像的观点。而米
歇尔·福柯（Michel Foucault，1926—1984）则在《词与物》（*Les Mots et
les choses*，1966）中宣布"话语"霸权死亡的同时，解放了"物"，也解
放了"图像"。随着解构主义理论和批评的兴起，这种对艺术作品意义的
探索，便如遍寻无根之水，连语言学阵营都已失守，又怎能在语言和图像
之间建立联结、产生交集呢？苏珊·桑塔格（Susan Sontag，1933—2004）
在她那篇激起争辩的宣言《反对阐释》（"Against Interpretation"，1964）
中，也对我们面对一个单一材料的作品并立即将其简化为一个理念、思想
或命题的做法，表达了谴责。她呼吁一种更缜密清晰的描述性词汇，因
为它可以唤起对作品"纯粹的、不可替换的、感性的直接性（sensuous
immediacy）"[1]的注意，而不再是通过观看艺术作品而找寻一种隐藏的意义
的方式。

这两种艺术写作方法之间的对立和振荡表明，一方面，许多学者认
为，艺术作品或多或少可以化约为（reducible）语言；而另一方面，语言
的表达又与图像完全不能等同，因为一旦用言语来表达艺术作品，其结果
便是，任何一种陈述都是歪曲、滑稽的。[2]

正因为西方思想界、艺术界对视觉图像的矛盾态度，一些学者便想要
找到超越这种虚弱的二元论的另一种思想方式。如，让-弗朗索瓦·利奥
塔（Jean-François Lyotard，1924—1998）在其《话语，图形》（*Discourse,
Figure*，1971）中强调，西方哲学一直以来都是围绕着话语与图像、推论
与感觉、说与看、阅读与感知、普遍与特殊等几对相互关联的二元关系而

1　[美]苏珊·桑塔格：《反对阐释》，程巍译，上海译文出版社，2003年，第12页。

2　Margaret Iversen and Stephen Melville, eds., *Writing Art History*, 130.

建构的,因此他呼吁保持语言与图像的和谐一致状态。1992年,视觉文化学者米切尔在《艺术论坛》(*Artforum*)中正式提出"图像转向"(pictorial turn)问题,两年后在其出版的《图像理论:视觉再现与语言再现文集》(*Picture Theory: Essays on Verbal and Visual Representation*,1994)一书中,他系统分析了绵延已久的"语—图"之辩,提出了具有自指功能的"元图像"概念,并讨论了图像在公共领域表达中的问题,且还比较了图像文本与文本图像,认为语言和图像共同承担了人类对世界的呈现任务,从而构建了一套成熟的跨越"语—图"之辩的图像理论体系。[1]

理论界的探索总是高屋建瓴的,但也总有凌空蹈虚之嫌。因为一旦要将这种跨越"语—图"之辩的图像理论运用到具体艺术作品和艺术现象的对象性写作中时,老问题又出现了,语言总是会再次侵入图像,图像又照样固若金汤地坚守着堡垒,要解决语言与图像之间的砥砺与龃龉,就必然期待一种具有批评性、可行性的解读方式。考察近几十年的艺术写作,已经有几位学者尝试了这一挑战,特别在某些艺术类型(如立体主义、拼贴或摄影蒙太奇)中取得了一定成果。这其中就包括伊夫-阿兰·博瓦(Yve-Alain Bois)和罗莎琳·克劳斯。[2]奇怪的是,正是这两位艺术史家合作举办了名为"无形"(Formless)的展览,还为此编制了展览目录,他们直接引用了乔治·巴塔耶(Georges Bataille)的"非形"(informe)观念[3],

---

1 郭伟:《"语—图"关系认知考辨》,第341页。

2 比如,在著名的立体主义论文集《毕加索和布拉克:一次研讨会》中便收有这两位的文章。请参见William Stanley Rubin, Kirk Varnedoe, Lynn Zelevansky, eds., *Picasso and Braque: A Symposium*, distributed by H. N. Abrams (New York: Museum of Modern Art, 1992)。

3 巴塔耶曾经概述过他所谓的无形式的内涵:"非形(informe)不仅是一种具有某种现成意义的形容词,而且是一个可以给这个世界带来些什么的词汇,(而这个世界上的)任何东西都有自己的形式。"参见George Bataille, "Informe," *Documents* 1, no. 7 (1929), translated in George Bataille, *Visions of Excess:Selected Writings*, 1927–1939 (Minneapolis: University of Minnesota Press), 31。此处参考了邵亦杨《形式和反形式:视觉文化中的形与无形》(载《美术研究》,2007年第4期)文中的引译。

形式不再是观念的承载物，其目的就是要取消形式和内容之间的区分，转而热衷于一种不稳定的"基本唯物主义"（base materialism）。[1] 既然是不稳定的，便不是长效的写作机制，"语—图"之辩仍未终结。

正如艾弗森（Margaret Iversen）和梅维尔（Stephen Melville）的总结："语—图"之辩虽将艺术写作者分立成两个阵营，坚壁清野，但不容讳言的是，这一矛盾实则栖居于我们每个人心中，有着深远悠长的历史；这一矛盾分裂正因为扎根之深，其爆发形式才各不相同，比如，近来广受好评的德勒兹（Gilles Deleuze）的《弗朗西斯·培根：感觉的逻辑》（*Francis Bacon: Logique de la sensation*，1981）便是以逻辑性感觉来表达出反符号学（antisemiotic）冲动的代表作，可见，至少在现代艺术的范畴内，"语—图"之辩仍将继续。[2]

对于现代艺术之于古代艺术在图像物质性和形式自足性上的差异的强调，克莱门特·格林伯格的纲领性论文《现代主义绘画》中有著名的（或臭名昭著的）界定，他写道："人们在看到绘画本身之前，往往先看到老大师画中所画的东西，而人们看到的现代主义绘画首先就是一幅画本身。当然，这是观看任何各类的绘画，不管是老大师的还是现代主义的绘画的最佳方式，然而，现代主义却将它强化为唯一的和必然的方式。现代主义在这方面取得的成功也是自我批判的成功。"[3]

此时的格林伯格，早已修正了1939和1940年重要论文（《前卫与庸俗》与《走向更新的拉奥孔》）中激进的马克思主义，正如凡·代克（James A.

1　Yvs-Alain Bois, "Base Materialism," in Yve-Alain Bois and Rosalind E. Kraus, *Formless: A User's Guide* (New York: Zone Books, 1997), 59.

2　Margaret Iversen and Stephen Melville, eds., *Writing Art History*, 130.

3　［美］格林伯格：《现代主义绘画》，第271页。关于列奥·斯坦伯格（Leo Steinberg）对格林伯格的有力反驳，可参见Leo Steinberg, "Reflections on the State of Criticism," reprinted in Branden Joseph, ed., *Robert Rauschenberg* (Cambridge, MA: MIT Press, 2002), 7–37.

van Dyke）所指出的，在1960年的格林伯格那里，"前卫艺术被现代主义所取代了，库尔贝被马奈所取代了，马克思被康德所取代了"[1]。在格林伯格和弗雷德的形式主义美学观念中，现代主义艺术的价值存在于图画的形式自足和媒介特性中。而这，正是T. J. 克拉克曾经奋力与他们进行争辩的焦点。

　　要明确的是，T. J. 克拉克的艺术史思想中仍然保留着早期格林伯格文化批评中的马克思主义倾向。格林伯格曾将抽象（abstract）作为对抗纳粹分子、斯大林主义者和大众庸人的最后一个还活跃着的贵族文化的堡垒。而在《抽象艺术的理由》（"The Case for Abstract Art"，1959）一文中，他再次将现代主义艺术当作一种对工业资本主义社会中的生活的常规性和强制性的拒绝和抵抗。[2]也就是说，格林伯格所强调的艺术形式的自主性，在一定程度上是对社会政治的否定性回应。T. J. 克拉克曾沿着这一理路分析过塞尚晚期绘画，他认为，塞尚以极端唯物主义的方式，在画面上以笔触的物质性来对等自然世界的现象性的绘画实践，是一个失败的对资本主义现代性的"现代主义否定性方案"。普桑与塞尚之间有一种个性情境上的相似性，他们一个是悖逆巴洛克风尚而执着于古典主义的风景画大师，一个则是不适应于法国权力文化中心之规制的不安而又独立的灵魂。[3]

　　既然格林伯格说过，不管是对于现代主义艺术还是古典艺术，以尊重图像物质性和形式性的宗旨而将其仅作为一幅单纯的画来观看的方式，都是普遍适用的、最佳的观看方式。那么，是否可以将这种观看方式，真真切切地运用到古典绘画中去呢？众所周知的是，古典绘画可是图像学方法

1　James A. van Dyke, "Modernist Poussin," *Oxford Art Journal* 31, no. 2 (2008), 285.

2　Clement Greenberg, "The Case for Abstract Art," 最初发表于*Saturday Evening Post* (August 1959)，重印于Clement Greenberg: *The Collected Essays and Criticism*, ed. John O'Brian, vol. 4, 75。

3　James A. van Dyke, "Modernist Poussin," 286.

盘踞的阵地。

所以，T. J. 克拉克选择普桑来进行试图跨越"语—图"之辩的艺术写作，其意图、其面临的挑战及自身站位就显得非常有意思。他的意图在于以拉开图像与语言的距离、保证绘画物质性的方式，用语言捕捉、记录每日的观感与沉思，用语言来追逐那抵抗着语言描述的绘画；其面临的挑战在于，克拉克不能掉进自己先前的艺术社会史写作模式那充满耀眼光环的陷阱之中；[1]而其站位则充满矛盾性——他既要坚持对绘画结构、细节和物质性的强调，又试图通过长期观看和沉思冥想，从独立的绘画性中得出（而非从社会历史等外部资料得出）某种（不稳定的、个人性的、感性的）道德隐喻。这样，他就站在了上述两种写作方式的中间，跨越了两个阵营。不管他的写作是否成功，这都是前所未有的写作试验。这正是克拉克最为可贵也最为智慧之处，摆脱唯理论主义的争辩，以写作实践来超越"语—图"之辩，接近"语—图"和弦共鸣。

二、艺术与语言的共鸣

在《瞥见死神》中，克拉克将全部的沉思冥想都倾注于普桑的《平静的风景》《被一条蛇杀死的一个人的风景》这两幅画上，他几乎每天都到盖蒂博物馆去欣赏这两幅画，并以自由的日记体形式记录每日观感。实际上，他刚到盖蒂博物馆里时，并不很清楚自己将要干什么，他坐定下来，寻找着藏品中"些许画作"，这时他"心中没有什么特别的企图，仅仅是观看"。可是马上，他就开始写作并且停不下来了。他所写的，"是对一个

---

1 Helen Hills, "The Uses of Images: W. G. Sebald & T. J. Clark," *Melilah: Manchester Journal of Jewish Studies*, Supplementary Volume no. 2 (2012), 57–80.

在时间当中发生着且变化着的观看体验的记录"。也就是说,他的这种长期聚精会神的高强度观看所得出的成果,是对于微小的观察和扩展的反应的细致的记录,并且,这些反应每天都在改变。他坚持这种漫谈式的每日记录形式,并最终将这些日记编辑、修订,从而形成了这本著作,并创造了一种新颖的"艺术写作"诗学。[1]

这种漫谈式的艺术写作方式,决定了写作者不会直接快速、不假思索地给出阐释,而更强调超越理论和规划的狭隘性,注重观看中的直觉、偶然。克拉克希望"展现对一幅画的一个理解是如何形成的——这幅反对主题化的画作,或者一个几何图形,是如何煽动、指向一种对'它要讲的是什么'这种问题的质问的"[2]。他认为,艺术写作需要尊重艺术作品的沉默性,而不应该以强迫性描述来钳制它,沉默观看的时刻才是意义重大的时刻:"如果有人向我提出挑战,让我将自己对普桑的感受写到纸上,甚或让我对他进行研究的话,那我恐怕得对这个人说,最好别用这一套来对待某些艺术作品。我最喜欢的一句普桑的评价……是普桑在一封信中随便写下的一句简单的话语——我是一个以研究沉默的事物为志业的人。"[3]

在3月17日的日记里,他对传统的艺术史表达了某种不满,认为这种传统的艺术史的来源,"太愉快了,太高效率了"。因为,就艺术与语言的关系,即"语—图"关系而言,克拉克认为它们各自代表着自由和禁锢,他也像格林伯格一样反复重申,并坚持不去理会那种被制作成极易看懂、一眼即能看穿的图画。而当他以日记形式记录下他对于亲密的、即时性的、非中介性的观看体验的追求时,他诚实地传达了这种长时间全身心观看的矛盾/反抗过程(contradictory processes),因为他努力去描述的其中

---

1 James A. van Dyke, "Modernist Poussin" 287.

2 〔英〕T. J. 克拉克:《瞥见死神:艺术写作的一次试验》,第86页。

3 同上书,第3页。

一件事情便是语言和图像之间的竞技，换言之，即绘画抵抗描述的方式。[1]

正因为克拉克关注的是艺术与语言之间的竞技、砥砺关系，那么他就必然不把画作首先看作是哲学、意识形态或政治的寓言，或者是非此即彼的宣传（这是近来许多普桑研究的方法[2]），他的首要目的是表达一种特殊的批评理解力和感受结构，这种感觉结构是独特的，具有不可约的绘画性，以及物质性。格林伯格曾经批判过的那些"伪描述、伪叙述、伪阐述、伪历史、伪哲学、伪心理学，以及最糟糕的伪诗学"，那些所谓"前卫的"和学院的艺术批评，如哈罗德·罗森伯格（Harold Rosenberg，1906—1978）和劳伦斯·艾洛维（Lawrence Alloway，1926—1990）等误导的、二流的钦慕者对波洛克绘画进行的描述一样，他们这些人的罪过出于"［对艺术史的］无知，或者缺乏一种美学的基本素养"。[3]而这些也正是克拉克所批判的，因为这些写作者对他们所研究的艺术作品的特殊物质性质和美学品质没有什么感觉，然而却有意或无意地分享了我们目前"影像化、想象化与视觉化的政治的可怕阶段"，他们是分享了数字化的、垄断的文化工业的审美假定，且对艺术之物质性品质完全无视的写作者。[4]他的首要目的，则是表达一种特殊的批评理解力和还原绘画性、物质性的感觉结构。

一旦细细地、以一种天真的眼光去观看画作，克拉克发现，一幅杰

---

1 Adam Phillips, "What Do You Think You're Looking at?", *The Observer* (12 August 2006).

2 这一类的书很多，如 Sheila McTighe, *Nicolas Poussin's Landscape Allegories* (Cambridge: Cambridge University Press, 1996); Judith Bernstock, *Poussin and French Dynastic Ideology* (Frankfurt: Peter Lang, 2000); and Todd P. Olson, *Poussin and France: Painting, Humanism, and the Politics of Style* (New Haven: Yale University Press, 2002)。

3 Clement Greenberg, "How Art Writing Earns Its Bad Name," in *Clement Greenberg: The Collected Essays and Criticism*, ed. John O'Brian, vol. 4, 135–144.

4 ［英］T. J. 克拉克：《瞥见死神：艺术写作的一次试验》，第126页。

出的画作"不能全然化为一种可自如使用的阐释性叙述"[1]。它们会让期待从中得出超出作品本身论题的希望落空。[2]他承认,"可见的视图与可言说的讲述之间的距离感乃是……最珍贵的部分。对于这个到处泛滥着标语、标签、推销和小型推销主题的世界,这种距离感表现出一种抵抗的可能性"[3]。

克拉克抱怨大多数艺术史家在写作中忽视了图画的这种最重要的品质,好像他们的研究对象的意义,是可以立即显现、立即明白、极易理解的。他们抑制了观看过程中的扭曲与变化、洞悉与修正,却热衷于陈述整齐划一的论点和明确不含糊的结论,仿佛认为一幅画作能立即、完全地屈服于语言,并被完全理解。他们在真正进行观看之前,已经攥住了理论概念和文本资源,他们拥有这种糟糕的聪明,却不懂得进行恰当的观察[4],从而误导了、迷失了,在普桑的案例里,他们"被这些看似(有一点)语言的绘画"弄得迷失了。总之,那种传统守旧的、系统方法的学术散文,是在全力地使艺术贫穷枯竭,并逼迫艺术服从于克拉克所厌恶的事物的理性中心主义的逻辑秩序。[5]

确实,艺术写作和对艺术写作的阅读,往往已经习惯于给绘画一个确定而直接的意义指示或最终答案,这对于任何人都一样,阿瑟·丹托就曾不明就里地批评《瞥见死神》没有像沃尔海姆(Richard Arthur Wollheim,1923—2003)解读绘画一样,给出一个让听者或读者满意的结论。对此,克拉克撰文回应道:"图画能够表现一个并不凝聚的世界,也就是说,它

1　[英]T. J. 克拉克:《瞥见死神:艺术写作的一次试验》,第8页。

2　而这种失望,正是阿瑟·丹托在读了《瞥见死神》后的失望。参见Arthur C. Danto, "A Serpent's Tale: Arthur C. Danto on T. J. Clark," *Artforum International* (1 February 2007)。

3　[英]T. J. 克拉克:《瞥见死神:艺术写作的一次试验》,第128页。

4　克拉克对博瓦和克劳斯所运用的符号学研究方法曾有过非常强烈的批评。具体参见T. J. Clark, *Farewell to an Idea*, 169。

5　James A. van Dyke, "Modernist Poussin," 287.

们并不总是要叠加成一个总体性理解，从而越过这种'失望的'感觉。相对而言，这也许就是它们最深刻的含义——这种理解可以表现为一种分散的、多焦点的、真正矛盾对立的尺寸和可能性的游戏，结果这就会有更多的人文性。我们中的一些人认为，这正是画作最宝贵的品质——我们最想去保护的方面。"[1]

而克拉克之所以在《瞥见死神》中努力以一种准－自动的、碎片式的、开放性的、充满疑问和质疑的、以过程为导向的方式来进行写作，是因为他希望能在某种程度上效仿那真正的视觉图像的非线性的、晦涩不透明的特性，并以此来揭露和尊重那言语和视觉之间的批评性距离：

> 指出观看和言说之间，或句子和视觉结构之间的真实边界，已经变得越来越必需，越来越势在必行了。而且，必须去保持一种视觉性概念的活力，而这一概念在言语的边界建立起了它自己的内涵——从未完全脱离它，从未摆脱话语的掌控，但是却可以并想要去开掘探索那一个符号和一个姿势之间，或者一个句法结构和一个物理（视觉的，物质的）区间之间的差异……所以，对图画的写作就必须一直——至少有时——要模仿出这种分散与悬置性。在写作图画的过程中，大体上应该这样做或竭力这样去做的时候，要比实际上真正做到的时候多。写作不能逃避令自身所凝视的沉默元素生发出意义的任务（让沉默的元素生发出意义乃是语言的一种规范性活动，而任何一种对不可言译的特殊画作进行的过于迅速的写作，都会去掉这明显的一点），但写作也要创造出一种方式，令意义之清晰能被它所源自的质料性与沉默性再度取代。[2]

1　T. J. Clark, "Balancing Act (letter to the editor)," *Artforum International* 45, no. 8 (April 2007), 42.
2　［英］T. J. 克拉克：《瞥见死神：艺术写作的一次试验》，第225页。

克拉克"语—图"之辩所做的回应,在这里显现出来的基本立场,是重视绘画结构、形式、色彩等等的视觉性、物质性,应该说,他虽然是一位倚靠着马克思主义的艺术社会史学者,但时刻深化着对"语—图"关系的哲学思考和实验认知。《瞥见死神》正是这样一次检验,通过这一试验,他更确定了绘画所持有的特殊品质,更严厉地批判了麻木自傲的艺术写作方式,同时也呈现给读者如此生动、如此警醒的著作。

克拉克深刻地体察到,艺术作品的图形性并不能一次性被译出,所以我们要一次次被拉回到它面前——不是回到图像,而是回到它本身,那唯一能够"干预到我们的先入之见(preconception)"[1]的东西。要以语言传达出赏析绘画的这种过程,笔记(note-taking)无疑是最好的方式,不仅仅只是重复的观看。笔记这一行为方式,既可以理解为克拉克处理他所观看到东西的行为方式,也是他想要以这些描述来对抗绘画的行为方式,通过这种行为,克拉克能够看到更多,看得更好。[2]当艺术作品的视觉、物质材料处于言语的边缘时,克拉克坚持,我们绝不能允许它被话语侵蚀而黯然失色。关于艺术写作,要想搞清艺术这种沉默之物的意思,要以语言传达出重复观看艺术这种"沉默之物"的体验,就要模仿出图画中的分散与悬置性,在每一次将要得出清晰意义之时,在它即将被话语侵蚀而黯然失色之时,重新回到作品的材料性与沉默性中,让被凝视的沉默元素自身发出意义。[3]

既然艺术本身一直在抵抗着总体性或结论性解释,那么以笔记形式的微妙的平白直叙,配之以画作细节插图,便将再造出画作和观画过程的美丽。通过阅读笔记,我们同样可以看到那迷住了克拉克的东西,而克拉克

1　T. J. 克拉克:《瞥见死神:艺术写作的一次试验》,第226页。

2　Margaret Iversen and Stephen Melville, eds., *Writing Art History*, 150.

3　T. J. 克拉克:《瞥见死神:艺术写作的一次试验》,第224—225页。

在观看的时候，没有任决然断然地去寻找什么——所以，我们看克拉克的书的体验，与克拉克所描述的看画的体验，是极其相似的。[1]以文字来表达重复观看的体验，其意图是想让读者也对这种观看形式感同身受，并理解观看的意义，这样，作者和读者就沉浸于同一个梦中：看见了相似，也在进行相似的观看。[2]无疑，这样的写作实现了艺术与语言的共鸣状态。

三、道德与批判的隐现

克拉克对保留图形性（figurality），或他所谓绘画的物质性（materiality）的热情辩解，在《死神一瞥》中既以只言片语的直白吁求出现，更多的也以那大量的对画作细节的物质性的描述，现身说法似的实践着。

比如，在《被一条蛇杀死的一个人的风景》这幅画中，日益激起克拉克兴趣的，不是蛇的形象，也不是由蛇所引发的强烈的视觉叙事，而是那"结构和材料问题"：图画的大小和形状，以及在那形状中赋予动物的人类的位置；在这个图像领域中，大与小、暗与明的关系；整体的简洁性，以及结构和材料在细节上的澄明性。在这里要提醒的是，克拉克绝不是像克劳斯、博瓦等后结构主义者那样拥有某种政治上的超然性，他仍然是一位具有马克思主义色彩的左派学者，从不回避道德和政治问题，即便坚持着纯粹物质性的观看和描述方式，也不意味着就要绝弃对道德维度的探讨。

凡·代克一针见血地指出，在克拉克的观点里，对人性最完全的表达，并不存在于一个超然的时刻，并不能被一个沉溺于对自治的、优美

1　Adam Phillips, "What Do You Think You're Looking at?".

2　Helen Hills, "The Uses of Images: W. G. Sebald & T. J. Clark," 67.

的、道德寓意的艺术作品的沉思的空洞的个体所体验。它反而必然在具体的时间和空间中出现:在从过程中显现的反思中,在原始的欲望中,那无法形容的恐惧和难以忘怀的创伤回忆,遇上了那构成主体历史的东西。[1]

那么,17世纪的普桑风景画又怎能在21世纪的克拉克的物质性细观中产生出道德评价的可能性呢?难道,一贯激越好辩的克拉克又将要蛮横地"劫持"沉默无言的普桑吗?这恐怕是每位读者心中咯噔一下的疑问,也是克拉克对脚下极具诱惑力的陷阱的担忧。不得不承认的是,他给出的解释仍然具有说服力。

克拉克认为,画作中的那些我们发现很难去进行描述的地方,恰恰就是这幅画作与政治相关的部分。他提议,我们应该思考"为何某些视觉结构,相比其他,会如此难以用言语表达出来",我们还要思考,"在这种飘忽不定、扑朔迷离中,是否有着一个道德的,或甚至政治的观点"。[2]也就是说,对道德和政治的观察,来自对视觉结构等绘画物质性要素的观察。而在这两幅画中,最迷人、最难以解释的正是那笔触的物质性和空间的不确定性,只有通过对"对普桑绘画的物质性的不确定性的追踪",才能得到一种道德和政治观点的意义。[3]

这种不确定性体现在画作中的方方面面,比如在克拉克看来,让《被一条蛇杀死的一个人的风景》比《平静的风景》看起来更具有力量的原因,正是它对一种情状(situation)的描绘:死神的目光。当我们在那里全神贯注地沉浸于对这永恒的世外桃源的观看时,突然,这种氛围被一个事件、一个目光打断了!"该自然状态将当下停滞并制造出对此短暂瞬间

---

1 James A. van Dyke, "Modernist Poussin," 288.

2 Adam Phillips, "What Do You Think You're Looking at?".

3 Phillippa Plock, "Social Paint." 此文为2009年艺术史家年会论文。

的一种完全属人的聚焦。"[1]而对面的那幅《平静的风景》中洋溢着的和谐、闪亮、阿波罗式高尚的透明性，那对视觉和理智的吁求，体现在了前景中沉思着的牧羊人身上，可是它也在瞬间消逝了，因为它被那在《被一条蛇杀死的一个人的风景》中的一个发自肺腑的恐惧场景所取代了！在那里，一个男人在惊骇地奔着，因为他看到一条巨蛇下盘绕着一具尸体。这是一个狄奥尼索斯式的"对世界的描述"[2]，它给了克拉克以强烈的"反抗性"感觉。

实际上，克拉克的现代主义理路，处于伊格尔顿所提炼的美学传统中，即将审美理解为"一种原始唯物主义的第一波——身体对于那理性暴政的长期难以表达出的反抗"。克拉克曾在分析塞尚时强调过其绘画的唯物主义对现代性的否定性品质，给出了一个保罗·德·曼式的强调物质性再现的塞尚。那么，为了更有说服力地证明普桑的唯物主义，或普桑对绘画物质性的强调，克拉克调用了传记材料及共时性评论等第一手文献资源，以支持他的批评性判断。其中包括费利班（André Félibien）对普桑思想的实践性的、具体实在的、物质性本质的评论，阿戈尼（Bonaventure d'Argonne）和贝罗里（Giovanni Bellori）的著作以及画家的信件，这些都显示出普桑对这世界的无理性的物质性（brute materiality）和熵的力量（entropic forces）的限于本能（desublimate）的兴趣。更重要的是，普桑收藏家香巴涅（Philippe de Champaigne，1602—1674）的发现证实了，在画作所构成的图像世界和它们所引发的感觉的深度意识中，在画作的稳定形式和短暂易逝的气氛之间的辩证平衡中，在它们那明晰的画面设计和意外的即兴发挥中，在那基础性的结构和不必要的细节的反差中，在那美丽的

1 ［英］T. J. 克拉克：《瞥见死神：艺术写作的一次试验》，第225页。
2 同上书，第245页。

和谐和扰乱的讽刺中,在光辉的生活赞美和潜伏的死亡恫吓的对立中,都体现了一种精神气质,表现了那深刻的人类需求和一个独立男人的欲望,普桑正面对着17世纪40年代晚期不稳定的、充满敌意的社会世界。对于克拉克来说,它们的存在充实了道德的尺度,而这一直是绘画中的真实状况。[1]

　　克拉克果断地指出,这幅画的道德倾向显现在极有张力的气氛以及这气氛所传达的视矩(观察距离)中。[2]"这是一种具体化形象化的道德和政治——一组给予体验以视觉形式的方法的态度,以及对此方法的阐述,这种方法可使理解避开句子的限制。"[3]正是对沉默的绘画性和局限的语言性的洞察,正是对绘画气氛(视觉结构、物质性,而非主题)的探索,克拉克在普桑那里追溯到一种道德:一种普桑所追寻的自由,一种向富于想象力的细看敞开世界的自由方式。[4]

　　谈到这里,我们不得不承认,克拉克的学术形象远远要比我们所理解得更复杂、更丰富、更多元。在他的《告别观念》中,充斥着无限细小的观察和对偶然性事件浓墨重彩的描写。许多人认为,他已经远离了一种经验主义导向的、概念性组构的、从特殊现象推演到普遍的社会总体性的决定性结构的艺术史研究。而关于普桑绘画的艺术写作试验,却包括一种对立性的阐述。这种对立,一方面是在艺术、艺术家和艺术爱好者之间的私人关系,另一方面则是那被限制的语言、商业文化和压抑的力量,通过对这种对立性的阐述;这种写作分析了一种相似的分裂感,代替了辩证法。而克拉克对艺术史研究中充斥着的混乱的武断的研究方法的拒绝,已经取代了他先前对教条性的自满的盛期形式主义的批判,他最想谴责的,是任

1　James A. van Dyke, "Modernist Poussin," 289.

2　[英]T. J. 克拉克:《瞥见死神:艺术写作的一次试验》,第225页。

3　T. J. Clark, "Balancing Act (letter to the editor)," 42.

4　[英]T. J. 克拉克:《瞥见死神:艺术写作的一次试验》,第132页。

何将艺术仅仅看成另一种服务于意识形态的视觉文化的人，其实，他反对的大多已经是艺术的社会史家和"视觉文化的人种学者"（ethnograph[ers] of visual culture）。他仍然坚持着的，是自20世纪70年代以来就树立的艺术史研究的辩证思维方式，这恐怕是涵括其学术生涯的一条主线。

克拉克对发展马克思主义艺术批评传统的贡献要远远大于对艺术史实证事实的直接贡献。在很多时刻，他都提出，对于一幅画所进行的相对幼稚的努力（反复观看），更具有释放性，更有力量。[1] 尊重绘画的物质性，强调全神贯注的观看，这实际上是对审美的强烈肯定，克拉克将这种审美形式设定为一种具有解放性、抵抗性的，真正人性的认识形式。

所以，克拉克的《瞥见死神》根植于一种浓厚的哲学和批判传统中。这种传统便是对从众心理和庸俗文化的不妥协，或者换一种理论术语来说，是对那资本主义现代性及其文化工业导致的"疏离"和"异化"的不妥协。在面对冷嘲热讽的后现代主义和不断膨胀的危机重重的资本主义商业文化时，克拉克那充满了西马意味的现代主义的艺术捍卫姿态，以及他对审美体验的批评性潜力的主张，尤其值得我们去做严肃认真的思考。

在瞬息万变、消费至上、浮躁焦虑、轻浮不定的今天，在这个"景观社会"早已侵袭进私人空间的今天，在这个所谓"一切都烟消云散了"的今天，克拉克的这种缓慢、专注的观看，这种宽广而持久的沉思，这种平和的对话，甚至自传性的深刻反思，不正是一种逆转、一种抵抗、一种警示吗？[2]

---

1 James A. van Dyke, "Modernist Poussin," 288.

2 克拉克深受情境主义思想影响，其对晚期资本主义景观社会的批评，请参见其以化名发表的 Retort, "Afflicted Powers: The State, the Spectacle and September 11," *New Left Review*, vol. 27 (May-June 2004), 5-21; Retort, *Afflicted Powers*。

尾 论

艺术的历史，正像欧文·潘诺夫斯基在《作为象征形式的透视法》（*Perspective as Symbolic Form*）中所论述的那样，总是保持着历史和艺术两者之间的分离状态。[1] 艺术史学科也一样，总是存在着从外部环境和从视觉形式这样的两种路径来研究艺术，这种视野和方法上的对立和张力，推动了艺术史学科的发展，主导了它的走向，也拓展了它的方法论。艺术史学科的这种状况，与文学理论的发展史是颇有几分相似的。我们知道，文本分析和情境研究，这两种文学研究路径的角力，从柏拉图开始便如此引人入胜。只不过相比较起来，艺术史学科的历史还很短。

艺术和历史，当我们要将这两个词合并为一而讨论时，有必要理解它们各自的独立特性。英国艺术史家安东尼·维德勒认为：一方面，历史由于其强调原因和结果，强调不同种类知识（政治的社会以及艺术的）之间的关系，倾向于通过自身外在的现象来解释艺术作品；另一方面，艺术客体由于艺术受确立其为独特事物和艺术的内在审美标准的制约，倾向于要

---

1 参见 Erwin Panofsky, "Der Begriff des Kunstwollens," *Zeitschrift für Ästhetik und allgemeine Kunstwissenschaft* 14 (1920), 321–339。后再刊于 H. Oberer and E. Verheyen, eds., *Aufsätze zu Grundfragen der Kunstwissenschaft* (Berlin, 1974)。Tr. K. J. Northcott and J. Snyder, "The Concept of Artistic Volition," *Critical Inquiry* 8, no. 1 (1981), 17–33.

求非历史的观点，从关于知识的哲学角度来鉴赏。[1]如果说，这两个词的结合必然是痛苦的相遇，那么只有一种状况会造成这样的结局，那就是在这两个词中，必然有一个走向极端，另一个被漠然舍弃。

当德里达说"文本之外空无一物"时，当"语言即一切"被大张旗鼓地宣扬时，艺术史学的危机同样几乎累积到了极点。在那个社会急剧变化、思想充斥危机、观念亟待更新的时代，埃尔韦·菲舍尔（Herve Fischer）喊出《艺术史终结了》，斯韦特兰娜·阿尔珀斯向大家抛出了这样的疑问："艺术是历史吗?"[2]

汉斯·贝尔廷在《艺术史终结了吗?》的论文中指出：艺术作品证实的不仅是艺术而且也是人。而且人在他对世界的艺术搬用中并没有失去与世界的联系，而更可以说是见证了这个世界。人类在其有限的世界观和有限的表达范围中揭示了他的历史性。在这个意义上艺术作品是一种历史的文献。所以，"艺术的形式是一种历史的形式"。它不仅常常要受到样式、材料和技法的制约，而且还要受到内容和功能的制约，以至于它从这个作为"纯形式"的网络中被抽离出来。[3]由此可见，形式和历史就像是一枚透光镜的两面，面向不同，却相互倚靠，当阳光照射时，能看到两个面向的美妙叠影。对于任何一面的偏废，都不是理解艺术的最佳态度，因为这种态度势必导致艺术史学科的偏狭、停滞和失重。

当时，正在攻读博士学位时的克拉克所面对的，正是一个闷不透风、保守不前的艺术史学科。一方面，极端形式主义者或学院派考古学家，以

---

1 ［英］安东尼·维德勒：《艺术史的哲学：从温克尔曼到德昆西》，载［德］汉斯·贝尔廷等：《艺术史终结了吗?：当代西方艺术史哲学文选》，常宁生编译，湖南美术出版社，1999年，第103页。

2 Svetlana Leontief Alpers, "Is Art History?", *Daedalus*, no. 106 (1977), 1.

3 ［德］汉斯·贝尔廷：《艺术史终结了吗?》，载［德］汉斯·贝尔廷：《艺术史终结了吗?：当代西方艺术史哲学文选》，第315—316页。

装腔作势的专家态度和矫揉造作的学究气颐指气使，令人腻味地陶醉于自己的小小花园；另一方面，注重社会历史面向的作者，又摆脱不了粗鄙机械的"反映论"，陷入教条的历史唯物主义，将历史凌驾于艺术之上。在克拉克看来，艺术史的黄金时代已经过去了；他所要做的，便是既要振臂高呼，又要以新的方法拓展艺术史的学科视野，找回艺术史学科的活力。

姑不论其他艺术史路径，且看艺术社会史当时存在的一个问题，即，在有些实践者手中，这种方法已变成一种机械唯物主义生硬形式。其中艺术作品被"解释"为一个特定社会的被动反映。[1]要打破这种生硬的模式，就要调和形式和历史的关系，使艺术社会史研究既重视艺术作品的视觉品质，又揭示出其社会历史面向和社会价值。换言之，既尊重艺术自主，又强调其社会功能。也可以这样说，既拿起黑格尔主义，又不抛弃康德。

为此，克拉克的一大贡献，便是将贡布里希的图画再现理论、当时正在兴盛的符号学方法以及传播学理论和精神分析学方法引入马克思主义艺术社会史方法中。他的目的是要打破经济基础和上层建筑之间的障碍，将绘画看作一种符号的艺术、话语的艺术，将图像放在以表象等级制结构起来的社会进程之中，放在弥漫或渗透在社会结构的符号流通中[2]，从作品中的惯例改变和断裂处，从公众的接受及反应等入手，揭示艺术是如何在社会历史环境——如政治、经济和意识形态——和社会整体进程之中，在惯例和形式上进行转变，并对社会历史进程产生反作用的。这种新研究模式既拯救了艺术社会史，又为人类更好地理解、研究艺术作品打开了一片天地。

我突然感觉，他的良苦用心与阿多诺的是何其相似！正如有论者言：

---

1 ［德］汉斯·贝尔廷等：《艺术史终结了吗？：当代西方艺术史哲学文选》，第26页。

2 Norman Bryson, "Introduction," in *Calligram: Essays in New Art History from France*, ed. Norman Bryson (Cambridge University Press, 1988).

阿多诺的全部美学思想（特别集中地表达在他晚年的杰作《美学理论》中），都是试图在康德与黑格尔之间，在艺术自主与艺术的社会功能之间实现调和。阿多诺虽然是一个艺术自主论者，但不是一个单纯的艺术自主论者，正如克拉克的观点：艺术是其价值的来源，但不是唯一的来源。

阿多诺明白，艺术创作作为一种精神生产，不仅不能从一般物质生产的环境中脱离出来，而且也不能与左右一个时代的精神氛围（或者干脆称之为意识形态）完全无涉。阿多诺的结论是，借用美国作家海明威的话来说，艺术乃是"压力下的优美"。压力是施加于艺术家的全部物质与精神生活条件，优美则是在这种条件下艺术家通过对既定艺术语言的挤压、变形、粉碎、重组而实现的新形式。[1]在克拉克看来，现代艺术的激荡亦是压力作用中的形式变异。

除此之外，克拉克还像阿多诺等一样，对西方资本主义文化工业和景观社会，持强烈的批评态度，只不过前者的立场更为尖锐；他还像阿多诺一样，赋予艺术以乌托邦性，只不过他心中的现代艺术的乌托邦性，是种种以极限艺术实验来笼括当代社会的、注定失败的、悲怆的革命。也可以这样说，克拉克具有更为强烈的党派性，这也正是其招致众多批评的原因。

克拉克的著作，每一本都备受争议。如，在《现代生活的画像》出版之前的很长一段时期，艺术史界对印象主义的理解，公众对印象主义的印象，都是将他们当成从他们那个时代的工业化和城市化的恐怖中逃脱出来的无忧无虑的田园诗人，克拉克的惊人一鸣，将他们从流行的误解中解救了出来。而且，克拉克的书还打破了那种将印象主义当作先锋运动的观点，而是将他们塑成保守的角色，他们不安地与那由于奥斯曼改造粗鲁地

1　参见徐岱、沈语冰编选：《文艺学基础文献选读》，浙江大学出版社，2009年，序言，第10页。

甩在他们身上的新巴黎搏斗，而且克拉克还指出，这些画家最初因他们的技巧的缺乏以及他们的主题问题的缺乏而受到轻视。所以克拉克认为，在那个时代里，马奈的艺术"在再现上是失败的"，而印象主义绘画"并没有找到一种充分刻画阶级的方法；尽管'充分地'在这里不应理解为'简单地'或'明确地'。要为现代生活发明一种图像学，一种可以为后代艺术家继承并加以发展的图像学，是不可能的"[1]。

在克拉克看来，这种失败的原因，主要在于社会正处于急剧转型的状态中，那充满不确定的变量。克拉克这种以"解决阶级重构的矛盾"为指标来判断伟大艺术家的看法，简直让长期占据着印象派研究这个"巴尔干高地"的学院保守主义专家难以容忍，也饱受诸多右派人士和博物馆学界人士的指责。

如约翰·豪斯曾指出的，克拉克著作中阐释了大量外部信息，"在他使用大范围不同种类的文本材料的地方，他的视觉材料的范围往往就非常狭窄了"[2]。而英国艺术史家尼古拉斯·彭尼则批评其论述时带有明显的选择性。[3]而弗雷德也质疑克拉克无法用实际案例来论证其"否定性实践"的论点。面对这些批评与指责，克拉克往往先是立马反驳，针锋相对，然后是长期的调整和回击。如，对于约翰·豪斯的批评，克拉克并非斥之不理，而是以一本《瞥见死神》来回应，这本书的绝大部分篇幅，都是对视觉材料的凝视发现，这种"好眼力"是克拉克在考陶尔德便训练出来的本领。对于弗雷德的批评，克拉克以一本《告别观念》来回应，他在书中给出了七个案例，每个案例都值得讨论，每个案例都引发争议。

本书认为，克拉克无疑对艺术史学科做出了巨大的贡献，其调和形式

---

1 ［英］T. J. 克拉克：《现代生活的画像：马奈及其追随者艺术中的巴黎》，第332页。

2 John House, "Review," 296.

3 Nicholas Penny, "Review," 13–14.

与历史的尝试和方法，是既富有勇气，又极具创见的。但是，正如彭尼所说，案例的选择性，使其论说的说服力打了折扣；而以隐喻的模式来接合表述，又让其文字扑朔迷离，难以尽解；有时几近诗一般的句子，常常让读者云里雾里，并不符合逻辑论述的规范。这也从侧面反映出，艺术社会史方法仍然存在许多问题，尽管它已经是占据西方艺术史学科主流的方法。

20世纪下半叶以来，艺术社会史在艺术史学科的复兴，与克拉克具有相当大的关系。尤其是其早期著作《人民的形象》对70年代以来的艺术史家产生了深远的影响。这本书一面世，就毁誉皆来，如阿兰·博尼斯，这位后来的泰特美术馆馆长，在《伯灵顿杂志》发表的书评中严词指责道："书中的腔调是尖厉的，有时甚至虚张声势……波德莱尔、尚弗勒里或库尔贝……成了舞台上的演员，扮演那历史必然性理由分派给他们的角色。"但是他也中肯地表达了某种欣赏之情："（这本书）有着一种对渴求一种新的历史研究方法的意识（尤其是新马克思主义者和结构主义者），而这是完全值得赞赏的。"[1] 而历史学家和社会学家（如詹明信）对《人民的形象》的赞赏，远远早于艺术史主流杂志对其给出积极评价的时刻。[2] 此书出版后，克拉克的研究方法备受瞩目和赞誉，正如怀特所下的最终评价所说，这种研究方法，让《人民的形象》成为一个几乎无可匹敌的研究范本，展示了当理论复杂性和历史精确性结合起来后，艺术社会史研究会产生怎样的可能性。[3]

《人民的形象》这本书几乎变成了一个艺术社会史的写作模板，被许多新学者竞相仿效，他的艺术社会史方法很快传播于国际学界。但是，大

1　Alan Bowness, "The New Courbet Literature," 291.

2　F. Jameson, "Political Painting," 225−230.

3　Alastair Wright, "On T. J. Clark: *Image of the People*," 174.

多数跃跃欲试的实践者，却没有抓住最关键的价值。很多新的艺术史家往往又回到了克拉克曾经批评过的那种早期马克思主义的失败之中：设想艺术作品可以被看作一个大致勾勒出的历史环境的反映。实际上，克拉克的艺术社会史方法，并不能信手随意地移花接木，没有对作品视觉性的深度分析，一切都不值一提。

自1949年以来至今，中国大陆一直有以马克思主义唯物史观来书写中国美术史的传统，甚至这种立场和方法占有绝对主导的地位。鉴于此，了解和学习克拉克的艺术社会史方法，对于中国艺术史论的写作，自然具有极大的参考和借鉴意义。

实际上，以马克思主义或唯物史观来书写中国美术史的传统，早在20世纪30年代，便由李朴园先生开创。1930年左右，俄国唯物史观的艺术论和艺术社会学的思潮在中国文艺界形成较大的波澜，当时，这一思潮在中国的影响面比沃尔夫林的"风格理论"要广泛得多。在这种背景下，李朴园迅速做出反应，决定用唯物史观写出了其代表作《中国艺术史概论》。无可非议的是，这本著作在当时是具有一定意义的。一方面，它打破了20世纪20年代出版的中国美术史或绘画史著作笼统地将中国绘画历史分为上古中古近世这样的空洞划分；另一方面，也是将新的方法论注入中国艺术史写作中。李朴园将艺术史时代分期做了崭新的构架，他不再袭用上古、中古、近世的分期法，而借用唯物史观将中国艺术的发展分为原始社会、初期宗法社会、后期宗法社会、初期封建社会、后期封建社会、第一过渡社会（秦代）、初期混合社会（汉至宋代）、后期混合社会（元至清后期）、第二过渡社会（1840—1918）、社会主义社会（1919年5月4日起）。李朴园可能是中国最早提出社会主义新文化的学者，他将1919年五四运动以来的中国社会称为"社会主义社会"，可能主要是从新文化运动产生来划分的。这本《中国艺术史概论》显然带有可以理解的时代烙印，即，那

种对旧文化的觉悟，那种新文化运动的热情，那种对社会主义文化的憧
憬。[1]但是，对于唯物史观，李朴园并非直接完全移植，他采取的对策是：
以唯物史观为指导，同时遵循中国艺术和社会本身的特征。"我治中国艺
术史的方法，既不想违背唯物的辩证法，也相当的承认所谓文化传布说，
而不完全为唯物史观所拘束……我不相信对于艺术方面的历史有如经济史
那样简单。"[2]

李朴园所开创的以唯物史观研究中国艺术史之路，在1949年中华人民
共和国成立之后，成为主导性的研究方法，包括胡蛮、李浴、王朝闻等艺
术史论家，都注重用唯物史观来研究中国艺术史。20世纪40年代，胡蛮所
著《中国美术发展史》，以阶级斗争为"纲"，坚持反映论，强调革命进
化论的中国美术史研究方法，成了圭臬和法例，直到今天，在大学艺术史
教育中仍然发挥着很大的影响。

不可忽视的是，这种方法不仅粗疏，而且太过于强调阶级斗争，这其
中最大的问题，首先便是僵硬的阶级划分和历史划分，更别提对具体作品
内在视觉性和惯例断裂处的探究了。鉴于此，克拉克的艺术社会史具有攻
玉的意义。

我相信，克拉克的艺术社会史方法，定会给中国美术史的研究带来某
种真正的启发。也许，我们并不一定需要全盘接受其所用的马克思主义术
语，但我们一定需要的，是其社会史研究方法和视野的深入、透彻、广
博，以及那种作为艺术史家的真正的灵感。

1　参见陈池瑜：《中国美术史研究受西方艺术史观的影响及其对策——以滕固、李朴园、柯律格、
　　方闻为例》，载《南开学报（哲学社会科学版）》，2012年第5期。
2　李朴园：《中国艺术史概论》，良友图书印刷有限公司印行，1931年，第7页。

参考文献

外文书目

Adams, Virginia. *Illusion and Disillusionment in the Works of Jeff Wall and Gerhard Richter: Picturing (post)Modern Life*. ProQuest, 2007.

Adorno, Theo. W. *Essays on Music*. Berkeley: University of California Press, 2002.

Althusser, Louis. "Ideology and the Ideological State Apparatusses." In *Lenin and Philosophy and Other Essays*. Translated by Ben Brewster, 127-186. New York, 1971.

Anderson, Perry. "A Culture in Contraflow—II." *New Left Review* 182 (July/August 1990), 85-137.

Anderson, Perry. *The Origins of Postmodernity*. Verso: London, 1998.

Antal, Frederick. *Florentine Painting and Its Social Background: The Bourgeois Republic Before Cosimo de' Medici's Advent to Power, XIV and Early XV Centuries*. London: Kegan Paul Trench & Co., 1948.

Antal, Frederick. *Fuseli Studies*. London: Routledge & Kegan Paul, 1956.

Antal, Frederick. *Hogarth and His Place in European Art*. London: Routledge & Kegan Paul, 1962.

Antal, Frederick. *Classicism and Romanticism: With Other Studies in Art History*. London: Routledge & Kegan Paul, 1966.

Antoni, Carlo. *From History to Sociology*. Translated by Hayden White. Westport: Greenwood Press, 1976.

Baker, Elizabeth C. and Thomas B. Hess, *Art and Sexual Politics*. New York: MacMillan, 1973.

Bakhtin, Mikhail. *Art and Answerability: Early Philosophical Essays*. Translated by Vadim Liqpunov. Austin: University of Texas Press, 1990.

Bal, Mieke. "Deliver Us from A-Historicism: Metahistory for Non-Historians." In *Philosophy of History After Hayden White*, edited by Robert Doran, 67-88. London and New York: Bloomsbury, 2013.

Bal, Mieke and Norman Bryson. "Semiotics and Art History." *Art Bulletin* LXXIII, no. 2 (1991), 174−208.

Balow, Pau. "Arnold Hauser." In *Key Writers on Art: The Twentieth* Century, edited by Chris Murray. New York: Routledge, 2003.

Banham, Reyner. *A Concret Atlantis: U.S. Industrial Building and European Modern Architecture*. Cambridge, Mass, 1984.

Barth, Hans. *Truth and Ideology*. Translated by Frederic Lilge. Berkeley: University of California Press, 1976.

Bataille, George. *Visions of Excess:Selected Writings*, 1927−1939. Minneapolis: University of Minnesota Press,1986.

Battcock, Gregory, ed. *The New Art: A Critical Anthology*. New York: E. P. Dutton, 1973.

Baxandall, Michael. *Painting and Experience in Fifteenth-Century Italy*. Oxford: Oxford University Press, 1988.

Berger, John. *Way of Seeing*, BBC TV. Harmondsworth: Penguin Books, 1972.

Bernstein, J. M. *Against Voluptuous Bodies: Late Modernism and the Meaning of Painting*. Stanford: Stanford University Press, 2006.

Bernstein, Jay. "The Death of Sensuous Particulars: Adorno and Abstract Expressionism." *Radical Philosophy* 76 (1996), 7−18.

Bernstock, Judith. *Poussin and French Dynastic Ideology*. Frankfurt: Peter Lang, 2000.

Biddiss M. D. Untitled review, *The Historical Journal* 18, no. 2 (1975), 434−436.

Blunt, Anthony. *Art Architecture in France, 1500−1700*. Melbourne: Penguin Books, 1953.

Blunt, Anthony. *Artistic Theories in Italy: 1450−1600*. Oxford: Oxford University Press, 1962.

Bock-Weiss, Catherine. *Henri Matisse: Modernist Against the Grain*. Philadelphia: The Pennsylvania State, 2009.

Bois, Yve-Alain and Rosalind E. Kraus. *Formless: A User's Guide*. New York: Zone Books,

1997.

Bourneuf, Annie. "An Art of Privacy? Wilhelm Hausenstein on Paul Klee." In *Paul Klee, Making Visible*. Tate Publishing, 2013.

Bowness, Alan. "The New Courbet Literature." *The Burlington Magazine* 119 (1977), 290–291.

Brennan, Marcia. *Modernism's Masculine Subjects: Matisse, the New York School, and Post-Painterly Abstration*. Cambridge and London: The MIT Press, 2004.

Brookner, Anita. "The Eyes Have It." *The Spectator* Magazine (August 12, 2006).

Bryson, Norman. "Art in Context." In *The Point of Theory: Practices of Cultural Analysis*, edited by Mieke Bal and Inge E. Boer, 66-78. New York, 1994.

Bryson, Scott, Barbara Kruger, Lynne Tillman, and Jane Weinstock, eds., Introduction by Simon Watney, *Beyond Recognition: Representation, Power, and Culture*. Berkely, Los Angeles, Oxford: University of California Press, 1992.

Buchloh, Benjamin H. D. and Serge Guilbaut, eds. *Modernism and Modernity: The Vancouver Conference Papers*. Halifax, Nova Scotia: NSCAD Press, 1983.

Burke, Peter. *Varieties of Cultural History*. New York: Cornell University Press, 1997.

Burke, Peter. *The Italian Renaissance: Culture and Society in Italy*. Cambridge: Polity Press, 1999.

Burke, Peter. "The Central European Moment in British Cultural Studies." In *Literary History—Cultural History: Force Field and Tensions*, edited by Herbert Grabes, 279–288. Berlin: Gunter Narr Verlag, 2001.

Burke, Peter. *What is Cultural History?* Cambridge: Polity Press, 2004.

Burke, Peter. *A Social History of Knowledge II: From the Encyclopaedia to Wikipedia*. Cambridge: Polity Press, 2012.

Carrier, David. "Review." *The Journal of Aesthetics and Art Criticism* 44, no. 2 (Winter 1985), 203–205.

Carrier, David. *The Aesthete in the City: The Philosophy and Practice of American Abstract Painting in the 1980s*. Penn State Press, 1994.

Chilvers, Ian, ed., *The Oxford Dictionary of Art*. New York: Oxford University Press, 2004.

Chollet, Laurent. *L'Insurrection situationniste*. Paris: Dagorno, 2000.

Clayson, Hollis. "Materialist Art History and Its Points of Difficulty." *Art Bulletin* LXXVII, no, 3 (September 1996), 367−371.

Clark, Kenneth. *Civilisation*, BBC TV 1969. London: BBC and John Murray, 1969.

Clarke, Tim, Christopher Gray, Charles Radcliffe and Donald Nicholson-Smith. *The Revolution of Modern Art and the Modern Art of Revolution* (written in 1967, unpublished). London: Chronos Publications, 1994.

Clark, T. J. "A Bourgeois Dance of Death: Max Buchon on Courbet—I." *The Burlington Magazine* 111, no. 793 (April 1969), 208−213.

Clark, T. J. *Image of the People: Gustave Courbet and the 1848 Revolution*. London: Thames and Hudson, 1973.

Clark, T. J. "On the Conditions of Artistic Creation." *Times Literary Supplement*, May 24, 1974, 561−563.

Clark, T. J. "Preliminaries to a Possible Treatment of *Olympia* in 1865." *Screen* 21, no. 1 (1980), 18−41.

Clark, T. J. *Absolute Bourgeois:Artists and Politics in France 1848−1851* (1973), rept. London: Thames & Hudson, 1982.

Clark, T. J. "Clement Greenberg's Theory of Art." *Critical Inquiry* (September 1982), 139−156.

Clark, T. J. "Arguments about Modernism: A Reply to Michael Fried." In *Pollock and After: The Critical Debate*, edited by Francis Frascina. London: Harper and Row, 1985.

Clark, T. J. "Three Excerpts from a Discussion with T. J. Clark, Claude Gintz, Serge Guilbaut and Anne Wagner." *Parkett* 22 (1989), 82−85.

Clark, T. J. "Jackson Pollock's Abstraction." In *Reconstructing Modernism: Art in New York, Paris, and Montreal, 1945−1964*, ed. Serge Guilbaut, 172-238. Cambridge, MA: MIT Press, 1990.

Clark, T. J. "In Defence of Abstract Expressionism." *October*, no. 69 (Summer 1994), 22−48.

Clark, T. J. "In Defense of Abstract Expressionism." *October* 69 (1994), 22−48.

Clark, T. J. "Freud's Cezanne." *Representations* 52 (1995), 94−122.

Clark, T. J. and Donald Nicholson-Smith,"Why Art Can't Kill the Situationist International."*October* 79, special issue (Winter 1997), 15−31.

Clark, T. J. *Farewell to an Idea: Episodes from a History of Modernism*. New Haven and London: Yale University Press, 1999.

Clark, T. J. "Origins of the Present Crisis." *New Left Review* 2 (March-April 2000), 88.

Clark, T. J. "Modernism, Postmodernism, and Steam." *October*, vol. 100, Obsolescence (Spring 2002), 154−174.

Clark, T. J. "Phenomenality and Materiality in Cézanne." In *Material Events: Paul de Man and the Afterlife of Theory*, edited by Cohen et al. Minneapolis: University of Minnesota Press, 2001.

Clark, T. J. "The End of Left Art History?" *Kritische Berichte* 3 (2006), 5−8.

Clark, T. J. "Balancing Act (letter to the editor)." *Artforum International* 45, no. 8 (April 2007), 42.

Clark, T. J. *Picasso and Truth: From Cubism to Guernica*. Princeton: Princeton University Press, 2013.

Clunas, Craig. "Social History of Art." In *Critical Terms for Art History, Second Edition*, edited by Robert S. Nelson, Richard Shiff, 465−478. Chicago: University of Chicago Press, 2010.

Cockburn, Alexander and Rubin Blackburn, eds. *Student Power*. Harmondsworth: Penguin, 1969.

Collingwood, R. G. *The Principles of Art*. New York: Oxford University Press, 1974.

Cone, Michèle C. *French Modernisms: Perspectives on Art Before, During, and After Vichy*. London: Cambridge University Press, 2001.

Congdon, Lee. "Arnold Hauser and the Retreat from Marxism." In *Essays on Wittgenstein and Austrian Philosophy: In Honour of J.C. Nyiri*, edited by Tamás Demeter. New York: Rodopi, 2004.

Cramer, Hilton. *The Triumph of Modernism: The Art World, 1987−2005*. Chicago: Ivan R. Dee, 2006.

Craven, David. "Marxism and Critical Art History." In *A Companion to Art Theory*, edited by Paul Smith and Carolyn Wild, 267−285. Oxford: Blackwell Publishers, 2002.

Crow, Thomas. "Codes of Silence: Historical Interpretation and the Art of Watteau." *Representations*, no. 12 (Fall 1985), 2−14.

Crow, Thomas. *Modern Art in the Common Culture*. New Haven and London: Yale University Press, 1996.

Danto, Arthur C. "A Serpent's Tale: Arthur C. Danto on T. J. Clark." *Artforum International* (1

February 2007).

Day, Gail. *Dialectical Passions: Negation in Postwar Art Theory*. New York: Columbia University Press, 2011.

Day, Gail. "Persisting and Mediating: T. J. Clark and the Pain of 'the Unattainable Beyond.'" *Art History* 23, no. 1 (March 2000), 1-18.

Debray, Regis. Interview with Nicolas Weill, *Le Monde*, 19 July, 1996.

De Man, Paul. "Sign and Symbol in Hegel's Aesthetics." *Critical Inquiry* 8, no. 4 (1982), 761−775.

De Man, Paul. "Reply to Raymond Guess." *Critical Inquiry* 10, no. 2 (1983), 386.

De Man, Paul. *Blindness and Insight: Essays in the Rhetoric of Contemporary Criticism*, Second Edition, Revised. London: Routledge, 1989.

De Man, Paul. "Roland Barthes and the Limits of Structuralism." *Reading the Archive: On Texts and Institutions* (Yale French Studies, no. 77), 177−190. New Haven: Yale University Press, 1990.

De Man, Paul. "Hyprogram and Inscription." In Paul de Man, *The Resistance of Theory*. Minneapolis: University of Minnesota Press, 2002.

Demeter, Tamás, ed. *Essays on Wittgenstein and Austrian Philosophy: In Honour of J. C. Nyiri*. New York: Rodopi, 2004.

Dempsey, Amy. *Styles, Schools and Movements: The Essential Encyclopaedic Guide to Modern Art*. New York: Thames and Hudson, 2005.

Derrida, J. *Mémoires: for Paul de Man*, Revised Edition. New York: Columbia University Press. 1989.

Dews, Peter and Peter Osborne. "The Frankfurt School & Problem of Critique: A Reply to McCarney." *Radical Philosophy* 45 (1987), 2−11.

Doran, M., ed. *Conversations with Cézanne*. Berkeley: University of California Press, 2001.

Duve, Thierry de. *Clement Greenberg: Between the Lines*. Translated by Brian Holmes. Paris: Editions Dis Voir, 1996.

Drucker, Johanna. *Sweet Dreams: Contemporary Art and Complicity*. Chicago: The University of Chicago Press, 2005.

Duncan, Carol. *The Aesthetics of Power: Essays in Critical Art History*. New York: Cambridge University Press, 1993.

Dvorák, Max. "Das Rätsel der Kunst der Brüder van Eyck." *Jahrbuch der Kunsthistorischen Sammlungen des Allerhöchsten Kaiserhauses* 24 (1904), 161−317.

Dyke, James A. van. "Modernist Poussin." *Oxford Art Journal* 31, no. 2 (2008), 285−292.

Easthope, Anthony. "The Teajectory of Screen." In *The Politics of Theory*, edited by Francis Barker et al., 121−133. Colchester: University of Essex, 1983.

Eisenman, Stephen F. *Nineteenth Century Art: A Critical History*. New York: Thames & Hudson, 2002.

Elkins, James. *Master Narratives and Their Discontents*. New York: Routledge, 2005.

Empson, William. "Metaphor." In William Empson, *The Structure of Complex Words*. 1951; repr. London: Penguin Books, 1995.

Farwel, Beatrice. "Review." *The Art Bulletin* 68, no. 4 (December 1986), 684−687.

Faulkner, Peter. "Pevsner's Morris." *The Journal of William Morris Studies* (Winter 2006), 66.

Feaver, William. "What Makes Manet Modern?" *Artnews* 82 (1983), 54−57.

Flam, Jack. "Picasso: Wizard of the Real." *Times Literature Supplement Review* (23 October 2013), https://dilipsimeon.blogspot.com/2013/10/t.html.

Fong, Wen C. *Between Two Cultures: Late-Nineteenth- and Early-Twentieth-Century Chinese Paintings from the Robert H. Ellsworth Collection in the Metropolitan Museum of Art*, 4−5, 76−135. New York: The Metropolitan Museum of Art, 2001.

Foster, Hal, Rosalind Krauss, Yve-Alain Bois and Benjamin H. D. Buchloh. *Art Since 1900—Modernism, Antimodernism, Postmodernism*. London: Thames & Hudson, 2004.

Forster, Kurt W. "Critical History of Art, or Transfiguration of Values?" *New Literary History* 3, no. 3 (1972), 459−470.

Frascina, Francis, ed. *Pollock and After: The Critical Debate*. London: Harper and Row, 1985.

Frascina, Francis and Jonathan Harris, eds. *Art in Modern Culture: An Anthology of Critical Texts*. New York: Phaidon Press, 1992.

Fried, Michael. *Absorption and Theatricality: Painting and Beholder in the Age of Diderot*. Berkeley: University of California Press, 1980.

Fried, Michael. "How Modernism Works: A Response to T. J. Clark." *Critical Inquiry* 9, no. 1 (September 1982), 217−234.

Gasché, R. *The Wild Card of Reading: On Paul de Man*. Cambridge, MA and London: Harvard University Press, 1998.

Geldzahler, Henry, ed. *New York Painting and Sculpture: 1940-1970*. New York: E. P. Dutton, 1969.

Geras, Norman. "Essence and Appearance: Aspects of Fetishism in Marx's *Capital*." In *Literature of Revolution: Essays on Marxism*, 1971, repr. London: Verso, 1986, 63-84.

Gerth, H. H. and C. W. Mills, eds. *From Max Weber: Essays in Sociology*. New York: Oxford University Press, 1946.

Gilbert, Felix. *History: Choice and Commitment*. Cambridge Mass: Harvard University Press, 1977.

Ginzburg, Carlo. *Mythes, Emblèmes, Traces. Morphologie et histoire*. Paris: Flammarion, 1989.

Ginzburg, Carlo. *Enquête sur Piero della Francesca*. Paris: Flammarion, 1983.

Ginzburg, Carlo (with Enrico Castelnuovo), "Domination symbolique et géographie artistique dans l'histoire de l'art italien." *Actes de la Recherche en Sciences Sociales*, no. 40 (November 1981).

Glahn, Philip. *Estrangement and Politicization: Bertolt Brecht and American Art, 1967-79*. New York: City University of New York Press, 2007.

Gombrich, E. H. "Review of Arnold Hauser's *The Social History of Art*." *Art Bulletin* 35, no. 1 (March 1953), 79-84.

Gombrich, E. H. *Meditations on a Hobby Horse*. London and New York: Phaidon Press, 1978.

Gombrich, E. H. "In Search of Cultural History." In *Ideal and Idols. Essays on Values in History and in Art*, 24-59. Oxford: Phaidon, 1979.

Gombrich, E. H. *Tributes: Interpreters of Our Cultural Tradition*. Ithaca and New York: Cornell University Press, 1984.

Gornick, Vivian and Barbara K. Moran, eds. *Woman in Sexist Society: Studies in Power and Powerlessness*. New Yorks: Basic Books, 1971.

Green, David, Peter Seddon, eds. *History Painting Reassessed: The Representation of History in Contemporary Art*. Manchester University Press, 2001.

Green, Nicholas. *The Spectacle of Nature: Landscape and Bourgeois Culture in Nineteenth-Century France*. Manchester: Manchester University Press, 1992.

Greenberg, Clement. "The Present Prospects of American Painting and Sculpture." *Horizon* 16 (October 1947), 26.

Guercio, Gabriele. *Art as Existence: The Artist's Monograph and Its Project.* Boston: The MIT Press, 2006.

Guilbat, Serge, ed. *Reconstructing Modernism: Art in New York, Paris, and Montreal, 1945–1964.* Cambridge: Cambridge University Press, 1990.

Hadjinicolaou, Nicos. *Art History and Class Struggle.* Translated by Louise Asmal. London: Pluto Press, 1978.

Haskell, Francis. "Review." *Burlington Magazine* 105, no. 726 (September 1963), 417–418.

Haskell, Francis. *Patrons and Painters: Art and Society in Baroque Italy*, revised edition. New Haven: Yale University Press, 1980 [origin 1963].

Harries, Karsten. "Review of T. J. Clark's *Farewell to an Idea: Episodes from a History of Modernism*." *The Art Bulletin* (June 1, 2001), 358–364.

Harris, Jonathan. *Writing Back to Modern Art: After Greenberg, Fried and Clark.* London: Routledge, 2005.

Harrison, C. and P. Wood, eds. *Art in Theory1900–1990: An Anthology of Changing Ideas.* Oxford: Blackwell Publishers Ltd., 1992.

Harrison, Charles, Michael Baklwin and Mel Ramsden. "Manet's 'Olympia' and Contradiction." *Block* 5 (1981), 34–43.

Harrison, Charles. *Essays on Art and Language.* Cambridge Mass.: The MIT Press, 2001.

Hart, Clive. *Heaven and the Flesh: Imagery of Desire from the Renaissance to the Rococo.* Chicago: The University of Chicago Press, 1990.

Hartmann, Heidi. "The Unhappy Marriage of Marxism and Feminism: Towards a More Progressive Union." *Capital and Class*, no. 8 (Summer 1979), 1–33.

Harvey, David. "Militant Particularism and Global Ambition." In *Justice, Nature and the Geography of Difference*, 19–45. Oxford: Blackwell, 1996.

Hatt, Michael and Charlotte Klonk, *Art History: A Critical Introduction to Its Methods.* Manchester: Manchester University Press, 2006.

Hauser, Arnold. *The Philosophy of Art History.* London: Routledge and Kegan Paul, 1959.

Hauser, Arnold. *The Social History of Art.* New York: Routledge, 2005.

Hemingway, Andrew, ed. *Marxism and the History of Art: From William Morris to New Left.*

London: Pluto Press, 2006.

Hess, Thomas B. and Linda Nochlin, eds. "Woman as Sex Object." *Art News Annual* XXXVIII. New York: Newsweek, Inc., 1972.

Herbert, James D. "Clark's Modernism." *Art Journal* 58, no. 4 (Winter 1999), 95–97.

Heywood, Ian. *Social Theories of Art: A Critique*. London: Macmillan, 1997.

Heywood, Ian and Barry Sandywell, eds. *Interpreting Visual Culture: Explorations in the Hermeneutics of the Visual*. London and New York: Routledge, 1999.

Hills, Helen. "The Uses of Images: W. G. Sebald & T. J. Clark." *Melilah: Manchester Journal of Jewish Studies*, Supplementary Volume no. 2 (2012), 57–80.

Hobsbawn, Eric. *On History*. London: Weidenfeld and Nicolson, 1997.

Horn, Gerd-Rainer. *The Spirit of '68: Rebellion in Western Europe and North America, 1956–1976*. New York: Oxford University Press, 2007.

House, John. "Review." *The Burlington Magazine* 128, no. 997 (April 1986), 296–297.

Iversen, Margaret and Stephen Melville, eds. *Writing Art History*. Chicago and London: University of Chicago Press, 2010.

Jackson, Kevin. "We Need to Talk about Pablo." *Literary Review*, http://www.literaryreview. co.uk/we-need-to-talk-about-pablo.

Jakobson, Roman. *Language in Literature*. Cambridge, MA: The Belknap Press of Harvard University Press, 1987.

Jameson, F. "Political Painting: New Perspectives on the Realism Controversy." *Praxis* 1/2 (1976), 225–230.

Janos, Andrew C. and William Bradley Slottman, eds. *Revolution in Perspective: Essays on the Hungarian Soviet Republic of 1919*. Berkeley: University of California Press, 1971.

Jappe, Anselm. *Guy Debord*. Translated by Donald Nicholson-Smith. Berkeley: University of California Press, 1999.

Jessop, Bob and Russell Wheatley, ed. *Karl Marx's Social and Political Thought*. New York: Routledge, 1999.

Jones, Jonarthan. "Picasso—Separating Truth and Fiction." *The Guardian*, Wednesday (10 July, 2013), http://www.theguardian.com/artanddesign/jonathanjonesblog/2013/jul/10/ picasso-separating-truth-fictio.

Jones, Amelia, ed. *A Companion to Contemporary Art Since 1945*. MA: Blackwell, 2006.

Joselit, David. "Review of *Farewell to an Idea.*" *Art Forum* 37, no. 9 (May 1999).

Kadarkay, A. *Georg Lukács: Life, Thought and Politics.* Oxford: Blackwell, 1991.

Kemp, Martin, ed. *The Oxford History of Western Art.* Oxford: Oxford University Press, 1999.

Kettler, D. "Culture and Revolution: Lukács in the Hungarian Revolutions of 1918/19." *Telos*, no. 10 (Winter 1971).

Klingender, Francis D. *Marxism and Modern Art: An Approach to Social Realism.* London: Lawrence and Wishart, 1943.

Klingender, Francis D. *Art and Industrial Revolution.* London: N. Carrington, 1947.

Klingender, Francis D. *Goya in the Democratic Tradition.* London: Sidgwick & Jackson, 1948.

Klingender, Francis D. *Animals in Art and Thought to the End of the Middle Ages*, edited by Evelyn Antal and John Harthan. London: Routledge & Paul, 1971.

Kramer, Hilton. "A Note on the New Criterion." *New Criterion* (September 1982), 1−5.

Knabb, Ken, ed. and trans. *Situationist International Anthology.* Berkeley: Bureau of Public Secrets, 1981.

Kubler, George. *The Shape of Time: Remarks on the History of Things.* New Haven: Yale University Press, 1962.

Laclau, E. and C. Mouffe, *Hegemony and Socialist Strategy.* London and New York: Verso, 1985.

Laderman, Carol. *Taming the Wind of Desire: Psychology, Medicine, and Aesthetics in Malay Shamanistic Performance.* Berkley and Los Angeles: University of California Press, 1991.

Langdale, Allan. "Aspects of the Critical Reception and Intellectual History of Baxandall's Concept of Period Eye." *Art History* 21, Issue 4 (December 1998), 479−497.

Leighten, Patricia Dee. *Re-Ordering the Universe: Picasso and Anarchism, 1897−1914.* Princeton: Princeton University Press, 1989.

Le Wita, Béatrix. *French Bourgeois Culture.* London: Cambridge University Press, 1994.

Leja, Michael. "Pollock and Metaphor." *Reframing Abstract Expressionism: Subjectivity and Painting in 1940s.* New Haven: Yale University Press, 1993.

Lewis, Mary Tomkins, ed. *Critical Readings in Impressionism and Post-Impressionism: An*

Anthology. Berkeley, Los Angeles and London: University of California Press, 2007.

Levitas, Ruth. *The Concept of Utopia*. New York: Syracuse University Press, 1990.

Lipton, Eunice. "The Laundress in Late Nineteenth-Century French Culture: Imagery, Ideology and Edgar Degas."*Art History* 3, no. 3 (September 1980), 295−313.

Lukitsh, Joan. "Practicing Theories: An Interview with John Tagg." *After Image* (January 1988), 8.

Maar, Dora. *Guernica* in progress, May−June 1937. Gelatin silver print. Musee Picasso, Paris. Mp, 1998.

Macherey, Pierre. *A Theory of Literary Production*. Translated by G. Wall. London: Routledge and Kegan Paul, 1978.

Marcus, Greil. *Lipstick Traces: A Secret History of the Twentieth Century*. Cambridge, MA: Harvard University Press, 1989.

Martin, Alfred von. *The Sociology of Renaissance*. New York: Oxford University Press, 1944.

Marx, Karl. *Early Writings*. Harmondsworth, England: Penguin Books; London: *New Left Review*, 1975.

Marx, Karl. "A Contribution to the Critique of Hegel's Philosophy of Right: Introduction." In Karl Marx, *Early Writings*. Harmondsworth, England: Penguin Books; London: New Left Review, 1975.

Mattick, Paul. *Art in Its Time: Theories and Practices of Modern Aesthetics*. London and New York: Routledge, 2003.

Mauner, George. *Manet, Peintre-Philosophe*. University Park: Penns., 1975.

McCarney, Joseph. "What Makes Critical Theory 'Critical'?" *Radical Philosophy* 42 (1986), 1−22.

McDonough, Tom, ed. *Guy Debord and the Situationist International: Texts and Documents*. Cambridge, MA: The MIT Press, 2002.

McTighe, Sheila. *Nicolas Poussin's Landscape Allegories*. Cambridge: Cambridge University Press, 1996.

Mercer, Colin. "Public Subjects and Subject Publics." *Social History* 9, no. 3 (October 1984), 361−368.

Miller, J. H. "Paul de Man as Allergen." In *Material Events:Paul de Man and the Afterlife of Theory*, edited by Cohen et al. Minneapolis: University of Minnesota Press, 2001.

Morley, David and Kuan-Hsing Chen, eds. *Stuart Hall: Critical Dialogues in Cultural Studies*. New York and London: Routledge, 1996.

Moxey, Keith. "Semiotics and the Social History of Art." *New Literary History* 22, no. 4 (1991), 985−999.

Mulvey, Laura. "Changes: Thoughts on Myth, Narrative and Historical Experience." *History Workshop Journal* 23 (1987), 3−19.

Munson, Lynne. "Art in an Era of Intolerance." http://www.newcrit.org/plain/LMintolerance. html.

Murray, Chris, ed. *Key Writers on Art: The Twentieth* Century. New York: Routledge, 2003.

Nelson, Byron. "Review." *Journal of Social History* 21, no. 2 (Winter 1987), 392−394.

Nochlin, Linda. "Gustave Courbet: A Study of Style and Society," PhD. New York University, 1963.

Nochlin, Linda. "Starting from Scratch." *Women's Art*, no. 61 (1994), 6−11.

Norman, Diana, ed. *Siena, Florence and Padua: Art, Society and Religion, 1280−1400*, vol. 1−2. New Haven: Yale University Press, 1995.

Norris, C. *Deconstruction and the "Unfinished Project of Modernity"*. London: Athlone Press, 2000.

O'Brian, John, ed. *Clement Greenberg: Collected Essays and Criticism*, 4 vols. Chicago: University of Chicago Press, 1986−1993.

Olson, Todd P. *Poussin and France: Painting, Humanism, and the Politics of Style.* New Haven: Yale University Press, 2002.

Orton, Fred and Griselda Pollock, *Avant-Gardes and Partisans Reviewed*. Manchester: Manchester University Press, 1996.

Orwicz, Michael. R. "The Nature of Consumption," *Oxford Art Journal* 14, no. 1 (1991), 105−106.

Panofsky, Erwin. "The Concept of Artistic Volition." Translated by K. J. Northcott and J. Snyder. *Critical Inquiry* 8 (1981), 17−33.

Paoletti, John and Gary Radke, *Art in Renaissance Italy*. New Jersey: Printice-Hall, 2002.

Partridge, Loren. "Art." In *A Companion to the World of Renaissance*, edited by Guido Ruggiero, 349−353. Oxford: Blackwell, 2002.

Penny, Nicholas. "Review." *London Review of Book*s (March 20, 1986), 13−14.

Penrose, Barrie and Simon Freeman. *Conspiracy of Silence: The Secret Life of Anthony Blunt*. New York: Vintage Books, 1988.

Pevsner, Nicolas. *Academies of Art: Past and Present*. New York: Da Capo Press, 1973.

Plant, Sadie. *The Most Radical Gesture: The Situationist International in a Postmodern Age*. New York: Routledge, Chapman, and Hall, 1992.

Podro, Michael. *The Critical Historians of Art*. New Haven: Yale University Press, 1982.

Pointon, Marcia, with the assistance of Lucy Peltz, *History of Art: A Students' Handbook*, 4th edition. London: Routledge, 1997.

Pollock, Griselda. *Vision and Difference: Femininity, Feminism, and the Histories of Art*. London: Routledge, 1988.

Preziosi, Donald. *Rethinking Art History: Meditations on a Coy Science*. New Haven: Yale University Press, 1989.

Rampley, Matthew. "Max Dvořák: Art History and the Crisis of Modernity." *Art History* 26, no. 2 (April 2003), 214–237.

Rampley, Matthew, Thierry Lenain, Hubert Locher, Andrea Pinotti, Arlotte Schoell-Glass and Kitty Zijlmans, eds. *Art History and Visual Studies in Europe: Transnational Discourses and National Frameworks*. Brill, 1996.

Rasmussen, Mikkel Bolt. "Counterrevolution, the Spectacle, and the Situationist Avant Garde." *Social Justice* 33, no. 2 (2006), 5–15.

Rees, A. L. and F. Borzello, eds. *The New Art History*. Humanities Press International, 1988.

Retort (Iain Boal, T. J. Clark, Joseph Matthews, and Michael Watts), "Afflicted Powers." *New Left Review* 27 (2004), 5–21.

Retort (Iain Boal, T. J. Clark, Joseph Matthews, and Michael Watts), *Afflicted Powers: Capital and Spectacle in a New Age of War*. London and New York: Verson, 2005.

Rewald, John. *Paul Cézanne, Letters*. London: Bruno Cassirer, 1941.

Rifkin, Adrian. "Marx's Clarkism." *Art History* 8, no. 4 (December 1985), 488–495.

Rifkin, Adrain. "Theory as a Place." *Art Bulletin* 78, no. 2 (June 1996), 209–212.

Roberts, John, ed. *Art Has No History!: The Making and Unmaking of Modern Art*. London and New York: Verso, 1994.

Rolfe, Jeremy Gilbert. "Seriousness and Difficulty in Criticism." *Art Papers* (November-December 1990), 8–11.

Roskill, Mark W. *The Interpretation of Pictures*. Boston: The University of Massachusetts Press, 1989.

Rubin, William Stanley, Kirk Varnedoe and Lynn Zelevansky, eds. *Picasso and Braque: A Symposium*. Museum of Modern Art, distributed by H. N. Abrams. New York, NY, 1992.

Sassoon, Donald. *One Hundred years of Socialism*. London and New York: I.B. Tauris,1996.

Schiff, Gert. *German Essays on Art History*. New York: Continuum, 1988.

Seltzer, Gregory. "Situationism and the Writings of T. J. Clark." *Journal for the Study of Radicalism* 4, no. 1 (2010), 121−139.

Shiff, Richard. "Art History and the Nineteen Century: Realism and Resistance." *Art Bulletin* 70 (1988), 25−48.

Shan, Guolin. "Painting of China's New Metropolis: The Shanghai School, 1850−1900." In *A Century in Crisis: Modernity and Tradition inthe Art of Twentieth-Century China*, 20−63. New York: Guggenheim Museum, 1998.

Shone, Richard and John-Paul Stonard, eds. *The Books that Shaped Art History: From Gombrich and Greenberg to Alpers and Krauss*. London: Thames & Hudson, 2013.

Simon, Jean-Paul and Liz Libbrecht. "Mediation and Social History of Art." *Réseaux* 3, no. 2 (1995), 211−232.

Simonson, Peter, Janice Peck, Robert T. Craig and John P. Jackson, Jr., eds. *The Handbook of Communication History*. New York: Routledge, 2012.

Skocpol, Theda. *States and Social Revolutions: A Comparative Analysis of France, Russia and China*. Cambridge: Cambridge University Press, 1979.

Shiff, Richard. "Mark, Motif, Materiality: The Cézanne Effect in the Twentieth Century." In *Cézanne Finished Unfinished*, edited by F. Baumann et al., 116−117. Ostfildern: Hatje Cantz, 2000.

Spencer, Jeremy. "The Bodies and the Embodiment of Modernist Painting." *Journal of Visual Art Practice* 5, no. 3 (2006), 229−243.

Spiteri, Raymond. "A Farewell to Modernism: Re-reading T. J. Clark." *Journal of Art Historiography*, no. 3 (December 2010), 1−13.

Stafford, Barbara Maria. "Another Kind of Global Thinking." In *Is Art History Global?*, edited by James Elkins, 186. New York: Taylor & Francis Group, 2007.

Steimatsky, Noa. *Italian Locations: Reinhabiting the Past in Postwar Cinema*. Minneapolis:

University of Minnesota Press, 2008.

Steinberg, Leo. "Reflections on the State of Criticism." Reprinted in Branden Joseph, ed. *Robert Rauschenberg*, 7–37. Cambridge, MA: The MIT Press, 2002.

Stirton, Paul. "Frederick Antal and Peter Peri: Art, Scholarship and Social Purpose." *Visual Culture in Britain* 13, Issue 2 (2012), 207–225.

Sullivan, Michael. *Art and Artists ofTwentieth Century China*. Berkeley: University of California Press, 1996.

Sussman, Elisabeth, ed. *On the Passage of a Few People through a Rather Brief Moment in Time: The Situationist International 1957-1972*. Cambridge, MA: The MIT Press, 1989.

Tang, Xiaobing. *Origins of the Chinese Avant-Garde: The Modern Woodcut Movement*. Berkeley: University of CaliforniaPress, 2007.

Tanner, Jeremy, ed. *Sociology of Art: A Reader*. Taylor & Francis e-Library, 2004 (origin Routledge: 2003).

Tassel, Janet. "Reverence for the Object: Art Museums in a Changed World."*Harvard Magazine*, http://harvardmagazine.com/2002/09/reverence-for-the-object.html.

Turner, Jane, ed. *The Dictionary of Art*. London: Macmillan Publishers, 1996.

Twitchell, Beverly H. *Cézanne and Formalism in Bloomsbury*. Ann Arbor, Michigan: UMI Research Press, 1987.

Voloshinov, N. *Marxism and the Philosophy of Language* (origin 1929). Translated by L. Matejka and I. R. Titunik. Cambridge, MA: Harvard University Press, 1973.

Wallach, Alan. "Marxism and Art History." In *The Left Academy*, vol. II, edited by B. Ollmann, 15–17. McGraw Hill, 1984.

Warburg, Aby. "Italian Art and International Astrology in the Palazzo Schifanoia in Ferrara," paper delivered at the Tenth Art-Historical Congress, Rome, October 1912. Translated by David Britt and quoted in E. H. Gombrich, "Aby Warburg: His Aims and Methods: An Anniversary Lecture." *Journal of Warburg and Courtauld Institutes* 62 (1999), 268–282.

Warminski, Andrzej, ed. *Aesthetic Ideology*. Minneapolis: University of Minnesota Press, 1996.

Welch, Evelyn. *Art and Society in Italy, 1350–1500*. Oxford: Oxford University Press, 1997.

Weinstein, Joan. *The End of Expressionism: Art and the November Revolution in Germany,*

1918–1919. Chicago: University of Chicago Press, 1990.

Werckmeister, O. K. "The Political Ideology of Bayeux Tapestry." *Studi Medievali*, third series, 17, no. 2 (1976), 501–519.

Wecrkmeister, O. K. "Radical Art History." *Art Journal* (Winter 1982), 284–291.

Werckmeister, O. K. *The Making of Paul Klee's Career, 1914–1920*. Chicago: University of Chicago Press, 1989.

Wessely, Anna. "Die Aufhebung des Stilbegriffs—Frederick Antals Rekonstruktion künstlerischer Entwicklungen auf maxistischer Grundlage." *Kritische Berichte* 4, no. 2–3 (1976), 16–37.

Wessely, Anna. "Antal and Lukács: The Marxist Approach to the History of Art." *Hungarian Quarterly* 20, no. 73 (1979).

Weston H. D. Untitled review, *History* 60, no. 199 (1975), 321–322.

White, Hayden. *Metahistory: The Historical Imagination in Nineteenth-Century Europe*. Baltimore: The Johns Hopkins University Press, 1973.

Wittkower, Rudolf and Margot Wittkower. *Born under Saturn: The Character and Conduct of Artists*. New York: The Norton Library, 1963.

Wollen, Peter. "Manet: Modernism and Avant-Garde." *Screen* 21, no. 2 (1980), 15–25.

Wood, Christopher S. "Paul de Man and Art History." *Flash Art* International (Summer 1995), 87-90.

Woodfield, Richard. "Warburg's Method." In *Art History as Cultural History*, edited by Richard Woodfield. Amsterdam: G+B Art International, 2001.

中文书目

阿尔布莱希特·维尔默:《论现代和后现代的辩证法》, 商务印书馆, 2003年。

阿多诺:《美学理论》, 王柯平译, 四川人民出版社, 1998年。

阿洛瓦·里格尔:《风格问题: 装饰艺术史的基础》, 刘景联、李薇蔓译, 湖南美术出版社, 1999年。

艾布拉姆斯:《镜与灯》, 郦稚牛、张照进、童庆生译, 王宁校, 北京大学出版社, 2004年。

爱斯金:《印象派绘画中的时尚女性与巴黎消费文化》, 孟春艳译, 江苏美术出版社, 2010年。

安德烈·马尔罗:《无墙的博物馆》,李瑞华、袁楠译,孙宜学校,广西师范大学出版社,2001年。

安托瓦纳·贡巴尼翁:《现代性的五个悖论》,许钧译,商务印书馆,2005年。

奥尔特加·伊·加塞特:《艺术的去人性化》,莫娅妮译,译林出版社,2010年。

奥奈罗·文杜里:《西方艺术批评史》,迟轲译,江苏教育出版社,2005年。

奥斯汀·哈灵顿:《艺术与社会理论——美学中的社会学论争》,周计武、周雪娉译,南京大学出版社,2010年。

本雅明·布赫洛:《艺术的社会史》,诸葛沂译,沈语冰校,载沈语冰编:《艺术学经典文献导读书系·美术卷》,北京师范大学出版社,2010年。

本雅明·布赫洛:《新前卫与文化工业:1955到1975年间欧美艺术评论集》,何卫华等译,江苏凤凰美术出版社,2014年。

彼得·比尔格:《先锋派理论》,高建平译,商务出版社,2005年。

彼得·伯克:《意大利文艺复兴时期的文化与社会》,刘君译,刘耀春校,东方出版社,2007年。

彼得·伯克:《图像证史》,杨豫译,北京大学出版社,2008年。

波德莱尔:《波德莱尔美学论文选》,郭宏安译,人民文学出版社,1987年。

伯恩斯坦:《超越客观主义与相对主义》,光明日报出版社,1992年。

布尔迪厄:《〈区隔:趣味判断的社会批判〉引言》,朱国华译,范静哗校,载《文化研究》第四辑。

布尔迪厄:《艺术的法则——文学场的生成与结构》,刘晖译,中央编译出版社,2011年。

布克哈特:《意大利文艺复兴时期的文化》,何新译,马香雪校,商务印书馆,1997年。

曹意强:《巴克森德尔谈欧美艺术史研究现状》,载《新美术》,1997年第1期。

曹意强:《视觉习惯与文化——巴克森德尔的〈意图的模式〉及其他》,载《新美术》,1998年第1期。

曹意强:《艺术与历史》,中国美术学院出版社,2001年。

曹意强:《欧美艺术史史学史与方法论》,载《新美术》,2001年第1期。

曹意强:《后形式主义、图像学和符号学》,载《新美术》,2005年第3期。

曹意强:《形式主义、图像学和符号学》,载《美苑》,2005年第3期。

曹意强主编:《艺术史的视野——图像研究的理论、方法与意义》,中国美术学院出版社,2007年。

查尔斯·詹克斯:《现代主义的临界点——后现代主义向何处去?》,丁宁、许春阳等译，北京大学出版社，2011年。

常宁生：《写实主义与现实主义》，载《艺术评论》，2009年第9期。

陈美杏：《艺术生态壁龛中的创作者，作品与观者：浅谈贡布里希与艺术社会学》，载《台湾大学文史哲学报》，2004年第60期。

陈平：《李格尔与艺术科学》，中国美术学院出版社，2002年。

陈瑞林、吕富珣编：《俄罗斯先锋派艺术》，广西美术出版社，2001年。

茨维坦·托多洛夫、罗贝尔·勒格罗、贝尔纳·福克鲁尔：《个体在艺术中的诞生》，鲁京明译，中国人民大学出版社，2007年。

大卫·哈维：《后现代的状况——对文化变迁之缘起的探究》，阎嘉译，商务印书馆，2004年。

大卫·哈维：《现代性与现代主义》，阎嘉译，载周宪主编：《文化现代性精粹读本》，中国人民大学出版社，2006年。

大卫·哈维：《巴黎城记：现代性之都的诞生》，黄煜文译，广西师范大学出版社，2010年。

大卫·卡里尔：《艺术史写作原理》，吴啸雷等译，中国人民大学出版社，2004年。

丹尼尔·贝尔：《资本主义文化矛盾》，赵一凡、蒲隆、任晓晋译，生活·读书·新知三联书店，1992年。

丹托：《艺术的终结》，欧阳英译，江苏人民出版社，2001年。

丹托：《艺术的终结之后》，王春辰译，江苏人民出版社，2007年。

丹托：《美的滥用：美学与艺术的概念》，王春辰译，江苏人民出版社，2007年。

丹托：《寻常物的嬗变——一种关于艺术的哲学》，陈岸瑛译，江苏人民出版社，2012年。

岛子：《后现代主义艺术系谱》，重庆出版社，2007年。

德·迪弗：《杜尚之后的康德》，沈语冰、张晓剑、陶铮译，江苏美术出版社，2014年。

德里达：《论文字学》，汪堂家译，上海译文出版社，1999年。

德沃夏克：《作为精神史的美术史》，陈平译，北京大学出版社，2010年。

邓晓芒：《冥河的摆渡者》，云南人民出版社，1997年。

段炼编：《艺术学经典文献导读书系·视觉文化卷》，北京师范大学出版社，2012年。

范景中选编：《艺术与人文科学——贡布里希文选》，浙江摄影出版社，1989年。

范景中：《图像与观念》，岭南美术出版社，1992年。

范景中主编：《美术史的形状》（1、2卷），傅新生、李本正译，中国美术学院出版社，2003年。

范景中、曹意强主编:《美术史与观念史》(1—10卷),南京师范大学出版社,2005—2010年。

方闻:《心印——中国书画风格与结构分析研究》,李维琨译,陕西人民美术出版社,2006年。

方闻:《超越再现——8世纪至14世纪中国书画》,李维琨译,浙江大学出版社,2011年。

福柯:《马奈的绘画》,谢强、马月译,湖南教育出版社,2011年。

弗莱德·R.多尔迈:《主体性的黄昏》,万俊人、朱国钧等译,上海人民出版社,1992年。

弗雷德里克·R.卡尔:《现代与现代主义——艺术家的主权1885—1925》,陈永国、傅景川译,中国人民大学出版社,2004年。

弗瑞德·奥顿、查尔斯·哈里森编:《现代主义、评论、现实主义》,崔诚、米永亮、姚炳昌译,上海人民美术出版社,1996年。

福西永:《形式的生命》,陈平译,北京大学出版社,2011年。

格林伯格:《艺术与文化》,沈语冰译,广西师范大学出版社,2009年。

贡布里希:《象征的图像——贡布里希图像学文集》,杨思梁、范景中编选,上海书画出版社,1990年。

贡布里希:《理想与偶像——价值在历史和艺术中的地位》,范景中、曹意强、周书田译,上海人民美术出版社,1996年。

贡布里希:《艺术的故事》,范景中译,林夕校,生活·读书·新知三联书店,1999年。

贡布里希:《艺术与错觉:图画再现的心理学研究》,林夕、李本正、范景中译,湖南科学技术出版社,1999年。

贡布里希:《文艺复兴:西方艺术的伟大时代》,李本正、范景中编选,中国美术学院出版社,2000年。

贡布里希:《秩序感——装饰艺术的心理学研究》,范景中、杨思梁、徐一维译,湖南科学技术出版社,2005年。

贡布里希:《贡布里希论设计》,范景中选编,湖南科学技术出版社,2007年。

郭伟:《"语—图"关系认知考辨》,载《武汉科技大学学报(社会科学版)》,2013年第3期。

H. H. 阿纳森:《西方现代艺术史》,邹德侬、巴竹师、刘珽译,沈玉麟校,天津人民美术出版社,1999年。

哈贝马斯:《现代性的哲学话语》,曹卫东等译,译林出版社,2004年。

哈罗德·布鲁姆:《影响的焦虑:一种诗歌理论》,徐文博译,江苏教育出版社,
　　2005年。

汉娜·阿伦特编:《启迪:本雅明文选》,张旭东、王斑译,生活·读书·新知三联书
　　店,2008年。

汉斯·贝尔廷等:《艺术史终结了吗?:当代西方艺术史哲学文选》,常宁生编译,湖
　　南美术出版社,1999年。

赫伯特·里德:《现代艺术哲学》,朱伯雄、曹剑译,百花文艺出版社,1999年。

赫伯特·里德:《艺术的真谛》,王柯平译,中国人民大学出版社,2006年。

何桂彦:《形式主义批评的终结》,文化艺术出版社,2009年。

赫施:《解释的有效性》,王才勇译,生活·读书·新知三联书店,1991年。

黑格尔:《精神现象学》,贺麟、王玖兴译,商务印书馆,1983年。

黑格尔:《美学》,朱光潜译,商务印书馆,1996年。

黑格尔:《历史哲学》,王造时译,上海书店出版社,2003年。

霍克海默:《霍克海默集》,曹卫东编,上海远东出版社,2004 年。

霍克海默、阿多尔诺:《启蒙辩证法》,洪佩郁、阙月峰译,重庆出版社,1990年。

吉登斯:《现代性的后果》,田禾译,黄平校,译林出版社,2011年。

加香:《马奈:画我所见》,朱燕译、曹德明校,上海译文出版社,2006年。

简·罗伯森、克雷格·迈克丹尼尔:《当代艺术的主题——1980年以后的视觉艺术》,
　　匡骁译,江苏美术出版社,2011年。

居伊·德波:《景观社会》,王昭风译,南京大学出版社,2006年。

居伊·德波:《景观社会评论》,梁虹译,广西师范大学出版社,2007年。

卡斯比特:《艺术的终结》,吴啸雷译,北京大学出版社,2009年。

康德:《判断力批判》,邓晓芒译,人民出版社,2002年。

克莱夫·贝尔:《艺术》,薛华译,江苏教育出版社,2005年。

克雷斯佩勒:《印象派画家的日常生活》,杨洁等译,华东师范大学出版社,2010年。

科林伍德:《艺术原理》,王至元、陈华中译,中国社会科学出版社,1987年。

库恩:《科学革命的结构》,金吾伦、胡新和译,北京大学出版社,2003年。

雷蒙德·威廉斯:《马克思主义与文学》,王尔勃、周莉译,河南大学出版社,2008年。

理查德·布雷特尔:《现代艺术:1851—1929》,诸葛沂译,上海人民出版社,2013年。

理查德·沃林:《文化批评的观念:法兰克福学派、存在主义和后结构主义》,张国清

译，商务印书馆，2000年。

李格尔:《罗马晚期的工艺美术》，陈平译，北京大学出版社，2010年。

李健:《审美乌托邦的现代想象:从韦伯到法兰克福学派》，载《天津社会科学》，2010年第3期。

列文森:《儒教中国及其现代命运》，郑大华、任菁译，中国社会科学出版社，2000年。

刘易斯·芒福德:《技术与文明》，陈允明、王克仁、李华山译，中国建筑工业出版社，2009年。

卢梭:《论科学与艺术》，何兆武译，商务印书馆，1963年。

罗伯特·威廉姆斯:《艺术理论——从荷马到保德里亚》，许春阳等译，北京大学出版社，2009年。

洛夫乔伊:《观念史论文集》，吴相译，江苏教育出版社，2005年。

罗杰·弗莱:《视觉与设计》，易英译，江苏教育出版社，2005年。

罗杰·弗莱:《弗莱艺术批评文选》，沈语冰译，江苏美术出版社，2010年。

罗兰·巴特:《符号学原理》，王东亮等译，生活·读书·新知三联书店，1999年。

罗兰·巴特:《S/Z》，屠友祥译，上海人民出版社，2000年。

罗兰·巴特:《神话修辞术·批评与真实》，屠友祥、温晋仪译，上海人民出版社，2009年。

罗兰·巴特:《明室——摄影札记》，赵克非译，中国人民大学出版社，2011年。

马剑银:《韦伯的"理性铁笼"与法治困境》，载《社会学家茶座》(总第24辑)，山东人民出版社，2008年。

马克·罗思科:《艺术家的真实——马克·罗思科的艺术哲学》，广西师范大学出版社，2009年。

马克思:《1848至1850年的法兰西阶级斗争》，中共中央马恩列斯著作编译局译，人民出版社，1964年。

玛丽·格拉克:《流行的波希米亚——十九世纪巴黎的现代主义与都市文化》，罗靓译，安徽教育出版社，2009年。

马泰·卡林内斯库:《现代性的五副面孔:现代主义、先锋派、颓废、媚俗艺术、后现代主义》，顾爱彬、李瑞华译，商务印书馆，2002年。

马歇尔·伯曼:《一切坚固的东西都烟消云散了——现代性体验》，徐大建、张辑译，商务印书馆，2004年。

迈克尔·安·霍丽:《帕诺夫斯基与美术史基础》，易英译，湖南美术出版社，1992年。

麦克尔·波德罗:《批判的艺术史家》,孙善春、高世名译,曹意强校,载《新美术》 2002年第2期。

迈克尔·弗雷德:《艺术与物性:论文与评论集》,张晓剑、沈语冰译,江苏美术出版 社,2013年。

迈耶斯:《印象派四重奏》,蒋虹译,广西师范大学出版社,2008年。

梅洛-庞蒂:《眼与心:梅洛-庞蒂现象学美学文集》,刘韵涵译,中国社会科学出版 社,1992年。

尼古拉斯·佩夫斯纳:《美术学院的历史》,陈平译,湖南科学技术出版社,2003年。

诺贝特·埃利亚斯:《个体的社会》,翟三江、陆兴华译,译林出版社,2008年。

诺克林:《现代生活的英雄——论现实主义》,刁筱华译,广西师范大学出版社, 2005年。

诺曼·布列逊:《注视被忽视的事物:静物画四论》,丁宁译,浙江摄影出版社,2000年。

诺曼·布列逊:《语词与图像——旧王朝时期的法国绘画》,王之光译,浙江摄影出版 社,2001年。

诺曼·布列逊:《传统与欲望——从大卫到德拉克罗瓦》,丁宁译,浙江摄影出版社, 2001年。

诺曼·布列逊:《视觉与绘画:注视的逻辑》,郭杨等译,浙江摄影出版社,2004年。

潘诺夫斯基:《视觉艺术的含义》,傅志强译,辽宁人民出版社,1987年。

潘诺夫斯基:《图像学研究——文艺复兴时期艺术的人文主题》,戚印平、范景中译, 上海三联书店,2011年。

潘耀昌:《沃尔夫林与新康德主义》,载《新美术》,1994年第4期,第59—64页。

皮埃尔·弗朗卡斯泰尔、加利埃娜·弗朗卡斯泰尔:《法国绘画史》,啸声译,上海人 民美术出版社,1987年。

乔纳森·哈里斯:《新艺术史批评导论》,徐建译,江苏美术出版社,2010年。

乔治·布莱:《批评意识》,郭宏安译,广西师范大学出版社,2002年。

让·波德里亚:《消费社会》,刘成富、全志刚译,南京大学出版社,2001年。

萨特:《萨特文学论文集》,施康强等译,安徽文艺出版社,1998年。

萨特:《萨特论艺术》,欧阳友权、冯黎明译,中国人民大学出版社,2006年。

邵亦杨:《形式和反形式:视觉文化中的形与无形》,载《美术研究》,2007年第4期。

沈语冰:《20世纪艺术批评》,中国美术学院出版社,2003年。

沈语冰:《透支的想象》,学林出版社,2003年。

沈语冰：《艺术与哲学》，中国社会出版社，2003年。

沈语冰：《趣味与德性：康德论审美自主及其与道德的关联》，载《文艺理论研究》，2008年第2期。

沈语冰：《弗莱之后的塞尚研究管窥》，载《世界美术》，2008年第3期。

沈语冰编：《艺术学经典文献导读书系·美术卷》，北京师范大学出版社，2010年。

沈语冰、张晓剑：《晚期现代主义的形式课题——论弗雷德对格林伯格形式批评的推进》，载《美术研究》，2011年第4期。

沈语冰：《艺术社会史的前世今生——兼论贡布里希对豪泽尔的批评》，载《新美术》，2012年第1期，第16—22页。

沈语冰：《是政治，还是美学？——T. J. 克拉克的艺术社会史观》，载《文艺理论研究》，2012年第3期。

沈语冰：《图画的秘密：T. J. 克拉克艺术社会史观述要》，载《文艺研究》，2013年第5期。

石守谦：《风格与世变——中国绘画十论》，北京大学出版社，2008年。

施坦伯格：《另类准则》，沈语冰等译，江苏美术出版社，2011年。

斯维特兰娜·阿尔珀斯：《描绘或叙事》，王晓丹译，曾四凯校，载《新美术》，2009年第3期，第54—69页。

苏珊·桑塔格：《反对阐释》，程巍译，上海译文出版社，2003年。

T. J. 克拉克：《艺术创作的环境》，石炯译，载《新美术》，1997年1月。

T. J. 克拉克：《瞥见死神：艺术写作的一次试验》，张雷译，江苏凤凰美术出版社，2012年。

T. J. 克拉克：《论艺术社会史》，张茜译，载《新美术》，2012年第2期。

T. J. 克拉克：《现代生活的画像：马奈及其追随者艺术中的巴黎》，沈语冰、诸葛沂译，江苏美术出版社，2013年。

T. J. 克拉克：《左派艺术史的终结》，易英译，载《世界美术》，2019年第3期。

特里·伊格尔顿：《美学意识形态》，王杰等译，广西师范大学出版社，1998年。

托克维尔：《回忆录——1848年法国革命》，周炽湛、曾晓阳译，上海人民出版社，2005年。

W. J. T. 米歇尔：《图像学——形象、文本、意识形态》，陈永国译，北京大学出版社，2012年。

瓦尔特·本雅明：《机械复制时代的艺术作品》，王才勇译，中国城市出版社，2002年。

瓦尔特·本雅明:《技术复制时代的艺术作品》,胡不适译,浙江文艺出版社,2005年。

瓦尔特·赫斯:《欧洲现代画派画论》,宗白华译,广西师范大学出版社,2002年。

王鲁湘:《西方学者眼中的西方现代美学》,北京大学出版社,1987年。

王维、庞君景:《20世纪西方的马克思主义思潮》,首都师范大学出版社,1999年。

威廉·冈特:《美的历险》,肖聿译,江苏教育出版社,2005年。

威廉·荷加斯:《美的分析》,杨成寅译,佟景韩校,广西师范大学出版社,2005年。

温尼·海德·米奈:《艺术史的历史》,李建群等译,上海人民出版社,2007年。

温特沃斯:《绘画现象学》,董宏宇、王春辰译,江苏美术出版社,2006年。

沃尔夫冈·韦尔施:《重构美学》,陆扬、张岩冰译,上海译文出版社,2002年。

沃尔夫冈·韦尔施:《我们的后现代的现代》,洪天富译,商务印书馆,2004年。

沃尔夫林:《艺术风格学——美术史的基本概念》,潘耀昌译,中国人民大学出版社,
     2004年。

沃尔夫林:《古典艺术——意大利文艺复兴艺术导论》,潘耀昌、陈平译,中国人民大
     学出版社,2004年。

沃尔夫林:《古典艺术:意大利文艺复兴艺术导论》,潘耀昌、陈平译,中国人民大学
     出版社,2006年。

沃尔夫林:《文艺复兴与巴洛克》,沈莹译,上海人民出版社,2007年。

沃尔夫林:《意大利和德国的形式感》,张坚译,北京大学出版社,2009年。

沃夫林:《艺术史的基本原理》,杨蓬勃译,金城出版社,2011年。

沃斯利主编:《现代主义之后的艺术:对表现的反思》,宋晓霞等译,北京大学出版社,
     2012年。

巫鸿:《中国古代艺术与建筑中的"纪念碑性"》,李清泉、郑岩等译,上海人民出版
     社,2009年。

萧俊明:《新葛兰西派的理论贡献:接合理论》,载《国外社会科学》,2002年第2期。

徐岱:《批评美学》,学林出版社,2003年。

徐岱:《基础诗学》,浙江大学出版社,2005年。

徐岱:《艺术新概念》,浙江大学出版社,2006年。

雅克·敦德:《黑格尔和黑格尔主义》,栾栋译,商务印书馆,1996年。

杨大春:《感性的诗学——梅洛-庞蒂与法国哲学主流》,人民出版社,2005年。

姚继冰、张一兵:《"情境主义国际"评述》,见:https://www.douban.com/note/159927420/?_
     i=7519872UMNL06t。

俞吾金、陈学明:《国外马克思主义哲学流派新编——西方马克思主义卷》,复旦大学
　　出版社,2002年。

约阿基姆·加斯凯:《画室——塞尚与加斯凯的对话》,章晓明、许菂译,浙江文艺出
　　版社,2007年。

约翰·伯格:《看》,刘惠媛译,广西师范大学出版社,2005年。

约翰·伯格:《观看之道》,戴行钺译,广西师范大学出版社,2007年。

约翰·伯格、让·摩尔:《另一种讲述的方式》,沈语冰译,广西师范大学出版社,2007年。

约翰·拉塞尔:《现代艺术的意义》,常宁生等译,中国人民大学出版社,2005年。

约翰·雷华德:《印象画派史》,平野等译,人民美术出版社,1983年。

约翰·雷华德:《后印象派绘画史》,平野等译,广西师范大学出版社,2002年。

约翰·雷华德、贝纳·顿斯坦:《印象派绘画大师》,平野、陈友任译,广西师范大学
　　出版社,2002年。

詹姆斯·埃尔金斯:《视觉研究——怀疑式导读》,雷鑫译,江苏美术出版社,2010年。

张坚:《"精神科学"与"文化科学"语境中的视觉模式——沃尔夫林、沃林格艺术史
　　学思想中的若干问题》,载《文艺研究》,2009年第3期。

张茜:《阶级的形象——T. J. 克拉克谈法国1848年街垒艺术》,载《新美术》,2011年第
　　6期。

张晓剑、沈语冰:《物性的诱惑——弗雷德的现代主义立场及其对极简艺术的批判》,
　　载《学术研究》,2011年第10期。

张晓剑:《论弗雷德与克拉克的现代主义之争》,载《文艺研究》,2013年第5期。

周宪编译:《激进的美学锋芒》,中国人民大学出版社,2003年。

周宪主编:《文化现代性精粹读本》,中国人民大学出版社,2006年。

佐亚·科库尔、梁硕恩编:《1985年以来的当代艺术理论》,王春辰、何积惠、李亮之
　　等译,王春辰审校,上海人民出版社。

后　记

――　❖　――

　　此书之写作历时十二年，跨越三个时期，丰盈了我人生的一纪。

　　我在浙江大学美学与批评理论研究所修完硕士学位后，约莫在2009年尾，导师沈语冰教授提议合作翻译T. J. 克拉克的代表作、艺术社会史研究领域的典范之作《现代生活的画像：马奈及其追随者艺术中的巴黎》。这是我与这个课题最早的接触。得此译事之托，已诚惶诚恐；开卷启读，更觉晦涩难懂；余理论功底浅薄，于翻译可称"小白"，常无力推进；再加上当时初任教职，琐事缠身，仓促草率。果然，第一遍译稿受到严厉批评。沈老师逐字逐句地校对，几乎重译此书，并添加批注，嘱我比较学习。沈老师孜孜以求的执着和孜孜不倦的引导，不仅在精神上予我以震撼和激励，又在学术上给我鼓励和动力，令我受用一生，感激一生。这本译著后由江苏美术出版社在2013年出版，并获AAC第八届"艺术中国·年度影响力"年度艺术类出版物提名奖。

　　幸运的是，在2012年再次跟随沈老师攻读博士学位前，我已通过翻译确立了博士论文的选题，这让我有机会顺利按时毕业——殊不知，当时浙大拿学位的条件以严苛"著称"。重返美学所就读后，我逐一阅读当时可以找到的T. J. 克拉克的著作和文章，可是碍于在国内治西学（尤其是成果较为空白的研究领域）往往受制于文献，最好的解决办法便是走出国门。

2013年，经过数轮竞争，我成功申请到了国家留学基金委的联合培养博士计划，赴美国得克萨斯大学达拉斯分校（UTD）跟随理查德·布瑞特尔教授学习。布瑞特尔教授是印象派研究的国际权威学者，我曾翻译了他的著作《现代艺术：1851—1929》，我至今由衷感谢他给予我的留学机会。在UTD，他慷慨地让我参加所有值得一听的课程，带领我走访、参观了多个博物馆和私人收藏。作为达拉斯美术馆的前任馆长，他丰富的阅历、广博的知识和灵活的思维，都给我以极大的启发。当然，就此课题而言，UTD图书馆浩如烟海的第一手文献资料无疑让我的研究计划得以顺利展开。在美国的一年里，我完成了博士论文《否定与隐喻：T. J. 克拉克艺术社会史研究》的初稿，也就是这本书的雏形。在此我既要感谢我的导师沈语冰老师，感谢和告慰布瑞特尔教授，还要感谢一直鼓励我前行的徐岱教授，以及胡志毅教授等师长。当然，赴美留学时，小女才两岁，错过了她从爬到走的过程，至今让我感到遗憾；妻子、岳母和父母的付出和支持，亦让我深切感动、感恩。尽管，留学时完成的初稿，其体量只有现在成书字数的一半，但是这项较为扎实的雏本还是获得了2015年的浙江大学博士生人文社会科学研究成果一等奖。

在杭州师范大学就职后，我于2016年申请到国家社会科学基金青年项目"T. J. 克拉克艺术社会史思想及其中国参照研究"。此后，我对这项研究进行了更进一步的扩容、修订和完善。与我出版的前两本专著的那种信马由缰的写作不同，这项研究的目标，是要写成一部系统全面、重点突出、资料翔实，具有前沿性、参考性的专题研究著作，故而有两点是需要说明的。其一，本书的写作查阅了大量的文献，引用了许多资料，基本做到了在引用中"无一字无出处"；其二，克拉克本人虽是艺术史家，但其文字也涉及政治评论、诗歌评论等方面，本书抓住其艺术史思想与方法这一重点，并未将研究延伸到其他方面，尤其是晚近出版的《人间天堂》等，因与本课题研究关联度不高，故在此书中未加过多涉及。此课题最终

后 记

的成果逾30万字。2020年，此课题顺利结题。此书的部分篇章，曾在《文艺研究》《文艺理论研究》《学术研究》《杭州师范大学学报》《艺术探索》等期刊上发表，在此对它们表示感谢！

在此书出版之际，我还要感谢在各个方面给予此项研究以帮助的其他师长和亲朋。除了导师沈语冰教授，我还要感谢我在浙江大学就读期间给予我种种关心的徐岱教授、胡志毅教授和刘翔副教授；感谢上海师范大学陈平教授的支持和勉励；感谢中央美术学院的殷双喜教授；感谢南京大学的周宪教授、周计武教授，浙江农林大学的华海镜教授、张敏生教授和何征教授；感谢《文艺研究》的张颖老师；感谢《学术研究》的王法敏老师；感谢杭州师范大学的杜卫教授、陈星教授、方爱龙教授、李庆本教授、冯学勤教授、郑立君教授、王淑君老师、徐洁蕾老师、瞿红老师、刘晨教授、许剑春副教授、余晰老师、瞿红老师、汤宇烽老师、叶波老师等；我的师兄张晓剑教授曾惠我甚多，学友刘春阳、王嘉军、卢文超、孙晓霞、李修建、范昀、常培杰、秦兴华、孙伊、王志亮、徐旷之、周渝、吴芳、阴志科、赵炎、毛秋月、金影村、杨娟娟、匡景鹏、彭怡云、朱璟、肖琦、王鲲、葛玉丹、冯雪峰、张彩霞、蒋苇、陆颖等等，友人蒋羽乾、钟育森、俞飞成、董益斌、张铎、陆平、刘子琦、俞智霞、郑旭颖、詹祥、邢广伟、陈小光等等，亦多有相助和支持，在此一并谢过。由衷感谢商务印书馆上海分馆的鲍静静总编辑和吴萌编辑。还有许多帮助过我的朋友，恕无法一一致谢，但常存感念于心。

最后感谢我的父母和妻女，如果没有你们的支持，就没有这本书。

诸葛沂

2022年3月17日

于杭州嘉绿苑

插 图

图1

真提尔·达·法布里亚诺，《圣母子和天使》，约1425年，
140×83厘米，伦敦国家美术馆藏

图2
马萨乔，《圣吉奥瓦三位一体》，约1426年，
108×153厘米，马萨乔神圣艺术博物馆藏

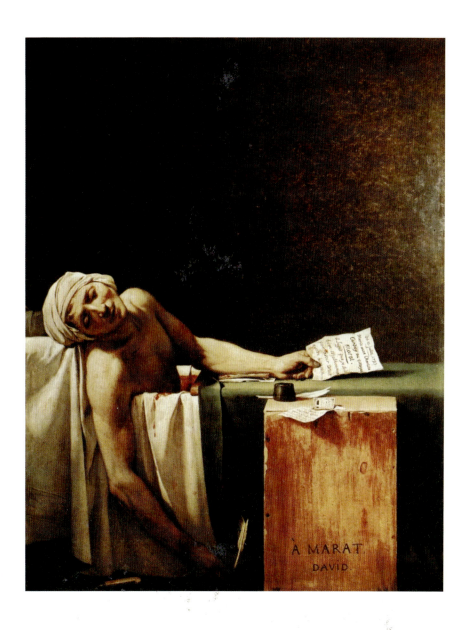

图3

大卫，《马拉之死》，1793年，165×128厘米，
布鲁塞尔比利时皇家美术博馆藏

图4
毕沙罗,《两个年轻农妇》, 1892年, 89.5×116.5厘米,
纽约大都会艺术博物馆藏

图5
普桑,《平静的风景》, 1650—1651年, 97×131厘米,
洛杉矶盖蒂中心藏

图6
普桑,《被一条蛇杀死的一个人的风景》,约1648年,118.2×197.8厘米,
伦敦英国国家美术馆藏

图7
康斯坦布尔,《威文禾公园》,1816年,56.1×101.2厘米,华盛顿国家美术馆藏

图8
库尔贝，《奥南的葬礼》，1849—1850年，315×660厘米，巴黎奥赛美术馆藏

图9
马萨乔，《纳贡钱》，1425年，247×597厘米，佛罗伦萨圣母圣衣圣殿藏

图10
伦勃朗，《该尼墨得斯的劫掠》，
1635年，130×171厘米，德累
斯顿国家艺术收藏馆藏

图11
马奈，《奥林匹亚》，1863年，130.5×190厘米，巴黎奥赛美术馆藏

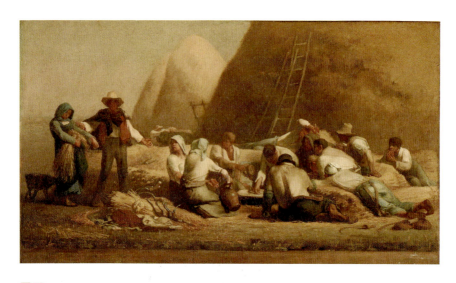

图12
米勒,《路得与波阿斯》,1850—1853年,67.3×119.7厘米,波士顿美术馆藏

图13
波洛克,《1948年第1号》,1948年,172.7×264.2厘米,纽约现代艺术博物馆藏

图14
马奈，《1867年世界博览会》，1867年，108×196厘米，奥斯陆挪威国家博物馆藏

图15
德拉克洛瓦，《自由引导人民》，1831年，260×325厘米，巴黎卢浮宫藏

LE GAMIN DE PARIS AUX TUILERIES.

图16
杜米埃,《杜伊勒里宫内的顽童》,
1848年

图17
杜米埃,《街垒中的家庭》,1849年,
92×74厘米,布拉格国家美术馆藏

图18
库尔贝，《采石工》，1849年，170×240厘米，原作于第二次世界大战期间被毁

图19
提香，《乌尔比诺的维纳斯》，1538年，119×165厘米，佛罗伦萨乌菲齐美术馆藏

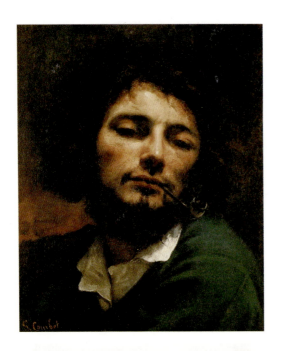

图20
库尔贝,《叼烟斗的男人》,
1846年, 45 × 37厘米,
蒙彼利埃博物馆藏

图21
马奈,《阿让特伊的划船者》,
1874年, 149 × 115厘米,
图尔奈美术馆藏

图22

马奈,《女神娱乐场的酒吧间》,1882年,96×130厘米,考陶尔德艺术学院藏

图23

塞尚，《大浴者》，1905年，132.5×219厘米，费城巴恩斯美术馆藏

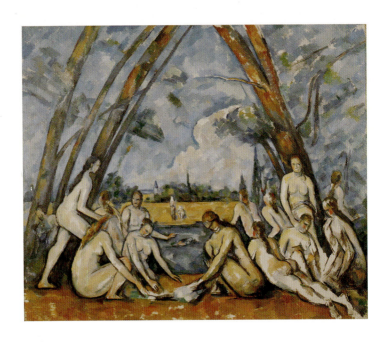

图24

塞尚，《大浴者》，1906年，208×249厘米，费城艺术博物馆藏

图25
塞尚,《树与屋》, 1885年, 67.9×92.1厘米,
纽约大都会艺术博物馆藏

图26
波洛克,《无题》,
1948—1950年

图27
波洛克,《1949年第1号》,1949年, 160×259.1厘米,
洛杉矶当代艺术博物馆藏

图28
波洛克,《秋天的韵律》,1950年, 267×526厘米,
纽约大都会艺术博物馆藏

图29
波洛克,《一: 1950年第31号》,1950年, 269.5×530厘米,
纽约现代艺术博物馆藏

图30

戈雅,《1808年5月3日》,1814年,268×347厘米,马德里普拉多博物馆藏